Roselies Taube
Claudia Tietz-Buck
Christiane Klinge

Frauen und Jesus Christus

Die Bedeutung von Christologie im Leben protestantischer Frauen

Verlag W. Kohlhammer
Stuttgart Berlin Köln

Die Deutsche Bibliothek – CIP-Einheitsaufnahme

Taube, Roselies:
Frauen und Jesus Christus : die Bedeutung von Christologie im Leben protestantischer Frauen / Roselies Taube ; Claudia Tietz-Buck ; Christiane Klinge. - Stuttgart ; Berlin ; Köln : Kohlhammer, 1995
ISBN 3–17–013232–6
NE: Tietz-Buck, Claudia:; Klinge, Christiane

Umschlagabbildung:
Sonia Delaunay: Groupe de femmes, 1921

Stuttgart Berlin Köln
Verlagsort: Stuttgart
Umschlag: Data Images
audiovisuelle Kommunikation GmbH
Gesamtherstellung:
W. Kohlhammer Druckerei GmbH + Co. Stuttgart
Printed in Germany

Inhaltsverzeichnis

Vorwort

Die Idee zu diesem Buch entstand in einem Seminar zu „Feministischer Christologie“ an der Universität Hamburg. Wir hatten uns über eigene biographische Prägungen ausgetauscht und auf diesem Hintergrund herausgearbeitet, welche christologischen Aspekte uns wichtig sind. Plötzlich bemerkte eine Seminarteilnehmerin: „Jetzt haben wir so lange über uns selbst gesprochen. Wir leben alle in dem recht abgeschlossenen Bereich der Universität. Was aber ist mit den Frauen draußen? Mit den Frauen in den Gemeinden, mit denen wir später als Pastorinnen zu tun haben werden? Was ist ihnen an Jesus Christus wichtig?“ Diese Frage ließ einige von uns nicht mehr los. Frauen aus Gemeinden mit Universitätstheologie ins Gespräch zu bringen – das müßte doch im Sinne einer Theologie sein, die das Leben von Menschen betreffen will. Sie müßte daran interessiert sein, welche ihrer Schwerpunkte „draußen“ wichtig werden, welche keine Wahrnehmung finden und wo Fragen, Ängste und Leerstellen für die Lebenspraxis sind.

Es dauerte noch längere Zeit, bis wir unsere Idee umsetzen konnten. Die Unterstützung der „Koordinationsstelle Frauenstudien/Frauenforschung“ der Universität Hamburg ermöglichte uns dankenswerterweise ein konsequentes Arbeiten.

Unser Buch ist so aufgebaut, daß wir in der Einleitung begründen, warum wir das Gespräch zwischen universitärer Fachtheologie und Menschen aus Kirchengemeinden für unerläßlich halten. Innerhalb dieses Abschnitts erläutern wir auch unsere Entscheidung für das Thema „Christologie“. Im Hauptteil stellen wir zuerst unsere 15 Interviewpartnerinnen vor, mit denen wir narrative Interviews über ihren Glauben, ihre Beziehung zur Kirche und die Bedeutung Jesu Christi für ihr Leben geführt haben. Die Schwerpunkte der einzelnen Kapitel ergeben sich aus den Erzählungen der Frauen wie auch aus den Vorgaben traditioneller und feministischer Theologie. Die einzelnen Kapitel zeigen zunächst Tendenzen Systematischer Theologie zum jeweiligen Thema auf. Dabei geht es uns nicht um ausdifferenzierte und originelle Einzelentwürfe, sondern um Schwerpunkte, die dogmatische Lehrbücher und kirchliche Praxis setzen, und um deren historische Hintergründe. Für Nichttheologinnen und -theologen bemühen wir uns um Verständlichkeit durch das Einfügen von Liedern, Gebeten und Predigtauszügen, welche die systematischen Inhalte plastisch werden lassen. Auf die Zusammenfassung traditioneller Systematik folgt ein Abschnitt über die Aspekte feministischer Theologie, soweit vorhanden ebenfalls mit Gedichten oder Gebeten illustriert. Den Großteil der Kapitel macht die Auswertung der Interviews aus. Ein abschließendes Resümee vergleicht die Aussagen der Frauen mit Schultheologie und feministischer Theologie, stellt Fragen an Universitätstheologie und kirchliche Praxis und versucht, Anregungen zum Weiterdenken zu geben.

Wir möchten an dieser Stelle den Interviewpartnerinnen für ihre Bereitschaft, uns aus ihrem Leben zu erzählen, herzlich danken. Uns haben ihre Offenheit im Gespräch und ihre Anteilnahme an unserem Vorhaben berührt und gefreut. Ohne diese Frauen wäre das vorliegende Buch nicht zustande gekommen.

Einleitung

Systematische Theologie und Lebensgeschichten

Feministische Theologie ist aus dem Bewußtsein entstanden, daß zwischen herrschender Theologie und Kirchlichkeit und Frauenerfahrungen eine Diskrepanz besteht. Besonders deutlich wird dieser Sachverhalt im Bereich der Systematischen Theologie[1], in der theologische Inhalte formuliert und ethische Problemkreise reflektiert werden. Schauen wir jedoch genauer hin, so begegnet uns eine Problematik Systematischer Theologie, die nicht nur Frauen betrifft. Bereits einige beispielhafte Definitionen zum Verständnis Systematischer Theologie verdeutlichen dieses:

„Dogmatik ist die begrifflich bestimmte kritische Darstellung der christlichen Wahrheit.“[2] (Paul Althaus)

„Dogmatik ist die kritische Frage nach dem Dogma, d.h. nach dem Worte Gottes in der kirchlichen Verkündigung oder konkret: nach der Übereinstimmung der von Menschen vollzogenen und zu vollziehenden kirchlichen Verkündigung mit der in der Schrift bezeugten Offenbarung.“[3] (Karl Barth)

„*Dogmatik* ist die kritische Bearbeitung *dieses* Dogmas [Dogma verstanden als ein Satz, der einen Konsens über Inhalte der kirchlichen Verkündigung bzw. des christlichen Glaubensbewußtseins ausdrückt][4], und zwar einmal in Hinsicht auf seine Begründung in der biblisch bezeugten Offenbarung Gottes in Jesus Christus, zum anderen in Hinsicht auf seine Verständlichkeit in der gegenwärtigen Situation.“[5] (Friedrich Mildenberger)

Die Dominanz liegt also – trotz gewisser Zugeständnisse bei F. Mildenberger – auf den traditionellen Inhalten. Theologische Inhalte werden an die Kirchlichkeit und an einzelne Frauen und Männer weitergegeben. Die Lebenswirklichkeit tritt dahinter zurück. Gewiß wird ein Einwand lauten, daß gerade die Inhalte zum Wohl (theologisch gesprochen zum „Heil“) der Menschen gegeben seien. Inhalt und Lebenswirklichkeit seien also als aufeinander bezogen zu betrachten. Nur: Die Dynamik, die Lebensprozessen eigen ist, die Inhalte unterschiedlich aufnimmt und auch selbst verwandelt und hervorbringt, ist in diesen Modellen nicht ernst genug genommen. Systematische Theologie droht, sich in abstrakten, lebensabgehobenen, sogenannten Wahrheiten zu verlieren, die zum Spielball zwischen Fachkolleginnen und -kollegen werden. So bemerkt Fulbert Steffensky:

„Es gibt im Protestantismus in Deutschland – abgesehen von einigen abgeschlossenen Gebieten – kaum Volksfrömmigkeit. [...] Der Partner der protestantischen Theologie, mit dem sie im Gespräch steht und auf den hin sie denkt, ist die Universität, nicht die Gemeinde, nicht das Volk.“[6]

---

1 Systematische Theologie ist ein Oberbegriff für Dogmatik und Ethik. Sie sucht Glaubensinhalte (Dogma bedeutet Lehrsatz) und Überlegungen zum ethischen Handeln in einem „System“ zu verbinden.

2 P. Althaus, Die christliche Wahrheit. Lehrbuch der Dogmatik, Gütersloh ^{8}1972, 243.

3 K. Barth, Die Kirchliche Dogmatik I,1, Zürich 1944, 261.

4 Eckige Klammern [...] beinhalten Einfügungen der Autorinnen.

5 F. Mildenberger, Grundwissen der Dogmatik. Ein Arbeitsbuch, Stuttgart Berlin Köln Mainz ^{3}1987, 25.

6 F. Steffensky, Feier des Lebens. Spiritualität im Alltag, Stuttgart ^{4}1988, 81f.

Wie kann dieses Defizit aufgearbeitet werden? Zunächst müßten Systematische Theologie und Menschen mit ihren Glaubens- und Lebenserfahrungen überhaupt erst wieder in ein Gespräch miteinander verwickelt werden. Das Problem besteht jedoch darin, daß Systematische Theologie mit einem hochspezifizierten und oft abstrakten Gedankengehalt die Dominanz gegenüber sich vielleicht nur tastend und gehemmt äußernden Lebenserfahrungen behalten würde. Deswegen ist es vonnöten, eine Methode zu entfalten, die aus dem Alltag erwächst und an die alltäglichen Kompetenzen von Frauen und Männern anknüpft. Hier bietet sich die Biographieforschung an. Ihre Befunde könnten mit den Ergebnissen der Interpretation systematischer Texte konfrontiert werden.

„Unter biographischer Forschung werden alle Forschungsansätze und -wege der Sozialwissenschaften verstanden, die als Datengrundlage (oder als Daten neben anderen) Lebensgeschichten haben, erzählte bzw. berichtete Darstellungen der Lebensführung und der Lebenserfahrung aus dem Blickwinkel dessen, der sein Leben lebt."[7]

Wir können hier nicht ausführlich auf diesen Forschungsbereich bzw. diese Methodik, ihre Chancen und Grenzen eingehen. Eine reichhaltige Fachliteratur liegt aber mittlerweile in den Sozialwissenschaften vor.[8] Uns interessiert folgendes: Was geschieht, wenn Lebensgeschichten Eingang in den Bereich der Systematischen Theologie finden würden?

Die Thematisierung von Biographien innerhalb der Systematischen Theologie könnte dazu beitragen, den Wert eines Begriffes (wieder-)zuentdecken, der ein ureigenstes protestantisches Anliegen sein sollte: den des *Subjekts*. Immer wieder wird beklagt, daß die protestantische Vereinzelung der Ausprägung des Gemeinschaftsgedankens hinderlich gewesen sei. Dieser Vorwurf ist sicherlich nicht unbegründet, aber es wäre theologisch ruinös, wenn dabei die Berechtigung des Gedankens des Subjekts verlorenginge. Die Unvertretbarkeit im Glauben, die Verantwortung des/der Einzelnen vor Gott sind protestantisch tragende Verpflichtungen. Verantwortlich den eigenen Glauben zu leben, gelingt aber nur bei überzeugter Aneignung von Glaubensinhalten für das eigene Leben. Diese Verantwortung zu stärken und ihr Sprache zu verleihen, müßte Anliegen der Theologie sein. Erzählen und Zuhören bieten eine Möglichkeit, das Subjektsein von Menschen ernstzunehmen. Denn: „Glaube [ist] nie abstrahiert vom je eigenen Leben, sondern immer existenzbezogen."[9] Im Erzählen wird das Einmalige, Unverwechselbare der Existenz jedes Menschen deutlich, das sich selten vollständig von Denksystemen einfangen läßt. Es ist Ausdruck der Individualität und des Widerstandes gegenüber Vereinnahmungen von außen.

Läßt sich Systematische Theologie auf die Begegnung mit Biographien ein, so betreibt sie eine *Selbstüberprüfung*. Sie nimmt wahr, welche ihrer Inhalte in Lebensgeschichten aufgegriffen und gelebt werden, welche Inhalte keine Relevanz erreichen, welche Wirkungen hervorgerufen werden und wo sich inhaltliche Leerstellen in der eigenen theologischen Reflexion zeigen. Zwar wirken sowohl dogmatische wie ethische Reflexionen

7 W. Fuchs, Biographische Forschung. Eine Einführung in Praxis und Methode, Opladen 1984, 9.

8 Eine Übersicht und ausführliche Literaturangaben bieten z.B.: W. Fuchs, Biographische Forschung; U. Flick u.a. (Hg.), Handbuch Qualitative Sozialforschung. Grundlagen, Konzepte, Methoden und Anwendungen, München 1991; (für den Bereich Theologie und Biographie:) H. Luther, Religion und Alltag. Bausteine zu einer Praktischen Theologie des Subjekts, Stuttgart 1992.

9 H. Luther, Religion und Alltag, a.a.O., 43.

selten direkt in die Biographien von Frauen und Männern aus Kirchengemeinden hinein, aber trotz aller Brechungen durch Predigt, Gruppenarbeit oder Vorträge intendiert Systematische Theologie ja auch dieses: Grundierungen zu geben, Fundamente zu legen für kirchliche Reflexion und Praxis. Wie kann sie das, wenn sie die Stimmen derer nicht vernimmt, denen diese Grundlage letztendlich gilt?

„Wenn die Theologie in den Erfahrungen des christlichen Lebens denkt, werden durch sie auch die Erfahrungen dieses Lebens interpretiert. Wenn die Theologie diese Aufgabe nicht bewußt ergreift, können tiefgreifende Differenzen entstehen. [...] Die Theologie bringt dann nicht mehr die Erfahrungen des gegenwärtigen christlichen Lebens zur Sprache und auf den Begriff, sondern reproduziert nur noch die Begriffe früherer Erfahrungen. Ihre Wissenschaft trennt sie dann vom Leben des Volkes und dieses trennt sich von ihr. Dann entstehen miteinander konkurrierende Stile, die mehr vom Ort des Lebens als von seinem Sinn geprägt sind, wie es in der Rede von ‚Universitätstheologie' und ‚Gemeindetheologie' oder ‚professioneller Theologie' und ‚Laientheologie' zum Ausdruck kommt. Die Gemeinschaft von Theologie und christlichem Leben ist eine dringende Aufgabe in solchen Situationen."[10]

Theologie, die im universitären Umfeld Systematik betreibt, ist vornehmlich Theologie einer bestimmten Schicht. Die Gefahr, um sich selbst zu kreisen, ist in dieser Gesellschaftsgruppe erheblich. *Lebenserfahrung und -praxis anderer Lebenskreise* überhaupt wahrzunehmen, kann der erste Schritt aus einer Theologie heraus sein, die sich vornehmlich an der oberen Mittelschicht orientiert. Dieser Blick über die eigene Schicht heraus schärft den Blick für die *Parteilichkeit* von Theologie: Jeder theologische Entwurf nimmt durch Themenwahl, Sprache und Traditionsauswahl stets für eine bestimmte menschliche Gruppe Partei. Die unbefangene Wahrnehmung von Lebensgeschichten mit allem, was Menschen bewegt und belastet, kann zur Reflexion der eigenen Parteilichkeit motivieren und dem nicht unbegründeten Verdacht entgegenarbeiten, Fachtheologie sei hauptsächlich am Erhalt des Status quo der oberen Mittelschicht und ihrer Privilegien interessiert.

Durch Selbstüberprüfung und die Öffnung für Biographien könnte Systematische Theologie ihre Fixierung auf vornehmlich die eigene soziale Schicht aufgeben und Schritte hin zu einer *‚Theologie des Volkes'* unternehmen. „Die Frage, wie Heil und geschichtliches Leben ohne gegenseitige Verkürzung miteinander in Beziehung gebracht werden können, darf getrost als ein Zentralthema der gegenwärtigen systematischen Theologie angesehen werden."[11] Versuche in dieser Richtung berücksichtigen jedoch zumeist nur bestimmte Schichten, nämlich Menschen, die es gewohnt sind, sich schriftlich zu äußern.[12] Das, was die Geschichtswissenschaft als *oral history* entdeckt hat[13], hat theologisch-systematisch noch nicht an Relevanz gewonnen, würde aber eine Interessenverlagerung Systematischer Theologie mitbenennen. Das Interesse gälte nicht nur textimmanenter und traditionsorientierter Arbeit, sondern auch dem Lernen aus Lebensgeschichten. Theologie würde Lebensgeschichten von Menschen für andere aufschließen. Das Wissenschaftsverständnis Systematischer Theologie würde sich eher an *Vielfältig-*

---

10 J. Moltmann, Kirche in der Kraft des Geistes. Ein Beitrag zur messianischen Ekklesiologie, München 1975, 303f.

11 J.B. Metz, Glaube in Geschichte und Gesellschaft, Mainz [2]1978, 188.

12 Z.B. H. Zahrnt (Hg.), Mein Gott. Erfahren, bedacht, erzählt. Theologie von Nichttheologen, Hamburg [2]1979.

13 Vgl. A. v.Plato, Oral History als Erfahrungswissenschaft, in: BIOS 1, 4.Jg., 1991, 97ff.

keit und Kontextualität orientieren, statt primär auf Verallgemeinerung und Absolutheit zu dringen. Unterschiede und individuelle Varianten zu respektieren, wäre ihr ein Anliegen. Diese Wahrnehmung könnte ergeben, daß nicht alles, was Fachtheologie für „heilvoll" hält, für alle Menschen diese positive Wirkung hat; manches könnte sich als belastend herausstellen. Umgekehrt könnte in Lebensgeschichten manches verborgen sein, was von Fachtheologien noch gar nicht in seiner Sinnhaftigkeit erkannt wurde.
Wenn sich Systematische Theologie einer Biographieforschung öffnet, die nicht allzu schnell zum Typisieren neigt, werden menschliche Beziehungen wie ein Netz wahrgenommen, in dem sich jede Bewegung in Schwingungen fortsetzt. In jeder konkreten Entscheidungssituation gerät dieses Netz in Bewegung und muß neu ausbalanciert werden. Biographieforschung ermöglicht besonders im Bereich der *Ethik* eine *am konkreten Lebensvollzug orientierte Analyse und Lösungsversuche*. Verbunden mit Anregungen aus der Tradition wüßte die Theologie sich ihrem Hauptziel, nämlich einem sinnvollen und erfüllten Leben aller Menschen, näher. Verpflichtet Systematische Theologie sich diesem Ziel, müßte sich ehrlicherweise ihre *Macht- und Ideologiekritik* verschärfen, denn Biographien sind immer auch Ausdruck gesellschaftlicher Herrschaftsverhältnisse bzw. deren Verschleierung – Verhältnisse, die Theologie stützen oder kritisieren kann.[14]
Fremde Biographien lassen den eigenen Lebensweg der Forscherin oder des Forschers nicht unberührt. Die Frage nach sich selbst bricht immer wieder durch die Begegnung mit anderen Menschen auf. Damit öffnet sich der Weg zu einer *Selbstreflexion*, die sich nicht hinter einer wissenschaftlichen Fassade verschanzt, sondern Fragen nach dem Ich, nach eigenen Prägungen, theologischen Vorlieben und Leerstellen ehrlich stellt. Theologie wendet sich hier sozusagen noch einmal dem Leben zu und könnte dadurch konkreter und transparenter werden. Für die Biographieforschung legt sich die Auswertung durch ein *Team* nahe, um möglichst viele Perspektiven und Differenzierungen in der Auswertung und in der Wirkung auf die Forscherin oder den Forscher selbst zu ermöglichen. Für die Kooperation ist gegenseitiges Vertrauen natürlich Voraussetzung. Im heutigen theologischen Wissenschaftsbetrieb scheint diese Art von Kommunikation, die ja das Offenlegen eigener Verletzlichkeiten und „Blindstellen" einschließt, selten machbar zu sein. Das ist aber verräterisch und läßt auch aus dieser Sicht fragen: Woran ist Theologie denn im Innersten interessiert? Prägt sie wirklich das, was sie eben auch auszeichnen sollte, ein „kreatives Suchen nach bedeutungsvollen Einsichten"[15]?
Offenheit und Kommunikation sind zwei Grundhaltungen einer Richtung der Biographieforschung, die mit narrativen Interviews arbeitet. Eine zum Erzählen einladende Frage eröffnet Raum zum Erzählen, wobei die Interviewerin zunächst teilnehmend zuhört. Die Erzählende kann so die ihr wichtigen Themen selbst anbringen und strukturieren. Dadurch sind die Forschungsergebnisse recht offen! Es können sich beispielsweise – nach vergleichender Analyse mehrerer Interviews – neue Fragehorizonte eröffnen. Sprachliche Probleme als Verständigungsprobleme können benannt werden. Systematische Theologie, die Lebensgeschichten wichtig nimmt, ist auf Menschen angewiesen, die erzählen.

---

14 Vgl. zum Aspekt Biographie und Ideologie: H. Göttner-Abendroth, Zur Methodologie von Frauenforschung am Beispiel Biographie, in: beiträge zur feministischen theorie und praxis 11, 1984, 35ff, 38.

15 R. Hutterer, Authentische Wissenschaft. Auf der Suche nach einem personenzentrierten, humanistischen Verständnis von Wissenschaft und Forschung, in: Persönlichkeitsentwicklung durch Begegnung, Wien 1984, 30.

Dadurch läßt sich *theologische Kompetenz* nicht mehr einseitig den „Fachleuten" zusprechen. Allerdings wären für einen Dialog zwischen Fachtheologie und Biographien Bemühungen um eine Sprache wichtig, die keine theologische Elitesprache ist. Dieses ist für alle Beteiligten insofern wünschenswert, als „die theologische Bildung in einer dem Nicht-Eingeweihten unbekannten Sprache vermittelt wird"[16].
Auf *sprachlicher Ebene* könnte das Erzählen zu einem theologischen Stilmittel werden. 1973 bereits wandte sich der Sprachwissenschaftler Harald Weinrich gegen eine Theologie, die ausschließlich argumentiert und nicht erzählt.[17] Das Christentum, so H. Weinrich, war in seinen Ursprüngen eine Erzählgemeinschaft. Es ist „jedoch keine Erzählgemeinschaft geblieben. [...] Denn das Geschichtenerzählen, ja schon das Geschichtenhören gilt in unserer Gesellschaft als unwissenschaftliche Beschäftigung"[18]. Betroffenheit jedoch als Ausdruck für ein Geschehen, das uns existentiell angeht, ist eine narrative Kategorie. („Die Betroffenheit ist generell eine narrative Kategorie."[19]) Eine Theologie, die betroffen machen will, kann sich nicht auf die Trennung einlassen: Verkündigung erzählt – Theologie argumentiert. Nach Johann Baptist Metz, katholischer Fundamentaltheologe und Vertreter der politischen Theologie, der entschieden für das narrative Moment innerhalb der Theologie eintritt, ist überhaupt erst ein Fingerspitzengefühl zu entwickeln, wann die Zeit des Argumentierens, wann die des Erzählens gekommen sei.[20] Erzählend werden Erfahrungen weitergegeben. Sie werden gehört und zur eigenen Geschichte der Zuhörenden.

> „Eine rein argumentative Theologie, die sich ihren Ursprung in erzählender Erinnerung nicht ständig neu vergegenwärtigt, führt angesichts der menschlichen Leidensgeschichte zu jenen tausend Modifikationen in ihrer Argumentation, unter denen unversehens jeder identifizierbare Inhalt christlichen Heils erlischt."[21]

So unterscheidet J.B. Metz nach Erinnerungen, „in denen uns die Vergangenheit zum [...] Asyl für unsere gegenwärtigen Enttäuschungen" wird, und nach „gefährlichen Erinnerungen", Heimsuchungen aus der Vergangenheit, die uns gegenwärtig herausfordern.[22] Diese gefährlichen Erinnerungen beinhalten nach J.B. Metz eine „eschatologische Wahrheit".[23] Erzählend rufen sie vergangenes Leiden ins Bewußtsein und werden so zur Orientierung für freiheitsbezogenes Handeln. Das *Erzählen* von Erinnerung ist dabei von wesentlicher Bedeutung: Der Erzähler macht die Erinnerung zur Erfahrung derer, die seiner Geschichte zuhören. Nach J.B. Metz wurde das Erzählen, welches wie das Argumentieren bzw. Interpretieren Ausdrucksmöglichkeit des Christentums ist, zum Schaden beider als „vorkritisch" geächtet und ist sowohl der katholischen, als auch der evangelischen Kirche heute weitgehend abhanden gekommen. Mit dieser Erinnerungs- und Sprachlosigkeit geht das Auseinanderklaffen von Biographie und Dogmatik einher, das es unter anderem durch biographische Erzählung zu überbrücken gilt. Mit Biographie

---

16 R.R. Ruether, Unsere Wunden heilen, unsere Befreiung feiern. Rituale in der Frauenkirche, Stuttgart 1988, 98.
17 H. Weinrich, Narrative Theologie, in: Concilium 9, 1973, 329ff.
18 H. Weinrich, Narrative Theologie, a.a.O., 331.
19 H. Weinrich, Narrative Theologie, a.a.O., 333.
20 Vgl. J.B. Metz, Glaube in Geschichte und Gesellschaft, a.a.O., 186.
21 J.B. Metz, Glaube in Geschichte und Gesellschaft, a.a.O., 190.
22 Vgl. J.B. Metz, Glaube in Geschichte und Gesellschaft, a.a.O., 95f.
23 J.B. Metz, Glaube in Geschichte und Gesellschaft, a.a.O., 98.

meint J.B. Metz erzählte Lebensgeschichte vor Gott, die in Dogmen eingeschrieben[24] und zum Interesse der Systematik werden muß. (Die Kommunikationsstruktur zwischen Argumentieren und Erzählen war zum Beispiel auch in Luthers Theologie durchaus präsent. Man verfolge nur, wie er im Großen Galaterkommentar zwischen Exegese, theologisch-systematischer Argumentation und narrativen Passagen wechselt![25])
Erzählen schafft *Gemeinschaft*: „Der Erzähler nimmt, was er erzählt, aus der Erfahrung; aus der eigenen oder berichteten. Und er macht es wiederum zur Erfahrung derer, die seiner Geschichte zuhören."[26] Damit ist Erzählen ein verbindendes Element. Die viel beklagte ‚protestantische Vereinzelung' zu Lasten der Gemeinschaft könnte durch die Thematisierung des biographisch Relevanten im Glauben relativiert werden. „Es müßte [...] dargelegt werden, inwiefern der Glaube zwar den einzelnen zuhöchst vereinzelt – ihn, unvertretbar ihn selbst meint – und ihn doch zugleich mit allen anderen Menschen zuinnerst verbindet: wie also der Glaube *einzeln* und *allgemein* zugleich ist."[27] Die Methodik der biographischen Erzählung könnte Gemeinschaft schaffen, ohne daß die wertvollen Elemente der Vereinzelung (s.o.) verlorengingen. Selbstgewinnung in Gemeinschaft – Erzählen ist die Kommunikationsform, die beide Aspekte miteinander verbinden hilft.
Werden Lebensgeschichten für theologisch relevant erachtet und deren Aufarbeitung in die Praxis der kirchlichen Gemeinden zurückgegeben, kann die Arbeit mit Biographien einen wichtigen Beitrag zur Entwicklung alltäglicher theologischer Kompetenz leisten.

Systematische Theologie aus feministischer Perspektive und die Bedeutung von Lebensgeschichten

Die Brisanz der Überlegungen des vorigen Kapitels verschärft sich, wenn wir sie auf Frauenerfahrungen beziehen. Obwohl Frauen die Kirchen an der Basis maßgeblich prägen und tragen, interessieren ihre Lebensgeschichten und die Wirkungen theologischer Inhalte auf sie kaum. An einem Beispiel sei dieses Defizit verdeutlicht:
1960 stellte Valerie Saiving Goldstein in ihrem Artikel „The Human Situation. A Feminine View"[28] fest: Die protestantische Sündenlehre trifft kaum die Situation von Frauen. „Stolze Selbstbehauptung" stellt eher ein männliches Problem dar, während das Problem von Frauen Selbstaufopferung und Selbstverneinung ist. Durch die herrschende Sündenlehre werden Frauen in dieser Haltung geradezu festgehalten.[29] Es ist kaum auszudenken, wieviel Unheil diese protestantische Sündenlehre bei Frauen – und nicht nur bei Predigthörerinnen – angerichtet hat. Jeder Impuls zur Selbstverwirklichung den eigenen Fähigkeiten gemäß, jeder Versuch, aus problematischen Abhängigkeiten hinauszukom-

---

24 Vgl. J.B. Metz, Glaube in Geschichte und Gesellschaft, a.a.O., 178.

25 Vgl. Martin Luthers Sämtliche Schriften, IX, hg. von J.G. Walch, Groß-Oesingen ^{2}1987, 91ff.

26 J.B. Metz, Glaube in Geschichte und Gesellschaft, a.a.O., 183f.

27 T. Koch, Das Problem des evangelischen Kirchenverständnisses nach dem Augsburger Bekenntnis, in: B. Lohse/O.H. Pesch (Hg.), Das Augsburger Bekenntnis von 1530 damals und heute, München Mainz 1980, 125ff.

28 Überarbeitet erschienen in: E. Moltmann-Wendel (Hg.), Frauenbefreiung, München Mainz ^{3}1982, 152ff, unter dem Titel: Die menschliche Situation. Ein weiblicher Standpunkt.

29 Ähnlich argumentiert J. Plaskow, vgl. L. Scherzberg, Sünde und Gnade in der Feministischen Theologie, Mainz 1991, 35ff.

men, fiel dem Egoismus- und Hochmutsverdikt anheim. Frauen bezogen auf sich, was eigentlich bestimmten Männern galt! Sicher ist dieses nicht das einzige Beispiel für die unterschiedliche Wirkung theologischer Inhalte auf Frauen und Männer.

Nun ist feministische Theologie aber auch selbst – zumindest im universitären Bereich – eine (gehobene) Mittelstandsangelegenheit. Von daher kann sie strenggenommen auch nur für diese Schicht sprechen. Biographien von Frauen aus anderen Schichten wahrzunehmen, bedeutet, die eigene Sicht als eine relative ernstzunehmen, anderen soziologischen Schichten Sprachmöglichkeiten zu verschaffen und allmählich eine basisorientierte Theologie zu entwickeln.

Machen wir uns die Wichtigkeit der Einbeziehung von Lebensgeschichten am Beispiel einiger Anliegen feministischer Theologie klar: Der Ausgangspunkt unserer *feministischen* Theologie ist die mit der amerikanischen Befreiungsbewegung der 60er Jahre bewußtgewordene Feststellung, daß unsere Kultur eine patriarchalische Kultur ist. Sicher ist es damals noch deutlicher zu erfahren gewesen als heute: Als Frauen bewegen wir uns in einem männlichen Wertesystem, das nach „Männer-" und „Frauenwelt" trennt. In der übergeordneten, Gesellschaft, Politik und Wirtschaft bestimmenden Männerwelt gelten „harte" Werte wie Rationalität, Sachlichkeit, Effizienz und Leistungsdenken. „Sanfte" Werte wie Emotionalität, Einfühlungsvermögen, Empfänglichkeit und Gemeinschaftssinn werden einseitig den Frauen zugeschrieben und gelten nur im privaten Bereich. Die Emanzipationsbewegung ist darauf eine Antwort: Sie strebt die volle Gleichberechtigung der Frauen in allen Bereichen öffentlichen Lebens an. Unverkennbar hat diese Bewegung bereits Früchte getragen, da immer mehr Frauen in öffentlichen Bereichen Verantwortung übernehmen. Aber es sind nach wie vor die männlich geprägten Strukturen, die ihre Bedingungen (Hierarchien, Arbeitsmarktpolitik und ähnliches) bestimmen.

Feminismus setzt grundsätzlicher an. Aus einer grundsätzlichen Kultur- bzw. Patriarchatskritik heraus ist es unser langfristiges Ziel, eine andere Kultur zu entwickeln, in der Geschlecht oder Rasse kein Nachteil sind und in der Frauen und Männer sich zum eigenen und zum Wohl eines Ganzen entfalten können.

Man macht Feministinnen den Vorwurf, sie würden sich dabei nur um sich selbst drehen und sich in der Abgrenzung gegenüber dem „Feindbild Männerwelt" erschöpfen. In der Tat ist für uns der erste Schritt auf dem Weg – immer noch – die Selbstfindung. Das Erkennen der patriarchalen Strukturen, verbunden mit ihrer Kritik, bedeutet auch die Aufarbeitung von Frauengeschichte. Sie fragt: Wie sind die Kräfte und Möglichkeiten von Frauen verschüttet worden? Wie haben sie dieses zugelassen? Welche Orte und Rollen bekamen sie in den herrschenden Strukturen zugewiesen? Und welche haben sie für sich erobert? Auf diese Weise geschieht Standortbestimmung. Weibliche Geschichte ist unauflöslich verbunden mit der Geschichte des Patriarchats, die sich bis heute fortschreibt. Erst wenn Frauen „auf festen Füßen" stehen – und das passiert durch sorgfältige Analyse von Frauengeschichte und -gegenwart – können sie in den Dialog treten.

In diesen Prozeß müssen Frauen aller Schichten eingebunden sein, wenn das kulturrevolutionäre Anliegen einen tragfähigen Boden gewinnen soll. Welche Kräfte und Möglichkeiten haben Frauen in ihrer Alltagswelt als Widerstandspotential entwickelt? Wo erleben sie sich fremdbestimmt und wo authentisch? Welche Lebensträume haben sie? Welche Ängste prägen sie – nicht zuletzt bezüglich des Feminismus? Viele Frauen können darüber nicht schreiben – aber manches erzählen. Erzählen ist tatsächlich eine weibliche

Kompetenz! Wenn Erzählen als gleichwertige Fähigkeit neben Schreiben, Analysieren und ähnliches träte, wäre das allein schon ein Schritt zur Ausweitung des feministischen Prozesses.
Solchermaßen kulturkritisch orientiert, erkennen wir auch die *christliche Religion* (Theologie und Kirche) als patriarchal geprägt. Jahrtausendelang haben Männer ihre religiösen Erfahrungen und Antworten formuliert und geltend gemacht. Dabei haben sie das „Männliche" zur Norm gesetzt und die Überlegenheit des Mannes offen (zum Beispiel Thomas von Aquin) oder verschleiert (zum Beispiel Lutherische Orthodoxie) theologisch legitimiert und institutionalisiert. Die bislang herrschende Theologie sehen wir als eine unvollständige Theologie. „Die Geschichte" hat nur wenige Zeugnisse von *Frauen* festgehalten, obwohl sich doch gerade Frauen von der christlichen Religion zahlreicher berührt fühlten und das kirchliche Leben gesucht haben. Das ist ein bedenkenswerter Widerspruch, besonders da Theologie immer auch eine Antwort auf geschichtliche und gesellschaftliche Erfahrungen ist.
Heute haben wir eher die Möglichkeit, Frauen erzählen zu lassen und ihre Erfahrungen zu reflektieren. Wir sollten das nutzen, um mit einer breiten Basis Theologien und Kirchlichkeit zu entwickeln, zu deren wichtigsten Anliegen der Herrschaftsabbau zählt.

Feministische Theologie hat für uns heute unter anderem zwei Blickrichtungen:
Der Blick zurück beinhaltet Theologie- und Kirchenkritik. Kirche als eine gesellschaftliche Größe soll als eine Macht verstanden werden, die sich auch gegen uns richten kann.[30] Über die Kritik hinaus geht es weiterhin um die Aufarbeitung der eigenen Geschichte im Bereich der christlichen Religion. Dabei wird Frauengeschichte als Unterdrückungsgeschichte deutlich; unser Interesse gilt hier den Mechanismen der Unterdrükkung und unserer Rolle darin. So knüpfen wir kritisch auch an die Geschichten und Erfahrungen der überlieferten biblischen und kirchengeschichtlichen Frauengestalten an. Unsere biographische Arbeit zählt zu diesen Schritten auf dem Weg, den eigenen Standort – mitten im Geflecht von Bedingungen und Abhängigkeiten – rückblickend zu bestimmen.
Der Blick nach vorn versucht, die gefundenen Bedingungen und Standorte zu bewerten und in die Theologie einzubeziehen. Feministische Theologie setzt an „bei dem gesellschaftlich bedingten Lebensgefühl von Frauen, eine kulturell und sozial benachteiligte Gruppe zu sein"[31]. Sie nährt sich aber auch aus der Stärke und Gemeinschaft von Frauen! Hier sollen einige Aspekte aus den Erzählungen der Interviewpartnerinnen Schritte entwickeln helfen.

Im Laufe der Zeit haben sich drei den Befreiungstheologien nahestehende Grundlagen in der (befreiungstheologisch orientierten) feministischen Theologie als wichtig erwiesen, denen wir uns anschließen. Wir möchten die lebendige religiöse *Erfahrung* von Frauen ernstnehmen und unsere Theologie nicht in Begriffssysteme, Dogmen und Glaubensartikel zwängen. Freiem und verantwortlichem Denken soll stattdessen Raum gegeben werden[32], Intuition, Subjektivität und religiöse Kreativität sollen sich entfalten können. Da-

---

30 Vgl. E. Schüssler Fiorenza, Brot statt Steine. Die Herausforderung einer feministischen Interpretation der Bibel, Fribourg 1988, 13f.
31 D. Strahm, Feministische Theologie – eine Einleitung, in: FAMA, I, 1986, 1ff.
32 Vgl. E. Wisselink, Frauen denken anders, Straßlach 41986, 75f.

her rührt auch unser Interesse an Biographieforschung. Feministische Theologie schlägt sich in Biographien nieder – und in Gedichten, Liedern, Bildern und Gebeten. In solchen Formen hat unsere Glaubenstradition von alters her ihren – angemessenen – Ausdruck gesucht.

„Feministische Theologie ist ein Prozeß des Theologisierens, der alte Gewißheiten und Wahrheiten in Frage stellt; sie ist eine Theologie, die nicht zu schnell Antworten bereithalten will für Fragen, die wir noch gar nicht richtig gestellt haben, und die nach neuen Ausdrucksformen und befreienden Bildern für die Menschwerdung von Frauen sucht."[33]

Sie versucht, dieses schichten- und altersübergreifend zu leisten.
Feministische Theologie ist *kontextuell.* Sie differenziert die verschiedenen Erfahrungshintergründe von Frauen. Jeder theologische Kontext birgt andere theologische Fragestellungen und erfordert die Suche nach eigenen Ausdrucksformen und nicht-entfremdeter Religiosität. So konzentriert sich unsere Arbeit auf Erfahrungen von Frauen im westdeutschen Gemeindekontext. Das, was sie als befreiend empfinden, mag in anderen Lebenszusammenhängen ganz anders empfunden werden. Gerade interkulturelle Vergleiche von Frauenerfahrungen wären dann weitere Schritte zu einer weithin vernetzten, sich gegenseitig konstruktiv beeinflussenden, kritisierenden und unterstützenden Frauenbewegung.
Feministische Theologie ist *Befreiungstheologie.* Das bedeutet, daß feministische Theologie eine politische Theologie ist. Auf der Grundlage einer differenzierenden Analyse der Lebensbedingungen und -geschichten von Frauen in unserer Gesellschaft suchen wir nach religiöser Erfahrung und Sprache, die uns Frauen Würde, aufrechten Gang und Selbstvertrauen ermöglicht. In Erinnerung daran, daß unsere christliche Tradition auf einer Befreiungserfahrung gründet[34], fragen wir, was Frauen in dieser christlichen Tradition als befreiend erfahren, „ob wir in der biblischen und christlichen Tradition Bilder und Geschichten finden können, die unseren Prozeß der Befreiung von gesellschaftlichen und religiösen Zwängen und unsere Suche nach Identität inspirieren können"[35].
Prozeßhafte, kontextuelle und Befreiungstheologie leben von einer lebendigen, möglichst viele Frauen umfassenden Schwesterlichkeit, die das Bildungs- und Glaubensmonopol von Kirche und Universität aufbricht.[36]

Lebensgeschichten und Theologie – einige Beispiele für ihre Berücksichtigung

In der Praktischen Theologie spielt Biographieforschung durchaus eine Rolle, auch wenn sie nicht immer als solche benannt wird. Hier sind vor allem die grundlegenden Arbeiten von H. Luther zu nennen, der die Kategorien Subjekt-Biographie-Individualität-Alltag in ihrer theologischen Relevanz eruiert hat.[37] Zu Einzelbereichen der Praktischen Theologie liegen eine Reihe von Arbeiten vor, die das biographische Element berücksichtigen. Wir nennen einige Beispiele:

33 D. Strahm, Feministische Theologie – eine Einleitung, a.a.O., 3
34 Diese Befreiungserfahrung repräsentiert zum einen der Exodus im Alten Testament, thematisiert von C. Halkes und R.R. Ruether, zum anderen die Jesus-Gemeinschaft des Neuen Testaments, aufgenommen von E. Schüssler Fiorenza.
35 D. Strahm, Feministische Theologie – Eine Einleitung, a.a.O., 3.
36 Weiterführende Gedanken zum Thema bietet D. Strahm, Aufbruch zu neuen Räumen. Eine Einführung in feministische Theologie, Fribourg 1987.
37 Vgl. H. Luther, Religion und Alltag, Stuttgart 1992.

W. Lück ist der Frage nachgegangen, welche Lebensformen des Protestantismus heute praktiziert werden. Er hat dabei seine Autobiographie sowie Biographien, die den protestantischen Lebenskreis berühren, hinzugezogen.[38]
Die Religionspädagogik hat mit der Arbeit von P. Bichl die Bedeutung von Biographieforschung für ihr Fach nachgewiesen.[39]
In der Seelsorge, besonders der Krankenhausseelsorge und Sterbebegleitung, liegt eine Fülle von Material vor.[40] In diesem Zusammenhang verdienen die Arbeiten der Pädagogin E. Schuchardt Erwähnung, die Lebensberichte analysiert hat, die tiefgreifende Krisen thematisieren. Sie fragt dabei nicht nur nach der Krisenverarbeitung, sondern auch nach der Bedeutung des Glaubens in ihren verschiedenen Phasen.[41] In einer weiteren Arbeit kommt der Autorin das Verdienst zu, „alltägliche Menschen" schreiben zu lassen.[42]
In der feministischen Literatur gibt es ebenfalls Ansätze der Biographieforschung (von M. Dirks, M. Maaßen, A. Schmidt-Biesalski, N. Sommer und C. Wolf)[43] – allerdings ohne ausführliche Auswertungen. Den eher systematischen Bereich berührt ein anderes von A. Schmidt-Biesalski herausgegebenes Buch zu Gottesbildern.[44] Es sind in diesen feministischen Beiträgen allerdings fast durchgehend gutsituierte, oft prominente Frauen der gehobenen Schichten, die zu Worte kommen und die es gewohnt sind, sich schriftlich zu äußern.
Das ist auch bei dem von H. Zahrnt herausgegebenen Band „Mein Gott. Erfahren, bedacht, erzählt" anzumerken, der sein Buch im Untertitel programmatisch „Theologie von Nichttheologen" nennt.[45] Auch er verleiht vornehmlich einer hochqualifizierten Gruppe Stimme.
Die genannten Arbeiten, die den Bereich der Systematischen Theologie berühren (M. Dirks, A. Schmidt-Biesalski, E. Schuchardt, H. Zahrnt), konzentrieren sich also

a) auf schriftliches Material
b) von Menschen, die das Schreiben gewohnt sind
c) und die meist einer gehobenen Schicht angehören.

---

38 Vgl. W. Lück, Lebensform Protestantismus, Stuttgart 1992.

39 Vgl. P. Biehl/G. Baudler, Erfahrung – Symbol – Glaube. Grundfragen des Religionsunterrichts, Frankfurt a.M. 1980; s. auch R. Lachmann/H.F. Rupp (Hg.), Lebensweg und religiöse Erziehung, I/II, Weinheim 1989.

40 z.B. H.-C. Piper, Gesprächsanalysen, Göttingen [5]1988; J.-U. Schwarz, Gegenseitigkeit. Zehn Tagebuchgeschichten. Erfahrungen einer Seelsorgerin an einem Psychiatrischen Landeskrankenhaus, Neukirchen 1982; Y. Spiegel, Der Prozeß des Trauerns. Analyse und Beratung, München [7]1989.

41 Vgl. E. Schuchardt, Warum gerade ich? Behinderung und Glauben, Gelnhausen [4]1984.

42 Vgl. E. Schuchardt (Hg.), Jede Krise ist ein neuer Anfang. Aus Lebensgeschichten lernen, Düsseldorf 1984; vgl. auch dies., Krise als Lernchance. Eine Analyse von Lebensgeschichten, Düsseldorf 1985.

43 Vgl. M. Dirks (Hg.), Glauben Frauen anders? Erfahrungen, Freiburg 41983; M. Maaßen, Biographie und Erfahrung von Frauen. Ein feministisch-theologischer Beitrag zur Relevanz der Biographieforschung für die Wiedergewinnung der Kategorie der Erfahrung, Münster 1993 (hier auch die Aufarbeitung der Position von E. Schillebeeckx); N. Sommer (Hg.), Nennt uns nicht Brüder. Frauen in der Kirche durchbrechen das Schweigen, Stuttgart 1985; C. Wolf (Hg.), Macht und Ohnmacht der Frauen in der Kirche. Persönliche Erfahrungen, Stuttgart 1983. Biographische Abschnitte verwenden: A. Schmidt-Biesalski (Hg.), Früchte aus Südafrika. Geschichte und Erlebnisse einer Frauenkampagne, Berlin 1993; A. Schulenburg, Feministische Spiritualität. Exodus in eine befreiende Kirche? Stuttgart Berlin Köln 1993.

44 A. Schmidt-Biesalski (Hg.), Befreit zu Rede und Tanz. Frauen umschreiben ihr Gottesbild, Stuttgart 1989.

45 z.B. H. Zahrnt (Hg.), Mein Gott. Erfahren, bedacht, erzählt. Theologie von Nichttheologen, Hamburg [2]1979.

(Für die letzten beiden Punkte bildet E. Schuchardt eine Ausnahme.) – Die Mehrzahl der Arbeiten, die Biographien hinzuziehen, verorten sich selbst in der Praktischen Theologie.

Wir möchten mit dieser Arbeit, die wir vornehmlich der Systematischen Theologie zurechnen, einen ansatzweisen Beitrag dazu leisten, aktive Frauen aus evangelischen Gemeinden mit ihrem Glaubens- und Lebensverständnis zu Worte kommen zu lassen. Wir möchten sie mündlich erzählen lassen und die Gespräche mit dem Band aufzeichnen. Wir werden die narrativen Interviews vorsichtig auswerten und mit den wesentlichen Tendenzen christologischer Aussagen von Systematischer Theologie in Beziehung setzen.

Das Beispiel Christologie – Begründung der Themenwahl

Wir wollen unser Anliegen, Glaubenserfahrungen mit Systematischer Theologie zu verbinden, an einem Beispiel ausprobieren. Dieses Beispiel soll auf andere Inhalte übertragbar sein. „Christologie“ hatte sich im Rahmen eines feministischen Seminars als brisantes Thema erwiesen – gerade auch in der biographischen Phase. Aber auch folgende Gründe führten zu unserer Entscheidung:
Christologie ist das *Zentralthema* von Theologie und Kirche und hat als solches verschiedene mögliche Konsequenzen für Frauen. Für viele protestantische Frauen steht und fällt mit ihrer Einstellung zu Jesus Christus die Entscheidung über ihre Zugehörigkeit zur christlichen Kirche bzw. ihre Distanzierung. Von daher ist dieses Thema von besonderem Interesse.
Das, was über Jesus gelehrt wird, hat für Frauen zudem nicht selten unheilvolle *Konsequenzen.* Sie empfinden durch die Betonung seines Vorbildcharakters oder durch die Aufforderung zur Dankbarkeit ihm gegenüber (für all das, was er für uns getan hat und worauf unser Verhalten positiv antworten soll), die Last der Überforderung und Schuldgefühle. Ein weiteres Motiv, das Frauen belasten kann, ist die Betonung der Selbstaufopferung Christi am Kreuz, seine Hingabe, die als Modell für eine durchgängige Lebensgestaltung gepredigt wurde. So mancher Lebensentwurf wird unter diesem permanenten Druck gebrochen, gestört oder mit starken Schuldgefühlen belegt.[46] Andrerseits scheint die Auseinandersetzung mit Jesus von Nazareth manche Frauen darin zu bestärken, Leiden anzunehmen und so umzuwandeln, daß sie durch diesen Prozeß wachsen und sich mit Themen wie Schmerz, Vergänglichkeit und Tod offen auseinandersetzen. Schließlich sind kirchliche Frauen, die sich aus ihrer Tradition heraus in ihrem Umfeld karitativ betätigt haben, nicht selten durch das Evangelium politisiert worden. Welche Rolle spielt Jesus Christus dabei?
Zum anderen ist Christologie ein Thema, an das sich *feministische Theologinnen* bereits herangewagt haben. Es ist nun interessant zu erfahren, ob Gemeindefrauen ihren Entwürfen nahestehen. In feministischen Christologien zeichnen sich einige Auffälligkeiten ab, deren Aufnahme durch Nichttheologinnen spannend sein dürfte.
Nahezu übereinstimmend hat feministische Theologie die klassische Sünden- und Erlösungsinterpretation („für uns gestorben“) aus ihrer Christologie gestrichen. Von Interesse

46 R. Strobel, Feministische theologische Anfragen an die Kreuzestheologie, in: Das Kreuz mit dem Kreuz, Hofgeismarer Protokolle, Tagungsbeiträge 273, Hofgeismar 1990, 30ff.

ist ihr eher das Leben Jesu, seine Beziehungen zu Frauen und Männern, insbesondere zu denen, die am Rande stehen. Feministische Christologie bezieht sich schwerpunktmäßig auf die ersten drei Evangelien. Manchmal scheint dabei die alte Entgegensetzung von Jesus und Paulus wieder aufzuflackern, wobei Paulus mit seiner Kreuz- und Erlösungslehre als Urheber des dogmatischen Christentums charakterisiert wird. Wie empfinden Frauen aus Gemeinden die traditionelle Erlösungsformel? Und wie denken sie über das Bekenntnis „wahrer Gott und wahrer Mensch“, das in der feministischen Christologie ebenfalls stark uminterpretiert wird? Der irdische Jesus ist in manchem Entwurf feministischer Christologie nahezu unüberholbar, und zwar sowohl in seiner Gottesbeziehung als auch in seinen mitmenschlichen Qualitäten. Zwar befürworten diese Entwürfe die Möglichkeit unseres adäquaten Verhaltens, sie nehmen aber letztlich Äußerungen Jesu, die *seine* Möglichkeiten für alle Menschen ausdrücken, nicht radikal genug auf. (Zum Beispiel Mt 17,19f: Die Jünger vermochten eine Heilung nicht zu vollbringen und fragten Jesus nach dem Grund. Er antwortete: „Um eures Kleinglaubens willen. Denn wahrlich, ich sage euch: Wenn ihr Glauben habt wie ein Senfkorn, werdet ihr zu diesem Berge sprechen: Hebe dich weg von hier dorthin! Und er wird sich hinwegheben, und nichts wird euch unmöglich sein.“) Wie stehen Frauen Jesus Christus als einem unüberholbaren Ideal gegenüber? Schließlich interessiert uns ein ideologiekritischer Aspekt der Christologie, der von einigen feministischen Theologinnen bereits aufgenommen wurde: Jesus – ein Mann. Wie wirkt das auf Frauen? Wie stützt die Männlichkeit des Erlösers das Patriarchat?

Aber auch aus methodischen Gründen scheint sich das Thema „Christologie“ für die Biographieforschung zu eignen. Viele Menschen betonen ja, daß sie sich zwar unter „Gott“ nichts vorstellen könnten, wohl aber unter Jesus Christus. Von daher dürfte sich hier eine Erzählebene öffnen. Vermutlich werden sich im Gespräch Erinnerungen an Bilder, Geschichten oder Gebete einstellen. Vielleicht öffnet sich hierdurch eine Tür zur Volksfrömmigkeit, die im Protestantismus kaum Beachtung findet und doch gerade für die Aufarbeitung der Diskrepanz zwischen Schultheologie und Gemeindespiritualität von Bedeutung ist.

So ergeben sich für die vorliegende Arbeit folgende *Ziele*:

1. Einen Beitrag zu liefern zur Realisierung der Kommunikation zwischen (Systematischer) Theologie und Erfahrungswirklichkeit auf dem Wege der Biographieforschung. Gemäß den Prinzipien „Offenheit“ und „Kommunikation“ gilt es, möglichst unvoreingenommen das wahrzunehmen, was die Frauen erzählen, um neben Tradition und Gegenwartschristologie menschliche Erfahrung in den Denkprozeß Systematischer Theologie miteinzubeziehen.
2. Einen Beitrag zu leisten zur Eruierung der sogenannten Volksfrömmigkeit am Beispiel des Themas „Christologie“. Im engeren Sinne: zu einem konkreten Thema die Stimmen derer wahrzunehmen, die an der Basis die Gemeinden tragen, aber wenig wahrgenommen werden. Das sind die Frauen, die in irgendeiner Weise am Gemeindeleben beteiligt sind.
3. Durch die Stärkung der Momente der Selbstverantwortung im Glauben und der Gemeinschaft soll die Arbeit mit Biographien über das konkrete Thema hinaus als theologisch relevant einladend gemacht werden.

Kurzvorstellung der Interviewpartnerinnen

Mit 15 Frauen zwischen 17 und 84 Jahren führten wir sogenannte narrative Interviews, bei denen die Eingangsfrage so weit gestellt wird, daß sie zum Erzählen einlädt. Wir baten die Frauen, uns aus ihrem Leben zu berichten und zu erzählen, welche Rolle Glaube, Kirche und Jesus Christus darin innehatten. Nach einem vertiefenden Gespräch über die Themen, die die Interviewpartnerinnen angeschnitten hatten, stellten wir standardisierte Fragen a) nach der Bedeutung von Kreuz und Auferstehung für die Frau, b) nach ihrer Vorstellung von der Beziehung zwischen Gott und Jesus und c) ob es für sie eine Rolle spielt, daß Jesus ein Mann war. Während im erzählenden Teil des Interviews die Themen von den Frauen vorgegeben wurden, betrafen die gelenkten Fragen Bereiche systematischer und feministischer Theologie.
Die Bereitschaft der Frauen zu den Gesprächen war überraschend groß. Viele betonten, wie interessant sie es fanden, einmal in Ruhe über ihren Glauben nachdenken und erzählen zu können. Wir hatten Gesprächspartnerinnen ausgesucht, die in Ortsgemeinden engagiert sind oder andere Kontakte zur Kirche haben, um Vergleichsmöglichkeiten zu systematisch-theologischen Tendenzen zu haben. Bis auf eine pensionierte Katechetin engagier/ten sich alle Frauen ehrenamtlich.
Im folgenden stellen wir unsere Interviewpartnerinnen nach ihren Vornamen alphabetisch geordnet kurz vor und verdeutlichen die Bedeutung Jesu Christi für sie. Anschließend stellen wir die Auswertung der Interviews nach Themen geordnet vor.

Andrea R.: „Es ist wichtig, daß auch das Menschliche rüberkommt."

37 Jahre alt
Sekretärin im Gesundheitswesen
Geboren in einer norddeutschen Großstadt, mit 14 Jahren Umzug in ein süddeutsches Dorf mit ausgeprägtem katholischen Umfeld. Ausbildung in einer süddeutschen Großstadt. Sie ist verheiratet und hat zwei Kinder.
In ihrer Gemeinde organisiert sie Lastwagentransporte nach Bosnien, arbeitet in der Kinderkirche mit und begleitet Ferienfreizeiten für Kinder.

Andrea R. hat ein ausgeprägtes Organisationstalent, das sie in die Gemeindearbeit einbringt. Sie ist nach einer eher oberflächlichen religiösen Sozialisation erst durch ihre Kinder zu Gemeindeaktivitäten gekommen. Nach der Heirat waren ihr Mann und sie aus Steuergründen aus der Kirche ausgetreten. Als sie aber die Frage ihrer Tochter, was Taufe sei, nicht recht beantworten konnte, trat sie wieder in die Kirche ein, um sich informieren zu können. Ihre praktischen Talente brachte sie bald in die Bosnienhilfe und die Kinderkirche ein. In der Vorbereitungsgruppe der Kinderkirche holt sie das an theologischer Bildung nach, was sie bisher nicht erhielt. Mittlerweile besucht sie auch gerne den Gottesdienst, sofern die Predigten Anreize zum Nachdenken bieten und lebenspraktisch ausgerichtet sind.
Andrea R. möchte Gott und Jesus nicht trennen. Jesus ist für sie zwar nicht Gott, aber „es ist nichts, daß ich sagen kann: Also es ist etwas Neues hinzugekommen in meinem

Glauben, wenn ich mit Jesus mich auseinandersetze. Es hat für mich die gleiche Bedeutung." Die Bedeutung von Gott und Jesus bezieht sich für Andrea R. zum einen auf den „Part der Nächstenliebe", zum anderen auf die Kraft zum Aushalten von Konflikten und Leiden.

Anneliese D.: „Es ist ja eine Familiengeschichte."

59 Jahre alt
Medizinisch-Technische Assistentin, jetzt Hausfrau
Geboren im Arbeiterviertel einer norddeutschen Großstadt, wuchs sie abwechselnd dort und in ländlicher Umgebung bei den Großeltern auf. Ausbildung und kurze Berufstätigkeit als Arzthelferin, dann Hausfrau. Sie ist verheiratet, hat zwei erwachsene Kinder und lebt am ländlichen Stadtrand.
Als Vorsitzende des Bürgervereins hat sie organisatorische Kontakte zur Gemeinde. Sie nimmt seit fast 30 Jahren am kirchlichen Frauenkreis teil.

Anneliese D. erfuhr in ihrem Leben zwei Phasen großer Verunsicherung, in denen sie den Kontakt zur Kirche suchte: die Nachkriegszeit, nachdem sie durch Ausbombung ihr Zuhause verloren hatte und ihr Elternhaus auseinanderbrach, und die 60er Jahre, deren neue Werte sie verunsicherten. In beiden Situationen erlebte Anneliese D. Kirche positiv als Ort der Beständigkeit und Tradition. Als Mutter und Hausfrau versucht sie in ihrer Familie und ihrem Dorf, Tradition und eine Harmonie zu leben, die sie sowohl in der Natur als auch in Christus erkennt. Beide eröffnen uns die Aufgabe, die das Göttliche an uns stellt: daß wir einander glücklich machen können. Diese Auffassung entspricht Anneliese D.s eigener Offenheit und Liebe für andere Menschen. Biblische Geschichten versteht sie als Familiengeschichten.
Für Anneliese D. verkörpert Jesus als Ebenbild Gottes eine bestimmte Lebenshaltung. „Und es war notwendig wohl für die Menschen, ein Ebenbild zu haben und zu sagen: ‚So, seht ihr, so lebt man das Leben, so ist es gottgewollt.'„ Dazu gehört für Anneliese D. zum einen das konsequente Einstehen für andere: „Und dieser unerschütterliche Glaube, das ist … wohl auch das, was mich an Christus so begeistert hat. Dieser unerschütterliche Glaube an das Vorhandensein des Guten im Menschen, das zu stützen." Zum anderen ist Christus für sie Vorbild dafür, in Krisenzeiten nicht verzweifeln zu müssen. „Er hat uns Beispiele, Lebensbeispiele gegeben, daß man sie [die Krisen] auch überstehen kann und muß für seinen Glauben."

Dora S.: „Ich freue mich, daß ich hier so schön nah bin und daß wir eine so aktive Kirche haben und ich immer wieder Anregungen bekomme."

78 Jahre alt
Diätassistentin, jetzt Rentnerin
Aufgewachsen in einer ostdeutschen Großstadt, Ausbildung und Berufstätigkeit als Diätassistentin. Sie ist verwitwet, hat drei erwachsene Kinder und lebt in einer norddeutschen Großstadt.
Sie ist langjährige Leiterin des Frauenkreises ihrer Gemeinde und Besucherin zahlreicher kirchlicher Aktivitäten.

Anläßlich eines Umzuges bekam sie vom Gemeindepastor einen Antrittsbesuch und fand so den Einstieg in den dortigen Frauenkreis. Dankbar nimmt sie von da an fast alle kirchlichen Angebote wahr: Reisen, Kirchentage, Angebote des Frauenwerks, Seminare, Bibelstunden usw. Kirche wird für Dora S. zum wesentlichen Lebensfeld, wie „ihr" Matthäus-Zitat treffend ausdrückt: „Wo zwei oder drei in meinem Namen beisammen sind, da bist du mitten unter ihnen." Ihren Glauben schildert Dora S. hauptsächlich vermittels der sinnlichen Eindrücke, die kirchliche Veranstaltungen bei ihr hinterlassen. Auf dogmatische Fragen im Interview antwortet Dora S. mit oftmals gehörten Glaubensformeln, die sie als Geheimnisse beläßt, ohne den Anspruch zu haben, sie zu durchdenken. Zwar gibt es für Dora S. Situationen, in denen Zweifel aufbrechen und der Glaube nicht trägt, aus ihnen vermag sie sich aber in die gegenwärtige Erfahrung kirchlicher Gemeinschaft zu retten.
Dora S. erzählt im Interview dann von Jesus Christus, wenn sie ein eindrucksvolles, möglichst bildhaftes Erlebnis mit der Auseinandersetzung mit ihm verbindet. Aus dem vergangenen Jahr ist ihr beispielsweise die Osternachtsfeier in Erinnerung geblieben, in der sie durch den Übergang von Dunkelheit zu Helligkeit das Geschehen ganz neu nachzuvollziehen vermochte. „Das hat mir sehr gut gefallen. Die [Kirche] war total dunkel und der Altar total leer, und es wurde alles so nach und nach feierlich gebracht, das weiße Tuch und die Bibel und die Kerzen und die Blumen." Eine Vielzahl anderer Erlebnisse, von denen sie gerne erzählt, treten hinzu: „Aber das sind ja alles Geschichten. Der Glaube selbst, meine ich, ist ja eine Sache, von der man schwer reden kann."

Elke R.: „Diese Utopie ist eigentlich die einzige Hoffnung und der einzige Grund, daß man hier noch leben muß."

17 Jahre alt
Schülerin am Gymnasium
Aufgewachsen am Rand einer nordrhein-westfälischen Großstadt, wo sie auch jetzt mit ihren Eltern und ihrem Bruder lebt.
Sie ist seit ihrer eigenen Konfirmation Teamerin im Konfirmandenunterricht, Mitglied des Gemeindejugendrates und regelmäßige Gottesdienstbesucherin.

Realistisch und mutig beschreibt Elke R. den Zustand der Welt als katastrophal und die Menschen als egoistisch. Sie leidet unter der Gewalt gegenüber Schwächeren in unserer Gesellschaft, die sie als Mädchen auch selbst erfährt. Ihrer alltäglichen „Außenwelt", deren Charakteristika Zeitdruck, Leistungsdenken und Fremdbestimmung sind, entflieht sie in die Junge Gemeinde. Diese erlebt sie als Freiraum, in dem sie an „Schönes und Beruhigendes" denken kann, Freunde trifft und Spaß hat. Ihr Glaube läßt Elke R. entgegen allem Augenschein auf eine lebenswerte Welt hoffen.
Für Elke R. ist Jesus ein Ideenträger für Werte in menschlichen Beziehungen, die in der Vergangenheit vielleicht durch mehrere Menschen verkörpert und dann auf Jesus übertragen wurden. Diese Werte erkennt Elke R. vor allem in der Bergpredigt. Sie können wegen menschlicher Unzulänglichkeit aber allenfalls in kirchlichen Gruppen verwirklicht werden. Die Auferstehungsgeschichten Jesu sollen Hoffnung vermitteln: „Daß es nicht richtig passiert ist, denke ich schon, aber es ist halt so, wenn es so wäre, dann wäre

es eine große Hoffnung. Und man kann ja auch versuchen, an so etwas zu glauben, auch wenn man es eigentlich nicht so richtig tut."

Erdmute K.: „Es war wie die Speisung der 5000."

72 Jahre alt
Sekretärin, jetzt Rentnerin
Aufgewachsen in einer Großstadt der ehemaligen DDR, verwitwete sie 1943 nach einjähriger Ehe und wurde Alleinerziehende eines Kindes. Bis zum Rentenalter arbeitete sie als Sekretärin und siedelte dann nach Norddeutschland zur Familie ihres Sohnes über.
Sie ist Teilnehmerin des Handarbeitskreises und regelmäßige Gottesdienstbesucherin.

Erdmute K.s Leben ist zum großen Teil geprägt von der Verantwortung und Last der alltäglichen Arbeit einer alleinerziehenden Mutter in der DDR nach dem 2. Weltkrieg. Jahrelang pflegte sie neben ihrer vollen Berufstätigkeit ihre alten Eltern. Die Schilderungen dieses pflichtenreichen Lebens schieben sich im Gespräch immer wieder in den Vordergrund. Dahinter aber wird deutlich, wie das Kirchenjahr mit seinen Bildern, Sitten und Festen bis heute bestimmte Tage für Erdmute K. heraushebt und ihnen einen besonderen Charakter verleiht. Auf diese Weise schließt ihr die Kirche zu bestimmten Zeiten andere, sinnliche Räume auf. Als ein besonderes Ereignis ihrer Biographie fällt der Kirchentag 1951 in Berlin auf. Erdmute K. erzählt von diesem Besuch offen und lebendig als von einer seltenen Erfahrung persönlich gestalteter Zeit. Eine Reismahlzeit auf der Abschlußkundgebung dieses Kirchentages verdichtet sich für Erdmute K. zu einer spürbaren Glaubenserfahrung: „Es war wie die Speisung der 5000." Vornehmlich an ähnlich handfesten Erfahrungen, die sich in ihrer bildhaften Gestalt auch bewahren lassen, macht sich Erdmute K.s Glaube fest.
Erdmute K. verbindet die Bedeutung von Jesus mit dem Ablauf des Kirchenjahres, das ihrem Leben Farbe und Bilder verleiht. Im Zusammenhang mit Karfreitag erinnert sie sich intensiv an ein „Heiliges Grab", das in ihrer Heimatstadt am Karsamstag regelmäßig besucht wurde. „Da war dann eine Andacht und mit Posaunen eine Feierstunde, da war dann für uns schon Ostern, wenn das vorbei war. [...] Ostern – das war dann früher auch so üblich, wir gingen dann mit den Eltern in so Lokale, wo auch Sonntag ein bißchen Tanz war. Da war Ostersonnabend nirgends Tanz. Aber Ostersonntag wieder. Das wird heute alles gar nicht mehr beachtet."

Erika L.: „Und du hast die ganze Zeit über nicht einmal an ihn gedacht! Du hattest ihn vergessen!"

47 Jahre alt
Speditionskauffrau
Aufgewachsen im organisierten Arbeiterviertel einer nordrhein-westfälischen Großstadt. Dort Lehre und Berufstätigkeit als Speditionskauffrau bis zur Geburt ihrer Tochter, dann Mutter und Hausfrau. Seit einigen Jahren ist sie wieder berufstätig und lebt mit ihrem Mann in einer westfälischen Großstadt.
Sie ist Kirchenvorsteherin und organisiert Ferienprogramme für Kinder aus sozial schwachen Familien.

Den Schwerpunkt des Gespräches mit Erika L. bildet ihre individuelle Gottesbeziehung. Diese beginnt erst spät mit der unheilbar scheinenden Krankheit ihres Mannes. Ärzte und Pastor legten in ihrer Ohnmacht deren Verlauf deutlich in Gottes Hände, so daß auch Erika L.s unkirchlicher Mann versprach, sich Gott zum Dank taufen zu lassen, erhalte der ihn am Leben. Mit der Genesung ihres Mannes empfand Erika L. Schuld gegenüber Gott, den sie in dieser Situation ganz und gar vergessen hatte. Ihr nun einsetzender Dialog mit Gott ist vom Gefühl des Versagens und der Dankbarkeit geprägt. Die Erfahrung, von Gott begleitet zu werden, verbindet Erika L. und ihren Mann in besonderer Weise: Er läßt sich taufen, gemeinsam holen sie die kirchliche Trauung nach, sie engagiert sich fortan ehrenamtlich in der Kirchengemeinde. Der Kontakt zur Gemeinde hilft Erika L., ihre Gottesbeziehung zu halten und weiterzuentwickeln, wenngleich ihre Schuldgefühle bestehen bleiben.

Jesus ist für Erika L. Vorbild im diakonischen Handeln. „Als erwachsener Mensch war es nachher Jesus, Jesu Leben, das mich fasziniert hat und wo ich mich dran orientiert habe und gesagt habe: ‚So will ich nun mein Leben ausrichten.‘ Und dann kam eben dieser Einbruch, daß das eben nur mit Jesu Nachfolge im täglichen Leben nicht ausreicht. Daß man es gemerkt hat, daß es ganz wichtig ist, daß man einfach jemanden hat, mit dem man sprechen kann über Dinge, die man mit niemandem sonst besprechen kann. Daß es wichtig ist, daß man weiß, da ist jemand.“ Dieser höherwertige Gesprächspartner ist für Erika L. Gott.

Gabriela E.: „Es muß einen Gott geben – sonst sind wir nicht frei.“

49 Jahre alt
Literaturwissenschaftlerin, Hausfrau
Aufgewachsen in einer Kleinstadt der ehemaligen DDR, mit zehn Jahren Flucht nach Nordrhein-Westfalen. Sie studierte in Süddeutschland und lebt jetzt in einer westfälischen Großstadt. Sie ist verheiratet und hat zwei Kinder.
Sie ist Kirchenvorsteherin und in verschiedenen Gruppen, zum Beispiel Friedensgruppe, Eine-Welt- und Bibelgesprächsgruppe, engagiert.

Immer wieder verwundert sich Gabriela E. im Gespräch darüber, daß sie so wenig Angst vor Gott habe. Als Kind bedeutete Gott für sie ein Ausgleich zu ihrem Zuhause, in dem sie sich unerwünscht fühlte. Er war Zuflucht nach der Scheidung ihrer Eltern und während der langen Jahre, in denen diese einen Machtkampf um das Sorgerecht für sie fochten. Weder zu Hause noch im Konfirmandenunterricht traute sich Gabriela E., Fragen zu stellen. Während ihres literaturwissenschaftlichen Studiums gelang es ihr durch die Evangelische Studentengemeinde und Lektüre, sich intensiv mit theologischen Fragen auseinanderzusetzen. Ihre Gottesbeziehung geriet durch die Totgeburt ihres ersten Kindes in eine existentielle Krise. Sie quälte sich mit der Frage, ob sie, die als Kind selbst unerwünscht war, den Wunsch nach einem Kind überhaupt haben dürfe. Nach der Geburt einer gesunden Tochter adoptierte sie ein zweites Kind. Ihre Gottesbeziehung ist Gabriela E. insofern wichtig, als Gott jemand ist, der sie wirklich kennt. Das hilft ihr, mit Mißverständnissen über ihre Person und mit Konflikten fertigzuwerden und sich von der Meinung anderer unabhängiger zu fühlen. Gott vermittelt ihr Freiheit.

Die Funktion von Jesus Christus bezieht sich auf Hilfe im Aushalten und Umwandeln von Leidenssituationen. Gabriela E. konzentriert sich dabei auf Leidenssituationen, in denen die Betroffenen selbst nicht viel aktiv tun können. „Ja, daß er doch eben den einzigen Weg ging, so mit Leid umzugehen. So schwer das ist. Aber daß er eben doch die Fähigkeit hat zu verwandeln, nicht? Zu verwandeln, etwas Böses zu verwandeln, einfach durch Aushalten und Hinterfragen: ‚Warum? Warum tun die Menschen das?' Und ich denke so …: In kleinen Schritten, denke ich, kann man das auch als Hilfe in seinem Leben erleben. Jedenfalls – ich erlebe es schon."

Heike S.: „Jesus hat uns den Auftrag gegeben, das Irgendmögliche zu tun."

35 Jahre alt
Umweltschutztechnikerin
Geboren und aufgewachsen am Rande einer hessischen Mittelstadt in ländlicher Umgebung. Studium und Berufstätigkeit in verschiedenen norddeutschen und nordrhein-westfälischen Großstädten. Sie lebt in Nordwestdeutschland mit ihrem Partner zusammen.
Sie arbeitet regelmäßig in der Gottesdienstvorbereitungsgruppe mit und übernimmt sporadisch Aufgaben, die den Umweltbereich betreffen.

Heike S. erlebte einen sie intellektuell anregenden Konfirmandenunterricht, in dem die soziale und gesellschaftliche Bedeutung Jesu im Vordergrund stand. Sie fühlte sich durch den „Jesus der Armen" angesprochen, weil auch ihre Familie mit erheblichen finanziellen Schwierigkeiten kämpfte. Seit ihrer Konfirmation war Heike S. in der Jugendarbeit, später auch in ökologischen und Friedensgruppen aktiv. Bei ihren häufigen Umzügen suchte sie stets Kontakt zu den Kirchengemeinden und fand auch immer engagierte Basisgruppen. In der Gottesdienstvorbereitungsgruppe, in der sie zur Zeit mitarbeitet, bringt sie die für sie relevanten Themen wie Gerechtigkeit, Ökologie und Frieden ein.

Bei Heike S. steht die Beziehung zu Jesus Christus ausdrücklich im Zentrum ihres Glaubens. Sie fühlt sich von ihm zu ihrem Umweltengagement und zu ihren sozialen Aktivitäten beauftragt. Er ermutigt sie. Seine Nähe ist ihr wichtig, ohne daß sie diese Nähe genauer zu beschreiben vermag: „Ich habe das Gefühl, daß Jesus da ist. Also durch das, was er gemacht hat sowieso, wo ich denke, … er ist so eine Art Vorbild. Aber ich habe auch das Gefühl, daß – ich weiß nicht, wie man das beschreiben soll – also: Jesus ist mir eigentlich immer, wenn ich an ihn denke, sehr nahe. Als wäre er wirklich da. Als gäbe es dieses … Wesen, was genau weiß, wer ich bin. Und … ja, wo ich mir keine Sorgen machen muß, daß ich irgend etwas verkehrt mache."

Hilde N.: „Kann ich von etwas erzählen, von dem ich selbst nicht weiß, ob es existiert?"

61 Jahre alt
Sachbearbeiterin
Geboren und aufgewachsen in einer niedersächsischen Großstadt. Sie lebt dort in einer Stadtrandsiedlung, ist verheiratet und hat drei erwachsene Kinder.
Ihr Kontakt zur Gemeinde ist eher sporadisch. Bis vor kurzem besuchte sie eine Frauengruppe der Nachbargemeinde.

Bis sie Anfang 20 war, besuchte Hilde N. eine kirchliche Jugendgruppe, die sich als eine Art Subkultur gegenüber der „etablierten" Gemeinde verstand. Kirche und Glaube waren aber in diesem Rahmen durchaus selbstverständliche Gegebenheiten. Erst nach der Geburt ihrer Kinder stellten sich grundlegende Zweifel ein, die besonders die Gottesfrage betrafen. Sie fragte sich, ob sie etwas weitergeben könne, zu dem sie selbst eine unsichere Stellung habe. Ihre intellektuelle Ehrlichkeit verbietet es ihr, sich in der Frage nach der Existenz Gottes mit vorschnellen Antworten zufriedenzugeben. Auch mag sie sich ihr Denken nicht von einer hierarchisch strukturierten Kirche vorschreiben lassen. Starke familiäre und berufliche Einspannung ließen ihr aber bisher zu wenig Zeit, um ihre Fragen für sich befriedigend zu lösen. Hilde N. hofft, nach ihrer Pensionierung endlich mehr zu sich selbst und den eigenen Fragen kommen zu können.
Für Hilde N. gehört Jesus zu den Männern, die „weibliche" Anteile bei sich zugelassen haben. Er dachte – wie es Frauen eher tun – differenzierter in Bezug auf das Menschliche und unterwarf sich nicht den Gesetzen. Er hat „spontan an den Menschen selbst gedacht, an die Frau, die er geheilt hat. Egal, was für ein Wochentag war oder welcher Rasse sie angehört hat." Diese Art zu denken und zu handeln steht grundsätzlich allen Männern offen: „Ich könnte mir vorstellen, daß es einen Haufen Männer gibt, die das bloß nicht an sich herankommen lassen. Von ihrer Erziehung oder sonstwoher." Trotz dieser positiven Sicht ist Jesus für Hilde N. dermaßen von der männlich geprägten Kirche vereinnahmt, daß sie keine Kraft für eine Korrektur von ihm ausgehen sieht.

**Irmgard H.: „Glauben heißt leben,
leben mit den Menschen, die um mich herum sind."**

55 Jahre alt
Altenpflegerin und Hausfrau
Aufgewachsen in Ostpreußen als Älteste von sechs Geschwistern. Als Neunjährige Flucht in den Westen, in einer norddeutschen Großstadt Ausbildung und Berufstätigkeit als Kindergärtnerin. Jetzt arbeitet sie stundenweise als Altenpflegerin. Sie ist verheiratet, hat fünf Kinder und lebt in einer norddeutschen Kleinstadt.
Sie ist Kirchenvorsteherin in ihrer Gemeinde und arbeitet in der Hilfe für St. Petersburg.

Mehrfach betont Irmgard H. im Laufe des Gesprächs, daß sie ein kritischer Mensch sei und immer viele Fragen zum Glauben gehabt hätte und noch habe. Sie bedauert, daß sie mangels Ermunterung, mangels eines Gegenübers und später aus Zeitmangel dem Bedürfnis zu fragen nie gründlich habe nachgehen können. Irmgard H. empfindet in dieser Hinsicht ein sie verunsicherndes Defizit. Der Glaube, den sie für sich entwickelt hat, gründet stark im Vorbild ihrer Eltern, die mit christlichem Leben die Achtung des Mitmenschen verbanden, und im ethischen Vorbild Jesu. Vor allem im diakonischen Bereich findet sie daher den Ausdruck ihres Glaubens. Darüber hinaus entspricht es Irmgard H.s Fähigkeiten, Beziehungen zu gestalten und zu pflegen und ein offenes Haus zu führen. Ihr Glaube gibt ihr Sicherheit und Orientierung und hat sie in Lebensbereiche geführt, die heute ihre Identität ausmachen.
Irmgard H. bezieht die Funktion Jesu auf ihren Alltag, während Gott der Hintergrund ihres gesamten Lebens ist. Bei Gott kann sie sich fallenlassen – er fängt sie auf. „Dieses Auf-den-Menschen-Zugehen, Vertrauen haben, das ist aus Jesu Leben für mich ganz

wichtig geworden. […] Und im Hintergrund so zu wissen: Da ist noch jemand, der viel stärker ist, eben Gott ist. Wie kann ich dieses Gefühl mal beschreiben …? Also daß ich mich so richtig fallenlassen kann und weiß, da ist tatsächlich jemand, der mich auffängt. Und daß ich auch immer irgendwie Kraft bekomme dadurch. […] Jesus ist für mich mehr so – sage ich jetzt mal – tagtäglicher Lebensinhalt. […] Und ich denke häufig: Warum ist es so schwer für viele Menschen, so zu leben, wie Jesus uns das vorgelebt hat?"

Marianne L.: „Man ist, solange man lebt und Gnade empfängt, wertvoll."

84 Jahre alt
Katechetin, jetzt Rentnerin
Geboren und aufgewachsen in Schlesien mit sechs Geschwistern. Ausbildung zur Katechetin und Mitglied der Bekennenden Kirche. Zum Kriegsende Flucht in eine norddeutsche Kleinstadt, dort Berufstätigkeit als Katechetin bis zum Rentenalter.

Das Interview mit Marianne L. zeichnet sich durch Anschaulichkeit und Witz aus, mit dem sie aus ihrem geschichten- und geschichtsreichen Leben erzählt. Eindrücklich schildert sie ihre Gottesbeziehung anhand von Erlebnissen; bei christologischen Fragestellungen äußert sich Marianne L. hingegen formelhaft und weniger lebendig. Marianne L. war als Katechetin ihr ganzes Leben eng mit dem Glauben und der Kirche verbunden, wobei sie die Erfahrung machte, von Gott geleitet und bewahrt zu werden. Ein einschneidendes Erlebnis betrifft für Marianne L. die Bewältigung von Schuld. Als Katechetin war sie zusammen mit der Frau eines Pfarrers, der an der Front war, in die geistliche Gemeindeleitung in Schlesien eingesetzt worden. Sie ergriff dann aber die Gelegenheit, vor der näherrückenden russischen Armee zu fliehen, und verließ „ihre Herde". In diesem Gewissenskonflikt spürte sie die Gnade Gottes und machte die Erfahrung, keine Angst haben zu brauchen, schuldig zu werden. Trotz aller Fehler, die ihr unterlaufen, gibt ihr der christliche Glaube die Freiheit zu handeln.

Marianne L. lebt ein intensives Leben, das sie dankbar als Gnade Gottes empfindet. Obwohl sie selbst viel Schweres erlebte, bezieht sie doch den leidenden Jesus auf andere Menschen, die Schwereres als sie durchmachen. Sie veranschaulicht das mit einer Szene aus einem Film über Beethoven, in dem der Komponist sein Gehör verliert. Da hat er „zu Gott gesagt, er hat geschrien: ‚Warum hast du mir die Begabung gegeben, wenn du mir das Gehör nimmst?' Und dann hat er das Kruzifix gesehen. Und da hat er gedacht: Also nein, es ist nicht der Abgrund des Leides, in den Gott ihn hineingestoßen hat, sondern es ist noch viel, viel Gnade. Und dann hat er zu Christus gerufen."

Monika A.: „Ich fühle mich nicht mehr geborgen."

46 Jahre alt
Chemotechnikerin, zur Zeit Hausfrau
Aufgewachsen in einer Großstadt der ehemaligen DDR, mit 14 Jahren Flucht nach Nordrhein-Westfalen. Ausbildung und 25-jährige Berufstätigkeit als Chemotechnikerin. Seit der Geburt ihrer Tochter ist sie Hausfrau. Sie ist verheiratet und lebt in einer niedersächsischen Großstadt.

Sie ist im evangelischen Kindergarten ihrer Ortsgemeinde engagiert und leitete den Basarkreis.

Monika A. besuchte als Kind irrtümlicherweise den katholischen Religionsunterricht, der ihr sehr gefiel. Bis heute ist sie der katholischen Kirche gegenüber positiv eingestellt und zieht sie zum ständigen Vergleich mit der evangelischen heran. In der Kirche sucht Monika A. hauptsächlich Harmonie, Geborgenheit und Eindeutigkeit. Sehr große Erwartungen richtet sie an den Pastor, der sie (zwangsläufig) enttäuscht und verbittert. An den Aktivitäten ihrer Ortsgemeinde nimmt Monika A. darum nicht mehr teil. Ihr privater Glaube an Gott und an unsere Auferstehung zu ihm bedeutet ihr aber sehr viel. Besonders die Zwiesprache mit Gott gibt ihr bei schwierigen Entscheidungen Ruhe und Sicherheit.

Monika A. verspürt eine große Sehnsucht nach Harmonie, die im Leben kaum zu erfüllen ist. Sie hofft daher, daß sie nach ihrem Tod in eine Harmonie eingehen kann, die das Einssein von Gott und Jesus versinnbildlicht: „Ich kann das nicht trennen, weil es ja zwischen einem Vater und einem Sohn, so wie ich es kenne, immer mal Reibereien gibt. Und die Reibereien müßten dann ja auch da sein, und das kann ich mir einfach nicht *vorstellen*, oder ich *will* es nicht wissen. Und aus dem Grund ist es für mich eins."

Nicole W.: „Ein Haus, in das man immer wieder zurückgehen kann ..."

18 Jahre alt
Auszubildende im kaufmännischen Bereich
Aufgewachsen in einer niedersächsischen Kleinstadt, durchläuft sie alle kirchlichen Angebote für Kinder und Jugendliche. Nach dem Fachabitur macht sie jetzt ihre Ausbildung.
Sie leitet eine kirchliche Kindergruppe und eine Mädchengruppe, ist Mitarbeiterin auf Kinderfreizeiten und nahm am Projekt „gottesdienst-leben" teil.

Glaube erfährt Nicole W. als das Leben, das in der Kirche stattfindet. Er gibt ihr in Form eines Netzes von Beziehungen Halt. Ihre Glaubensaussagen haben demzufolge stark kommunikative Aspekte. Eine ethische oder dogmatische Verfestigung hat ihr Glaube kaum, und Nicole W. zweifelt mitunter, ob ihr Glaube „richtig" sei oder „genüge". Innerhalb ihres Beziehungsnetzes bekommt Nicole W. Anstöße, ihren Glauben aufrechtzuerhalten und weiterzuentwickeln. Mit großer Offenheit kann Nicole W. gängige Dogmen kritisieren, wie zum Beispiel den zu Dankbarkeit verpflichtenden gekreuzigten Christus. Solche irritierenden Glaubensinhalte stellt Nicole W. hinter der Geborgenheit in einer kirchlichen Gruppe zurück.

Jesus ist für Nicole W. derjenige, der die Gemeinschaft, in der sie selbst lebt und sich engagiert, ins Leben gerufen hat. Glaube und Gemeinschaft sind für sie nahezu synonym: „Man kann den Glauben bestimmt auch auf viele andere Sachen beziehen, viele andere Sachen, aber für mich ist es dieses: Menschen, die dazugehören, Aktivitäten." Auf Jesus bezogen meint sie: „Ohne ihn gäbe es den Glauben auch wohl irgendwie nicht."

Sabine M.: „Wie wichtig der Glaube eigentlich ist, merkt man, wenn man sich vorstellt, er wäre nicht mehr da."

28 Jahre alt
Diplompädagogin
Geboren und aufgewachsen in einer niedersächsischen Kleinstadt. Studium und Wohnort in einer norddeutschen Großstadt. Sie lebt mit ihrem Partner zusammen.
Sabine M. ist gerade umgezogen und hat zu ihrer neuen Gemeinde noch keinen Kontakt. In der vorigen war sie Kirchenvorsteherin.

Sabine M. begleitete als Kind ihre Mutter oft zum Gottesdienst und besuchte den Kindergottesdienst. In Jugendgruppen suchte sie später einen Ausgleich zu ihrem etwas tristen Zuhause. Erfahrung von Gemeinschaft und Gespräche über den Glauben waren ihr wichtig. Während des Studiums gestaltete sie regelmäßig Friedensandachten mit einer Gruppe. Sabine M. ringt mit der Frage, wieviel Freiheit und Selbständigkeit Gott ihr beläßt. Einerseits lebt sie dadurch eine distanziertere Gottesbeziehung als früher, andrerseits kann sie nicht auf den Glauben an Gott als Quelle des Vertrauens und Schutzes verzichten.
Nach Sabine M. hat Jesus uns die Werte vermittelt, nach denen wir leben sollen – „so glaube ich das. Daß Gott uns die Werte nahebringen will durch Jesus. [...] So verstehe ich das. Daran müßten wir uns halten, dann würden wir auf dieser Welt besser zurechtkommen. Das glaube ich einfach ganz doll. Und ich glaube, wenn man sich wirklich so daran halten würde, dann würde es keine Kriege mehr geben. Dann würde es auch diese Ungerechtigkeit nicht mehr geben. Das ist natürlich eine Utopie. Das ist mir schon klar, aber ich glaube, daß wir uns mehr daran orientieren müßten."

Ulrike W.: „Wenn man dann überlegt, wie geht es dir selber?"

58 Jahre alt
Mathematisch-Technische Assistentin, jetzt Hausfrau
Geboren in einer pommerschen Kleinstadt, zum Kriegsende Flucht in ein norddeutsches Dorf. Ausbildung und zunächst Berufstätigkeit als Mathematisch-Technische Assistentin. Nach der Geburt von drei, mittlerweile erwachsenen Kindern war sie als Hausfrau, jetzt auch stundenweise als Altenpflegerin tätig. Sie ist verheiratet und wohnt in einer norddeutschen Großstadt.
Sie ist Kirchenvorsteherin ihrer Ortsgemeinde, leitet den Frauenkreis, arbeitet in der Krankenhausseelsorge mit und ist regelmäßige Gottesdienstbesucherin.

Ulrike W. erlebte in ihrem Elternhaus Gespräche und Auseinandersetzungen über Religion, die ihr eigenes religiöses Interesse begründeten. Während ihres naturwissenschaftlichen Studiums wandte sie sich völlig von der Kirche ab und bekam erst als Mutter wieder Kontakt zu ihrer Ortsgemeinde. Mittlerweile leitet sie den dortigen Frauenkreis und bringt in ihm ihre theologischen Fragen zur Sprache. Ihr Engagement gilt vor allem den heilsamen Beziehungen zwischen Jesus und den Frauengestalten des Neuen Testaments, in deren Bedürftigkeit sie sich selbst wiedererkennt. Ulrike W. versucht, im gemeinsamen Gespräch über biblische Geschichten ihre Spannung zwischen großem intellektuellen Interesse und gelebter Emotionalität zu lösen.

Für Ulrike W. sind die Frauengeschichten der Evangelien Lebenshilfe. Durch die Beschäftigung mit ihnen können Frauen heute Selbstbewußtsein und Mut entwickeln. Ulrike W. versucht, etwas von der Haltung Jesu gegenüber Frauen in ihre Gruppe einzubringen. „Er [Jesus] bestärkt sie sehr. In ihren Eigenschaften und in ihrem Auftreten und daß sie dadurch doch eben Anerkennung unter ihresgleichen erwerben, und ich denke, das ist wichtig. Ich denke schon, daß Jesus das war, ja eigentlich hauptsächlich, eigentlich nur."

1. Kapitel
Der „ethische Jesus“

Aspekte traditioneller Theologie

Tod und Auferstehung Jesu sind in traditionellen Christologien sehr viel wichtigere Ereignisse als das, was Jesus ethisch predigte und wie er handelte. Das gegenwärtige Leben stellt sich als eine Übergangsfrist dar, in der das Leben zu überstehen ist und Gottes Gebote, so gut es, geht eingehalten werden müssen. In der reformatorischen Theologie treten manche Äußerungen Luthers hinzu, die den Anschein erwecken, als sei das Handeln weit weniger wichtig als der Glaube – eine Ansicht, die sich in die lutherische Tradition einschleicht. Es ist aber zu bedenken, daß Luther diese Äußerungen in Konflikten und Streitigkeiten mit Gegnern, die den Glauben seiner Meinung nach nicht hoch genug einschätzen, oftmals sehr ungeschützt vorträgt. Im Grunde gilt für Luther unumstößlich: Der Glaube vollbringt Werke der Liebe. Er bevorzugt den Vergleich: „Der Baum bringt die Frucht“[1]. Wie ein Baum, der Früchte trägt, äußert sich der Glaube im praktischen Bereich stets in Werken. Er vollbringt sie einfach so, aus sich selbst heraus. Sonst ist er nicht Glaube. Hinsichtlich Jesus Christus formuliert Luther das so: „Durch diesen Sohn erlöst und gerecht gemacht, fangen wir an zu lieben“[2]. Lieben ist dabei ein sehr tragfähiger Begriff:

„‚Lieben‘ ist […] des andern Last tragen, das heißt, daß du das tragest, was dir beschwerlich ist, und du nicht gerne trägst.
Ein Christ muß deshalb kräftige Schultern und starke Knochen haben, welche das Fleisch, das ist, die Schwachheit der Brüder tragen können“[3].

Für den öffentlichen Bereich gilt, daß Gott die Welt, so wie sie ist, bis zum Jüngsten Tag erhalten will. Die Gesetze der Welt sind zu befolgen, um die Ordnung zu wahren.

„Was man also zuerst von den Gesetzen wissen und wozu man sie gebrauchen muß, ist, daß sie die Gottlosen im Zaume halten. Denn der Teufel regiert in der ganzen Welt und treibt die Leute an zu Schandthaten aller Art. Darum hat Gott Obrigkeit, Eltern, Lehrer, Gesetze, Bande und alle bürgerliche Ordnung eingesetzt, […] sowohl wegen des öffentlichen Friedens als auch um alle Dinge zu erhalten, besonders aber, damit nicht durch Unruhen und Aufruhr gewaltthätiger Menschen der Lauf des Evangelii gehindert werde.“[4]

Die Glaubenden fügen sich in diese Ordnungen ein und erfüllen ihren Pflichtenkreis, den „Beruf“, den ihr Stand ihnen vorgibt.

„Ordnungen sind also von Gott gegeben, aber nicht um ihrer selbst willen, sondern vor allem um eines Zweckes willen: damit den Menschen das Evangelium innerhalb eines geordneten Rahmens gesagt werden kann: das Evangelium – das Wichtigste, was Liebe dem Nächsten sagen will.“[5]

---

1 Martin Luthers Sämtliche Schriften, IX, hg. von J.G. Walch, Groß-Oesingen [2]1987, 229.
2 Martin Luthers Sämtliche Schriften, IX, a.a.O., 678.
3 Martin Luthers Sämtliche Schriften, IX, a.a.O., 734.
4 Martin Luthers Sämtliche Schriften, IX, a.a.O., 409.
5 R. Taube, Gott und das Ich – erörtert in einer Auseinandersetzung mit Luthers Lehre über Glaube und Liebe in seinem Galaterkommentar (1531/34), Frankfurt a.M. Bern New York 1986, 295f.

Dem Bemühen um Frieden kommt eine wichtige Bedeutung zu, um den geschützten Raum für die Predigt des Evangeliums zu bewahren. So sagt Luther in seiner Auslegung von Mt 5,9 „Selig sind die Friedfertigen, denn sie werden Gottes Kinder heißen“:

„Hier preiset der Herr mit einem hohen Titel und trefflichen Ruhm die, so sich fleißigen, daß sie gerne Frieden schaffen, nicht allein für sich, sondern auch unter andern Leuten, daß sie helfen böse und verworrene Sachen vereinigen, Hader vertragen, Krieg und Blutvergießen wehren und vorkommen.“[6]

Luther versteht seine Ethik als von Jesus Christus gelehrt – besonders durch die Bergpredigt.[7] Zu diesen Weisungen können wir uns flüchten, wenn unser Glaube nicht dem Baum gleicht, der wie von selbst Frucht trägt, sondern durch Glaubenskrisen und Anfechtungen verunsichert und irritiert ist. Diese Ethik versteht Luther in Kontinuität zu den Geboten, die wir von Gottes- und Nächstenliebe getrieben vor Gottes Augen entweder ganz oder gar nicht erfüllen. Den Glauben an Christus sieht Gott aber so an, als seien wir Menschen, die alles erfüllten. Der Glaube ermutigt aber auch zu dem, was früher unmöglich erschien:

„Den Nächsten lieben als dich selbst heißt also lieben, daß du [...] deines Nächsten Nutz und Wohlfahrt suchest und deinem eigenen Nutz vorziehest. Ein Christ muß dahin kommen, wenn's die Noth erfordert, daß er um der Bekenntniß Christi und der Liebe willen auch das Leben lasse.“[8]

In der Folgezeit fällt auf, wie sich in Liedern die Friedensaktivität, die Luther von den Christen forderte, auf Bitten zu Christus um Frieden verlagert:

„Du Friedefürst, Herr Jesu Christ, wahr' Mensch und wahrer Gott,
ein starker Nothelfer du bist im Leben und im Tod.
Drum wir allein im Namen dein zu deinem Vater schreien.

Recht große Not uns stößet an von Krieg und Ungemach,
daraus uns niemand helfen kann denn du; drum führ die Sach.
Den Vater bitt, daß er ja nit im Zorn mit uns verfahre.“[9]

Der Begriff des Gehorsams erhält in der Ethik ein größeres Gewicht als bei Luther, der wiederholt zu seinem Bild des fruchttragenden Baumes zurückkehrt:

„Regiere mich durch deinen Geist, den Müßiggang zu meiden,
daß das, was du mich schaffen heißt, gescheh mit lauter Freuden;
auch, daß ich dir mit aller Treu auf dein Gebot gehorsam sei
und meinen Nächsten liebe.“[10]

Ist die nachreformatorische Zeit, die als Lutherische Orthodoxie bezeichnet wird, in der Gefahr, die Ethik hinter die Dogmatik zurückzustellen, entwickelt der Pietismus als eine Art Gegenströmung ein starkes ethisches Engagement. Es kann, wie im württembergi-

6 Martin Luthers Sämtliche Schriften, VII, a.a.O., 388.
7 Vgl. Martin Luthers Sämtliche Schriften, VII, a.a.O., 350ff.
8 Martin Luthers Sämtliche Schriften, VII, a.a.O., 1011.
9 EKG 422,1f (391,1f).
In Klammern ( ) gesetzte Liedzahlen beziehen sich auf das alte nordelbische Gesangbuch.
10 EKG 494,5 (385,6).

schen Raum, sozialreformerische Aspekte enthalten, die von der Hoffnung auf „bessere Zeiten" für Kirche und Sozialwesen beflügelt werden. Es kann sich aber auch aus der Dankbarkeit für all das speisen, was Jesus Christus für uns getan hat. Diese Jesusliebe spricht aus einem Gebet August Herrmann Franckes:

„O Jesus, meine Seele ist
zu dir schon aufgeflogen;
du hast, weil du voll Liebe bist,
mich ganz zu dir gezogen.
Fahr hin, was heißet Stund und Zeit;
ich bin schon in der Ewigkeit
weil ich in Jesus lebe.
Amen."[11]

Praktisch setzt sich diese Liebe in Werken der Nächstenliebe um.

In der Aufklärung – der zweiten Gegenbewegung zur Orthodoxie – erscheint Jesus wie ein sittlicher Lehrer, der zu einem vernünftigen, rational einsichtigen Leben anleitet. Prediger bemühen sich um bessere Volkserziehung, Belehrung über Gesundheit und Landwirtschaft und auch um politische Predigten.[12]

Das 19. Jahrhundert sucht in der Leben-Jesu-Forschung gegen das weiterhin bestehende dogmatisch überhöhte Christusverständnis den historischen Jesus. Jesus, „wie er wirklich war", soll Menschenverständnis und Ethik prägen. Dabei entsteht eine Vielzahl von Jesusbildern.

„Die unausweichliche Folge war, daß eine Vielzahl von verschiedenartigen Jesusbildern entstand, die sich bei näherem Hinsehen jedoch fast alle von dem neuhumanistischen Mythos des 19. Jahrhunderts bestimmt zeigen. Hinter diesem stand ein bestimmtes Bild von der Geschichte, und zwar war es ein verschwommener idealistischer Geschichtspantheismus. Nach ihm besteht das göttliche Ziel des Geschichtsprozesses darin, daß die Kräfte des Wahren, Guten und Schönen, die, nach Analogie von Naturkräften verstanden, die Geschichte durchwalten, allmählich den Sieg erringen und so die Menschheit sich Stufe um Stufe aus dem Naturzustand zur Kultur hindurcharbeitet. Der einzelne Mensch hat an diesem Ringen teil, indem er sich den geistigen Kräften erschließt und sich so aus dem Naturzustand zur freien Persönlichkeit entwickelt. Je und je erscheinen nun in der Geschichte Individuen, die in besonderer Weise göttliche Kräfte in sich tragen. Einer dieser Offenbarungsträger, vielleicht der Höchste und Größte, war Jesus von Nazareth.

[…] In Andachtsbüchern aus der Zeit um die Jahrhundertwende lesen wir: ‚Nicht mehr das Christkind sehe ich, ich schaue Christus, den Mann, den gewaltigen, herrlichen Mann … eine Person mit lebendigem Pulsschlag, versucht wie wir, aber siegreich … eine Persönlichkeit.' – ‚Mahnend und gewissenweckend, tröstend und anfeuernd geht er als ein ehrfürchtig verehrter Gefährte unseres Lebens mit uns.' – ‚Er hat sein Leben zu etwas geschaffen. Er hat es gereinigt und geheiligt für ein höheres Leben; und als er herangereift war zum vollendeten Gottmenschen, da hat er dies menschliche Dasein abgestreift und ist gegangen in die vollkommene Welt des Geistes, in die ewige Welt Gottes.' ‚Weil der Herr moralisch den Sieg errungen, wenn er auch äußerlich unterlag, deshalb kann seine Sache nicht untergehen.'„[13]

Eher an pietistisches Gedankengut und Impulse aus der angelsächsischen freikirchlichen

11 A.H. Francke, Wort und Tat. Ansprachen und Vorträge zur 300. Wiederkehr seines Geburtstages, hg. von D. Jungklaus, Berlin 1966, 17.

12 Vgl. J. Wallmann, Kirchengeschichte Deutschlands, II, Berlin Wien 1973, 174f.

13 H. Zahrnt, Es begann mit Jesus von Nazareth. Die Frage nach dem historischen Jesus, Gütersloh 1960, 40f. – Abdruck mit freundlicher Genehmigung des Autors.

Aktivität knüpft die Erweckungsbewegung im 19. Jahrhundert an. Sie setzt sich für praktische Liebestätigkeit ein, für Arbeitsbeschaffung, Errichtung von Diakonissenanstalten, Erziehung und Mission:

„Beleb, erleucht, erwärm, entflamme
doch bald die ganze weite Welt

und zeig dich jedem Völkerstamme
als Heiland, Friedefürst und Held."[14]

Die Dankbarkeit für Jesu Werk belebt Kräfte für ein diakonisches Engagement bis hin zu den organisatorischen Leistungen Johann Hinrich Wicherns (1808–1881) für die Innere Mission.

Eine Sonderstellung nehmen die Religiösen Sozialisten am Ende des 19. Jahrhunderts ein, deren praktizierte Ethik von Kapitalismuskritik, Friedensarbeit und Einsatz für die Reich-Gottes-Bewegung bestimmt ist. In einer ihrer Predigten heißt es:

„Die Feindesliebe ist also das eigentliche Merkmal des Christentums. Wir müssen es uns scharf und ehrlich sagen: Solange du sie nicht hast, bist du noch kein Christ. Du magst sonst ein sehr braver Mensch sein, ein Jünger Jesu und Bürger des Gottesreiches bist du nicht."[15]

Im deutschen Raum ist das 20. Jahrhundert von Ethikentwürfen geprägt, die teils konservativ-bewahrend, teils an den Linksbarthianern und der Verantwortungsethik Dietrich Bonhoeffers ausgerichtet sind. Eher bewahrende Theologien betonen den „Gehorsam" als den Gehorsam Jesu bzw. der Glaubenden: „Der Glaube, in dem sich die Glieder des Reiches Christi dem Walten Christi unterwerfen, setzt sich in Gehorsam um, in ein sittliches Verhalten, in dem sie den Willen Gottes zu erfüllen trachten."[16] Die linksbarthianische Richtung – vertreten vor allem durch Helmut Gollwitzer, charakterisiert Nachfolge als Verkündigung *und* Sozialleben:

„Die Bezeugung Jesu Christi durch seine Jüngerschaft geschieht stets in der Vertikalen *und* in der Horizontalen, d.h. in der Ausrufung der Gottesgegenwart Jesus Christus (= Verkündigung) *und* im neuen Sozialleben. Dieses besteht sowohl im neuen Leben miteinander wie auch im Angriff auf die alten Todesverhältnisse der umgebenden Gesellschaft (soziales und politisches Engagement). Dabei ist die Horizontale das Kriterium für die Echtheit des Lebens in der Vertikalen (Matth. 25,31–46). Ohne das Leben in der Vertikalen verliert das Leben in der Horizontalen seine Kraft, seine Freudigkeit, seinen langen Atem und seine Hoffnung, wird also die kräftige Revolution des Reiches Gottes zur ohnmächtigen, immer ins Alte zurücksinkenden Revolution der bloß menschlichen Anstrengung. Ohne das Leben in der Horizontalen wird das Leben in der Vertikalen zum lieblosen Selbstgenuß, zur separaten Religion, zur ideologischen Rechtfertigung und Stabilisierung der alten Verhältnisse."[17]

Mit ihrem ökumenischen und gesellschaftspolitischen Engagement gewinnt diese zweite Strömung seit gut 20 Jahren an Gewicht auch in basisorientierten Gemeindegruppen. Die Bedeutung Jesu für das Leben hier und jetzt wird – besonders von der Bergpredigt her – betont. Impulse aus der politischen Theologie, die Jürgen Moltmann zu einer „ethischen

14 EKG 255,8 (219,8).
15 L. Ragaz, Dein Reich komme. Predigten in 2 Bdn., 2, Erlenbach Zürich ^{3}1922, 27.
16 W. Trillhaas, Dogmatik, Berlin 1962, 327.
17 H. Gollwitzer, Vortrupp des Lebens, München 1975, 113f.

Christologie“ weiterführt, fördern diese Bewegung: „Es geht also in der heute umstrittenen Frage nach der Christlichkeit christlicher Ethik um nichts geringeres als die Messianität Jesu.“[18] Einflüsse aus Befreiungstheologien, der Friedensbewegung, aus ökumenischen Kontakten und dem konziliaren Prozeß für Gerechtigkeit und Bewahrung der Schöpfung prägen das Ethikverständnis. Im Moment scheint es jedoch, als stagniere diese Bewegung auf Gemeindeebene (s. 10. Kapitel: Kirche als Instanz christlichen Glaubens), deren ethisches Jesusverständnis folgender Auszug aus einem Jugendbuch verdeutlicht:

„Gott hat einseitig abgerüstet. Er hat die Partei der Armen einseitig ergriffen. Er hat in Jesus eine andere Art miteinander zu leben vorgemacht. Gewaltfrei und ohne Druck auf den anderen. Wir können nicht von Gottes Liebe sprechen, solange wir aufrüsten. Wir können Gottes Gerechtigkeit nicht suchen, wenn wir uns am größten Verbrechen der Menschheit beteiligen. Und wir können selber nicht Menschen werden, solange wir alles mit uns machen lassen.“[19]

Aspekte feministischer Theologie

In unserem Kontext prägen die Arbeiten von Beverly Wildung Harrison die Diskussion feministischer Ethik in besonderer Weise. Sie vermitteln aber auch das, was anderen nordamerikanischen Theologinnen auf dem Gebiet der Ethik wichtig ist, und können deswegen als Tendenzaussagen zur befreiungstheologisch orientierten feministischen Theologie gewertet werden.

Der Ethik kommt bei B.W. Harrison – wie auch bei anderen feministischen Theologinnen – ein sehr viel höherer Stellenwert zu als in traditionellen Theologien. Engagement folgt nicht aus dem Glauben, sondern Glaube ist Engagement in der Gegenwart.

„Eine christliche Moraltheologie muß ein Spiegel dessen sein, was Frauen gelernt haben, während sie darum kämpften, die Gabe des Lebens zu empfangen, zu verinnerlichen und weiterzugeben. Mit diesem Ansatz befinde ich mich in Übereinstimmung mit anderen Befreiungstheologien. Sie alle vertreten die Auffassung, daß das, was in der Geschichte des Glaubens authentisch ist, allein aus der Feuerprobe des menschlichen Kampfes erwächst. Dies halte ich für die zentrale, wenn auch bis heute kontroverse Aussage der heutigen Befreiungstheologien, und sie hat entscheidende Auswirkungen auf die Ethik, denn sie bedeutet, daß der Ort der göttlichen Offenbarung in den konkreten Kämpfen von Gruppen und Gemeinden zu suchen ist, wo die Gabe des Lebens aufgenommen wird und Kräfte, die das Leben leugnen, aufgelöst werden.“[20]

Glaube dient folglich dazu, das Leben in dieser Welt lebenswert zu machen: „Eine feministische Ethik, so behaupte ich, ist zutiefst weltlich“.[21] Zur Weltlichkeit gehört auch Körperlichkeit, die anerkannt werden soll. „Eine Moraltheologie muß nicht nur in einer weltlichen Spiritualität verwurzelt, sondern darauf gerichtet sein, die Trennung zwischen Körper und Geist in unserem intellektuellen und gesellschaftlichen Leben zu überwinden.“[22]

---

18 J. Moltmann, Der Weg Jesu Christi. Christologie in messianischen Dimensionen, München 1989, 138.

19 D. Sölle/F. Steffensky, Nicht nur Ja und Amen. Von Christen im Widerstand, Reinbek b. Hamburg 1983, 117.

20 B.W. Harrison, Die neue Ethik der Frauen. Kraftvolle Beziehungen statt bloßen Gehorsams, Stuttgart 1991, 9.

21 B.W. Harrison, Die neue Ethik der Frauen, a.a.O., 9.

22 B.W. Harrison, Die neue Ethik der Frauen, a.a.O., 16.

Feministische Ethik wendet sich in einem weiteren wichtigen Gedankengang gegen die Abwertung, die Aktivität in traditionellen Entwürfen widerfährt: Das *Tun* soll für sie ebenso grundlegend werden wie das *Sein*. Unser Tun wurzelt in unseren Gefühlen. Aber im Gegensatz zu klassischen Theologien, die die Gefühle mitbewerten, sollte die moralische bzw. ethische Bewertung erst bei den Handlungen einsetzen.

„Gefühle verdienen unsere Achtung für das, was sie sind. Es gibt keine ‚richtigen' oder ‚falschen' Gefühle. Taten, nicht Gefühle haben moralische Qualität, und unsere Gefühle entstehen [oder wandeln sich] im Handeln. Die moralische Frage lautet nicht ‚was fühle ich?', sondern ‚was tue ich mit dem, was ich fühle?' [...] Eine feministische Moraltheologie nimmt das Gefühl an als das, was es ist – als das grundlegende Element in unserer Kommunikation mit der Welt. [...]
(Es gehört zur grundlegenderen Aufgabe der Ethik, uns dabei zu helfen, all unsere Gefühle zu durchleben und zu adäquaten Strategien für ein moralisches Handeln zu kommen.)"[23]

Entsprechend versteht B.W. Harrison Liebe nicht primär von ihrem Gefühlswert her, sondern von dem, was sie für ein menschenwürdiges Leben anstrebt und zu verwirklichen sucht: „Radikale Akte der Liebe – Solidarität mit den Menschen auszudrücken und gegenseitige Beziehung zu wecken – sind die zentralen Tugenden des christlichen moralischen Lebens."[24] Wichtig ist es, den Zorn ernstzunehmen.

„Meine These lautet, daß wir Christinnen und Christen die Liebe beinahe getötet haben, weil wir den Zorn als Todsünde verstanden. Zorn ist nicht das Gegenteil von Liebe. Es ist besser als Gefühlssignal dafür zu verstehen, daß in unserer Beziehung zu anderen Menschen oder Gruppen oder zu der Welt um uns nicht alles in Ordnung ist. Zorn ist eine Form der Verbundenheit mit anderen und immer eine lebendige Form des Interesses und der Sorge. Um es anders auszudrükken: Zorn ist – und er ist es immer – Zeichen des Widerstands in uns gegenüber der Qualität unserer sozialen Beziehungen."[25]

Ein Beispiel für diesen Zorn zeigt ein Heilritual für eine vergewaltigte Frau. Zu Beginn sagt eine Frau:

„Wir sind hier, weil unserer Schwester Gewalt angetan wurde. Ihr Körper, ihre Seele und ihr Geist sind grausam verletzt worden. Wir sind hier, um mit ihr zu trauern und mit ihr unsere Wut hinauszuschreien. Wir sind außer uns vor Wut – wir sind voller Entrüstung über die Feindseligkeit gegen Frauen, über die Verkehrung von Sexualität in Gewalt."[26]

Dem Gottesverständnis und Gottesbild kommt in der feministischen Ethik eine besondere Bedeutung zu. Es soll uns dabei helfen, unser Leben als eingewoben in Beziehungsnetze verstehen zu lernen. Es soll uns ermutigen, uns für gerechte gegenseitige Beziehungen zu engagieren. „Die Menschheit zu lieben heißt, mit Gott Freundschaft zu schließen. Der menschliche Akt zu lieben, Freundschaft zu schließen und Gerechtigkeit herzustellen, ist unser Akt, Gott in der Welt leibhaftig zu machen."[27] (s. 4. Kapitel: Das Gottesverständnis im Zusammenhang mit der Christologie) „Unser Leben ist Teil eines

---

23 B.W. Harrison, Die neue Ethik der Frauen, a.a.O., 19f.
24 B.W. Harrison, Die neue Ethik der Frauen, a.a.O., 26.
25 B.W. Harrison, Die neue Ethik der Frauen, a.a.O., 19.
26 R.R. Ruether, Unsere Wunden heilen, unsere Befreiung feiern. Rituale in der Frauenkirche, Stuttgart 1988, 180.
27 C. Heyward, Und sie rührte sein Kleid an. Eine feministische Theologie der Beziehung, Stuttgart ^{3}1986, 52.

riesigen kosmischen Netzes, und keine Moraltheologie, die es versäumt, die Realität in dieser Weise zu sehen, wird unser Leben und unser Handeln heute verstehen können“[28]:

„Der Mensch wurde ein Geschenk und eine Bedrohung.
Denn seine Schöpferkräfte waren einzig in ihrem Potential
zur Zerstörung und zur Heilung.
Wie würde er diese Begabungen anwenden?
Welche Richtung würde er einschlagen?
Die Erde erwartet die Antwort auf diese Fragen.
und sie wartet noch.
Zitternd.
Lehrer wurden gesandt, Verkörperungen des Göttlichen,
aus Erde geboren –
Isis und Hesiod, Buddha und Laotse, Mose und Jesaja,
Sara und Esther, Jesus und Paulus,
Maria und Hildegard, Häuptling Seattle und die Büffelfrau
–,
um die Menschen Wege des Mitgefühls zu lehren.“[29]

Jesus gehört für feministische Befreiungstheologinnen zu den Menschen, die uns unser Leben als von Gegenseitigkeit geprägt begreifen helfen:

„Wie Jesus sind wir zu einer radikalen Aktivität der Liebe aufgerufen, zu einer Seinsweise in der Welt, die Beziehung vertieft, Gemeinschaft verkörpert und erweitert und die Gabe des Lebens weitergibt. Wie Jesus müssen wir diesen Ruf an einem Ort und in einer Zeit leben, wo die Verzerrungen der Macht ohne Liebe im Konflikt stehen mit der Macht der Liebe. Wir sind aufgerufen, uns wie Jesus dem entgegenzustellen, was die Kraft persönlicher und gemeinschaftlicher Entwicklung durchkreuzt, wir müssen mutig dem begegnen, was Beziehung entstellt, und dem, was so vielen Menschen in unserer Welt Wohlergehen, Gemeinschaft und Solidarität verweigert.“[30]

Aspekte aus den Erzählungen der Frauen

Jesus als ethisches Vorbild ist für die meisten Interviewpartnerinnen die hervorstechende Seite der Christologie, von Dorothee Sölle definiert als „Versuch, das Geheimnis Jesu zu erfassen.“[31] Unvergleichlich stärker als mit dem leidenden, identifizieren sich die Frauen mit dem handelnden Christus. Sie übernehmen hauptsächlich zwei Ausrichtungen der Praxis Christi: das soziale Engagement in der Welt – und die Suche nach echter Gemeinschaft.

1. Konzentration auf die Vorbildfunktion

Bei einigen Frauen beschränkt sich Jesus auf seine ethische Vorbildfunktion, so daß sie die in der Dogmatik dominierenden christologischen Aspekte (Kreuz, Auferstehung,

---

28 B.W. Harrison, Die neue Ethik der Frauen, a.a.O., 22.
29 M. Fox, Schöpfungsspiritualität. Heilung und Befreiung für die Erste Welt, Stuttgart 1993, 17.
30 B.W. Harrison, Die neue Ethik der Frauen, a.a.O., 26.
31 D. Sölle, Gott denken. Einführung in die Theologie, Stuttgart 1990, 141.

Versöhnung und Zwei-Naturen-Lehre) gar nicht in den Blick bekommen. Dieses ist besonders bei den jüngeren, von einem stark ethisch orientierten Religions- und Konfirmandenunterricht geprägten Interviewpartnerinnen der Fall. Ganz grundsätzlich versteht Elke R. (17) Christi Verkündigung und Werk als Modell menschlichen Lebens:

„Ich denke, daß Jesus nicht so existiert hat, wie er in der Bibel steht, sondern daß das eigentlich eher eine Idee ist, auch seine Lebensgrundsätze und seine Vorschläge zum Verhalten, die Seligpreisungen und die Bergpredigt und so. Daß das eigentlich mehr so Vorschläge sind und grundsätzliche Regeln, an die man sich halten sollte, und daß die ganze Welt etwas anders aussähe, wenn mehr Leute sich daran halten würden. Und ich denke, daß man mit so einem Bild etwas anfangen könnte, wenn viele Leute das hätten, daß das halt eine Idee ist, die es zu verfolgen gilt und daß das eigentlich auch mein Ziel ist."

Irmgard H. (55) bezieht Jesus noch enger auf ihr persönliches Leben:

„Das ist für mich so ein Lebensgrundsatz, so ein Lebensinhalt, der mir ständig wieder Kraft gibt, so zu leben, wie ich lebe. Daß ich eben mit dem Menschen oder auch für die Menschen, mit denen ich lebe, für die ich auch im Beruf da bin, leben kann. Das Leben Jesu gibt mir da sehr viel Kraft, was er gesagt hat und wie er sich anderen Menschen gegenüber verhalten hat. Dieses Auf-den-Menschen-Zugehen, Vertrauen haben, das ist aus Jesu Leben für mich ganz wichtig geworden. […] Jesus ist für mich mehr so – sage ich jetzt mal – tagtäglicher Lebensinhalt."

Ähnlich faßt Erika L. (47) zum Ende des Interviews ihren Christusglauben zusammen: „Weil für mich Jesus ja Vorbild ist für das, was ich im Leben tue, weil er es vorgelebt hat."

Einige Gesprächspartnerinnen, wie Heike S. (35), drücken mit der Übernahme der von Jesus vertretenen sozialen Werte auf ihr eigenes Leben zugleich eine enge Bindung an Jesus aus, die aber allein bei Heike S. über den Glauben an das Vorbild hinausgeht.

„Ich denke, … wenn Jesus uns beauftragt hat – im Auftrag von Gott vielleicht – …, in der Zeit, in der wir leben, in der wir ja alles nutzen, was es um uns herum gibt, daß wir den Auftrag haben, das so gut wie irgend möglich zu erhalten. Und diesen Auftrag, da habe ich wirklich das Gefühl, den habe ich ganz bewußt übernommen, wenn ich jetzt an Jesus glaube, und daß ich diesem Auftrag auch auf jeden Fall gerecht werden muß."

Nähe zu Jesus und unbedingtes Vertrauen in sein Vorbild formuliert auch Sabine M. (28):

„Also für mich ist das so, wenn ich die Bibel lese, nur daraufhin: Was hat Jesus gemacht? Was hat er gesagt, … was hat er für Werte vertreten, und diese Werte halte ich einfach für gut, auch wenn ich sie manchmal nicht verstehe, aber ich habe das Vertrauen darauf, daß es schon richtig ist, wenn er es so gesagt hat. Daran müßten wir uns eigentlich viel mehr halten."

Jesus als Sohn Gottes wird diesen Frauen zu Gottes ethischer Funktion auf Erden.

Vor einer Überforderung durch den ethischen Jesus, der in der traditionellen Dogmatik als „gehorsam bis in den Tod" leicht Schuldgefühle wecken und in der feministischen Theologie stark handlungsorientiert Druck ausüben kann, versuchen sich unsere Gesprächspartnerinnen durch theoretische Überlegungen zu schützen. Nur Heike S. (35) beschreibt den verpflichtenden Charakter ihres Christusglaubens: „… daß ich diesem Auftrag auch auf jeden Fall gerecht werden muß, wenn ich das auch genießen will, was ich hier vorfinde für mich.“ Die Mehrzahl der Frauen verweist angesichts der starken ethischen Anforderungen im Glauben an Jesus auf menschliche Begrenztheit und Unzulänglichkeit, sowohl eigene als die anderer. So schätzt Elke R. (17) die menschlichen Möglichkeiten der Nachfolge eher pessimistisch ein:

„Ich denke, daß der Mensch einfach überfordert ist im Moment und deshalb nicht so friedfertig sein kann und seine Gedanken und Ideen auf andere, also erstmal auf das eigene Überleben konzentrieren muß ... bevor er seine Gedanken auf irgend etwas anderes konzentriert. Insofern denke ich, daß die Menschen vielleicht teilweise, ansatzweise so sein können wie Jesus oder in die Richtung gehen können wie Jesus, aber nicht vollständig. [...] Weil eigentlich die totale Befolgung aller dieser Grundsätze nicht möglich ist.“

Persönlicher äußert sich Ulrike W. (58):

„Doch, das glaube ich schon, daß ich ihn [Jesus] mir als Vorbild nehme und versuche, manches so zu machen, wie es seiner Art entsprach. Doch, doch, das kann man wohl so sagen ... Auch wenn es unzulänglich ist, ganz klar. Dazu ist man dann doch etwas zu träge.“

Auch Dora S. (78) wehrt den Druck des Vorbildes ab: „Irgendwann bin ich auch mal zu alt, daß man nicht alles kann.“

2. Eine „Frauenlösung“: soziales Engagement statt Glaubenstheorie

In Diskrepanz zu diesen Äußerungen steht das alltägliche, vom tätigen Christentum geprägte Leben der Interviewpartnerinnen. In zwei Bereiche ethischen Handelns folgen die Frauen Christi Vorbild nach: in soziales Engagement und/oder in ökologische und gesellschaftspolitische Aktivität.

Die angestrebten Werte

Als positive und ermutigende Werte gelten den meisten Frauen Jesu vorbildliche Verhaltensweisen anderen Menschen gegenüber: seine „uneingeschränkte Liebe zu den Menschen, sie so zu akzeptieren, wie sie sind“ (Ulrike W., 58), „dieses Auf-den-Menschen-Zugehen, Vertrauen haben“ (Irmgard H., 55) und „dieser unerschütterliche Glaube an das Gute im Menschen“ (Anneliese D., 59). Auf die Gesellschaft bezogen heißt das: „Gewaltfreiheit zum Beispiel, Brüderlichkeit, Teilen, Feindesliebe“ (Gabriela E., 49), „daß Jesus sich gerade den Armen und sozial schwachen Leuten zugewendet hat“ (Elke R., 17), „um *alle* zu einem menschlichen Recht kommen lassen“ (Anneliese D., 59). Einige Frauen unterlegen die von Jesus übernommenen Werte mit Bibeltexten, wie der Bergpredigt und Heilungswundern. In Jesu Toleranz und Vertrauen, seiner Liebe und Treue zu anderen Menschen erkennen die Frauen den Schlüssel zu gerechten und harmonischen Beziehungen in der Welt, auf die sie hoffen und für die sie sich einsetzen (s. 6. Kapitel: Hoffnung und 7. Kapitel: Jesus Christus als Grund von Gemeinschaftserfahrungen).

Die Vermischung christlicher und bürgerlicher Werte

Die von Jesus vertretenen, nachahmenswerten Eigenschaften vermischen sich bei einigen vor allem der älteren Frauen mit bürgerlichem Anstand. Irmgard H. vermag kaum zwischen Jesus und bürgerlich-“christlichem“ Leben zu unterscheiden, so sehr steht beides für Vorbildlichkeit. Dora S. versucht, sich durch Gebete Kraft gegen ihren unordentlichen Haushalt zu verschaffen. Eventuell findet diese Vermischung auch bei Marianne L. statt, die Gott bittet, er möge beim Kaffeeklatsch ihre Zunge in Zaum und ihr Herz rein halten. Offensichtlich wirkt hier noch eine autoritäre Erziehung nach, in der Christentum praktisch Wohlanständigkeit heißt.

Soziales, ökologisches und gesellschaftspolitisches Engagement
Sind die Frauen auch gesellschaftskritisch motiviert und zum Teil durch die Gemeinden politisiert, engagieren sich nur wenige dezidiert politisch, wie Heike S. in der Ökologiebewegung und Gabriela E. und Sabine M. in der Friedensarbeit. Sabine M. (28) berichtet von ihrem an Jesu Werte gekoppelten Engagement:

> „Als ich studiert habe, war ich in einer Friedensgruppe, einer christlichen Friedensgruppe. Wir haben eigentlich nicht sehr viel irgendwelche Bibelstellen theologisch auseinandergelegt. Wir haben eigentlich immer das Politische darin gesucht, was wir heute für einen Auftrag daraus haben. Also es war manchem vielleicht auch zu politisch. Aber es war nicht so ... tiefgreifend theologisch. Das war das irgendwie nicht. Wir haben immer versucht, so Sachen herüberzubringen, andere Lebensweisen, andere ... Einstellungen zu Krieg und zu Wohlstand und Reichtum und Abgeben und Teilen, diese ganzen Sachen. Darum ging es eigentlich immer. Es war immer so die Frage des Miteinanders, Gewaltlosigkeit ... Wir haben auch ganz viele Andachten gemacht, einmal im Monat. Wir hatten immer so verschiedene Themen, die uns beschäftigten, wo wir meinten: So müßten wir doch eigentlich zusammenleben ...“

Sabine M. fährt fort:

> „daß man mehr aufeinander achtgibt und daß man sich engagiert für das Leben, für die Schöpfung, für Gerechtigkeit, ... gerecht zu sein gegenüber anderen, andere Benachteiligte zu beachten, mit zu stützen, also wo Hilfe gebraucht wird. Das ist irgendwie eine humanere Form als es sonst in der Gesellschaft üblich ist.“

Deutlich überwiegt jedoch der soziale Einsatz *für andere* im näheren Umkreis und „der Glaube, daß durch Nächstenliebe sich etwas ändern kann“ (Andrea R., 37). Jesu Handeln für andere übersetzen die Frauen in ihren Alltag: „daß ihnen [den Kindern] gesagt wird, daß sie wichtig sind“ (Nicole W., 18) oder „dieses natürliche Verlangen nach Frieden, nach Liebe, auch weiterzuleben *in* meiner Familie“ (Anneliese D., 59).
Manchmal mündet die Annahme des Vorbildes Jesu im sozialen Einsatz, der nicht immer von gesellschaftspolitischer Aktivität zu trennen ist. So engagiert sich Andrea R. in der Bosnienhilfe und Irmgard H. in der Hilfe für St. Petersburg. Nicole W., Andrea R. und Erika L. sind in der kirchlichen Kinder- und Mädchenarbeit aktiv, während Gabriela E. und Irmgard H. durch die Adoption bzw. Pflege von Kindern den tätigen Glauben in ihre privatesten Bereiche führen. Mit Alten und Kranken arbeiten Erika L., Irmgard H. und Ulrike W. Eventuell floß Christi Vorbild auch in die Berufswahl unserer Interviewpartnerinnen ein: Irmgard H. ist Kindergärtnerin, jetzt Altenpflegerin, Marianne L. Katechetin, Sabine M. Sozialpädagogin und Heike S. Umweltschutztechnikerin.

Eine Variante: Vorbild im Aushalten von Leiden
Eine Sonderrolle nimmt Jesus für Gabriela E. und Anneliese D. ein. Ihnen ist er Vorbild in Leidenssituationen, die aktiv nicht verwandelt werden können. Während Anneliese D.

in traurigen Situationen Kraft zum Durchhalten aus den Erzählungen Christi schöpft, denn „er erzählt ja von Lebensbeispielen und richtet auch die Menschen mit seinem Glauben, daß es weitergehen muß, auf", bezieht sich Gabriela E. direkt auf das Vorbild des leidenden Christus (s. 2. Kapitel: Kreuz und Leiden Jesu Christi).

„Aber ich habe nie gefragt." (Irmgard H., 55)
Jesus wirkt für viele der von uns interviewten Frauen als Vorbild für ethisches Handeln. Tätiges Christentum scheint die „Frauenlösung" im Glauben zu sein, aus der Not, nicht fragen zu dürfen, und aus dem traditionellen weiblichen Aufgabenfeld geboren. So Irmgard H. (55) auf die Frage, ob sie im Glauben Fragen gehabt hätte:

„Immer. Ich habe mich – und das tue ich ja heute noch – immer damit auseinandergesetzt, weil ich mit dem absolut wirklichen Glauben von vielen Dingen meine Probleme habe. Und die hatte ich da auch schon. Aber ich habe nie gefragt. Ich hätte bestimmt meinen Großvater fragen können, der hätte ganz sicher mir darauf geantwortet, aber, naja, ich habe es nicht getan. Und somit ist es eigentlich immer so geblieben."

Während Irmgard H. ihr Verhalten in gewisser Weise bedauert, scheint bei Dora S. (78) das unhinterfragte Hinnehmen von Glaubenssätzen internalisiert – „so gibt es eben Dinge, die ich mir nicht unbedingt vorstellen kann, können muß", – und wird von großer äußerer Aktivität überlagert. Daß die Scheu, über den Glauben zu sprechen, zu fragen und nachzudenken, kein Problem der älteren Generation ist, belegen Nicole W.s (18) Zweifel an der Zulänglichkeit ihres Glaubens: „Man kann den Glauben bestimmt auch auf viele andere Sachen beziehen, viele andere Sachen, aber für mich ist es dieses: Menschen, die dazugehören, Aktivitäten ... Ich weiß nicht, ob das genügt? Ein bißchen oberflächlich alles, glaube ich, nicht?" Deutlich tritt an dieser Äußerung ein unsicheres Gefühl der Unterlegenheit hervor, das viele Gesprächspartnerinnen gegenüber den dogmatischen Aspekten des Glaubens empfinden (s. 10. Kapitel: Kirche als Instanz christlichen Glaubens). Stellvertretend für viele unserer Gesprächspartnerinnen wertet Irmgard H. ihren Glauben selbst als „einfach" ab:

„Das ist wahrscheinlich so ein ganz einfacher Glaube, den ich mir aus dem, was ich verstanden habe, für mein Leben so als Inhalt gemacht habe. [...] Er ist natürlich entstanden durch mein Nicht-Hinterfragen. Vielleicht wäre manches anders gekommen, wenn ich gefragt hätte, ich weiß es nicht. Ich kann jetzt sehr gut damit leben, schon lange. Ich habe Probleme damit ... natürlich, weil ich mich einfach zu wenig damit auseinandersetze, weil ich mir jetzt auch zu wenig Zeit lasse, mich damit auseinanderzusetzen."

Irmgard H. läßt sich jedoch Zeit, um ihren vielfältigen sozialen Beziehungen und Aufgaben nachzugehen ... Zufrieden mit der eigenen Glaubens*praxis* und unsicher in der Glaubens*theorie* – so stellen sich viele unserer Interviewpartnerinnen dar.

3. Eine andere „Frauenlösung": Glaubenspraxis als Schuldbewältigung

Traditionelle Christologie, auch „Christologie von unten", die Gottes Anwesenheit in Jesus anthropologisch untersucht, kreist immer um das Verhältnis zwischen Gott und Christus. Besonders im liturgischen Rahmen der Kirche wird dieses Verhältnis als Vater-

Sohn-Beziehung gefeiert. Hingabe, Gehorsam und Vertrauen kennzeichnen Jesu Haltung gegenüber seinem himmlischen Vater. Hingabe und Gehorsam nehmen die Interviewpartnerinnen jedoch weder als Eigenschaften Jesu wahr, noch schätzen sie diese positiv ein. Im Gegenteil kritisiert Hilde N. die von ihr im Glauben geforderte Unterordnung und hebt Jesu unangepaßtes Verhalten hervor.
Zwischen den freien Glaubenssätzen der Frauen und ihrem Tun besteht jedoch eine offensichtliche Spannung. Vorbildlich erfüllen sie ihre Rolle in der Familie, mißbilligen eigene Aggressionen und nehmen sich hingebungsvoll Alten, Kranken und Kindern an. Offen schildert Gabriela E. (49) ihre Motive, ein Kind anzunehmen. Als ihr erstes Kind tot geboren wird, fühlt sie sich von Gott für ihren Kinderwunsch bestraft: „Du hast es erzwungen. Du wolltest das Kind unbedingt und hast es nicht verdient." Nach der Geburt des zweiten, gesunden Kindes formuliert sie ihr schlechtes Gewissen:

„Um Gottes Willen, das ist doch einfach zu schön. Du kannst doch jetzt hier nicht dein Kind genießen. Und alles ist so schön. Naja, und dann lief es für mich zwangsläufig so, daß ich dachte: ‚Ich nehme noch ein anderes Kind, das ganz viel Liebe braucht'. Das war für mich einfach auch eine zwanghafte Sache. Aber irgendwie auch schön. Also ich hatte so das Gefühl: ‚Von dem Überschuß mußt du irgend etwas …' Und ich hatte auch ein schlechtes Gewissen: ‚Nur so mit einem gesunden Kind sollst du glücklich sein', das konnte ich irgendwie auch nicht."

Ängste und Schuldgefühle bringt Gabriela E. mit Gott in Verbindung, während die Adoption Versöhnung mit Gott und mit der eigenen Biographie als ungeliebtes umstrittenes Kind bedeutet. Schuldbewußt schildert auch Erika L. die Krankheit und Genesung ihres Mannes, als eine Zeit, in der sie Gott völlig vergessen hatte. Zur Wiederherstellung ihrer Gottesbeziehung drängt sie ihren Mann zur Taufe, holt die kirchliche Trauung nach und engagiert sich fortan im diakonischen Bereich der Kirchengemeinde. Praktizierte Nächstenliebe erscheinen an den skizzierten Beispielen als weiblicher Gehorsam gegen Gott und die Gesellschaft.

4. Jesus als Vermittler göttlicher Werte

„Mehr Gewicht hat für mich das Gefühl, von Gott getragen zu sein … Das ist schon so ein ganz tiefes Gefühl. Das andere ist, daß Jesus, wie ich es mir zurechtgelegt habe, *das Leben* ist, alles, was so darum herum ist." – Repräsentativ schildert diese Äußerung von Irmgard H. (55) Jesu Vorbildfunktion im alltäglichen mitmenschlichen Leben. Tatsächlich vermittelt Jesus im Glauben vieler Interviewpartnerinnen göttliche Werte auf eine zwischenmenschliche Ebene. Dieser Auffassung liegt ein bestimmtes Verständnis der Beziehung zwischen Gott und Christus zugrunde. Auf die explizite Frage nach dem Verhältnis zwischen Jesus und Gott antworten fast alle Frauen, daß Jesus eben Gottes Sohn gewesen sei, zum Beispiel: „Es war eine gute Beziehung zwischen Vater und Sohn" (Heike S., 35 J) oder „der Sohn gehört dazu zum Vater" (Erdmute K., 72). Der Gesprächsverlauf zeigt jedoch anderes. Entgegen jeglicher christlicher Tradition setzt der Großteil der Gesprächspartnerinnen Jesus und Gott entweder in eins oder unvermittelt nebeneinander. „Ich weiß gar nicht mal, ist das jetzt Jesus oder Gott", überlegt Dora S. (78), zu wem sie betet. „‚Meinen Gang nach deinem Wort' – das ist ein Psalm –, ich habe immer das Gefühl, das ist zu Jesus, aber das verschwimmt da gewissermaßen." Auch für Ulrike W. (58) gehen Jesus und Gott im Gebet unwillkürlich ineinander über, während Andrea R. (37) bewußt beide in eins setzt.

„Man kann es Gott nennen, man kann es Jesus nennen. Für mich hat Jesus keine Extrarolle gespielt. Für mich ist es ein Part: Gott und Jesus ist für mich eine Verbindung, wo ich nicht trennen mag. Das gehört für mich so zusammen. Es ist nichts, daß ich sagen kann: ‚Also es ist jetzt etwas Neues hinzugekommen in meinem Glauben', wenn ich mit Jesus mich auseinandersetze. Es hat für mich die gleiche Bedeutung. [...] Ja, Gott und Jesus als dasselbe."

Fast beziehungslos stehen hingegen für Sabine M. (28) Gott und Christus nebeneinander:

„Für mich ist Jesus eben nicht mehr so da. Also für mich ist er gewesen, und Gott ist jetzt wieder alleine da. Also Jesus hat es mal gegeben, aber es ist für mich nicht so eine richtige Verbindung. Also ich würde nie zu Jesus beten. Das wäre für mich ganz fremd. Wenn, dann eben nur zu Gott. Gut, vielleicht hat Gott noch eine Beziehung zu Jesus. Das mag sein. Aber das kann ich mir eigentlich auch nicht so richtig vorstellen."

Zwar vermittelt Jesus nach Auffassung der Frauen Gottes Werte, aber auch hier bleiben Wie und Warum ungeklärt: „Ich denke, wenn Jesus uns beauftragt hat – im Auftrag von Gott vielleicht oder so – ..." (Heike S., 35). Oder: „Ich glaube, daß es mehr – ja, mehr Gott oder Jesus? – der Part der Nächstenliebe ist", antwortet Andrea R. (37) auf die Frage, woher sie die Kraft zu ihrem Engagement nähme. Jesus beschreibt Andrea R. im folgenden als den „praktischen Teil der Nächstenliebe". Elke R.s (17) Jesusbild nimmt eine Sonderstellung ein: Zwar sind die von ihm verkündeten „Lebensgrundsätze" und „Vorschläge zum Verhalten" für ihr Jesusverständnis von tragender Bedeutung, da aber ihrer Meinung nach ein Mensch nicht so vollkommen wie Jesus gewesen sein kann, denkt sie,

„daß diese Leute oder diese Ideen von Menschen kamen, die halt sehr an Gott geglaubt haben, [...] und insofern denke ich, daß das vielleicht ein bestimmter Zweig oder ein Teil dieser Gottidee ist, der halt bloß besonders ausgeprägt ist, also eine Verstärkung eines bestimmten Teils von Gott, eine Spezialisierung."

Neben Elke R. versucht nur Anneliese D., den göttlichen Vorbildcharakter Jesu zu erklären. Während Elke R. dabei von ihrem Jesusverständnis ausgeht, legt Anneliese D. (59) menschliche Erfordernisse zugrunde.

„Für mich sind der christliche Glaube Gesetze, die aus der Natur gewachsen sind. Um das auch zu erhalten und zu bewahren und das – ich möchte mal sagen: – ‚plausibel' zu machen, *mußte* diese Gemeinschaft von Gott und Christus geschaffen werden. Denn es gibt ja zu viele Leute, die glauben nicht den Wolken, sondern die wollen durch das Radio hören: ‚Der Wind kommt von Nordwest,' zum Beispiel. Die wollen das nun ganz konkret bewiesen haben, und ich denke, das ist diese Verbindung, so ist sie geschaffen und entstanden. [...] Ja, Christus ist für viele Menschen das Konkretere. Er ist das Vorbild. Aber ich habe darüber überhaupt noch nicht lange nachgedacht."

5. Jesus, das einzige Vorbild?

Für einige Frauen, deren Glaube vornehmlich auf Jesus zielt, hat dieser auch explizit eine von anderen Menschen unterschiedene ethische Vorbildfunktion. Jesu Vorbild wirkt durch seine unmittelbare Nähe, formuliert Heike S. (35) den Unterschied.

„Ich habe das Gefühl, daß Jesus da ist. Also durch das, was er gemacht hat sowieso, wo ich denke, er ist so eine Art Vorbild. Aber ich habe auch das Gefühl, daß – ich weiß nicht, wie man das beschreiben soll – also: Jesus ist mir eigentlich immer, wenn ich an ihn denke, sehr nahe. Als wäre er wirklich da. Als gäbe es dieses Wesen, was genau weiß, wer ich bin. Ja, wo ich mir keine Sorgen machen muß, daß ich irgend etwas verkehrt mache oder daß es irgendwann so riesige Schwierigkeiten gibt, daß es zu spät wäre oder daß es keine Lösung mehr gäbe. Er ist – also er ist nicht nur so eine Figur, die da irgendwann da war und jetzt weit weg ist, an der ich mich zwar ein bißchen orientiere, aber eigentlich eher wie Albert Schweitzer oder irgend so ein Vorbild, sondern es ist jemand, der mir absolut nahe ist."

Frauen, wie Heike S., Sabine M., Ulrike W. und Irmgard H., erfahren fast ausschließlich durch das Vorbild Jesu große Ermutigung. So unterscheidet auch Ulrike W. klar zwischen Menschen, die wie Mutter Theresa oder Gandhi Jesus ähnlich sind, und dem Ansprechpartner und Vorbild Jesus.

Nur drei Frauen nennen für ihre soziale oder gesellschaftspolitische Aktivität neben Jesus auch andere Vorbilder. So fühlt sich Gabriela E. (49) zu ihrem Engagement eher durch Biographien und tätige Christen ermutigt, „durch Menschen. Genau. Das ist es. Sie stärken mich und auch die Sache vielleicht, für die ich mich einsetzen möchte." Spirituelle Orientierung findet Gabriela E. in der Literatur, zum Beispiel bei Bärbel Wartenberg-Potter oder Luise Rinser. Anneliese D. (59) führt Janusz Korczak als Beispiel bedingungsloser, christlicher Liebe an, und Marianne L. (84) nennt als Vorbilder im Handeln die mutigen Pastoren der Bekennenden Kirche und

„die Mathilde Wrede, die da in die finnischen Gefängnisse gegangen ist. Es gibt ja auch viele Frauen, die dann das …, aber die imponieren dann durch ihre Stärke. Aber die Mathilde Wrede, die hatte keine Angst, die hatte nur Liebe zu den Menschen! Gerade zu den Strafgefangenen. Vielleicht muß die Welt sich noch sehr ändern, daß die Frauen noch … – ich weiß es nicht."

Resümee

1. Während herkömmliche dogmatische Lehre an den realen, irdischen Bedingungen christlichen Handelns oft weniger interessiert ist und feministische Theologie diese zum Teil überschätzt, suchen die Interviewpartnerinnen nach konkreten, ihren Fähigkeiten entsprechenden Handlungsmöglichkeiten der Nachfolge Jesu in ihrem sozialen oder beruflichen Umfeld. Gemeinsam ist dabei den meisten Frauen die unauflösliche Verbindung von Ethik und Glaube, eine vielschichtige Beziehung, die unseres Erachtens durch Predigt, Lieder und Lehre bisher noch zu wenig Unterstützung erfährt.

Die durch Jesus verkörperten Werte fassen feministische Theologinnen und die von uns befragten Frauen in ähnlicher Weise auf. So formuliert Rosemary Radford Ruether in ihrem Christologie-Entwurf: „Im Grunde erneuert Jesus die prophetische Vorstellung, nach der das Wort Gottes nicht die bestehende soziale und religiöse Hierarchie bestätigt, sondern sich zugunsten der marginalisierten und verachteten Gruppen der Gesellschaft einsetzt."[32] Das von Jürgen Moltmann postulierte Handeln ist zwar dezidiert politisch, wirkt aber neben der Suche der Frauen nach konkreten Handlungs*möglichkeiten* schlag-

32 R.R. Ruether, Sexismus und die Rede von Gott. Schritte zu einer anderen Theologie, Gütersloh 1985, 167.

wortartig. Deren Handeln ist zudem nicht durch das ausstehende messianischen Zeitalter, sondern durch irdische Erfahrungen motiviert.

2. Herkömmliche Dogmatik nimmt dieses alltägliche vorbildhafte Handeln Christi deutlich weniger wichtig als die soteriologischen Aspekte der Christologie.[33] Als hervorstechende nachahmenswerte Eigenschaft Christi nennt sie den Gehorsam, eine Tugend, die unsere Gesprächspartnerinnen nicht anführen, einige von ihnen aber leben (s.o. Eine andere „Frauenlösung“: Glaubenspraxis als Schuldbewältigung).

3. Einer der wesentlichen Unterschiede zwischen den Äußerungen der interviewten Frauen und denen herkömmlicher Dogmatik tritt an Irmgard H.s (55) Bekenntnis zutage, daß das Leben Jesu für sie „tagtäglicher Lebensinhalt“ sei. Während die Frauen Jesus eher als Vorbild in seiner Beziehung zum Menschen begreifen – sieht die herrschende Tradition Jesus als Vorbild in seiner Beziehung zu Gott. Aufgrund der entgegengesetzten Bezugssysteme entstehen völlig unterschiedliche, vorbildhafte – alles christliche! – Werte. Wird Jesus in den Interviews eher mit Kraft, Schutz, Liebe, Gewaltfreiheit und Toleranz gegenüber Menschen identifiziert, so von den traditionellen Theologen mit Hingabe, Vertrauen und Gehorsam gegen Gott.

Diesen unterschiedlichen Blickwinkeln liegt aber auch zweierlei Verständnis der Beziehung zwischen Gott und Christus zugrunde. Auf die explizite Frage nach dem Verhältnis zwischen Jesus und Gott antworten zwar fast alle Frauen, daß Jesus eben Gottes Sohn gewesen sei, entgegen jeglicher christlicher Tradition setzt der Großteil der Gesprächspartnerinnen Jesus und Gott aber entweder in eins oder unvermittelt nebeneinander.

4. In gewisser Weise ähnelt das Jesusbild dieser Frauen dem der liberalen Theologie des 19. Jahrhunderts, von Heinz Zahrnt folgendermaßen beschrieben: „So wird Jesus in der liberalen Theologie zum sittlichen Vorbild und religiösen Lehrer und das Reich Gottes, das er verkündet, zu einem inneren Reich der Werte, des Wahren, Guten und Schönen, und zu einem zeitlosen Ideal.“[34] Im Unterschied zum so skizzierten Christusglauben des letzten Jahrhunderts ist der Glaube der von uns interviewten Frauen zwar auch an Jesu Vorbild ausgerichtet, jedoch explizit handlungsorientiert.

5. Bei der Auswertung der von uns geführten Interviews beobachteten wir, daß sich die starke Betonung des ethischen Vorbildes Christi aus drei Elementen zusammensetzt: aus der Wahrnehmung konkreter, durch den Jesus der synoptischen Evangelien verkörperter Werte, aus den Bedingungen weiblichen Handelns in unserer Gesellschaft und aus Hemmnissen und Ängsten vor einer intellektuellen Auseinandersetzung mit dem christlichen Glauben. Den sich daraus entwickelnden handlungsorientierten Glauben bezeichnen wir als „Frauenlösung“ im Glauben.

6. Die meisten Frauen finden „ihren“ Ort christlichen Glaubens in sozialer oder gesellschaftspolitischer Aktivität. Ihr Interesse, ihre Hoffnung und ihre Liebe gilt ihren Mitmenschen. Dem liegen eventuell zwei grundsätzlich verschiedene männliche und weibliche Lebensorientierungen zugrunde,

> „die auf den Krisen von männlicher und weiblicher Erfahrung beruhen. Für den Mann – historisch als Jäger und Krieger – ist Tod die Erfahrung, um die er sich dreht, sowohl als Töter von Tieren und anderen Menschen als auch als einer, der selbst durch gewaltsamen Tod bedroht ist.

---

33 Soteriologie ist die Lehre von der Erlösung.

34 H. Zahrnt, Es begann mit Jesus von Nazareth, Gütersloh 1960, 40.

[…] Für Frauen hingegen ist die zentrale Erfahrung Geburt, und ihr Grundanliegen ist, wie das immer weitergebende Leben hier auf Erden gedeihen könne."[35]

7. Mit der Präferenz der Frauen, lebenszugewandt zu handeln, geht die Scheu vor einer intellektuellen Auseinandersetzung mit dem Glauben einher. Es ist daher zu fragen: Entspringt die soziale Handlungsorientierung neben dem gesellschaftlichen auch dem kirchlichen Rahmen und wird als ihm gemäß empfunden? Stellen Pastoren und Professoren den intellektuellen und geistlichen Anteil in der Kirche und Gemeindefrauen den praktischen und sozialen? Wie ließe sich diese Geschlechterdifferenzierung, zum Nutzen *beider* Gruppen auflösen? Ist theologische Bildung „normalen" Gemeindefrauen *in* der Gemeinde überhaupt zugänglich? Besteht ein Interesse am spirituellen und intellektuellen Austausch? – Viele Fragen, deren Antworten nur durch gemeinsames Ausprobieren und Überlegen gefunden werden können. Die Interviewpartnerinnen weisen aber auch einen Weg, der Fachtheologie und manchen Gremien fehlt und den Friedrich-Wilhelm Marquardt so charakterisiert:

„Erst im Tun lernen wir begreifen und verstehen, was uns nur im Tun und nicht in der Theorie sich erschließt. Das ist denkbar unprofessoral. ‚Unbedacht' schelten im Talmud Nichtjuden die Juden dafür. Es ist heidnisches Wesen, erst lange zu denken und dann doch nur wenig zu tun, und deutsches Wesen speziell."[36]

„… und ‚männliches Wesen' speziell" sind wir nach der Begegnung mit den tätigen Gemeindefrauen versucht hinzuzufügen.

8. Es stellt sich schließlich aber auch die Frage, ob und inwiefern Gemeinden die Ausprägung einer Ethik bei Frauen verhindern, die dezidiert für das Anliegen von Frauen eintritt. Gemeinden sind augenscheinlich an Frauen interessiert, die *für andere* aktiv sind – manche mehr im bewahrenden Sinne, andere eher „links" ausgerichtet. Sind sie aber auch an Frauen interessiert, die für sich selbst eintreten?

---

[35] So die feministische Wirtschaftswissenschaftlerin und Philosophin C. Perkins Gilman nach R.R. Ruether, Sexismus und die Rede von Gott. Schritte zu einer anderen Theologie, Gütersloh 1985, 280.

[36] F.-W. Marquardt, Freiheit-Umkehr-Leben. Trauerpredigt für Helmut Gollwitzer über Jeremia 17,14, gehalten am 29. Oktober 1993 in der Jesus-Christus-Kirche in Berlin-Dahlem, in: Junge Kirche 12/93, 54. Jg., 658ff, 660.

2. Kapitel
Kreuz und Leiden Jesu Christi

Aspekte traditioneller Theologie

Das Kreuz in seiner Bedeutung als Ausdruck des Todes Jesu „für uns" nimmt in den Entwürfen dogmatischer Theologie einen zentralen Stellenwert ein. Das Werk Christi wird als Versöhnung interpretiert, bei dem der Kreuzestod von entscheidender Bedeutung ist. Durch Jesu Tod am Kreuz werden die Menschen wieder in die Gemeinschaft mit Gott zurückgeholt, die sie durch ihre Sünde verloren haben. Das Kreuz wird häufig als Ausdruck des Gerichtes Gottes über die Menschen verstanden, deren Tod Jesus Christus stellvertretend stirbt. Im Glauben an diese „Heilstat" dürfen sich die Menschen der Macht der Sünde und des Todes entrissen wissen. Gesangbuchlieder, Liturgiestücke und Bibellesungen im Gottesdienst vermitteln dieses Kreuzesverständnis aus der Lehre in die Gemeinden.

So findet die von lebendigem Empfinden geprägte Theologie Luthers ihr Zentrum im Kreuzesgeschehen. Neuzeitliche Einwände gegen die Verstrickung Gottes in ein so grausames Geschehen hätten bei Luther kein Verständnis gefunden. Es ist ihm selbstverständlich, daß Gottes verletzter Ordnung aufgrund der Sünde Genüge getan werden muß. Er betont, daß nur die Kreuzestat Christi die Schuld aufzuwiegen vermag. Klar benennt er die Verantwortlichkeit für dieses Geschehen: „Hörst du, verruchter Mensch, [...] daß der Sohn Gottes für dich dargegeben ist?"[1] Jeder Mensch also zu jeder Zeit und an jedem Ort trägt für seine „Verruchtheit" die Verantwortung. Dieses „für dich dargegeben" drängt aber auch zu einer Entscheidung für den Tod oder das Leben:

> „Und mit diesen Worten [„der sich aus lauter Liebe selbst dargegeben hat"] beschreibt Paulus sehr schön das Priestertum und die Ämter Christi, das ist, Gott versöhnen, die Sünder vertreten und für sie bitten, sich selbst zum Opfer für ihre Sünden geben, sie erlösen, lehren und trösten. Darum sollst du Christum recht beschreiben. [...] Du sollst ihn so beschreiben, wie Paulus hier tut, daß er der Sohn Gottes sei, der nicht wegen irgendeines Verdienstes oder Gerechtigkeit, die wir haben, sondern aus lauter Barmherzigkeit und Liebe sich selbst dargegeben und sich Gott zum Opfer dargeboten hat für uns arme Sünder, damit er uns heilige in Ewigkeit."[2]

Daraus ist die Konsequenz zu ziehen:

> „Denn wie wir nicht leugnen können, daß wir alle Sünder seien, und sagen müssen, daß Adam uns durch seine Sünde verderbt, uns zu Feinden Gottes gemacht, uns dem Zorn und dem Gerichte Gottes unterworfen und des ewigen Todes schuldig gemacht habe (denn das fühlen und bekennen die erschreckten Herzen, mehr als gut ist), so können wir auch nicht leugnen, daß Christus für unsere Sünden gestorben sei. [...] Da ich [...] um der Übertretung Adams willen mich als einen Sünder fühle und bekenne, warum sollte ich nicht sagen, daß ich gerecht sei um der Gerechtigkeit Christi willen, zumal, da ich höre, daß er mich geliebt und sich selbst für mich dargegeben habe?"[3]

---

1 Martin Luthers Sämtliche Schriften, IX, hg. von J.G. Walch, Groß-Oesingen [2]1987, 238.
2 Martin Luthers Sämtliche Schriften, IX, a.a.O., 240.
3 Martin Luthers Sämtliche Schriften, IX, a.a.O., 242.

Für Luther ist in der Annahme des Kreuzes als „für uns" geschehen nicht das begründet, was wir vielleicht heute empfinden: die Frage, was den Menschen in diesem Denkmodell denn anderes übrigbleibe als das Geschehen zu akzeptieren, da andernfalls die Verdammnis, der Verlust des ewigen Lebens drohe. Für Luther liegt in der Beziehung auf das Kreuz vielmehr eine ihn überwältigende Freiheit begründet: Freiheit von der Angst vor dem Richtergott, Freiheit von seinem Urteil, weil das, was uns gilt, am Kreuz vollzogen ist. Mit seiner ganzen Person öffnet sich Luther der Kreuzestheologie, läßt sich von ihren Implikationen betreffen und vermag wegen dieser alles überstrahlenden Freiheit das eigene Kreuz im Leiden gelassen zu akzeptieren. Gedanken traditioneller lutherischer Kreuzestheologie vermitteln folgende Liedverse:

„Ach das hat unsre Sünd und Missetat verschuldet,
was du an unsrer Statt, was du für uns erduldet.
Ach unsre Sünde bringt dich an das Kreuz hinan;
o unbeflecktes Lamm, was hast du sonst getan?

Dein Kampf ist unser Sieg, dein Tod ist unser Leben;
in deinen Banden ist die Freiheit uns gegeben.
Dein Kreuz ist unser Trost, die Wunden unser Heil,
dein Blut das Lösegeld, der armen Sünder Teil."[4]

Ein so intensiver persönlicher Zugang zum Kreuz findet sich – anders akzentuiert – auch in mystischen und pietistischen Strömungen. Eine beachtliche Breitenwirkung gewinnt beispielsweise die von der mittelalterlichen „Wundenmystik" beeinflußte Kreuzestheologie von Nikolaus Ludwig Graf von Zinzendorf (1700–1760), Gründer der Herrnhuter Brüdergemeinde:

„Das Wesen des christlichen Glaubens und Kennzeichen der wahren Kinder Gottes in allen Konfessionen ist die im Kreuz Jesu konzentrierte ‚Heilandsreligion' oder unter dem Aspekt des Glaubens: die ‚Herzensreligion': Der Schöpfer starb, und das Wort ‚für euch' erfordert nichts als Herzen, die das glauben, die ein ernsthaftes Gefühl davon kriegen."[5]

Diesen Aspekt der Kreuzestheologie vermitteln auch N.L. v. Zinzendorfs Lieder:

„Gelobet seist du, Jesu Christ,
daß du ein Mensch geboren bist
und hast für mich und alle Welt
bezahlt ein ewig Lösegeld.

Du Ehrenkönig Jesu Christ,
des Vaters ein'ger Sohn du bist;
erbarme dich der ganzen Welt
und segne, was sich zu dir hält."[6]

In manchen pietistischen Ausformungen gewinnt der bei Luther angelegte Gedanke breiten Raum: *Wir* leben nicht mehr, sondern Christus lebt in uns, so daß auch wir uns

---

4 EKG 87,2f (66,2f).

5 H. Schneider, Nikolaus Ludwig von Zinzendorf, in: M. Greschat (Hg.), Gestalten der Kirchengeschichte. Orthodoxie und Pietismus, Stuttgart Berlin Köln Mainz 1982, 347ff, 367.

6 EKG 350,4f (273,4f).

zum Leiden wagen. Andere Entwürfe betonen mehr die imitatio (lat.: Nachahmung) Christi, die das Kreuz auf sich nimmt. Auch diese Variante erreicht uns durch Lieder:

„O hilf, daß wir auch uns zum Kampf und Leiden wagen
und unter unsrer Last des Kreuzes nicht verzagen;
hilf tragen mit Geduld durch deine Dornenkron,
wenn's kommen soll mit uns zum Blute, Schmach und Hohn."[7]

In manchen Epochen tritt die Bedeutung des Kreuzes theologisch zurück, so in der liberalen Theologie der Leben-Jesu-Forschung im 19. Jahrhundert. Innerhalb dieses Ansatzes ist es schwer erklärlich, warum ein Mensch, der das Gute, Reine und Schöne verkörpert, der letztlich so harmlos ist, ans Kreuz gehen muß.

Nach den Erfahrungen des 1. Weltkrieges betont Karl Barth, daß die Grundlage der Theologien des 19. und begonnenen 20. Jahrhunderts falsch seien, da es sonst nicht zu einem so einhelligen Versagen der Theologie hätte kommen können. Die Theologie, so K. Barth, muß sich darüber klar sein: In der Bibel stehen nicht die rechten Menschengedanken über Gott, sondern die rechten Gottesgedanken über den Menschen. Damit tritt er dem harmonisierenden, sich selbst verklärenden Menschenbild der liberalen Theologie entgegen. Vielmehr spricht Gott ein radikales Nein gegenüber dem Menschen und seinem Tun.[8] Freilich zieht Gott sich am Kreuz in Golgatha dieses Nein selbst zu. Somit dürfen wir auf dem Boden des Lebens stehen. Gott entreißt dem Menschen sein Urteil, das sich dieser durch Selbstrechtfertigung schaffen will, um ihm auf die einzig mögliche Weise zu helfen. Gott richtet. Es ist keine billige Gnade, sondern Gnade im Gericht.[9]

In der Gegenwart hat Jürgen Moltmann das Kreuz in das weite Geschehen zwischen Kreuz und eschatologischer Vollendung einbezogen. Dabei interpretiert er das Kreuzesgeschehen einerseits als etwas, das sich zwischen Gott und seinem Sohn ereignet. Er überschreitet damit eine Grenze, auf die Luther drang: Alle theologischen Aussagen sind als praktische zu formulieren, das heißt als solche, die vermitteln, was das Geschehen „für uns" meint, um sich nicht im Spekulieren zu verlieren. Für J. Moltmann macht die besondere Nähe zu Gott auch die Besonderheit der Gottverlassenheit Jesu am Kreuz aus. Parallel zu seiner einzigartigen Gottesgemeinschaft starb er in einzigartiger Gottesverlassenheit. Ein Geschehen zwischen Gott und Gott. Das wird allerdings erst von der Auferstehung her sichtbar: Gott handelt an sich selbst. Er wird nicht in der Herrlichkeit erkannt, sondern alles Leiden der Welt offenbart sich als Gottes eigene Geschichte am Kreuz. Der Sohn erleidet die Gottverlassenheit – Gott erleidet den Tod des Sohnes. Die Leidens- und Hoffensgeschichte der Menschen ist in dieses Geschehen hineingenommen. Gottes Nähe zu den Leidenden und auch das Kreuz als Ergebnis politischer Gewalt lassen christlichen Glauben zu einem öffentlich-rechtlichen werden, und zwar im Dringen auf das Recht der Rechtlosen, in der radikalen Kritik aller religiösen Begründung politischer Herrschaft, im Herrschaftsabbau.[10]

Einflüsse der von J. Moltmanns Theologie angeregten politischen und befreiungstheo-

---

7 EKG 87,4 (66,4).

8 Vgl. K. Barth, Das Wort Gottes und die Theologie. Gesammelte Vorträge, München 1924, 28.

9 Vgl. O. Weber, Grundlagen der Dogmatik, II, Neukirchen 1962, 208.

10 Vgl. J. Moltmann, Der gekreuzigte Gott. Das Kreuz Christi als Grund und Kritik christlicher Theologie, München 1972, 142; ders., Der Weg Jesu Christi. Christologie in messianischen Dimensionen, München 1989, 199. 231ff.

logischen Konzeptionen beginnen auch bei uns in der Lehre Verständnis für die Ähnlichkeit der Grausamkeit der Kreuzigung Jesu mit den immer neuen Kreuzigungen zu erwecken. Menschen werden fortwährend durch Hunger, Gewalt, Mißachtung ihrer körperlichen Integrität und Perspektivlosigkeit gekreuzigt. Die befreiungstheologische Verknüpfung vom Kampf der Unterdrückten und dem Kreuz als Ausdruck der Solidarität Gottes und Jesu vollzieht zum Beispiel Dorothee Sölle. Sie beschreibt *Grundlage, Zeit, Ursachen, Orte und Instrumente des Leidens*, welche die neuere befreiungstheologische Kreuzwegfrömmigkeit aufnimmt:

„Die *Grundlage* der neuen Kreuzwegfrömmigkeit ist in Jesu Anwesenheit im Geringsten unter uns gegeben (nach Matthäus 25,40). Das Leiden der Armen und des Volkes wird mit dem Leiden Jesu in Beziehung gesetzt. Die *Zeit* der Passion ist die Gegenwart. Die *Ursachen* des Leidens Jesu und seiner Geschwister werden als soziale und politische Ursachen, als Ausbeutung, Hunger, Militärherrschaft, Terror benannt. Die *Orte* des Leidens (Gefängniszelle, Folterzentrum, Kinderarbeit u.a.) werden in Bildern gezeigt oder in Worten beschworen. In der Ersten Welt, in deren ökumenischen Basisbewegungen ebenfalls Zeichenhandlungen wie Kreuzwege und Pilgerzüge immer wichtiger werden, werden diese Orte der Kreuzigung oft aufgesucht und betreten, zum Beispiel in den USA: Militärtechnologische Institute, Teststationen, Rekrutierungsbüros, Banken; in Westdeutschland Atomkraftwerke, ehemalige Konzentrationslager, Massenvernichtungsanlagen wie in Mutlangen. Die *Instrumente* des Leidens werden zum Leiden Christi in Beziehung gesetzt, die Dornenkrone mit der Picana, die zur Elektrofolter genutzt wird; die Gefangennahme mit den Autos ohne Nummernschilder der Geheimdienste, die ‚verschwinden' machen. Somit wird religiös meditiert und im Gebet vor Gott gebracht, wer, wann, warum, wo, wie leidet. Zur Nennung der Station tritt als neues Element das Zeugnis einzelner hinzu, dem Meditation und Gebet folgen."[11]

Gott wird als ein Gott verstanden, der für die Schreie der Gekreuzigten sensibel ist und ihre Kreuzigungen mit erleidet. „Deshalb weckt er Jesus von den Toten auf, bestätigt seine vorösterlichen Worte und Taten, führt ihn ins Leben zurück und setzt ihn in die Fülle des Lebens ein."[12] Diese Fülle des Lebens will der mitleidende Gott für alle Gequälten, so daß das Kreuz auch zum Aufruf zu einem solidarischen Weg mit den Armen und Gefolterten wird. Es deckt auf, wie sich dieser Weg heute vollzieht:

„Am Kreuz ist abzulesen, daß, wenn die Struktur der Ungerechtigkeit den Sieg davonträgt, jeder Befreiungsprozeß konfliktgeladen sein muß. Unter solchen Bedingungen ist Befreiung nur in der Form des Martyriums und des Opfers für die Mitmenschen und die Sache Gottes in der Welt möglich. Diesen Weg hat Jesus gewählt und bewußt auf sich genommen."[13]

Vermittelt wird dieses Verständnis in der neueren Tradition der lateinamerikanischen Kreuzwege (in erzählender oder darstellender Form). In ihnen konzentriert sich die Auffassung der ganzen Passions- und Auferstehungsgeschichte Christi der „Kirche der Armen". Sie setzt Kreuzweg und Auferstehung Jesu Christi stets zu den gegenwärtigen Erfahrungen des Leidens lateinamerikanischer Menschen in Beziehung und fügt den klassischen 14 Kreuzwegstationen interessanterweise eine 15. Station „Auferstehung" hinzu. Beispielsweise läßt Humberto Sanchez Martinica in einer Gebetshörfolge vier Sprecher vom Kreuz der Ungerechtigkeit, der Ausbeutung, der Vergewaltigungen und

11 Dorothee Sölle, Gott denken. Einführung in die Theologie. Kreuz Verlag, Stuttgart 1990, 173.

12 H. Goldstein, Brasilianische Christologie: Jesus, der Severino heißt. Eine Skizze, Mettingen ^{2}1985, 78.

13 Leonardo Boff, zit. nach H. Goldstein, Brasilianische Christologie, a.a.O., 67.

des Hungers erzählen. Zu Beginn jeder Kreuzwegstation wird folgender Passus wiederholt:

„*1. Sprecher:* Jesus, in diesen Tagen der Karwoche wollen wir über Deinen Kreuzweg nachdenken. Dein Kreuzweg? Uns trifft Dein Wort:
2. Sprecher: ‚Alles, was Ihr einem Eurer Mitmenschen getan habt, das habt Ihr mir getan.'
1. Sprecher: Darum, Herr, handelt unser Kreuzweg, Dein Kreuzweg, nicht von Deinen vergangenen Leidensstationen, sondern von Deinem bitteren Weg heute, von dem Kreuzweg unserer Mitmenschen."

Beendet wird jede Station mit einer Bitte des Vaterunsers und einem jeweils abgewandelten Lobpreis Jesu: „weil Du durch das Kreuz der Leiden der Menschen fortfährst, die Welt zu erlösen."[14]

Aspekte feministischer Theologie

In der feministischen Theologie erfährt die Verbindung des Kreuzes mit einer Sühne-Opfer-Theologie nachhaltige Kritik. Abgelehnt wird das dahinterstehende Gottesverständnis als eines sadistischen Gottes, der seinen Sohn opfert, sowie das Menschenbild, das den Menschen als unausweichlich sündig sieht und kaum Zutrauen zum Guten erlaubt. Befreiungstheologisch orientierte Ansätze feministischer Theologie sehen das Kreuz eher als Abbild der Realität, wie zum Beispiel Carter Heyward, die betont, daß zielstrebiges Eintreten für Gerechtigkeit allzu oft grausamen Sanktionen ausgesetzt ist:

„Die Ermordung Jesu war eine schreckliche und böse Tat, die der Menschheit von Menschen angetan wurde, nicht schrecklicher, aber auch nicht weniger schrecklich als das, was Menschen immer angetan wird, wenn sie gefoltert und getötet werden, weil sie die Gerechtigkeit ernst nehmen."[15]

Das Kreuz, so Carter Heyward und Dorothee Sölle, ist ebenso Ausdruck der Konsequenz, mit der Jesus für seine Ziele eintrat und sie nicht verleugnete:

„Jesus hat mit dem Kreuz nicht einfach sein Schicksal auf sich genommen, das er annehmen und ertragen mußte. Es war sein freier Wille, seines Vaters Haus zu verlassen. Es war seine Entscheidung, Galiläa, wo seine Basis zweifellos stärker war, zu verlassen und schließlich lief er frei in die Katastrophe, die wir das Kreuz nennen, nicht anders als Tausende von organisierten Arbeitern, die auch zu Hause ein friedlicheres und ruhiges Leben hätten führen können."[16]

Im Kreuz sieht D. Sölle ein Zeichen dafür, daß Menschen die Neutralität hinter sich gelassen haben und an der Beseitigung der Klassengegensätze arbeiten. Sie machen das Unsichtbare sichtbar, das heißt sie benennen die Opfer der jeweiligen Situation. Wer dieses tut und Solidarität übt, wird das Kreuz erfahren. Luise Schottroff wendet sich explizit gegen die Ausschließlichkeit des Leidens Christi. Sie macht nicht nur auf die

---

14 Vgl. H.S. Martinica, Lateinamerikanischer Kreuzweg des 20. Jahrhunderts, hg. von H. Lüning, Wuppertal 1971, 15ff.

15 C. Heyward, Und sie rührte sein Kleid an. Eine feministische Theologie der Beziehung, Stuttgart [3]1986, 106.

16 D. Sölle, Wählt das Leben, Stuttgart Berlin 1980, 79.

vielen Kreuze in der Weltgeschichte aufmerksam, sondern verweist auch auf unsere Verwobenheit in diese Geschehen:

„Jesus hat das Leiden der Flüchtlinge geteilt, als er hingerichtet wurde, und er hat die Auferstehung geteilt, als die Jüngerinnen sich auf den Weg gemacht haben ‚als von den Toten zum Leben Gekommene'. In diesem Sinne will ich nicht mehr vom isolierten Kreuz Jesu reden, sondern von Kreuzigungen und von Auferstehungen, die mit meinem Leben verbunden sind."[17]

Die Vision des Reiches Gottes, die Liebe zum gefährdeten Leben ist das, was das Kreuz „überliebt" und es zum Lebensbaum grünen läßt.[18] Auch L. Schottroff verweist auf diese Deutung des Kreuzes und erklärt aus ihrem befreiungstheologischen Ansatz heraus, daß unser Engagement für Gerechtigkeit notwendig ist, wenn aus Kreuzen Lebensbäume werden sollen.[19]
Von manchen feministischen Theologinnen wird das Kreuz als Lebensbaum in einer anderen Variante rezipiert. Regula Strobel referiert diese Interpretation:

„Im Kreuz sind entgegengesetzte Richtungen und Pole miteinander verknüpft, ‚die eine lebensspendende Spannung erzeugen, wenn sie untereinander verbunden sind. Es geht nicht um die Verschmelzung zu einer Geraden ... Das Kreuz gewinnt seinen Halt gerade dadurch, daß sich die zwei Richtungen verbinden, ohne sich aufzulösen.'
Der gekreuzigte Jesus wird in diesem Entwurf zur Welt und Kosmos umspannenden Verbindung, der Vertikale und Horizontale, Gott und Menschen, Himmel und Erde und die Menschen untereinander verbindet."[20]

Die Konzeption von Hildegunde Wöller liest den Tod Jesu auf dem Hintergrund des Mythos von der Göttin und dem Heros.

„*Hildegunde Wöller* sieht Christus als neuen Heros, der den Weg in den Tod, ins Unbewußte nicht als Ich-schwaches Kind gegangen ist – wie es in den Mythen der Heros anfänglich war –, sich aber als selbständiges Ich dem Unbewußten auch nicht verweigerte bzw. es nicht einfach beherrschen wollte. So habe Jesus mit seinem Tod ‚die Trennwand zwischen Diesseits und Jenseits durchbrochen, um beide Bereiche für immer miteinander zu verbinden'. Er habe in erlösender Weise Ichbehauptung (Diesseits) und Unbewußtes (Jenseits) vereint."[21]

Traditionellen Kreuzesdeutungen am nächsten steht Elisabeth Moltmann-Wendel, die im Kreuzesgeschehen einen dunklen Gott sieht, der unsere Projektionen und Wünsche von ihm durchstreicht. Daneben versucht sie, dem Gedanken des Opfers in menschlichen Grenzsituationen einen positiven Sinn abzugewinnen – ohne allerdings genauere Interpretationen zu vermitteln.

„Es gibt allerdings Grenz- und Einsamkeitserfahrungen von nicht zu bewältigender Schuld, wo es keine Begleitung mehr gibt, wo Liebe und Hingabe zu Jesu nur noch als stellvertretend erlebt werden. Hier kann der Gedanke des ‚Opfers' einen tröstenden Sinn bekommen, ohne verquälte Gottesbilder und Opferbilder nach sich zu ziehen."[22]

---

17 L. Schottroff, Die Crux mit dem Kreuz. Feministische Kritik und Re-Vision der Kreuzestheologie, in: Evangelische Kommentare, 25. Jg., 1992, 216ff, 218.

18 Vgl. D. Sölle, Gott denken, a.a.O., 176.

19 Vgl. L. Schottroff, Die Crux mit dem Kreuz, a.a.O., 216ff, und L. Schottroff/B. v.Wartenberg-Potter/D. Sölle, Das Kreuz – Baum des Lebens, Stuttgart 1987, 20.

20 R. Strobel, Das Kreuz im Kontext feministischer Theologie. Versuch einer Standortbestimmung, in: D. Strahm/R. Strobel, Vom Verlangen nach Heilwerden. Christologie in feministisch-theologischer Sicht, Fribourg Luzern 1991, 182ff, 185.

21 R. Strobel, Das Kreuz im Kontext feministischer Theologie, a.a.O., 186.

22 E. Moltmann-Wendel, Das Land, wo Milch und Honig fließt. Perspektiven einer feministischen Theologie, Gütersloh 1985, 181.

Nach einer intensiven Auseinandersetzung mit feministischen Kreuzestheologien zieht R. Strobel das Resümee:

„Ich meine […], daß die vorliegenden Interpretationsversuche des Kreuzes (Jesu) als erlösendes, heil-machendes Ereignis nicht befriedigen, und ich hege große Zweifel, ob es uns gelingt und ob es überhaupt sinnvoll ist, das Kreuz, den brutalen Akt der Staatsgewalt, und Erlösung/Heilwerden noch zusammendenken zu wollen. Das heißt nicht, daß es keine Leiden und keine Kreuze gibt und daß wir als Einzelne in unserem eigenen Leben Leidenssituationen vielleicht sogar noch etwas Sinnvolles abringen können. Aber als theologisches System, meine ich, sollten Kreuz und Heilwerden/Erlösung nicht mehr miteinander verknüpft werden."[23]

Entweder führt das Kreuz zu der Annahme, Engagement ziehe auf jeden Fall Leiden nach sich, was die selbstquälerische Frage provoziert: „Engagiere ich mich genug?", oder es wird durch mythenorientierte Interpretationen als Folterinstrument verharmlost. R. Strobel möchte im Leben Jesu und in eigenen Erfahrungen von Befreiung, Verzeihen von Schuld und Engagement zusammen mit anderen Menschen erlösende, heilende Kräfte entdecken.

Aspekte aus den Erzählungen der Frauen

1. Eine Heilsbedeutung des Todes Christi am Kreuz?

Von den von uns interviewten Frauen erwähnt keine einzige das Kreuz Christi von sich aus. Fast alle Frauen lehnen auf Nachfrage hin den Tod Christi am Kreuz in seiner Heilsbedeutung ab. Am nachdrücklichsten formuliert Heike S. (35) ihre Ablehnung des Opfertodes:

„Also das Kreuz hat mich immer sehr belastet, also dieser Satz, daß Jesus für uns gestorben ist, noch dazu auf eine so ekelhafte Art, und alles, was mit Schmerzen zu tun hat, geht mir total ab. Ich kann auch keine Filme sehen, wo irgendwelche Leute gequält werden. Und von daher, dieser Gedanke, daß Jesus ja auch – das ist ja eine ganz ekelhafte Art umzukommen – gequält worden ist, das hat mich absolut abgestoßen. Also das tut mir fast körperlich weh, und wenn ich dann auch noch höre, daß er für mich gestorben ist, dann wird mir endgültig schlecht. Auch dieser Gedanke, daß Ostern ja eigentlich das wichtigste Fest für uns Christen ist, damit habe ich absolute Schwierigkeiten gehabt. Ostern ist für mich eigentlich, und erst recht der Karfreitag, auch ein Tag gewesen, an dem ich, glaube ich, vielleicht einmal im Leben im Gottesdienst war; also der Geschichte gehe ich absolut aus dem Weg. Das ist auch noch heute so eigentlich. Und in der anderen Kirchengemeinde in Essen haben wir auch mal darüber diskutiert, da habe ich gemerkt, daß es anderen Leuten ähnlich geht, die das auch also schlimm finden, daß jemand anderes quält, gequält wird für uns oder gestorben ist für uns. Wir sind aber in dem Arbeitskreis – zumindest kann ich mich nicht erinnern, daß wir eine Erklärung gefunden haben oder daß wir durch das Lesen in der Bibel auf irgend etwas gestoßen sind, was mir das Ganze erleichtert hätte. Also ich habe eigentlich heute noch meine Abneigung gegen diesen Gedanken: Jesus am Kreuz. Und daß in allen Kirchen Kreuze hängen, hat für mich auch eher eine belastende Wirkung als etwas Befreiendes. Das hat sich auch eigentlich in der Zeit nicht geändert. Also seit das Kreuz für mich überhaupt eine Rolle spielt, ist es eigentlich eher belastend."

Ulrike W. (58) begründet ihre Ablehnung der Heilsbedeutung des Todes Christi mit ihrem Gottesverständnis:

---

23 R. Strobel, Das Kreuz im Kontext feministischer Theologie, a.a.O., 189.

„Also das lehne ich ab, daß Jesus das Opferlamm Gottes, was wir immer singen bei dem Abendmahl, gewesen sein soll. *Nirgendwo* in der Bibel fordert Gott doch ein Menschenopfer! Auch im Alten Testament, als Abraham seinen Sohn opfern soll, da stellt Gott doch in letzter Minute einen Schafbock bereit. Nein, nirgends, also Menschenopfer, nein, … das hat Gott nicht, das kann ich mir nicht vorstellen, nein. Das glaube ich einfach nicht. Und auch, daß ich durch Christi Tod leben kann …, das verstehe ich nicht. Das will ich auch gar nicht."

Nicole W. (18), die ihre Kinder- und Mädchengruppe umsichtig und tatkräftig leitet, ist vom Wesen her jemand, die gerne gibt. Das Belastende des Kreuzesgeschehens rührt für sie daher eher aus der Verpflichtung, für ihr „Nehmen" außerordentlich dankbar sein zu müssen.

„Also dieses Symbol, das man immer so sieht, den Jesus am Kreuz, das ist immer so ziemlich erschreckend für mich, ich weiß nicht, so ein komisches Bild: immer so der Leidende, das ist ein bißchen abschreckend, finde ich. ‚Oh Gott, der ist jetzt für uns gestorben,' so ungefähr, und du mußt jetzt immer ihm dankbar sein, immer so ehrfürchtig und so."

Sie versucht, ihr Unbehagen näher zu erklären: „Mit dem Dankbarsein, also wenn das jetzt andersherum wäre, er müßte uns dankbar sein, ich glaube, das würde mir mehr Spaß machen. Ich gebe lieber als daß ich nehme. Also ich mag es gerne, wenn mir jemand seinen Dank zeigt." Nicole W. verweigert hier die Übernahme des traditionellen menschlichen Parts in der Heilsbedeutung des Kreuzes.

Im Gegensatz zu diesen drei Frauen sieht Anneliese D. (59) die Härte des Kreuzesgeschehens durch die Auferstehung gemildert:

„Aber es ist ja ein wunderbares Beispiel, was wir ja auch wieder mit in die Familie hineinnehmen können: Vater und Sohn. Er läßt ihn am Kreuz sterben, wenn man sich das vorstellt! Und dann kommt eben der Trost, und dann hat er ihn auferstehen lassen. So schlimm konnte der also als Vater nicht gewesen sein. Aber er mußte erst den schweren Weg gehen."

Die Frage drängt sich auf, welche Erfahrungen Frauen mit Vätern in Familien machen, wenn *dieser* Vater nicht so schlimm gewesen sein kann …

Hilde N. (61) nähert sich mit ihrem Einwand gegen die Ausschließlichkeit des Leidens Christi feministisch-theologischen Positionen, ohne allerdings deren befreiungstheologische Ermutigung zu teilen. Sie formuliert:

„Es ist mir immer ein Rätsel. Ich habe bisher nicht begriffen, warum das sein muß. Ich habe von so vielen Leuten gehört, von Menschen gehört, die etwas Ähnliches für andere getan haben. Für ihr Volk. Und ich sehe da wenig Unterschied. Und ich habe auch noch nicht begriffen, wieso das so etwas Besonderes mit mir zu tun hat."

Die traditionelle Verbindung von Kreuz und Schuld nimmt Erika L. (47) auf, die aber ihre persönlichen Schulderfahrungen direkt in der Auseinandersetzung mit Gott bearbeitet.

„Warum er für uns gestorben ist, für unsere Sünden, das kapiere ich nicht. Also da stelle ich doch schon die Beziehung direkt zu Gott für mich hin. Wenn ich sage: ‚Da ist irgend etwas', und ich erzähle es ihm, und das war nicht richtig, was ich getan habe, dann ist es die direkte Ansprache. Dann brauche ich nicht diesen Umweg über Jesus."

Während Frauen aller Altersstufen den Tod Jesu „für uns" ablehnen, bilden die beiden ältesten Gesprächspartnerinnen insofern eine Ausnahme, als sie sich der dogmatischen und liturgischen Formulierungen der Heilsbedeutung des Todes Christi bedienen. Diese lehnen sie nicht direkt ab, verbleiben aber in gewissem Abstand zu ihnen. Dora S. (78) bezeichnet Jesus als „Mittler". Sie thematisiert sowohl Jesu Geschick als Gottes Plan, als auch seine Gottverlassenheit am Kreuz. Auf die direkte Frage nach der Bedeutung des Kreuzes verweist sie auf das paulinisch anklingende Mitleiden: „Ja, es heißt ja, man soll … mit Jesus leiden, um zu dem Ziel, also in den Himmel, wenn man so will, zu kommen." Dora S.' Sprache drückt Distanz aus: „Es heißt", „man soll" oder „wenn man so will". Diese Distanz kommt auch dort zum Ausdruck, wo Dora S. ihre Schulderfahrungen mit dem Kreuz in Verbindung bringt:

„Er hätte es gar nicht selber gebraucht [für sich zu sterben], er hat für uns, für mich also … gelitten, und dafür bin ich auch dankbar. Und ich meine, … ohne die Erkenntnis, daß man gesündigt hat, also nicht dem Willen Gottes nach gehandelt hat, und ohne das Sündenbekenntnis, die Beichte, wie man das auch nennen will, ist ja auch keine Erlösung möglich. Also das ist die Voraussetzung, … daß ich meine Schuld suche und ausspreche und darum bitte. Und Jesus hat das für uns vor Gott gewissermaßen auf sich genommen. Also das ist mir …, das ist nur eine Bewußtseinsangelegenheit."

Die Wendung, es sei „eine Bewußtseinsangelegenheit", nimmt Dora S. im Interview dann auf, wenn Inhalte zur Sprache kommen, die es einfach anzunehmen gilt. Ihre Distanz zur Heilsbedeutung des Kreuzesgeschehens fällt abermals auf, wenn sie fortfährt: „und er hat für mich gelitten gewissermaßen …, was wieder ein Grund zum Loben und Danken ist oder wäre." Neben diesen eher dogmatischen Formulierungen erinnert sich Dora S. an eine bildhafte Deutung, die der Interpretation des Kreuzes als Lebensbaum nahekommt: „Da sehe ich in dem Kreuz etwas geometrisch Mathematisches: diese Senkrechte, der Verbindungspunkt zwischen der Horizontalen und der Vertikalen, und der Mittelpunkt ist Jesus."

Auch Marianne L. (84) kennt die dogmatischen Inhalte, und zwar als ehemalige Katechetin noch genauer als Dora S., bezieht sich aber mit existentiellen Schulderfahrungen direkt auf Gott und nicht auf das Kreuz. Denn Gottes Gnade gibt ihr die Würde zurück: „daß ich, obwohl ich schuldig geworden bin, meine Würde behalte und meine Hoffnung behalte."

2. Interpretationen der Bedeutung des Kreuzes

Zwei Frauen, Elke R. und Ulrike W., erklären das Kreuz lediglich aus seinem historischen Kontext heraus. Elke R. (17) äußert: „Diese Sache mit dem Kreuz kam halt durch Verrat und durch eine aufgewiegelte Volksmasse und dadurch, daß Jesus halt gegen den Staat, den damals bestehenden römischen Staat geredet hat. Dadurch, denke ich, ist das mit dem Kreuz gekommen." Eine dritte Gesprächspartnerin, Andrea R. (37), versteht das Kreuz lediglich als äußeres Kennzeichen der Kirche – „es gehört halt zur Kirche" – und erläutert diese Auffassung anhand ihrer Biographie:

„Aber ich sage mal so: Ich bin in einer sehr maßgebenden Zeit der Jugend in katholischen Gegenden großgeworden, wo ja die Kirche einen ganz anderen Stellenwert hat als jetzt zum Beispiel hier in der Gemeinde. Da habe ich Kirche erlebt in Dörfern als Mittel zum Zwecke. Man hat kommuniziert in der Kirche und nach der Kirche. Wenn einer nicht in der Kirche war, hat der andere über den geredet. Der ganze Wochenablauf wurde auf Kirche programmiert. Das war auch so ein negativer Einfluß, der vielleicht so ein bißchen mich in einem bestimmten Alter ferngehalten hat."

Nach Andrea R.s Wahrnehmung als Jugendliche hatte das Kreuz in der von ihr geschilderten Kirchlichkeit einen sehr hohen Stellenwert: „Es bezog sich auch alles darauf. Es wurde bei jedem Gebet, nach jeder Predigt, nach jedem Lied die Mutter Gottes und das Kreuz angebetet, so daß das den höchsten Stellenwert in der Kirche eingenommen hat." Das Kreuz ist für Andrea R. so vollkommen mit dieser konventionellen Kirchlichkeit besetzt, daß sie, der Ehrlichkeit im kirchlichen Engagement ungemein wichtig ist, keinen Zugang zu ihm findet. Die anderen Interviewpartnerinnen nähern sich dem Kreuz auf verschiedene Weise.

Kreuz als Ausdruck für Glauben und Geborgenheit
Irmgard H. (55) unterscheidet zwischen dem Kreuz mit dem Gekreuzigten und dem einfachen Kreuzzeichen (s.u.). Das Kreuzzeichen drückt für sie diejenigen Elemente aus, die sie positiv mit der Kirche in Verbindung bringt: „Also für mich bedeutet das Kreuz, ohne den Christus darauf zu sehen: Glauben und visuell so eine Geborgenheit." Diese Sichtweise führt sie jedoch nicht näher aus.

Kreuz als Ausdruck für konsequentes Einstehen
Diese in der Nähe der befreiungstheologischen Ansätze von Carter Heyward und Dorothee Sölle stehende Deutung des Kreuzes vollzieht Sabine M. (28), die während des Studiums in einer kirchlichen Friedensgruppe mitarbeitete.

„Also das Kreuz hat für mich die Bedeutung: wenn man diesen Weg wie Jesus geht oder diese Werte vertritt, daß man dann auch leiden muß dafür. Also daß es eben nicht so einfach ist. Und das verkörpert für mich so das Kreuz. Also Christsein bedeutet auch: gegen den Strom schwimmen und andere Positionen vertreten und sich vielleicht auch mal mit anderen anlegen. Das ist also nicht einfach. Das bedeutet für mich das Kreuz. Und aber auch dazu stehen, nicht klein beigeben. Also Jesus hätte auch sagen können: ‚Ich bin nicht der Messias.' Aber das hat er nicht getan. Das spricht für mich auch für ihn, daß er jemand ist, der das dann auch durchhält, der dann auch dazu steht."

Dieses konsequente Einstehen hebt auch Anneliese D. (59) hervor, wenn auch mit einem anderen Wertehintergrund als Sabine M. Für andere, besonders für Kinder, unerschütterlich dazusein, ist Anneliese D. wichtig,

„und vor allen Dingen ja das Aufeinander-Zugehen und zu sagen: ‚Ich bin für euch da, oder ich bin für dich da. Ich liebe dich, ich liebe den Menschen, und bis auf den Tod bleibe ich dabei. Ich bin Christus, ich vertrete meine These. Ich bin Jude.' Oder wie neulich der Bericht in der Zeitung über diesen Kinderarzt[24]: ‚Ich bleibe bei den Kindern.' Das ist ein Ziel, das ist eine Lebensaufgabe und eine Auffassung, die ich für lebenswert halte."

---

24 Anneliese D. meint den Arzt und Pädagogen Janusz Korczak, der die Kinder des von ihm geleiteten jüdischen Waisenhauses in die Gaskammern von Treblinka begleitete, obwohl ihm die Freiheit angeboten wurde.

Beide Frauen sehen auf ihre Weise die Konsequenz bis zum Tode nicht nur als Jesu Lebensweg, sondern als eine Möglichkeit für alle Menschen an.

Kreuz als Abbild unserer Realität

Gabriela E. (49) sieht im Kreuz den Ausdruck dessen, was Menschen im Laufe der Geschichte angetan wurde und noch immer angetan wird.

„Karfreitag ist für mich eigentlich ein wichtiger Tag. Das ist ein Tag, den ich wirklich auch so ... Das, denke ich, ist für mich auch so real. Ja, das ist das, denke ich, was man häufig auch erlebt hat im Leben. Diese tiefe Dunkelheit für einzelne Menschen oder für ganze Völker. Das kann ich gut nachvollziehen."

Auf das Kreuz angewandt fährt Gabriela E. fort:

„Früher haben mir Bilder vom Kreuz eher Angst gemacht. Das ist eigentlich heute nicht mehr so. Heute ist es eher ..., zwar auch: Es bedrückt mich, aber ich sehe: Ja, es ist einfach so. Es ist eben nichts, was einem da so hingehalten wird, sondern es ist eben wirklich das Leben, es ist unser Leben, nicht? Es ist nicht etwas, woran ich verpflichtet werde zu glauben. Sondern es ist einfach so."

Kreuz als Trost für Menschen in intensiven Leidenssituationen

Bevor Marianne L. (84) im Gespräch auf das Kreuz eingeht, überlegt sie:

„Wir sind einigermaßen gesund und kleiden uns nett und sind durch das Leben – es gab einmal ein Lied in meiner Kindheit ‚Auf Adlers Flügeln getragen durchs wogende Meer' ... Und so diese Erfahrung habe ich gemacht. Aber: Für die Menschen, die nun leiden, furchtbar leiden müssen und die so geschlagen werden vom – jetzt hätte ich beinahe gesagt: ‚Schicksal' – also ich finde, für die ist es ja noch viel, viel wichtiger, daß Jesus gekommen ist."

Dann erzählt sie das Beispiel Beethovens, der in einer Filmszene bei dem Verlust seines Gehöres das Kreuz erblickt (s. Kurzvorstellung der Interviewpartnerinnen). Das Kreuz gewinnt für Marianne L. als Ausdruck der Anwesenheit Gottes auch im tiefsten Leiden Bedeutung. Mit dieser heute in der Kreuzestheologie J. Moltmanns mitenthaltenen Betonung vertritt Marianne L. das Kreuz als ein Zeichen, das sich nur für Menschen in den tiefsten Leidensabgründen bereithält.

3. Die Beziehung zwischen Leiden und Kreuz

Individuelles und gesellschaftliches Leiden

Erstaunlich wenige Frauen verbinden das Kreuz mit eigenem bzw. gesellschaftlich verursachtem Leiden. Auch die befreiungstheologische Verknüpfung vom Kampf der Unterdrückten und dem Kreuz als Ausdruck der Solidarität Gottes und Jesu erfolgt nicht. Nur Marianne L., die im Kreuz eine mögliche Ermutigung für Menschen in extremen Leidenssituationen sieht, Gabriela E. und – abgeschwächt – Sabine M. parallelisieren das Geschehen am Kreuz mit anderen Leidenserfahrungen. Gabriela E. (49) ahnt im Tod Jesu einen Funken Hoffnung:

„Vielleicht ist es nur so der Einklang mit Karfreitag, der mir Ostern eben wichtig macht oder nahebringt. So etwas, was meinem Empfinden entspricht. Daß ich auch denke: Da kommt auch dieses Gefühl zum Ausdruck und das wirklich lebenswahr, und das ist echt. Das ist die Realität. Und dann eben darin auch: Ja, gut, wenn das das Ende wäre, dann können sich alle eben nur noch umbringen. Es ist doch immer auch ein Stück …, gerade auch in diesem Ende ist auch ein Neuanfang da. Ein Stück Umwandlung. Das denke ich schon."

Das Wissen um Jesu Leiden ermöglicht Gabriela E. die Freude über seine Auferstehung, die sie sonst als Leugnung menschlicher Lebenserfahrungen nicht teilen könnte. Gerade der Realismus des Kreuzesgeschehens bestärkt ihre Hoffnung auf einen neuen Anfang.

Ermutigung im Leiden durch Jesu Leben

Eher als aus dem Kreuzesgeschehen gewinnen die befragten Frauen aus dem *Leben* Jesu Ermutigung im Umgang mit Leiden. Für Anneliese D. (59) vermittelt die Kirche, daß traurige Erfahrungen, an denen sie leidet, schon vor ihr gelebt wurden. Sie muß an ihnen nicht verzweifeln, da auch Jesus nicht am Leiden zerbrach. Seine Worte und Erzählungen ermutigen Anneliese D., auch Leidenssituationen auszuhalten.

„Im Gottesdienst … wurde ich getröstet. Es gab Trauer, es gibt traurige Momente, es wird auch in der Zukunft traurige Momente geben für mich, und dann strebe ich in den Gottesdienst. Da wird mir durch die … Predigt, durch die Beispiele etwas abgenommen. […] Zumindest der Trost, daß Begebenheiten, die im täglichen Leben auf mich zukamen, die auf mich zukommen – ich spreche jetzt nur mal von mir! –, daß sie schon gelebt wurden, daß es nichts Außergewöhnliches ist, an dem man zerbrechen muß."

Auf Jesus bezogen fährt sie fort:

„Er gibt ja die Beispiele, er erzählt ja von Lebensbeispielen, und er richtet auch die Menschen mit seinem Glauben, daß es weitergehen muß, auf. Christus hat ja dieses Martyrium durchmachen müssen. Aber er spricht ja auch, bevor er nun gekreuzigt wird, von Beispielen … Für mich ist es ganz wichtig, auch meinen Kindern mitzuteilen, daß das Leben nicht nur eben aus Erfolg, aus Sonntagen besteht, damit sie nicht verzagen. Ich denke, wir leben in einer Zeit – es ist schon wieder im Abklingen, aber wir lebten in einer Zeit, da wurden Mißerfolge und Trauer nicht zur Kenntnis genommen, das wurde nicht akzeptiert. Das war wohl auch ein Nachklang nach diesem fürchterlichen Krieg und dann diese Möglichkeit, plötzlich großartig zu leben. Also ich sprach vorhin schon von den anderen Werten. Da hatte man vielleicht dann die Zeit verloren, mit den Menschen zu reden. So denke ich mir das. Aber es ist wichtig, ich habe immer gesagt: ‚Wo nicht geweint wird, da wird irgendwann auch nicht mehr gelacht werden.' Es ist ja beides in uns, und wir müssen es ausleben dürfen, beides. Und ich denke doch, da ist Christus …, er hat es uns dargebracht. Er hat uns Beispiele, Lebensbeispiele gegeben, daß man sie auch überstehen kann und muß für seinen Glauben. Das, denke ich doch, beruht nun auf dieser Erlösung."

Als sie ermutigende Beispielgeschichten Jesu nennt Anneliese D. die Speisung der 5000 und die Heilung der zehn Aussätzigen, die allein durch den Glauben, daß dieses möglich sei, von Jesus aus ihrer Leidenssituation befreit werden. Anneliese D. trennt zwischen Jesu Leben und Kreuz („Martyrium"), wobei sie in Leidenssituationen eher Zuflucht zu Worten und Wundererzählungen aus dem Leben Jesu nimmt.
Erdmute K. (72) begleitet in Lebenskrisen seit langem eine Bildkarte, die sie im 2. Weltkrieg auf der Flucht geschenkt bekam.

„Wir hatten ja ganz eng früher gewohnt. Auf jeder Etage wohnten nach der Vorderseite zwei und nach hinten zwei Familien, und dann war bloß so eine Wand gezogen, und von beiden Seiten konnten sie an die Wasserleitung. Das ging alles. Heute wäre das gar nicht mehr möglich, nicht. Da hatte zwar jeder eine Wohnung für sich, aber alle nur eine Wasserleitung. Und in dem Nebenflur wohnte eben die Leiterin von der Missionsbuchhandlung. Und die hat uns an dem Sonntag, an dem wir rausmußten, durch den Ausguß eine Karte auf die Kommode gelegt. Die Karte habe ich heute noch. Von Christus … die Rettung auf dem See Genezareth. ‚Er sah, daß sie Not litten.' Diese Karte habe ich mitgenommen, nicht."

In existentiell bedrohlichen Situationen faßt Erdmute K. bis heute Trost und Ermutigung sowohl aus der Geste der Nachbarin, als auch aus dem Bild der Sturmstillung, auf dem sie vor allem das Mitleid Jesu mit Menschen in Not erkennt.
Andrea R., Sabine M., Heike S. und Irmgard H. gewinnen aus den von Jesus vertretenen Werten Ermutigung und Kraft zum Engagement gegen gesellschaftlich verursachtes Leiden, Andrea R. und Heike S. auch die Kraft zum Bestehen eigener Krisen. Dagegen hindern Elke R.s fast dualistisch anmutendes Weltbild (Gesellschaft=Außenwelt – Kirche=Innenwelt) und ihre pessimistische Einschätzung des Menschen sie daran, Ermutigung aus Jesu Leben oder Leiden zu ziehen.

Leidenserfahrungen und Gott

Einige Frauen verbalisieren Leidenserfahrungen im Zusammenhang mit der Gottesfrage (s. 4. Kapitel: Das Gottesverständnis im Zusammenhang mit der Christologie). Am nachhaltigsten fragt Hilde N., wie Gott Leiden zulassen könne. Marianne L. deutet diese Frage an. Erdmute K. und Dora S. brechen diese Thematik bei der Erzählung vom Tod des Mannes bzw. Bruders ab. In persönlichen Leidenserfahrungen verbindet zeitweise auch Gabriela E. Zweifel mit Gottes Haltung ihr gegenüber.

4. Sitten, Bilder und Bildworte zur Passion Jesu

Zwei Interviewpartnerinnen verweisen im Gespräch über das Kreuz auf das Kirchenjahr. Erdmute K. ist von Kindheit an stark vom Rhythmus des Kirchenjahres geprägt und konzentriert sich auch in ihren Äußerungen über Jesu Kreuz auf die Passionszeit. Sie erinnert Karfreitag als den „heiligsten Feiertag", an dem es auch im gesellschaftlichen Umfeld weder Tanz, noch Musik oder andere Vergnügungen gab (s. Kurzvorstellung der Interviewpartnerinnen). Irmgard H. (55) wünscht sich eine ähnliche Konzentration des Kreuzes auf die Passionszeit:

„Also das Kreuz bedeutet mir ganz viel … während der Passionszeit nach wie vor. Ich weiß, daß ich während der Konfirmandenzeit, als uns Jesu Leben und Sterben und die Passionszeit sehr nahegebracht worden sind, geweint habe. Es bedeutet mir nach wie vor sehr viel, besonders viel in dieser Zeit. Wenn die Passionszeit zu Ende ist, mag ich nicht gerne in Kirchen gehen, in denen vorne am Kreuz der gekreuzigte Christus hängt. Das findet man ja häufig noch in diesen ganz alten Barockkirchen. Das erdrückt mich. Da ist mir immer wieder dieses Leid so bewußt, und irgendwo wehre ich mich dann auch dagegen, daß mir das so durch das Ansehen-Müssen bewußt wird. Wenn ich überlege, warum es so ist, dann ist es das, daß Christus so furchtbar leidend dargestellt wird, und es mir dann immer wieder einfällt, wie er wirklich als Mensch gelitten haben muß. Ich möchte das nicht immer sehen."

Irmgard H. unterscheidet deutlich zwischen dem ihr Geborgenheit vermittelnden Kreuzzeichen und dem Kreuz, auf dem der Gekreuzigte dargestellt wird. Zu letzterem findet sie ausschließlich in der Passionszeit Zugang.

Es fällt auf, daß die Frauen weder Bilder, noch Lieder oder Gebete im Gespräch über das Kreuz nennen. Neben Dora S.' „geometrischem" Vergleich und Marianne L.s Beispielerzählung über Beethoven führt nur Gabriela E. (49) ein Bildwort an, das ihr allerdings sehr wichtig ist: „Die Mitte der Nacht ist der Anfang eines neuen Tages." Sie interpretiert:

„Das ist für mich so ein Bild, wovon ich denke, daß es mich schon begleitet, daß ich denke: Die größte Hoffnungslosigkeit, da ist dann auch ein Stück – kann eben sein – ein kleiner Funken Hoffnung, was in dieser Situation sehr viel ist. Daß das nicht das Ende ist, sondern doch wieder auch ein Neuanfang für irgend etwas. [...] Ich denke eben auch im Karfreitag so ein Fünkchen Hoffnung."

Resümee

1. Die Interpretation des Kreuzesgeschehens als „Sterben für uns" (gar als Sühne-Opfer-Tat) hat für die von uns interviewten Frauen keine Plausibilität. Dieser Vorstellungskreis belastet sie eher. Es ist demnach für Fachtheologie und Verkündigung wichtig wahrzunehmen, daß das, was als „heilvoll" interpretiert wird, auch geradezu gegensätzliche Gefühle auszulösen vermag.
2. Es trifft nicht zu, was – bei Ablehnung eines auf unsere Schuld bezogenen Kreuzesgeschehens – zuweilen unterstellt wird: Die Frauen verharmlosen Schuld und Leiden nicht, sondern nehmen diese ernst (s. 5. Kapitel: Schuld und Gnade). Ihre Bearbeitungen entsprechen nur nicht denen der traditionellen Kreuzestheologien. Hier sind also theologische Urteile als Unterstellungen zu revidieren.
3. Interessant ist der Wunsch von Irmgard H. (55), die sich nur in der Passionszeit auf das Kreuz konzentrieren möchte. Sie empfindet sehr deutlich die Überlastung einer Realitätsdimension mit diesem Zeichen. Lebensvollzüge können nicht allein durch ein Leidenssymbol verbildlicht werden. Hier fehlt ein Denken in Zeitrhythmen, in denen unterschiedliche Bilder und Symbole ihren jeweiligen Platz haben. Im protestantischen Kontext fehlt es aber anderen Symbolen auch an Durchsetzungskraft gegenüber dem Kreuz.
4. Vielleicht ist sogar radikaler zu fragen, ob *ein* Symbol als Zentralsymbol im christlichen Kontext gelten *muß*? Symbole haben unterschiedliche Wirkungen auf unterschiedliche Menschen. Manche Symbole sprechen nur in bestimmten Lebensphasen. Wir brauchen dringend die Wertschätzung vielfältiger Symbole und Bilder, um Frauen nicht allein auf ein sie vielleicht belastendes Zeichen festzulegen.
5. Mit ihren Kreuzesinterpretationen nähern sich vor allem die jüngeren Frauen den befreiungstheologisch orientierten feministischen Theologinnen: Sie sehen das Kreuz als Ausdruck konsequenten Engagements. Die Deutung des Kreuzes als Lebensbaum klingt nur bei Dora S. (78) an. Generell scheint es, als sei den Frauen (mit Ausnahme von Gabriela E., 49) sehr wenig über die feministische Kreuzesdiskussion bekannt. Hier ist einmal mehr konsequentes Nachdenken über Vermittlungsmöglichkeiten feministisch-theologischer Überlegungen für die Gemeindeebene gefragt. Denn gerade der Themenkomplex „Kreuz" könnte den Frauen etwas von ihrer Angst vor feministischer Theologie nehmen. Es könnte für sie deutlich werden, daß diese Theologie nicht nur in Phasen des

Konfliktes und der Zerrissenheit führt, sondern viel Entlastendes beinhaltet. Diese Entlastung liegt eventuell allein schon in der Wahrnehmung der Vielfalt der Kreuzesdeutungen. Das vermittelt die Freiheit: Ich muß mich nicht auf eine einzige Deutung festlegen lassen, weil ich den Eindruck habe, sie ist die einzige. Es gibt unterschiedliche Auffassungen, die alternative Wege eröffnen.

3. Kapitel
Tod und Auferstehung

Aspekte traditioneller Theologie

In der traditionellen Theologie konzentriert sich der Blick auf den Tod und das ewige Leben. Besondere Aufmerksamkeit erfährt die Todesstunde, in der die Anfechtungen noch einmal mit aller Kraft den Glaubenden ihre Zuversicht rauben wollen. Deshalb ist die Vorbereitung auf das rechte Sterben, die ars moriendi (lat.: Kunst des Sterbens) so eminent wichtig. Diese Konzentration macht es zuweilen schwer, dem diesseitigen Leben seine eigene Wertigkeit zuzubilligen. Manchmal erscheint es lediglich wie ein „Übungsfeld" für das, was eigentlich zählt: das Bestehen im Tod und das ewige Leben bei Gott.

Für Luther sind Seligkeit, Frieden und Hölle keine ausschließlich eschatologischen Begriffe; er „zieht" sie in das gegenwärtige Leben „hinein". Das Gewissen ist für ihn der „Ort", der das Leben hier zur Hölle macht oder etwas vom Frieden der Seligkeit spüren läßt. Ein Gewissen, das sich durch eigene Taten vor Gott profilieren will, kommt nie zur Ruhe. Es versucht, Sicherheit durch das Befolgen gegebener oder selbsterdachter Gesetze zu erlangen – und kann doch Gottes Ansprüchen nie genügen:

„Man [kann] niemals Frieden im Gewissen haben, wenn nicht die Sünde vergeben ist. Sie wird aber nicht vergeben um der Erfüllung des Gesetzes willen, weil niemand dem Gesetze ein Genüge thut, sondern das Gesetz zeigt vielmehr die Sünde an, verklagt und erschreckt das Gewissen, verkündigt den Zorn Gottes und treibt zur Verzweiflung."[1]

Hält sich das Gewissen an die Gnade Gottes, die Vergebung schenkt, dann ist „das Gewissen zufrieden und fröhlich [...]; dann erlangt das Gewissen sicherlich Frieden."[2] Die Auferstehung bringt dann die Vollendung dessen, was hier schon anhebt: den Frieden der Seligkeit oder die Hölle der Verdammnis. Für die Glaubenden wird der Tod wie ein kurzer Schlaf sein, aus dem sie für ihr Empfinden bereits nach einem kurzen Augenblick erweckt werden. Luther hat in einem bis heute gesungenen Liedvers diesen Frieden sehr schlicht vermittelt:

„Mit Fried und Freud ich fahr dahin
in Gotts Wille;
getrost ist mir mein Herz und Sinn,
sanft und stille,
wie Gott mir verheißen hat:
der Tod ist mein Schlaf worden."[3]

In der lutherischen Orthodoxie verlagert sich die Denkkonzentration auf die Seele: Sie lebt nach dem Tode fort und ist unsterblich. Gleich nach dem Sterben erfährt sie Seligkeit oder Verdammnis. Im Jüngsten Gericht erfolgt die Wiedervereinigung mit dem Körper. Diesen Prozeß veranschaulicht ebenfalls ein Gesangbuchlied:

1 Martin Luthers Sämtliche Schriften, IX, hg. von J.G. Walch, Groß-Oesingen ^{2}1987, 45.
2 Martin Luthers Sämtliche Schriften, IX, a.a.O., 46.
3 EKG 519,1 (310,1).

„Ach Herr, laß dein lieb' Engelein
an meinem End die Seele mein
in Abrahams Schoß tragen.
Der Leib in seim Schlafkämmerlein
gar sanft ohn alle Qual und Pein
ruh bis zum Jüngsten Tage.
Alsdann vom Tod erwecke mich,
daß meine Augen sehen dich
in aller Freud, o Gottes Sohn,
mein Heiland und mein Gnadenthron.
Herr Jesu Christ, erhöre mich, erhöre mich.
Ich will dich preisen ewiglich.“[4]

Wie schwer es diese Epoche mit der Akzeptanz des Körpers hat, zeigen ihre Aussagen zum Zustand der Seligkeit. So kann es heißen: Der Intellekt wird Gott schauen, der Wille wird Gott genießen, der Körper hat keine Funktion.[5] Zu dieser Tendenz der Körperabwertung trägt auch Luther bei. So bezeichnet er zwar mit „Fleisch“ alle gottwidrigen Kräfte der Menschen, neigt aber dazu, den Körper als „Sitz“ des Gottwidrigen anzusehen, das sich Raum in der Seele verschaffen will.[6]

In der Gegenwart wendet sich Karl Barth gegen die Vorstellung der Unsterblichkeit der Seele. Auferstehung der Toten ist eine diskontinuierliche Neuschöpfung.[7] In einer Predigt formuliert er dieses.

„Denn damals, als Jesus Christus, derselbe, der um unserer Sünden willen gestorben ist, und derselbe, der unsere Gebrechen getragen hat, auferstand von den Toten, da ist auch unser Tod getötet worden. Da ist unser Leben als ewiges Leben ans Licht gebracht worden, da ist der Grund gelegt worden für dich und mich zu einem Dasein, das nicht vergehen, das nicht sterben kann. Du brauchst nicht Angst haben vor dem Tod. Du brauchst aber auch nicht die Augen zu verschließen, du brauchst dir nichts vorzumachen, du brauchst dir auch keine künstliche Lehre über das Jenseits zurechtzulegen oder von Anderen erzählen zu lassen. Du brauchst gar nichts zu wissen außer dem Einen: ‚Jesus lebt, mit ihm auch ich, Tod, wo sind nun deine Schrecken?‘„[8]

Bei K. Barth überstrahlt die Gnade alle Aussagen. Eine Zeitlang schlägt sich diese Theologie in Beerdigungspredigten nieder, die den Ernst des christlichen Todesverständnisses gegen angeblich beschönigende Vorstellungen von der Unsterblichkeit der Seele absetzen. Zuweilen wird der Abbruch unserer Existenz und das Verbot, über die radikale Neuschöpfung nachzudenken, so vehement vertreten, daß sich bei den Trauernden Hilflosigkeit einzuschleichen droht: Ist es denn gar nicht mehr das Selbst der Verstorbenen, an dem Gott handeln wird?

Jürgen Moltmann sucht mit einer Rückwendung zum apostolischen Glaubensbekenntnis die Akzeptanz der Körperlichkeit wiederzugewinnen:

„Das Besondere der christlichen Eschatologie liegt in der Überwindung der Feindschaft der

---

4 EKG 397,3 (247,3).

5 Vgl. F. Mildenberger, Grundwissen der Dogmatik. Ein Arbeitsbuch, Stuttgart Berlin Köln Mainz [3]1987, 236.

6 Vgl. beispielsweise die Ausführungen zur Kasteiung des Leibes, „um seinen Mutwillen zu dämpfen“, in der Schrift „Von der Freiheit eines Christenmenschen“, in: Martin Luthers Werke, I. Aufbruch zur Reformation, hg. von K. Bornkamm/G. Ebeling, Frankfurt a.M. [2]1983, 238ff, 253.

7 Vgl. K. Barth, Die Kirchliche Dogmatik III/2, Zürich 1948, 445.

8 K. Barth, Fürchte dich nicht! Predigten aus den Jahren 1934–1948, München 1949, 261.

Seele gegen den Körper, des Geistes gegen die Materie und in der vollen Bejahung des Körpers und der irdischen Materie, wie es in dem so schroff klingenden Satz von der ‚Auferstehung des Fleisches' im apostolischen Glaubensbekenntnis ausgedrückt worden ist. Ewiges Leben kann nur leibliches Leben sein, sonst ist es kein ‚Leben'."[9]

Würde es nur eine Auferstehung der Seele geben, würde daraus Feindschaft gegen den Körper in seiner Gebrechlichkeit und Sterblichkeit folgen.

„Was also ‚bleibt', ist der ganze Mensch nach Leib und Seele in der geschichtlich gewordenen Gestalt seines gelebten Lebens, so wie Gott ihn sieht.
Was wird verändert? Seine Verwundbarkeit, seine Sterblichkeit, seine Sünden, seine Leiden und sein Kummer werden überwunden."[10]

Den biblischen Bezug bietet 1.Kor 15,53: „Dies Sterbliche wird anziehen Unsterblichkeit, und dies Verwesliche wird anziehen Unverweslichkeit."

Aspekte feministischer Theologie

„Ich habe keine Angst vor dem Tod

Ich habe keine Angst mehr vor dem Tod,
ich kenne seinen kalten dunklen Gang
sehr gut,
der zum Leben führt.

Ich habe Angst vor jenem Leben,
das nicht dem Tode entsteigt,
das die Hände verkrampft
und unsern Gang hemmt.

Ich habe Angst vor meiner Angst,
und noch mehr vor der Angst der andern,
die nicht wissen, wohin sie gehen
und sich weiter an etwas klammern,
das sie für Leben halten
und von dem wir doch wissen,
daß es der Tod ist!

Jeden Tag lebe ich, um den Tod zu töten
jeden Tag sterbe ich, um Leben zu zeugen
und in diesem Tod des Todes
sterbe ich tausendfach
und erstehe ebensooft,
aus der Liebe meines Volkes,
die sich von der Hoffnung nährt!"[11]

Der Themenkreis „Tod und Auferstehung" hat in feministischer Theologie, außer bei Dorothee Sölle, nicht das Gewicht wie in traditioneller Lehre. Während die Tradition

---

9 J. Moltmann, Der Weg Jesu Christi. Christologie in messianischen Dimensionen, München 1989, 282.
10 J. Moltmann, Der Weg Jesu Christi, a.a.O., 285.
11 J. Esquivél, Paradies und Babylon. Guatemaltekische Visionen und Gebete. Peter Hammer Verlag, Wuppertal 1985, 43.

den Tod – sowohl den allgemein menschlichen, als Christi Tod – oftmals zum Ausgangspunkt christologischer Reflexion macht, gehen feministische Christologien stärker vom Leben und Handeln Jesu Christi als „Macht in Beziehung", als „prophetisches Prinzip" oder als „neue Gegenseitigkeit" aus. Der Besonderheit des Lebens Jesu steht in der feministischen Theologie, wie in der lateinamerikanischen Befreiungstheologie, die Gleichrangigkeit des Todes Jesu mit jeglichem menschlichen Tod gegenüber.

„Es gibt nichts Unwirkliches oder Vorläufiges am Tod Jesu. Sein Tod ist wie jeder ungerechte Tod ein unnötiger, gewaltsamer Tod. Er ist endgültig wie jeder Tod. Es gibt nichts vor, während oder nach dem Tode Jesu, das ihm den Stachel seiner Ungerechtigkeit nähme und ihn zu einem Segen oder zur Ursache für große Dankbarkeit machte."[12]

Sie fährt fort:

„Was die Auferstehung auch immer bedeuten mag, auf keinen Fall rechtfertigt sie die Ungerechtigkeit des Todes Jesu, und noch viel weniger hebt sie sie auf. Jede Theologie, die unter der Voraussetzung verkündet wird, die Anhänger Jesu, christliche Frauen und Männer, müßten Schmerz und Tod als ein Zeichen des Glaubens willkommen heißen, ist auf einer falschen Deutung dessen aufgebaut, was Jesus tat und aus welchen Gründen er starb."[13]

Ein solches an der Auferstehung ausgerichtetes theologisches Modell widerspricht Jesu eigenem Handeln *gegen* Ungerechtigkeit und Leid. Es ignoriert menschliches Leben und Leiden und erzeugt die Illusion eines Friedens, „der über unseren Verstand geht und realer sein soll als unsere Konflikte und unsere Gebrochenheit."[14] Dennoch spricht auch C. Heyward von der „Fähigkeit Gottes, den Griff des Todes zu brechen und so unmittelbar Leben zu schaffen". Gott ist die Macht der Beziehung *auch* zu den Toten. Die Macht der Beziehung kann nur durch unsere Verleugnung ihres gegenwärtigen Wirkens in und unter uns gebrochen werden. „Glaube ist menschliche Macht, und menschliche Macht ist göttliche Macht in der Welt, und göttliche Macht erweckt die Toten zum Leben".[15] C. Heyward glaubt darum,

„daß die Auferstehung kein Ereignis im Leben Jesu, sondern im Leben seiner Freunde war. Denken wir die Auferstehung als eine Saat, entsprossen dem sterblichen Leib Jesu. Diese Saat trägt für immer ihre Früchte darin, daß Jesu Freunde sich fortan weigerten, die Intimität und Unmittelbarkeit Gottes aufzuheben."[16]

Ähnlich umschreibt D. Sölle ihr Verständnis von Auferstehung mit dem Johannes-Zitat,

„daß wir ‚durch den Glauben das Leben haben in seinem Namen' (Johannes 20,31). Dieser Satz steht am Ende des Berichts über die Auferstehung Christi im Johannesevangelium; es ist das diesseitige Leben, von dem hier die Rede ist, ein wirkliches authentisches Leben, in dem wir immer angstfreier und immer liebesfähiger werden."[17]

Christi Auferstehung von den Toten ist der Sieg über Tod und Ungerechtigkeit und die

12 C. Heyward, Und sie rührte sein Kleid an. Eine feministische Theologie der Beziehung, Stuttgart ^{3}1986, 107.
13 C. Heyward, Und sie rührte sein Kleid an, a.a.O., 107.
14 C. Heyward, Und sie rührte sein Kleid an, a.a.O., 107.
15 Vgl. C. Heyward, Und sie rührte sein Kleid an, a.a.O., 100f.
16 C. Heyward, Und sie rührte sein Kleid an, a.a.O., 108.
17 D. Sölle, Wählt das Leben, a.a.O., 111.

Versöhnung mit dem entfremdeten Leben. Dabei wird die Kraft der Auferstehung verschleiert, wenn die Auferstehung Christi exklusiv betrachtet wird. Die Verehrung des *einen* Auferstandenen wird allzu schnell zur Christolatrie, die als Autorität über die Realität eingesetzt uns selbst nicht berührt und letztlich sinnlos ist. Sinnvolle Auferstehung ist ein aus dem „Würgegriff des Individualismus" befreites Leben vor dem Tode für alle Menschen. Es ist der Beginn auf dem Weg zum Reich Gottes, ein Kampf für Befreiung zum Leben, ein schmerzhafter, lebendiger Prozeß. Das stärkste Zeichen des neuen, „auferstandenen" Lebens ist die Solidarität.

„Wo Solidarität geschieht, da ist Auferstehung. Wenn wir die Neutralität des Schweigens brechen und die Komplizenschaft mit dem Unrecht verlassen, dann beginnt das neue Leben. Menschen, die zuvor unsichtbar und vergessen waren, werden selbstbewußt und finden ihre Sprache. Sie stehen für ihre Rechte auf, und dieses Aufstehen, dieser Aufstand ist ein Zeichen der Auferstehung."[18]

In der Solidarität fließen die drei ebenso politischen wie theologischen Konsequenzen der Auferstehung für uns zusammen: eine neue, von Unterdrückung und Manipulation befreite Sprache, neue Formen des Lebensstils und neue Gemeinschaft. In ihr zeigt sich, was „Christ sein heißt: Hinter uns liegt der Tod, er wartet nicht mehr auf uns. Auf uns wartet die Liebe, von der wir ein Teil werden."[19]

Wendet D. Sölle sich explizit gegen die Auffassung von Auferstehung als persönliche Unsterblichkeit, meint C. Heyward: „Wir können die Möglichkeit einer physischen Auferstehung nicht fallenlassen, ohne damit anzudeuten, wir wüßten alles, was es über die natürliche Welt, über Gott und die Geheimnisse des Lebens zu wissen gibt."[20] Rosemary Radford Ruether antwortet als einzige konkret auf eine „persönlichen Eschatologie", wobei sie von der Frage ausgeht, „ob Frauen das gleiche Interesse haben, ihre Sterblichkeit mit Hilfe von Doktrinen von einem Leben nach dem Tod zu leugnen oder ob das nicht der Gipfel von männlichem Individualismus und Egoismus ist."[21] Gegen diese Frage nach der *persönlichen* Unsterblichkeit stellt R.R. Ruether ein Modell *gemeinschaftlichen* Seins. Dieses erkennt den Tod als Grenze menschlicher Existenz und vertraut darauf, daß unser individualisiertes Sein „sich zurück in die kosmische Matrix von Materie/Energie auflöst, aus der neue Zentren der Individuation aufgehen."[22] Eher als unser persönliches Sein ist dieses „Heilige Wesen" und Matrix gemeinschaftlichen Seins ewigdauernd und wird unserem begrenzten Dasein transzendente Bedeutung verleihen. Aber:

„Wir können nichts für die Dimension ‚Unsterblichkeit' unseres Lebens tun. Es gehört nicht zu unserer Berufung, uns Gedanken um die ewigkeitsbezogene Bedeutung unseres Lebens zu machen und Religion sollte das auch nicht zum Zentrum ihrer Botschaft machen.
Unsere Verantwortung ist es, unsere zeitlich begrenzte Lebensspanne dafür zu nutzen, für unsere Generation ebenso wie für unsere Kinder eine gerechte und gute Gemeinschaft zu schaffen. Es ist Sache der Heiligen Weisheit, unseren begrenzten Kampf umzuschmieden in Wahrheit und

18 D. Sölle, Wählt das Leben, a.a.O., 124.
19 D. Sölle, Wählt das Leben, a.a.O., 128.
20 C. Heyward, Und sie rührte sein Kleid an, a.a.O., 108.
21 R.R. Ruether, Sexismus und die Rede von Gott. Schritte zu einer anderen Theologie, Gütersloh 1985, 279.
22 R.R. Ruether, Sexismus und die Rede von Gott, a.a.O., 304.

Sein für immerwährendes Leben. Dieser unser Agnostizismus ist also Ausdruck unseres Glaubens, unseres Vertrauens, daß die Heilige Weisheit unserer Arbeit, die durch Raum und Zeit begrenzt ist, transzendente Bedeutung geben wird."[23]

C. Heyward unterstützt R.R. Ruethers Kritik: „Der christliche Glaube ist eine funktionale, ethische Handlungsweise in der Geschichte, kein metaphysisches oder spekulatives System. Deshalb kann der christliche Glaube nicht auf dem sogenannten ‚Übernatürlichen' beruhen."[24] Beides, eine Auferstehung als gemeinsames Leben vor dem Tod und als gemeinschaftliches Aufgehen im „Licht", deutet Marie Luise Kaschnitz' Gedicht an:

„*Auferstehung*

Manchmal stehen wir auf
Stehen wir zur Auferstehung auf
Mitten am Tage
Mit unserem lebendigen Haar
Mit unserer atmenden Haut.

Nur das Gewohnte ist um uns,
Keine Fata Morgana von Palmen
Mit weidenden Löwen
Und sanften Wölfen.

Die Weckuhren hören nicht auf zu ticken
Ihre Leuchtzeiger löschen nicht aus.

Und dennoch leicht
Und unverwundbar
Geordnet in geheimnisvolle Ordnung
Vorweggenommen in ein Haus aus Licht."[25]

Aspekte aus den Erzählungen der Frauen

Als auffälligstes Ergebnis der vergleichenden Interviewauswertung erreicht das Thema „Auferstehung" für die Frauen kaum die Relevanz, die dogmatische Lehre und kirchliche Verkündigung postulieren. Die Aussagen der Frauen sind eher vorsichtig, tastend und zweifelnd. Entgegen dogmatischer Tradition stellen die Frauen außerdem kaum eine Beziehung zwischen dem Kreuzesgeschehen als „Tod für uns" und Jesu Auferstehung her.

1. Gedanken zu eigenem Tod und Auferstehung

Auffallend ist, daß der Tod für die Frauen bei weitem nicht so angstbesetzt ist, wie es die Schultheologie als allgemein menschliche Gegebenheit ansieht. Bei den Frauen löst er

23 R.R. Ruether, Sexismus und die Rede von Gott, a.a.O., 305.
24 C. Heyward, Und sie rührte sein Kleid an, a.a.O., 108.
25 Marie Luise Kaschnitz, Auferstehung. Aus: Dein Schweigen – Meine Stimme. ©1962 Claassen Verlag GmbH, Hamburg (jetzt Hildesheim).

weder übergroße Verlassenheitsängste aus, noch symbolisiert er Strafe. Stellvertretend äußert sich Gabriela E. (49): „Vor dem Sterben habe ich schon Angst, aber vor dem Tod an sich nicht." Die meisten Interviewpartnerinnen finden sich mit ihm als eine Gegebenheit ab und akzeptieren ihn. Auferstehung und Leben nach dem Tod, die sie erfahrungsmäßig nicht fassen können, belassen sie eher als die dogmatischen Entwürfe im Ungewissen. Das Interesse der Frauen gilt vielmehr dem Leben: Sie engagieren sich, suchen ihren Platz in Gruppen und arbeiten an Beziehungen. Prägnant formuliert Irmgard H. (55), „daß Glauben für mich Leben heißt und Leben mit den Menschen, die um mich herum sind." Die Frage nach der Auferstehung wehrt sie mit dem Hinweis ab, sie sei nicht so bedeutsam für ihren Glauben. Anneliese D. (59) unterstützt diese Haltung. Auf die Frage, ob sie die Bedeutung der Auferstehung auch auf sich selbst beziehe, antwortet sie:

„Nein. Eigentlich nicht ..., nein. Als ich den Vorsitz übernahm vom Bürgerverein, da kam auch sofort einer von der Presse angetrabt, und der hat mich dann betitelt ‚die Bewahrerin'. Und mich hat so vieles ... vor allen Dingen aus meiner *Kindheit* bewegt. Ich denke eigentlich immer an unsere Kinder. Ich denke auch an die Alten heutzutage, wie sie in diesen pompösen Residenzen auf ihren Tod warten, so tatenlos. Aber hauptsächlich denke ich an unsere Kinder, und ich war als Kind hier im Dorf ungemein glücklich. Ich war so unwahrscheinlich glücklich, ich kann das empfinden, weil ich nachher ja wieder in die Stadt mußte. Und ich habe hier auch meine Ferien verlebt. Und deshalb ... als ‚Bewahrerin': In meinem Leben versuche ich, Dinge, die mich glücklich gemacht haben, die ich auch für notwendig halte, für unsere Kinder zu bewahren. Und dafür lebe ich. Und deshalb denke ich über den Tod auch nicht negativ nach, weil mir in kleinen Bereichen das ja schon gelungen ist."

Die Ermutigung zu ihrem Engagement bezieht Anneliese D. also nicht aus dem Blick „nach vorn" – der Auferstehung im Sinne der Schultheologie –, sondern aus dem Blick zurück. Sie orientiert sich an ihrer eigenen Kindheit und an den Werten, die ihr ihre Großmutter vermittelt hat. „Wenn wir den Geburtstag meiner Großmutter jedes Jahr feiern, ist das ja auch eine Auferstehung. Sie lebt ja weiter in uns, auch mit ihren Idealen, die ja der Familie immer sehr gut getan haben." Die bewahrte, auch gefeierte Erfahrung von Glück birgt für Anneliese D. über den Tod hinausreichende Kraft.

Die Grenze des eigenen Vorstellungsvermögens hinsichtlich Auferstehung und Unsterblichkeit diskutiert Sabine M. (28):

„Also ich glaube schon, daß es irgend etwas nach dem Tod gibt, daß es irgendwie, irgendwie weitergeht. Das ist irgendwie schwer, sich das vorzustellen. Also ich glaube nicht, daß die Leute dann richtig tot sind, daß die Seele dann irgendwo anders hingeht. Wohin ... und wie ..., das weiß ich nicht. Das übersteigt irgendwo so mein Vorstellungsvermögen ... Ob das irgendwie so Luftschlösser sind? Also das ist für mich nicht vorstellbar, daß alles danach gut wird. So heißt es dann ja immer. Das Paradies oder das ewige Leben, in dem es keinen Schmerz und keine Trauer und sonst etwas gibt. Das kann ich mir irgendwie nicht vorstellen, aber ich meine, nur weil man es sich nicht vorstellen kann, kann es das ja trotzdem geben. Also das weiß ich nicht genau."

Auch Elke R. (17) hält die Ungewißheit dieser Frage aus: „... wenn es so wäre, dann wäre es eine große Hoffnung."

Die älteren Frauen, Dora S. und Erdmute K., kennen aus dem Gottesdienst die Verbindung zwischen der eigenen und Jesu Auferstehung. Sie kennen die Botschaft – verbleiben aber in existentiellem Abstand zu ihr. Erdmute K. (72) beteuert, daß sie ihre Hoffnung auf die Auferstehung setze, interpretiert sie aber nur vage: „Damit verbindet man ja das ewige Leben, nicht. Würde ich sagen." Auch Dora S. (78) sagt zwar: „Ja, meine Hoffnung ist das auf alle Fälle", fährt dann aber fort: „Also da denke ich ja nun nicht so jeden Tag dran, da denkt man nicht jeden Tag dran, das ist eins von den Geheimnissen." Der Abstand zwischen kirchlicher Verkündigung und Dora S.' eigener Erfahrung wird an einer konkreten Situation deutlich:

„Ich hatte, das ist wohl jetzt sechs, sieben Jahre her, eine Operation. Da habe ich mich so sterbenselend gefühlt in der einen Nacht, daß ich dachte, ich müßte wirklich sterben. Mir war übel und schwindlig und Schmerzen rundherum. Und die Schwester sagte: ‚Sagen Sie mal was, dann gebe ich Ihnen eine Spritze.' Und dann habe ich aber auch gedacht: Wie macht man das, wenn man jetzt stirbt? Wie macht man das als Christenmensch? Da habe ich natürlich auch gebetet. Ich habe gedacht: Was hätte ich alles meinen Kindern noch sagen müssen! Da kam ich mir etwas hilflos vor. Trotz allem. Ja, weil ich nicht wußte, wie ich mich in dieser Situation verhalten soll. Ich hätte ja auch gar nichts tun können, es war dunkel und Nacht. Das war das unangenehmste Erlebnis, was ich je hatte. Da habe ich mich selbst gefragt: Wie muß ich mich nun einstellen? Aber ..., weil ich mich so schlecht fühlte. Aber ich kam mir sehr hilflos, nicht getröstet vor."

Nach der Erinnerung dieser für Dora S. schmerzhaften Situation, in der ihr christlicher Glaube sie nicht trägt, lenkt Dora S. schnell wieder zu den positiven Aspekten ihres ausgefüllten Lebens. Nicole W. (18) gelingt es noch, die existentielle Auseinandersetzung mit dem Thema „Tod" auf später zu verschieben.

„Es ist ein ganz komisches Gefühl. Ich weiß nicht, ob ich auch daran glaube, richtig glaube, daß ich dann nach dem Tod wieder auferstehe, daß es ein Leben nach dem Tod gibt oder so. Ich weiß nicht, vielleicht wenn ich älter werde. Vielleicht klammere ich mich auch gerade an diesen Gedanken, das kann angehen, aber im Moment ... Ich weiß nicht, ich versuche daran zu glauben, also ich stelle es mir so vor, daß mit dem Tod nicht alles zu Ende ist. ‚Tod' ist immer so ein Wort, da denkt man an Dunkelheit, an Grab, kalt, leblos oder so etwas, und dann denke ich: Danach muß es irgendwie noch etwas geben. Dann hilft mir dieser Glauben, diese ganzen Geschichten mit Auferstehung, auch wirklich daran zu glauben, weil sich das ja nicht irgendeiner ausgedacht haben kann, also das geht nicht ... Ich weiß nicht, wieso ich daran glaube, aber das glaube ich, versuche ich jedenfalls!"

Auch Andrea R. (37) versucht, die Auseinandersetzung mit dem Tod zu vermeiden, was ihr aber nicht gelingt. Mit 14 Jahren wurde sie durch den Tod ihrer Mutter mit dem Sterben konfrontiert:

„Mein Glauben hat mal einen, sage ich mal, starken Knick erfahren, und zwar ist meine Mutter sehr früh gestorben. Da habe ich eigentlich auch gedacht: Es kann ja eigentlich nicht sein, daß es wirklich einen Gott gibt. Wie man sich so als Vierzehnjährige auseinandersetzt. Wie kann das sein, daß da jemand stirbt, und du bist doch noch so klein? Oder wieso, nicht. Und da ging es so nach unten. Und dann habe ich von einer anderen Seite, ja nach drei Jahren – mit 17 habe ich meine Ausbildung angefangen, die ja auch sozial ist im Prinzip und etwas mit Glauben zu tun hat, nämlich dem Glauben, daß durch Nächstenliebe sich etwas ändern kann – habe ich mich, sage ich mal, von diesem Tief wieder erholt. Weil ich mir gedacht habe: Vielleicht ist es das gerade, was es aussagt, wenn ich glaube, daß ich Kraft habe, das eben zu überstehen. Also praktisch von der anderen Seite."

Zum Leben nach dem Tode sagt Andrea R.:

„Ich glaube, daß gerade die Auseinandersetzung mit Tod und Leben ja viel mit Glauben auch zu tun hat. Woran ich nicht glaube, und das kriege ich nicht … Mein Mann und ich haben da auch schon sehr lange Gespräche drüber geführt, und ich habe auch Sterbebegleitseminare bei uns in der Klinik besucht. Woran ich nicht glaube, ist ein Weiterleben nach dem Tode. Da kann ich einfach mich nicht hineinversetzen."

Sehr viel später im Gesprächsverlauf kommt Andrea R. auf diese Frage zurück: „Ich glaube, was so Tod und Sterben angeht, das ist für mich so eine Sache, da möchte ich gar nicht so viel von wissen. Da ist bei mir so eine Grenze." Daß sie die Problematik dennoch nicht losläßt, wird spürbar, wenn sie über die Haltung von Pastoren gegenüber dem Sterben erzählt. Es beeindruckt sie, wenn diese auch Unsicherheiten und Ratlosigkeit eingestehen. „Das finde ich so menschlich bei dieser Frage, daß das nicht so fertige Antworten sind, sondern daß da auch eine Grenze erreicht wird, wo sie daran denken, daß auch sie mal sterben müssen, daß sie das beschäftigt."
Die einzige Frau, die ein positives und überdies gelöstes Verständnis für das Leben nach dem Tod aufweist, ist Monika A. (46). Sie sieht im Tod und der Auferstehung Jesu eine Einheit, die der Stiftung der Harmonie zwischen Gott und Jesus diente, einer Harmonie ohne Konflikte und Streit. Diesen Weg in die Harmonie – hofft sie – werden auch wir gehen. Der Gedanke ist ihr deshalb wichtig, weil sie sich in ihrem Leben so oft ungeborgen fühlt.

2. Gedanken zu Jesu Tod und Auferstehung

Bei aller Skepsis, die die Frauen zum Thema Auferstehung äußern, sind sie doch bereit, Jesus eine Sonderrolle zuzubilligen. Einige rezipieren sicher lediglich dogmatisch-kirchliche Überlieferung, an die sie durch Gottesdienstbesuche gewöhnt sind. Die meisten jedoch halten bei ihm eine Ausnahmesituation im Tod vage für möglich. So äußert die nachdenkliche Gabriela E. (49) zunächst sehr viele Zweifel:

„Ich habe große Probleme mit der Vorstellung von Auferstehung. Ich meine, ich denke es schon und möchte es glauben, will ich mal sagen. Ein Stückweit glaube ich es auch, aber es ist für mich schwer. Da fehlt mir immer so diese Gewißheit, aber ich denke, anders kann man wiederum kaum leben. Aber es ist eine ganz schwere Vorstellung. Ich habe mir schon oft versucht, da Vorstellungen zu machen und auch zu lesen und habe damit eigentlich große Mühe … Ich denke, so wie ja auch Ideen und Gedanken unsterblich sind und weiterleben, so versuche ich mir vorzustellen, daß auch anderes weiterlebt. Es ist für mich mit die schwerste Vorstellung."

Nicht nur intellektuell, sondern auch wesensmäßig bereitet Gabriela E. die Art, wie die Auferstehung kirchlich begangen wird, Schwierigkeiten. Wiederholt weist Gabriela E. auf ihre Probleme mit Ostern hin:

„Ich habe mit Ostern etwas mehr Probleme, so plötzlich die ganz große Hoffnung. Aber ich denke eben auch im Karfreitag so ein Fünkchen Hoffnung. Das habe ich. Aber so diese ganz große Osterfreude, damit habe ich Probleme. […] Ich meine, diese ganz große Umkehr, eben Auferstehung, diese ganz große Freude, da habe ich Probleme."

Trotzdem ist sie bereit, bei Jesu Auferstehung intellektuelle und emotionale Zugeständnisse zu machen: „… obwohl ich mir das bei Jesus noch eher vorstellen kann."

Deutlicher noch setzen Erika L. und Andrea R. die Auferstehung Jesu vom Geschick anderer Menschen ab. Erika L. (47) sagt: „Also es ist richtig, daß Jesus eben nicht tot ist, daß er eben tatsächlich mit Gott zusammen ist und für mich Ansprechpartner ist. Das ist richtig. Er ist also nicht tot für mich wie meine Oma." Andrea R. (37), die sehr mit der Frage nach menschlicher Auferstehung zu kämpfen hat, meint: „Seine Auferstehung? Also für mich geht es soweit, daß er in den Himmel gefahren ist, und dann ist auch die Ebene da, daß er gleichwertig ist wie Gott." Für Anneliese D. und Monika A. *mußte* die Auferstehung sein, weil Jesus sonst im Tode geblieben wäre. So sagt Anneliese D. (59): „Ich finde das ganz selbstverständlich, denn die Auferstehung mußte ja sein, sonst wäre er ja für ewig begraben, sein Tod." Dora S. und Erdmute K. nehmen die Auferstehung aus den Gegebenheiten des Kirchenjahres hin. Nicole W. hält es für unvorstellbar, daß sich jemand die Auferstehungsgeschichten ausgedacht habe. Auch die eher ethisch orientierten Frauen, wie Heike S. und Sabine M., äußern vorsichtige Zustimmung. Während Jesus Heike S. anders als andere Vorbilder nahe ist, hält auch Sabine M. eine besondere Beziehung zwischen Gott und Jesus für möglich, obwohl sie sich diese kaum vorstellen kann. Selbst die sehr skeptische Hilde N. (61) zögert, ehe sie die Frage mit der Äußerung: „Nein, es berührt mich nicht", zurückweist. Zuvor überlegt sie. „Ja, ich weiß auch nicht, ob ich es nun als etwas akzeptiere, etwas Historisches, oder nicht." Elke R. (17) bietet eine originelle Erklärung:

> „Die Jünger haben sich das halt ja vermutlich gewünscht, daß Jesus aufersteht, und er selbst wird auch gesehen haben, daß sein Werk ziemlich schnell vergessen sein wird, wenn nicht irgend etwas Schwerwiegendes noch passiert, daß man sich an ihn erinnert. Naja, daß es nicht richtig passiert ist, denke ich schon, aber es ist halt so, wenn es so wäre, dann wäre es eine große Hoffnung. Und man kann ja auch versuchen, an so etwas zu glauben, auch wenn man es eigentlich nicht so richtig tut."

Elke R.s Beispiel zeigt die Gratwanderung zwischen rationaler Überzeugung und der Bereitschaft zur Annahme kirchlicher Überlieferung.

Resümee

1. Auferstehung als Sieg über Sünde und Tod zu interpretieren, ist ein theologisches Gerüst, das die Frauen nicht erreicht.
2. Die Spanne zwischen Auferstehung und Himmelfahrt wird nicht erwähnt, obgleich sie ja in der Tradition des Kirchenjahres dicht und intensiv vermittelt wird. Auch spielen die Frauen am Grab um Maria aus Magdala, die in den letzten Jahren in Frauengottesdiensten wiederholt thematisiert wurden, nicht in die Erzählungen hinein.
3. Welche Funktion Jesus nach der Erhöhung innehat, interessiert kaum eine Frau. Dora S. (78) und Irmgard H. (55) greifen die Formel auf: „Er sitzt zur Rechten Gottes". Die dogmatische Unterscheidung der verschiedenen Ämter Jesu, dem prophetischen, priesterlichen und königlichen Amt, und deren theologische Auswirkungen auf die Menschen sind augenscheinlich gar nicht bekannt.
4. Das in einigen theologischen Konzeptionen noch präsente Nachdenken über das Jüngste Gericht und den Jüngsten Tag[26] entfällt bei den Frauen. Es könnte vielleicht bei

26 Z.B. W. Joest, Dogmatik, Band 2: Der Weg Gottes mit dem Menschen, Göttingen 1986, 654ff; J. Moltmann, Der Weg Jesu Christi, a.a.O., 354.

Erika L.s (47) Besorgnis im Hintergrund stehen, Gott noch einmal in einer Krisensituation zu vergessen, und bei Dora S.' (78) Angst, als sie meint, sterben zu müssen. Beide Fälle sind aber lediglich Vermutungen und lassen sich nicht belegen. Dora S. ist die einzige, die ein Bibelzitat zum Thema „Gericht“ anführt: „Also am Jüngsten Gericht, oder wie auch immer, wird er die Wölfe von den Schafen trennen.“

5. Mut zum Leben erwächst bei den meisten Frauen – entgegen dogmatischer Tradition und kirchlich verbreiteter Verkündigung – *nicht* aus der Gewißheit der Auferstehung Jesu und deren Folgerung für uns. Sie gewinnen Kraft durch die Erfahrung von Gemeinschaft, durch die Geborgenheit, die Gott ihnen vermittelt, oder durch die Gewißheit, daß Gott in der Welt gegenwärtig ist. Eine Ausnahme bildet Elke R. (17), die ihren Glauben als „Utopie“ bezeichnet – und sich trotzdem kirchlich engagiert. Statt eines dogmatischen Gefälles wäre ein weites Spektrum von Ermutigungsmöglichkeiten angemessener, die unterschiedliche Menschen unterschiedlich ansprechen.

6. Zu denken gibt die Spannung zwischen der Einstellung der Frauen zum eigenen Sterben und der Sonderposition Jesu. Hier könnte eine kirchlich-dogmatische Monopolstellung für „Glaubensangelegenheiten“ das eigene Denken behindern, wie sie von Rosemary Radford Ruether beschrieben wird: „Der Klerus monopolisiert theologische Bildung, indem er sie an Orte verlagert, die den Laien in der Regel nicht zugänglich sind. Außerdem wird die theologische Bildung in einer dem Nicht-Eingeweihten unbekannten Sprache vermittelt.“[27]

7. Jesus trauen die Frauen die Auferstehung eher oder anders zu als anderen Menschen. Einem ‚Sohn Gottes‘ ist etwas Besonderes, etwas Außergewöhnliches möglich. Wie mag sich das auswirken? Stabilisierend für die Idealisierung des Männlichen? Patriarchatsstützend? – Genaue Aufschlüsse ergeben sich aus den Interviews nicht. Aber unter Berücksichtigung der Aussagen zu „Jesus, dem Mann“ (s. 11. Kapitel) scheint es, als befestige eine Reihe christologischer Faktoren, zu denen die Auferstehung gehört, schleichend und schwer faßbar das patriarchale System.

8. Das Anliegen R.R. Ruethers, die Unsterblichkeit nicht zur Hauptfrage von Religion zu erklären, unterstützen die Frauen in ihren Erzählungen. Sie können so dazu beitragen, daß Theologie zuzugeben bereit ist: Tod und Auferstehung im traditionellen Sinne haben schon lange nicht mehr für alle Menschen die einstmals hervorgehobene Bedeutung. Und diese sind dennoch Glaubende!

9. Ähnlich wie im 2. Kapitel „Kreuz und Leiden Jesu Christi“ ließe sich durch den Komplex „Tod und Auferstehung“ vielleicht die Kluft zur feministischen Theologie schließen. Die Frauen interpretieren Auferstehung begrifflich nicht so klar wie feministische Theologinnen zu „Auferstehung im Leben“ um. Der Sache nach ist die Grundintention aber sehr ähnlich (s. 6. Kapitel: Hoffnung). Hier könnte feministische Theologie zum Wiedererkennen – „Das ist ja das, was ich glaube!“ – verhelfen und theologische Begriffe neu gefüllt zur Verfügung stellen. Durch die Begegnung mit ähnlichen Intentionen ließen sich eventuell Abwehr und Mißtrauen mildern.

---

27 R.R. Ruether: Unsere Wunden heilen, unsere Befreiung feiern. Rituale in der Frauenkirche, Stuttgart 1988, 98.

4. Kapitel
Das Gottesverständnis im Zusammenhang mit der Christologie

Aspekte traditioneller Theologie

Die Besonderheit Jesu Christi in seiner Beziehung zu Gott ist und war in theologischen Entwürfen von großem Interesse.

„Wir rühren hier wirklich an das Geheimnis der Person Jesu Christi. Es betrifft nicht nur sein Einssein mit Gott […], sondern auch sein Gegenüber zu Gott als der eine Mensch, der ihm in Wahrheit entspricht und doch mit dem Leiden des Gott widersprechenden Menschen beladen wird. *Dieser*, so gewiß er *an* unserer Wirklichkeit teilhat, ist nicht *aus* unserer Wirklichkeit zu erklären. Nicht die geschichtliche Entwicklung der Menschheit hat schließlich den wahren Menschen hervorgebracht. Er ist von ‚oben' her, aus der neuschaffenden Macht Gottes, an unsere Stelle gekommen."[1]

Bereits die Alte Kirche ringt um die Frage des Verhältnisses zwischen Christus und Gott. Nach langen Streitigkeiten beschließt das Konzil von Nicäa (325) eine erste Einigung, die im sogenannten Nicänum ihren Niederschlag findet. Es hält an der vollen Gottheit des Sohnes fest. Noch heute wird an hohen Feiertagen das Nicänum als Glaubensbekenntnis im Gottesdienst gesprochen. Darin heißt es:

„Wir glauben […]
an den einen Herrn Jesus Christus,
Gottes eingeborenen Sohn,
aus dem Vater geboren vor aller Zeit:
Gott von Gott, Licht vom Licht,
wahrer Gott vom wahren Gott"[2].

Obwohl sich die Folgezeit bemüht, die Gottheit *und* die Menschheit Christi zu formulieren, läßt sich die Dominanz des Göttlichen nicht leugnen. Christus steht Gott wesensmäßig näher als der Menschheit. In späteren Kirchenliedern, die auch heute noch gesungen werden, spüren wir den Nachklang dieser Epoche, die Christus als Licht vom unerschaffenen göttlichen Licht versteht.

„Morgenglanz der Ewigkeit, Licht vom unerschaffnen Lichte,
schick uns diese Morgenzeit deine Strahlen zu Gesichte
und vertreib durch deine Macht unsre Nacht."[3]

Die Theologie des Abendlandes ist nicht so sehr hinsichtlich seiner Göttlichkeit und Menschlichkeit am Wesen Christi interessiert, als wegen der Schuld-Versöhnungsfrage (s. 2. Kapitel: Kreuz und Leiden Jesu Christi und 5. Kapitel: Schuld und Gnade). Christus tritt als Mittler und Versöhner zwischen Gott und Mensch. Er wird aber auch als

---

1 W. Joest, Dogmatik, Band 1: Die Wirklichkeit Gottes, Göttingen ^{2}1987, 230f.
2 Das Glaubensbekenntnis von Nizäa-Konstantinopel, EKG 805.2.
3 EKG 450,1 (349,1).

derjenige verstanden, der am Jüngsten Tag richten wird. Mittelalterliche Wandmalereien in Kirchen zeigen ihn zuweilen in dieser Funktion mit dem Richterschwert, das aus seinem Mund ragt. So eine Darstellung ängstigt auch Luther, ehe er die Rechtfertigung ohne alle unsere Werke entdeckt. Jetzt wird Christus zum Fluchtpunkt für ihn, während Gott für ihn bei allem Gnadenwillen dunkle und unverständliche Seiten behält, die Luther eindrücklich thematisiert:

„Gott thut vieles, was er uns in seinem Worte nicht anzeigt, er will auch vieles, wovon er uns in seinem Worte nicht anzeigt, daß er es wolle. In solcher Weise will er nicht den Tod des Sünders, nämlich nach seinem Worte; er will ihn aber nach jenem unerforschlichen Willen."[4]

Luther weiß, daß ein Weitergrübeln und Erforschenwollen dieses Gottes zum existentiellen Zusammenbruch führen kann. Gott, so warnt er, nimmt dann schließlich das Gesicht des Teufels an. „Darum, sofern Gott sich verbirgt und von uns nicht erkannt sein will, geht er uns nichts an."[5] Gegen die Angst, die dieser Gott auslöst, hilft nur die Konzentration auf Christus und das Kreuz: „Der Mensch beschäftige sich aber mit dem menschgewordenen Gotte, oder [...] mit Jesu, dem Gekreuzigten, ‚in welchem alle Schätze der Weisheit und der Erkenntnis sind'„[6].

In der Fachtheologie mitunter distanziert thematisiert, ohne Luthers Erschütterung zu folgen, hat dieser dunkle Gott Lebensgeschichten verfinstert und bedroht. Angst vor Gott einzuflößen, gehört lange Zeit zu den Erziehungsmitteln.

„Der liebe Gott sitzt im Himmel auf einer weißen Wolke. Er hat einen langen Bart. Er hat Augen, die durchdringen die Wände, die können unter Bettdecken sehen, in Nischen, in Keller. Die machen vor nichts halt. Die sehen Tag und Nacht. Die werden nie müde. Das sind keine Augen, das sind Blitze. Die sehen und sehen und sehen."[7]

So heißt es in einer Kindheitserinnerung der Gegenwart. Angst vor diesem Gott bricht heute noch in Krisenzeiten auf: in der Gefährdung der bisherigen Sicherheiten und Sinnkonstanten, in der Erfahrung von Trennung und Tod.

Auch die Einbindung Jesu Christi in diese dunklen Geschehnisse trägt bis heute zur Belastung von manchen Erwachsenen und Kindern bei:

„Auf dem Weg vom Kindergarten nach Hause fiel ich hin. Mein Knie blutete. Das tat weh. Meine Mutter klebte ein Pflaster auf die Stelle. Ein paar Tage später war es wieder gut.
Meine Mutter riß das Pflaster ab. Dann paßte ich nicht auf, lief mit dem Knie gegen die Couchtischkante. Es blutete wieder. Es tat weher als vorher. So war das für den lieben Heiland, wenn ich böse war. Wenn ich spuckte, wenn ich kratzte, wenn ich Claudia Kettelhaak vors Schienbein trat, wenn ich meinem Vater Widerworte gab. Die Narben an seinen Händen und Füßen platzten wieder auf, damit sein Blut den lieben Gott versöhnlich stimmte. Der liebe Gott sieht alles, und der liebe Heiland muß für alles büßen."[8]

Fachtheologisch dient das Geschehen am Kreuz bis heute dazu, Gottes Versöhnungswillen aufzuzeigen und der Theodizeefrage zu begegnen.[9]

---

4 Martin Luthers Sämtliche Schriften, XVIII, hg. von J.G. Walch, Groß-Oesingen 1986, 1795.
5 Martin Luthers Sämtliche Schriften, XVIII, a.a.O., 1794.
6 Martin Luthers Sämtliche Schriften, XVIII, a.a.O., 1802.
7 J. Richter, Himmel, Hölle, Fegefeuer. Versuch einer Befreiung, Reinbek b. Hamburg 1985, 8.
8 J. Richter, Himmel, Hölle, Fegefeuer, a.a.O., 8f.
9 Theodizee meint fachtheologisch die Rechtfertigung Gottes angesichts des Bösen in der Welt.

„Was auf Golgatha geschieht, reicht bis in die Tiefe der Gottheit und prägt darum das trinitarische Leben Gottes in Ewigkeit. Im Zentrum der Trinität steht christlich immer das Kreuz, denn das Kreuz offenbart das Herz des dreieinigen Gottes, das für seine ganze Schöpfung schlägt."[10]

Immer wieder dringen in der Theologie Entwürfe durch, die den Schwerpunkt eher auf die ethische Vollkommenheit Jesu legen, mit der er Gottes Werte und Gottes Menschenbild repräsentiert (s. 1. Kapitel: Der „ethische Jesus"). Zum Ende des 18. und beginnenden 19. Jahrhunderts versucht Friedrich Schleiermacher, den Abstand zwischen Gott, Jesus Christus und der Menschheit zu verringern: Menschen erfahren in der christlichen Gemeinschaft eine Stärkung ihres Gottesbewußtseins. Das verweist auf Jesus Christus als den Ursprung dieser Gemeinschaft. Über die Gemeinschaft vermittelt dessen ausgeprägtes Gottesbewußtsein den einzelnen Stärkung ihrer eigenen Gottesbeziehung. Nicht Einzelzüge im Leben Jesu sind wichtig, also nicht isolierte Worte oder Handlungen, sondern der „Gesamteindruck". Dieser zeigt, daß er das „Urbild der Menschheit" in sündloser Vollkommenheit ist. Die Lehre Jesu tritt also hinter dem Gesamteindruck zurück, der eine neue Lebensgemeinschaft hervorruft. So beendet F. Schleiermacher eine Predigt:

„Und immer zusammenhängender, immer regsamer und kräftiger soll sich das Leben aus Gott in uns gestalten, auf daß unser Leben im Dienste der Gerechtigkeit nach der Verheißung des Herrn hier schon ein ewiges werde und bleibe.
O dazu, du erhöhter Erlöser, hilf uns immer mehr durch die Betrachtung deiner Herrlichkeit! Wie du erhöht bist von der Erde, so ziehe uns immer mehr nach dir! Wie du wandeltest in den Tagen deiner Auferstehung, so laß auch uns immer mehr nur in dem Bunde der Liebe und des Glaubens, den du unter den Deinigen gestiftet hast, leben und wandeln und von dir immer reichlicher empfangen Nahrung und Kräfte unseres geistigen Lebens!"[11]

In der Folgezeit sind die Schwerpunkte in der Beziehung zwischen Gott, Jesus Christus und der Menschheit unterschiedlich gelagert. Das Interesse kann sich besonders auf die Versöhnung zwischen Gott und Menschen durch die Tat Jesu Christi konzentrieren, es kann auf der Repräsentanz der Gottesebenbildlichkeit Christi liegen, es kann Christi Vorbildfunktion für gottadäquate Haltungen und Werte gelten oder auf Christi Impulsen für die Kräftigung des Gottesbewußtseins in uns liegen. Eines aber ist allen Modellen gemeinsam: Für uns uneinholbar steht Jesus Christus in der Gottesbeziehung, und zwar durch seine Göttlichkeit, seine Urbildfunktion, sein nie erreichbares ethisches Vorbild und seine besondere Vater-Sohn-Beziehung.

Aspekte feministischer Theologie

In der feministischen Theologie ist die Suche nach einem Gottesbild, das Weibliches und Männliches transzendiert, ein zentrales Anliegen. Daneben versuchen Frauen, durch Vorstellungen von Gott als einem Beziehungsnetz oder als dem Verbindenden in einer Gemeinschaft die Gottferne eines primär „jenseitig" gedachten Gottes zu überwinden. Auch der Abstand von Menschen zu Jesus Christus verringert sich, weil er in eine Reihe

---

10 J. Moltmann, Der Weg Jesu Christi. Christologie in messianischen Dimensionen, München 1989, 195.
11 F. Schleiermacher, Predigten, Göttingen 1969, 147.

mit denen gestellt wird, die Gott zu leben und zu verwirklichen suchen. Dorothee Sölle beschreibt die Entwicklung ihres eigenen Gottesverständnisses:

„Aus dem Glauben an einen allmächtigen Vater, ‚der alles so herrlich regieret', dem Theismus, war ich herausgetreten. Die Metapher vom ‚Tod Gottes' bedeutete für mich, den Gedanken der Allmacht Gottes bewußt als theologisch und ethisch unmöglich aufzugeben. Angesichts von Auschwitz schien – und scheint! – mir die Annahme der Omnipotenz Gottes eine Häresie, ein Mißverständnis dessen, was Gott bedeutet. Aus dieser Kritik am theistisch-patriarchalen Gott entwickelte ich eine Position, in der das Kreuz Christi im Mittelpunkt steht, eine Bejahung der gewaltfreien Ohnmacht der Liebe, in der Gott selber nicht mehr Leidverhänger ist, sondern Mitleidender.
Die Schwierigkeit dieser Position hängt mit der Frage nach der Macht dieses gewaltfreien Gottes zusammen. Ist wirklich alle Macht böse, oder können wir irgend etwas über die gute Macht, die Macht Gottes, den Sieg des Lebens über die Todeswünsche aussagen? Die dritte Position versucht die Auferstehung Christi und unser Herauskommen aus dem Tod als Partizipation an Gottes Macht zu denken.
Der Übergang von der zweiten zur dritten Position hängt mit dem Hineinwachsen in die Theologien der Befreiung zusammen. Langsam verstand ich, daß es außer der Macht zu brüllen und zu schießen, außer der Macht des Imperiums noch andere Formen der Macht gibt, die aus der Verbundenheit mit dem Grund des Lebens kommen. Das Gras, das durch den Asphalt ins Licht wächst, hat auch *power*. Nicht die zu befehlen, zu herrschen, zu manipulieren, aber eine Macht, die aus der Beziehung zum Leben kommt. Wie können wir gute Macht, Lebensmacht von böser Macht, Herrschaftsmacht unterscheiden? Diese Frage ist zentral für ein feministisches und in diesem Sinne: menschheitliches Denken. Das wichtigste Kriterium ihrer Beantwortung ist, daß gute Macht geteilte Macht ist, solche, die sich austeilt, die andere beteiligt, die durch Verteilung wächst und nicht knapper wird. In diesem Sinn ist die Auferstehung Christi eine ungeheure Macht-Verteilung. Den Frauen, die sie als erste erfuhren, wurde Anteil an der Lebensmacht gegeben. Es war die ungeheure Gewißheit Gottes, die nun in ihr Leben trat."[12]

Mit unserem Anteil an der Lebensmacht verbinden wir uns mit Jesus Christus, seinem Traum und seinem Engagement für ein Leben in der Liebe Gottes. In einem Jugendbuch suchen Dorothee Sölle und Fulbert Steffensky diese Vorstellung für Jugendliche verstehbar auszudrücken:

„In der Bibel und im Christentum haben wir eine Sprache gefunden, die mehr vom Leben verlangt, als es gibt. Die Blinden sehen. Die Lahmen gehen. Die Weinenden werden getröstet. Die Hungernden werden satt. Die Toten werden leben! Diese Sprache sprechen wir gern, weil sie uns daran erinnert, daß man sich mit Blindheit, Lähmung, den Tränen der Weinenden und dem Hunger der Habenichtse niemals abfinden darf. An Gott glauben, heißt, sich niemals abfinden mit dem zerstückelten Leben; es heißt auch, mit ihm eintreten wollen für das ganze Leben.
Wie sieht der Gott aus, an den wir zu glauben versuchen, und wo ist er zu finden? Die Antwort darauf können wir uns als Christen nicht einfach aus den Fingern saugen. Die Christen glauben, daß es ein verbindliches Bild Gottes gibt, nämlich die Gestalt und das Leben des Jesus von Nazareth und die Geschichten und Gleichnisse, die dieser von Gott erzählt hat."[13]

Carter Heyward hat in ihrem Entwurf eine vielbeachtete Theologie der Beziehung entwickelt. Sie versteht Gott als Quelle unserer Beziehungsmacht, das heißt unserer Fähigkeit, gerechte und schöpferische Beziehungen zu gestalten. Gott aber verwirklicht sich dort, wo Menschen gerechte gegenseitige Beziehungen leben. Gott ist durch uns erfahr-

12 Dorothee Sölle, Gott denken. Einführung in die Theologie. Kreuz Verlag, Stuttgart 1990, 244f.
13 D. Sölle/F. Steffensky, Nicht nur Ja und Amen. Von Christen im Widerstand, Reinbek b. Hamburg 1983, 101f.

bar, durch uns in unserer Leibhaftigkeit: Gott inkarniert sich. Wir sind abhängig von seinem bewegenden Geist – Gott ist abhängig von unserer Bereitschaft, unsere Fähigkeit zu Beziehung nicht zu verleugnen.[14] Jesus ist nach C. Heywards Verständnis ganz Mensch. Er hilft uns durch *seine* Gottesbeziehung die unsere zu leben. „In der Gottesbeziehung Jesu wächst Jesus *mit* Gott in die Liebe. Es ist eine Beziehung, in der jeder gibt und empfängt und in der jeder sich deutlich vom andern abhebt."[15]

„Er [Jesus] hat nicht den Anspruch erhoben, einzigartig zu sein. Er hat es auch nicht akzeptiert, wenn andere ihn so sehen wollten. Dies hat uns fähig gemacht zu entdecken, daß wir wie er einfach menschlich sind und wie er auf den Lauf der Ereignisse in der Welt einwirken können."[16]

In einem Gedicht von Elie Wiesel verdeutlicht C. Heyward ihren Abschied von dem alten Gottesverständnis und deutet ihre Aufnahme und Entwicklung des beziehungshaften Gottesbildes Jesu an:

„Gott weiß,
Dies ist genug.
Gott will,
Dies ist genug.
Gott nimmt
und Gott gibt zurück,
Gott zerbricht
und Gott tröstet,
Dies ist genug.
Nein, es ist nicht genug!"[17]

Einen etwas anderen Weg geht Rosemary Radford Ruether. Sie umschreibt einstweilen den Begriff „Gott" mit „Gott/in". „Er/sie ist das *Schalom* unseres Seins."[18]

„Die befreiende Auseinandersetzung mit Gott/in ist auch immer eine Auseinandersetzung mit unserem wahren Ich, das, ins Unterbewußtsein verdrängt, nun wieder zum Vorschein kommt. Das geschieht nicht gegen, sondern in und durch Partnerschaft und stellt unser gebrochenes Verhältnis zu unserem Körper, zu den Mitmenschen und zur Natur wieder her. Wir wissen keinen Namen, der Gott/in, ‚ich werde sein, der ich sein werde' gerecht würde. Erst wenn wir die irreführenden Bezeichnungen für Gott/in nach dem Vorbild der patriarchalischen Entfremdung hinter uns gelassen haben, werden wir ihren/seinen Namen erkennen."[19]

Jesus arbeitet an diesem Schalom, indem er sich für die Benachteiligten einsetzt.

„Als Befreier fordert Jesus den Verzicht, die Aufhebung des Gewebes von statusbestimmten Beziehungen, durch die Gesellschaften Privileg und Benachteiligung festgelegt haben. Er wendet sich auch heftig gegen die Gleichsetzung dieses Systems mit der Gunst oder Ablehnung durch Gott."[20]

---

14 C. Heyward, Und sie rührte sein Kleid an. Eine feministische Theologie der Beziehung, Stuttgart ^{3}1986, 43ff.
15 C. Heyward, Und sie rührte sein Kleid an, a.a.O., 85.
16 C. Heyward, Und sie rührte sein Kleid an, a.a.O., 120.
17 E. Wiesel, in: C. Heyward, Und sie rührte sein Kleid an, a.a.O., 48.
18 R.R. Ruether, Sexismus und die Rede von Gott. Schritte zu einer anderen Theologie, Gütersloh 1985, 92.
19 R.R. Ruether, Sexismus und die Rede von Gott, a.a.O., 92f.
20 R.R. Ruether, Sexismus und die Rede von Gott, a.a.O., 168.

Menschen, die am Abbau von Hierarchien mitwirken, setzen sich analog zu ihm für den Schalom Gottes ein. Das, was befreiend wirkt, kann nicht einer einzigen Person zugeschrieben werden, sondern verwirklicht sich durch die Menschheit hindurch.

Aspekte aus den Erzählungen der Frauen

1. Die Gottesfrage als ein Hauptanliegen in den Lebensgeschichten von Frauen

Der Gottesfrage kommt eine größere Bedeutung bei den Frauen zu als der Frage nach Jesus Christus. Allerdings erreicht sie nicht die hervorstechende Bedeutung wie der Themenkreis „Gemeinschaft". In Abgrenzung zu zahlreichen dogmatischen Entwürfen interessiert die Frauen die Beziehung zwischen Gott und Jesus so gut wie gar nicht. Was für ein Geschehen sich zwischen Gott und Jesus vollzogen hat und wie die Göttlichkeit Jesu zu denken ist, scheint ohne nennenswerte Bedeutung zu sein.
Hauptthemen der befragten Frauen sind: Gott als Ermöglichung eines zuversichtlichen und angstarmen Lebens, Gott als Kraftquelle für ihr Engagement, Gott als Beurteilungsinstanz. Bei zwei Frauen erfolgt eine intellektuelle Auseinandersetzung mit der Frage, ob Gott „ist"; für eine ist die Frage nach der persönlichen Freiheit in der Gottesbeziehung ein dringliches Anliegen.

Gott als Grund für ein zuversichtliches Leben
Im Gesprächsverlauf verwundert sich Marianne L. (84), daß Gott für sie eine weitaus größere Bedeutung hat als Jesus Christus:

„Ich spreche meistens immer Gott an. Und das, nehme ich an, daß ich das von frühester Kindheit tue, denn ich weiß: Früher, als ich in der Arbeit war, habe ich mehr ... ja, da war Jesus mehr im Mittelpunkt und jetzt ... Ich nehme an, das liegt daran, weil ich jetzt so sehr alt geworden bin, und man sagt immer, dann kommt man, geht man in die Vergangenheit zurück."

Ihr Gefühl der Geborgenheit und ihre Überwindung von Ängsten erfuhr und erfährt Marianne L. in ganz praktischen Lebensvollzügen. So erinnert sie sich an die Zeit, als sie als Katechetin auch an Berufsschulen unterrichtete. Sie unterrichtete zunächst ausschließlich Mädchen, wurde dann aber in eine kaufmännische Berufsschule versetzt:

„Und ich hatte Angst, weil ich da nun Jungen hatte, nicht. Und unterwegs auf dem Fahrrad habe ich immer gebetet: ‚Bestimmt, Gott, hilf mir!' und so, und dann bin ich einfach hereingegangen, und auf einmal merkte ich: Das ist kinderleicht, weil die Mädchen netter waren, weil Jungen in der Klasse waren, und da mochten sie wahrscheinlich nicht biestig sein. Jedenfalls, es war eine herrliche Zeit!"

Ihre Zuversicht gewinnt Marianne L. aber auch aus der Gewißheit der geschichtlichen Lenkung durch Gott:

„Also sehen Sie, die ganzen Warschauer-Pakt-Staaten, die sind frei. Obwohl man sagen kann, sie können ihre Freiheit noch nicht gebrauchen. Und man weiß ja auch nicht, was aus Rußland wird. Also ich habe große Angst um Rußland und ich wünsche von Herzen, daß es gut werden möchte da, nicht. Aber: Ich denke mir, daß zur bestimmten Zeit, wenn Gottes Zeit da ist, daß er dann auch den Menschen findet, der die Geschichte einfach … Es ist doch eben jetzt um 180 Grad herumgerissen, nicht? Und ich weiß, daß immerzu die Menschen gesagt haben: ‚Die Kommunisten werden die ganze Welt beherrschen‘ und so, und jetzt auf einmal ist es ganz anders. Jetzt sagen sie wieder, jetzt sind es die Moslems, nicht, jetzt sind es die wieder, die große Gefahr für die Welt. Warum soll ich mir da eine Gefahr ausdenken, die da ganz bestimmt kommt, wenn ich weiß, daß Gott – also vielleicht ist es auch ein Selbsterhaltungstrieb. Aber ich hoffe, daß Gott in der Welt ist und daß er ist.“

Die Interviewerin hatte an dieser Stelle nach Gott und Jesus gefragt. Marianne L. lenkt die Antwort jedoch auf die Beziehung Gottes zur Welt. Fast alle für sie wichtigen Fragen macht sie direkt mit ihm ab – auch die Verarbeitung von Schuld (s. 5. Kapitel: Schuld und Gnade). Jesus kommt eine sehr viel eingegrenztere Bedeutung zu: als Zeichen der Nähe Gottes für Menschen im tiefsten Leiden. Auch Gabriela E. (49) schreibt Jesus eine bestimmte Funktion zu. Er ist Vorbild im Aushalten von Leiden. Andere wichtige Aspekte verarbeitet sie in ihrer Gottesbeziehung, zum Beispiel Fragen nach Angenommen- und Akzeptiertsein, nach Freiheit und Gerechtigkeit. Grundlage ist für sie ihr entspanntes Gottesverhältnis, das sich bereits in ihrer Kindheit entwickelte:

„Ja, wenn ich so an meine ersten Erinnerungen in meiner Kindheit denke, dann war mir auf jeden Fall …, also Gott gab es für mich. Wer mir das vermittelt hat, kann ich nicht mehr so sagen, aber es gab Gott, und es war der liebe Gott, und ich habe ihn auch so empfunden. Ich kann nicht sagen, daß ich als Kind wie so manche andere Angst hatte: Der liebe Gott sieht alles. Überhaupt nicht. Das ist ganz merkwürdig. Ich wundere mich selber darüber. Aber daß ich immer die Vorstellung hatte: Wie schön, da oben gibt es den lieben Gott.“

Während des Gespräches wundert sich Gabriela E. immer wieder darüber, daß sich die Angstfreiheit bei ihr durchgehalten hat: „Ich habe eigentlich erstaunlich wenig Angst. […] Ich habe immer auch so wenig Angst vor ihm. […] Das macht mir auch fast ein wenig ein Problem, weil ich denke: ‚Mensch, du hast gar keine Angst.‘„
Beide Frauen, Marianne L. und Gabriela E., erfahren die Nähe Gottes, seine Zugewandtheit und Güte direkt, ohne die Vermittlung Jesu Christi. In vielem erinnert ihr Gottesverständnis an das fürsorgliche, zärtliche des Deuterojesaja (Jes 40–55). Es ist natürlich schwer auszumachen, ob diese entspannte, direkte Beziehung gelungen wäre ohne die Gewöhnung an die kirchlich vermittelten Eigenschaften und Haltungen Gottes, die die Christologie im traditionellen Verständnis nahebringen soll. Auf alle Fälle ist die christologische Zwischeninstanz „ausgefallen“. Eine ähnliche Beobachtung läßt sich bei Irmgard H. machen, allerdings kommt Jesus durch sein praktisches Vorbild die etwas stärkere Gewichtung zu als bei den beiden anderen Frauen.

Gott als Gefährdung der eigenen Freiheit
Für Sabine M. (28) lautet gegenwärtig die Hauptfrage: Wieviel Freiheit läßt mir Gott? Sie befürchtet, daß er ihr zu nahe treten und sie in ihrer Eigenständigkeit eingrenzen könnte. Mit Jesus verbindet sie diese Problematik nicht. Er ist für sie eine Person der Vergangenheit, die Gottes Werte an die Menschen vermittelt hat. Mit diesen Werten vermag sich Sabine M. auseinanderzusetzen. Von der Person Jesu selbst, die ja vergangen ist, fühlt sie sich nicht bedroht. Ihre Besorgnis kleidet sie in ein Bild:

„Ich muß so oft an diesen Spruch denken: ‚Gott steht vor der Tür und klopft an, und man muß ihn nur hereinlassen.‘ Also diesen Spruch gibt es da. Und da muß ich ganz offen sagen, daß ich das irgendwie gar nicht will. Also ich würde gar nicht wollen, daß er bei mir …, gut, daß er anklopft, aber ich würde ihn nicht hereinlassen wollen. Das klingt ganz komisch, aber es ist irgendwie so. Ich finde es ganz gut, wenn er sich so ein bißchen in der Ferne hält. Ja, schon mich so ein bißchen beobachtet, daß ich schon so ein bißchen das Gefühl habe: Da ist jemand, der mich trägt, aber ich brauche ihn eigentlich nicht, und ich kann auch eigentlich nicht mit ihm sprechen. Er ist zwar doch eigentlich da, aber ich kann nicht mit ihm sprechen. Das ist für mich irgendwie so, als wenn …, es macht für mich keinen Sinn. […] Ich muß meine eigenen Entscheidungen treffen, und ich muß nicht wie irgendeine Marionette, die nach Gottes Nase tanzt …, oder daß Gott mich nun immer so auf den richtigen Weg bringt. ‚Auf den richtigen Weg bringt,' ist vielleicht zu viel gesagt, aber daß er alles immer so lenkt. Das würde ich irgendwie nicht so wollen. Ich muß meine eigenen Entscheidungen treffen können. Es kann doch nicht sein, daß Gott immer alles für mich regelt. Also ich habe so diese Gottesvorstellung: Ich bin jemand, der das alles im Prinzip regelt, aber wenn ich nicht mehr weiterweiß oder Fragen habe, dann muß ich schon darauf vertrauen können, daß es gut wird."

Sabine M. erläutert dieses an einem Beispiel:

„Also zum Beispiel habe ich jetzt die Entscheidung getroffen, da zu kündigen in meiner Arbeitsstelle, und diese Entscheidung habe ich ganz alleine getroffen. Wobei ich wieder sagen könnte, dieser Unfall auf dem Weg zur Arbeit, der mir kurz vorher passiert ist, ist vielleicht auch so ein Hinweis von Gott: ‚So, höre jetzt auf damit.' Aber ich habe mich jetzt dazu entschlossen. Und ich vertraue jetzt darauf – und das ist jetzt wieder ein Vertrauen auf Gott –, daß ich schon eine neue Stelle finden werde. Da vertraue ich wiederum. Oder ich möchte auch gerne eigene Entscheidungen treffen können und nicht immer nur darauf vertrauen: Gott wird das schon machen. So einen Glauben habe ich einfach nicht."

Auf die Frage der Interviewerin, ob Gott dann eher im Hintergrund sei, antwortet Sabine M.: „Ja, ja. Irgendwie so ein Schirm, der hinter mir ist. Aber ich kann machen, was ich will. Aber er steht hinter mir." Die Spannung in der Gottesbeziehung besteht also in dem Wunsch nach Freiheit und Entscheidungskompetenz einerseits und der Sehnsucht nach Schutz andrerseits. Zum Abschluß des Interviews betont Sabine M.: „Also wenn ich jetzt mir vorstelle, man würde irgendwie sagen: ‚Gott, den haben sie erschossen, der ist nicht mehr,' also das wäre für mich schlimm. Dann merke ich immer, wie wichtig er mir doch ist."

Gott als Beurteilungsinstanz

Empfinden auch Marianne L. und Gabriela E. ihre Versagens- oder Unzulänglichkeitserfahrungen als etwas, was sie vor und mit Gott verarbeiten, so ist der beurteilende Gott und das Schuldigwerden das Leitthema im Leben von Erika L. Im Gegensatz zu den beiden anderen Frauen nimmt diese Dimension eine dunkle, fast bedrohliche Stellung ein. Erika L. (47) bemüht sich mit allen Kräften darum, daß diese Situation – Gott in einer Notlage vergessen zu haben – nie wieder eintritt. Sie interpretiert ihr damaliges Verhalten als „Fehlverhalten". Die christologische Vermittlungsrolle in Schuldfragen gewinnt für sie keinerlei Relevanz: „Da brauche ich nicht diesen Umweg über Jesus. Ich weiß das nicht, ich kriege das nicht auf die Reihe." (s. 5. Kapitel: Schuld und Gnade)

Gabriele E. wendet Gott als Beurteilungsinstanz zum Positiven: „Einer weiß, was du denkst und fühlst. Gott sei Dank, gibt es *einen.* Der ist unabhängig davon, was die da jetzt hineininterpretieren. […] Wenn es das nicht gäbe, es gäbe ja nie eine Wahrheit. Wer wüßte denn, wer ich bin und was ich will?"

Der „dunkle Gott"

Der „dunkle Gott", der bei Luther hervortritt, wird kaum thematisiert. Außer bei Erika L. und in einer entscheidenden Lebensphase bei Gabriela E. überwiegt bei den interviewten Frauen ein entspanntes Gottesverhältnis. Allerdings zweifelt keine Frau, die an einer personalen Gottesbeziehung festhält, ausdrücklich an seiner Allmacht. Es gelingt ihnen, die dunklen Erfahrungen zu verarbeiten oder aber durch andere Inhalte zu überlagern.
Anneliese D. und Monika A. wurden mit dem allsehenden Gott als Erziehungsmittel konfrontiert. Anneliese D. (59) erzählt:

„Also man log nicht – natürlich log man, aber so etwas tat man nicht –, und der liebe Gott, der sah *alles*. Und das war ... manchmal etwas bedrückend, denn hin und wieder ... ging ich natürlich doch in den Garten und holte mir Früchte: ‚Ob der liebe Gott *das* nun auch sieht,' nicht? Und ... ja es war ein Gefühl der Furcht, nicht des Vertrauens und des Sich-Aufgehoben-Fühlens, sondern es war ein Gefühl der Furcht. Das, kann ich sagen, ... hat meine Kindheit begleitet."

Die biblischen Geschichten, die die Großmutter erzählte, dienten dem gleichen pädagogischen Zweck: „Es waren natürlich Geschichten, die ... uns auch zeigen sollten, daß man nicht *ungestraft* ..., das fällt mir jetzt spontan ein. Wahrscheinlich waren auch andere dabei, aber es war sehr viel auch Kain und Abel, wenn man sich als Geschwister erzürnte." Aber da war für Anneliese D. auch die andere Seite: „Aber dieses Erzählen dieser Beispiele – ‚so ist es schon einmal gewesen' – war für mich eine gewisse Heimat, das war da." Dieses Heimatgefühl trägt durch alle Umbrüche und Verlusterfahrungen hindurch und mildert erheblich die einschüchternde Seite Gottes. Auch Monika A. gelangt zu einer entspannteren Gottesbeziehung als es ihre Erziehung vorgab. Grundlage dafür waren die heimlichen Besuche einer Morgenandacht vor der Schule, die durch ihre Atmosphäre der Geborgenheit ein Gegengewicht zu der angespannten Stimmung zu Hause und dem dort als Erziehungsmittel benutzten Gott bildeten.
Dora S. schildert ihr Ungetröstetsein und ihre Hilflosigkeit in einer Situation, in der sie meint, sterben zu müssen. Allerdings erwähnt sie Gott nicht direkt. Auch Erdmute K. (72) erwähnt Gott nicht direkt:

„Ich habe im Krieg geheiratet, noch sehr jung mit 21 Jahren. Man hat doch täglich gebetet um eine gesunde Heimkehr. Und man ist ja dann auch enttäuscht worden, wenn einer nie wiedergekommen ist. Aber auf der anderen Seite – ich habe bis heute nicht die Nachricht bekommen, er ist nun dort und dort gestorben, ich habe gewartet, gewartet, Jahrzehnte! Daß man immer dachte ..., die Hoffnung war ja immer noch ..., und die ist eben dann doch zunichte geworden."

Sie erzählt anschließend von dem Heimatgefühl, das Kirche in diesen Jahren des Chaos und des Zusammenbruchs vermittelte. Dora S. berichtet an *ihre* Krisenerfahrung anschließend von ihren positiven Erlebnissen in den kirchlichen Gruppen. Diese guten Erfahrungen überdecken bei beiden Frauen die dunklen Seiten Gottes.
Auch Gabriela E. hat nicht immer eine entspannte Gottesbeziehung leben können. Sie fühlte sich von ihren Eltern nicht erwünscht, was ihr Selbstwertgefühl prägte. So meinte sie, es nicht wert zu sein, selbst ein Kind zu haben. Ihre Gottesbeziehung lebte sie als Kind und Jugendliche als Ausgleich zu ihrer Elternbeziehung. Als Erwachsene aber schleichen sich Zweifel ein, ob Gott es doch gut mit ihr meint. Diesen Konflikt bearbeitet sie direkt mit Gott.

Erstaunlich ist, daß keine der Frauen in den Erfahrungen des „dunklen Gottes" Jesus als Gegengewicht sieht. Luthers christologische Blickkonzentration fällt aus. Die Gemeinschafts-, Geborgenheits- und Heimaterfahrungen mit Kirche und ihrer Tradition stellen sich den bedrohlichen Seiten entgegen. Oder aber die Krise wird *direkt* mit Gott verarbeitet, wie bei Gabriela E.

Marianne L. (84) erwähnt die Ermordung von jüdischen Frauen, Männern und Kindern im 3. Reich:

„Und sie bleiben ja das auserwählte Volk und so weiter, aber warum? Es gibt eben doch Dinge, die ich auch nicht erklären kann, auch wenn ich der allerbeste Christ bin. Ich weiß es nicht, Gott begreifen, das können wir nicht. Und deshalb kann man vielleicht schneller zu Jesus beten als zu Gott."

Ihrem eigentlichen Gottesbild entsprechend betet sie meistens direkt zu Gott. Gilt aber dieser dunkle Gott, könnte sie sich vorstellen, daß „man" eher zu dem begreiflicheren Jesus betet. Hier also vollzieht sich eine – wenn auch hypothetische – Gegenbewegung von den dunklen Seiten Gottes her zu Jesus.

Die Theodizeefrage

Diese Frage ist für die intellektuell nachdenkliche und ehrliche Hilde N. (61) das brisanteste Thema:

„Ich suche irgendwie immer Gerechtigkeit. Und ich kann sie nicht so richtig finden. Mir selbst ist es eigentlich immer sehr gut gegangen, und manchmal denke ich: Ich habe also sehr viele Vorfahren, die sehr fromm waren, und es gibt ja auch diesen – ich glaube, das ist eine Erklärung zu den Geboten: Es soll einem wohlgehen bis in das wer weiß wievielte Glied. Und manchmal denke ich, ich wäre eine von denen, denen es immer so wohl geht. Aber genau das ist ja der Punkt: Warum den anderen nicht? Was haben die eigentlich verschuldet, daß es ihnen nicht gutgeht? Wenn ich morgens beten oder singen höre in der Morgenandacht im Radio: ‚Vielen Dank, daß du mich behütet hast heute nacht,' was singen denn die, denen es nicht gutgegangen ist? In Jugoslawien oder wo auch immer? Das hat für mich …, da habe ich kein System …"

Die Frage nach Gott, der doch Gerechtigkeit schaffen könnte und es nicht tut, läßt sich für Hilde N. nicht in den Hintergrund drängen.

Anders ist es bei Heike S. und Andrea R.: Sie fragen eher danach, wie sie an der Schaffung von Gerechtigkeit selbst mitwirken können. Sie sehen Jesus bzw. Jesus und Gott als Ermutigung für ihr Handeln an. Diese Wendung zum ethischen Jesus und die Ermutigung durch ihn hat für Hilde N. kaum Gewicht, da sie die grundlegende Problematik für sich nicht einsichtig zu lösen vermag: Warum schafft Gott keine Gerechtigkeit, wenn er es doch könnte? Dora S. und Erdmute K. wurden durch den 2. Weltkrieg mit der Theodizeefrage konfrontiert, verdrängten sie aber. Eine mögliche Erklärung dafür wäre, daß sie ihre „Heimat" im Glauben bei Unstimmigkeiten im Gottesverständnis verloren hätten. Gabriela E. (49) bricht die Theodizeeüberlegungen auf der intellektuellen Ebene ab: „Das denke ich wirklich nicht, daß er eben das will, das Böse. Also das denke ich nicht. Das könnte ich nicht denken. Dann würde ich das wohl nicht aushalten können so die schlimmen Sachen, die passieren, die Leiden von Menschen. Individuell, aber auch global." Damit bricht sie Gedanken ab, die gegen ihre angstfreie Gottesbeziehung stehen und sucht sich Vorbilder, an denen sie sich bei der Verwirklichung von Gottes Gerechtigkeit orientieren kann. Wo kein Handeln mehr möglich ist, hält sie sich an das Vorbild Jesu, der Leiden durch Aushalten verwandelt.

Infragestellung Gottes

Die Theodizeefrage leitet Hilde N. (61) weiter zu einer generellen Infragestellung Gottes:

„Für mich ist dieser Komplex ‚Gott' einfach eventuell nur eine Projektion, die den Menschen hilft, das Leben zu bestehen. Und ich weiß, daß es mir wahrscheinlich gutginge, wenn ich mich da reinbegäbe in diese Projektion, aber ich habe auch das Gefühl, daß ich damit ..., daß ich mir damit etwas aufbaue, was ich ganz hinten in meinem Kopf nicht akzeptieren könnte"

Sich der Sache nach auf die „Gott-ist-tot-Theologie" zu konzentrieren und sich am „ethischen Jesus" zu orientieren, ist keine Perspektive für Hilde N. Sie ist ja auf der Suche nach einer religiösen Dimension, zu der für sie die Ethik kaum zählt:

„Mich fasziniert, was Leute, die in der Kirche sind, zum Teil auf die Beine stellen. Aber das tun natürlich andere Leute auch. [...] Ich finde, das ist eine menschliche Qualität, wie man sich verhält seinen Mitmenschen gegenüber. Wenn die Kirche mir nichts anderes vermittelt als wie ich mich anderen gegenüber verhalten soll, dann ist es ..., das nützt mir nicht so sehr viel."

Die eventuell von ihr zu akzeptierende religiöse Dimension muß eine sein, die sie vor sich selbst intellektuell ehrlich sein läßt.

Die ebenfalls scharf reflektierende Elke R. (17) vermag die Frage nach Gott für sich eher in der Schwebe zu lassen: „Ich denke auch, daß Gott mehr eine Idee ist ... oder eine Hoffnung, daß es irgend jemanden gibt, und eigentlich eine Hilfe, daß halt immer jemand da ist, dem man irgend etwas erzählen kann, oder daß man nicht ganz alleine ist oder so." Auch Jesus wird in diesen intellektuellen Vorbehalt miteinbezogen:

„Für mich ist Jesus zumindest keine konkrete Einzelperson, sondern eventuell verschiedene Leute, die so etwas gesagt oder gemacht haben, weil ich einfach nicht denke, daß eine Person so friedlich, friedfertig, genügsam und so sein kann und so viele Ideen und so viele Fähigkeiten haben kann. Insofern denke ich, daß diese Leute oder diese Ideen von Menschen kamen, die halt sehr an Gott geglaubt haben. [...] Insofern denke ich, daß das vielleicht ein bestimmter Zweig oder ein Teil dieser Gottidee ist, der halt bloß besonders ausgeprägt ist, also eine Verstärkung eines bestimmten Teiles von Gott, eine Spezialisierung."

Elke R. kann aber so tun, als ob Gott wäre, damit überhaupt noch ein Moment von Hoffnung ist und weil ihr die Gemeinschaft, die durch die „Idee" Jesus entstanden ist, wichtig ist. Obwohl Elke R.s Gedanken in vielem in eine ähnliche Richtung gehen, wie die von Hilde N., gewinnen sie bei ihr nicht ein derart ausschließliches Gewicht, weil für sie die Gemeinschaftserfahrungen in der Gemeinde grundlegend sind.

Zusammenfassend läßt sich bei allen genannten Aspekten eine Priorität der Gottesbeziehung bzw. -frage gegenüber der Beziehung zu Jesus Christus ausmachen. Gott ist Grund ihres Lebens oder Anlaß für bedrängende Fragen. Die Bedeutung Jesu liegt für die meisten Frauen eher im alltäglichen Vollzug. Zwei Frauen leben gleichwertige Beziehungen zu Gott und Jesus, und einzig bei Heike S. hat Jesus deutlich die hervorragende Rolle.

2. Gleichwertige Bindungen von Frauen an Gott und Jesus

Gott und Jesus als Quelle der Kraft und Ermutigung
Bei Andrea R. und Monika A. läßt sich eine gleichwertige Bedeutung von Gott und Jesus feststellen. Für die sehr praktisch ausgerichtete Andrea R. (37) läßt sich kaum eine unterschiedliche Gewichtung in der Bedeutung Gottes und Jesu ausmachen. „Man kann es Gott nennen, man kann es Jesus nennen. Für mich hat Jesus keine Extrarolle gespielt. Für mich ist es ein Part. Gott und Jesus ist für mich eine Verbindung, wo ich nicht trennen mag." Ein wenig neigt die Gewichtung zu Gott als Quelle der Kraft und Jesus als praktisches Vorbild, wird aber immer wieder mit dem Hinweis relativiert: „Ja, Gott und Jesus als dasselbe."

Gott und Jesus als Garanten für Harmonie
Monika A. erlebt menschliche Beziehungen – auch in den Gemeinden – als disharmonisch. Deswegen ist es für sie ungeheuer wichtig, daß es irgendwo harmonische Beziehungsstrukturen gibt: zwischen Gott, Jesus und dem Geist. Ihre Hoffnung ist, nach dem Tod in diese friedliche Beziehung miteinbezogen zu werden, um so etwas wie Geborgenheit zu erfahren.

3. Weitere Beobachtungen zum Glauben an Gott

Gott als Ausgleich für unerfüllte Wünsche
Speziell seit dem letzten Jahrhundert wird immer wieder die Behauptung erhoben, die Gottesidee sei lediglich eine Projektion, geboren aus vom diesseits unerfüllten Wünschen. Diesen Verdacht äußern auch Hilde N. und Elke R. Bis auf Monika A. betrifft diese Überlegung die Frauen kaum. Aber auch bei Monika A. wirkt die ersehnte Harmonie entspannend auf Entscheidungssituationen ein, wenn sie betet. Sicherlich ist bei Gabriela E. der Wunsch festzustellen, es möge jemanden geben, der sie ganz genau kennt und in ihren Absichten nicht mißversteht wie so oft die Menschen. Auch für Dora S. (78) ist Gott jemand, der sie im Gegensatz zu manchen Familienangehörigen anerkennt: „Der eine Sohn, der kritisiert an allem von mir herum. Ich meine, er hat zum Teil Grund ..., wenn ich aber – von Gott fühle ich mich getragen. Ich weiß, ich kann mich da anlehnen, und ich bin ein Kind Gottes, mir kann nichts passieren." Aber die Aktivität der Frauen im „Diesseits" ist viel intensiver ausgeprägt als ihre „Entschädigungswünsche", so daß hier kein Grund für die Verhinderung frauenbewußten Handelns zu finden ist.

Gottesbild
Anders verhält es sich mit dem fast durchgängig männlich geprägten Gottesbild. Für Anneliese D. (59) ist Gott ein „gütiger Gestrenger". Mit dem Zusatz „gütig" korrigiert sie die Erfahrungen, die sie mit Vätern gemacht hat, bleibt aber auf die männliche Ebene konzentriert. Sabine M. (28) begründet ihr männliches Gottesverständnis:

> „Unter Gott stelle ich mir auch wiederum etwas Männliches vor. Da bin ich mir ganz sicher. Also das ist für mich keine Frau ... Finde ich auch leichter für mich so vorzustellen, weil ... ja ... also ich verbinde damit wahrscheinlich doch noch so etwas Beschützendes, Haltendes. Zu-

mindest, weil ich jetzt eine Frau bin. Sonst wäre es vielleicht auch wieder andersherum. Irgendwie finde ich das angenehmer, mir vorzustellen, daß es ein Mann ist als eine Frau. Ich weiß nicht, ich glaube, das ist besser."

Gabriela E. (49) ist durch die Beschäftigung mit feministischer Theologie auf ihr männlich bestimmtes Gottesbild aufmerksam gemacht worden. Auch sie sucht nach einer Erklärung:

„Mein Gottesbild war doch lange ... – ich habe das so gemerkt, als ich mich beschäftigt habe mit feministischer Theologie – sehr männlich geprägt. Aber eben männlich in einer Weise, die eigentlich Weibliches miteinschließt. Aber ich denke, das kommt so durch meine Schwierigkeit zu weiblichen Gefühlen überhaupt, daß ich das Männliche idealisiert habe. Ich habe gemerkt: Ich hatte lange Zeit auch immer Männerköpfe hängen in meinem Zimmer, also Kunstwerke aus der niederländischen Malerei. Oder auch hier bei den Ikonen, habe ich neulich gerade gesehen, das sind ja auch alles männliche Figuren. Die weiblichen Gestalten sind erst später dazugekommen. Daß ich doch wohl mit dem Weiblichen lange Schwierigkeiten hatte. Das ist aber jetzt anders. Aber ich hatte lange, glaube ich, schon Schwierigkeiten gehabt, das Männliche ja ... als sehr positiv gesehen, idealisiert. Und immer auch eben ..., ja das habe ich idealisiert. Da bin ich ganz sicher. Obwohl mein Vater keine Idealfigur für mich war. Vielleicht war es dann gerade so eine Ersatzfigur, denke ich mir, nicht?"

Marianne L. (84) wurde durch einen feministischen Gottesdienst darauf aufmerksam gemacht, daß manche Frauen mit einem männlichen Gottesbild Probleme haben:

„Da sollte ich ein Gebet vorlesen. Und da habe ich gesagt: ‚Kann ich da nicht – es kommt mir so komisch vor, daß ich das Gebet einfach so sagen soll, ich muß doch Gott ansprechen –, darf ich ‚Herr' davorsetzen?' Und Frau D. sagt: ‚Nein, nicht ‚Herr'! Sagen Sie ‚Gott', aber nicht ‚Herr'!' Und da ist mir eben auch etwas klargeworden, daß das wahrscheinlich eine Rolle spielt, aber ich finde dabei nichts."

Gegen ein weibliches Gottesbild wendet sich Monika A. (46):

„Was ich also im Moment *ganz fürchterlich* finde, das ist ... diese Diskussion in der Kirche: ‚Warum ist das nicht *Frau Gott*?' Finde ich fürchterlich. Entweder es ist *Gott*, dann sprechen wir von mir aus nur von Gott ..., nicht, aber es ist eben *der* Gott. Ich sage ja auch nicht: ‚die Tisch,' weil ich jetzt möchte, daß der Tisch weiblich ist. Diese Diskussion finde ich im Moment ... fürchterlich. Die stößt mich also ab."

Offensiv geht das Thema eines männlichen Gottesbildes nur Hilde N. (61) an. Sie vermutet auch einen Zusammenhang zwischen dem männlichen Gottesbild und einer männlich strukturierten Kirchenhierarchie: „Also ein Punkt ist diese Autorität, dieses Wort ‚Herr', das mich unheimlich stört ..., also einmal dieser ganze Bereich von Unterordnung. [...] Ja oder dieses – ja was ist es denn eigentlich? Dieses Männliche: ‚Ich weiß schon den Weg.'„ Hilde N. ist auch die einzige Interviewteilnehmerin, die bei der Gottesfrage über den Heiligen Geist in ihrem religiösen Verständnis weiterzukommen versucht. Nach dem Interview fragt sie sehr genau nach den Gottesvorstellungen der Interviewerin und ist äußerst interessiert daran, daß feministische Theologinnen gerade über die Geistesvorstellungen nach geschlechtsübergreifenden Bildern suchen.
Auch Monika A., die sich demgegenüber vehement gegen ein weibliches Gottesverständnis wendet, hat sehr weite, personenlosgelöste Bilder, die bisweilen ihre sonst männlich bestimmten Vorstellungen verdrängen. Gott könne für sie auch eine „Birke",

eine „Blume“ oder ein „Duft“ sein. Sie habe das Gemeinte eben nun unter dem Begriff „Gott“ kennengelernt. Für Sabine M. ist Gott manchmal Person, manchmal Geist, und Gabriela E. versteht „ihn“ als personal, aber auch als Kraft in ihr. Anneliese D. (59) versteht Gott als „Globaleres“, während Christus die Konkretion für ein gottentsprechendes Leben verkörpert:

„Gott steht für mich über allen und in allem, und wenn ich hier aus dem Fenster sehe, dann sehe ich ihn überall da eigentlich, wo es *leb*t. Und was ist Christus? Christus …, wird ja gesagt, ist die *Fleischwerdung*. Ich will …, für mich selbst muß ich die Geschichte ja übersetzen, für mich selbst. Und es war notwendig wohl für die Menschen, ein Ebenbild zu haben und zu sagen: ‚So, seht ihr, so lebt man das Leben, so ist es gottgewollt.‘ Deshalb ist es … bildlicher für mich, … es Christus tun zu lassen. Gott ist …, Gott ist für mich etwas … Globaleres.“

Auf die Nachfrage nach der Beziehung zwischen Vater und Sohn übernimmt Anneliese D. wiederum das Vater-Sohn-Schema. Die Weltimmanenz Gottes klingt neben allen personalen Betonungen nur bei Marianne L. und Anneliese D. durch: „Und ich finde, das Göttliche daran ist, daß das, was uns glücklich macht, jeder dem anderen geben kann. Man kann es nicht erkaufen. Der Blinde, der Lahme, jeder kann dem anderen seine Zuneigung geben, und das ist für mich das Göttliche.“

4. Die Beziehung zwischen Gott und Jesus

Zu diesem Thema äußern sich *alle* Frauen nur auf Nachfrage. Von sich aus thematisieren sie weder die Beziehung zwischen Gott und Christus, noch die Frage nach der Göttlichkeit Jesu. Sie nennen Jesus höchstens, wie Sabine M., einen Wertevermittler dessen, was Gottes Willen in ethischer Hinsicht entspricht. Heike S. (35) spricht wohl allen Frauen aus der Seele, wenn sie sagt: „Habe ich mir nie Gedanken darüber gemacht.“ Dann greift sie, wie die anderen Frauen auch, zu dem traditionellen Erklärungsmuster:

„Also rein gefühlsmäßig würde ich sagen, es war eine gute Beziehung zwischen Vater und Sohn. Also ja, Vater und Sohn. Ich hätte nicht die Vorstellung, daß es da irgendwelche Machtkämpfe gegeben hat oder, ich weiß nicht, daß Jesus sich da ewig aufgelehnt hätte gegen irgend etwas … Also ich würde wirklich – ich würde eher sagen: ‚Vater- und Sohnbeziehung‘ … Ja. Kommt dem wahrscheinlich am nächsten. Habe ich mir aber nie viele Gedanken darüber gemacht.“

Kaum eine der Frauen fragt, wie diese Vater- und Sohnbeziehung zu denken ist. Nicole W. (18) bemüht sich von den Jesusgeschichten her um eine Erklärung:

„Gott ist der Vater, und Jesus ist ja sein Sohn. Sie haben sich immer verständigt – also in den Geschichten –, so miteinander geredet. Ich weiß nicht, was für eine Beziehung …? Nicht nur eine Vater- und Sohnbeziehung vielleicht, sondern auch so: Der eine ist sein Vorbild, der andere ist sein ausführender Arm, der …, wie er alles macht. Gott ist der Starke, der viel weiß, und Jesus ist der mehr greifbare.“

Hilde N. (61) verlegt die Gottessohnschaft Jesu in sein Bewußtsein zurück:

„Also wenn ich jemandem das erklären sollte, denke ich, daß ich sagen könnte, daß er einen Vater hatte, nicht nur einen leiblichen Vater, den er anfassen konnte, sondern diese übergeordnete Größe, von der er meinte, Aufträge zu bekommen, und dem er sich verantwortlich fühlte.“

Für Elke R. erledigt sich die Frage, indem sie Jesus als eine „Idee" wie Gott auch bezeichnet (s.o.).

Resümee

1. Themenkreise traditioneller Theologie und Kirchlichkeit treten bei den befragten Frauen weit zurück: die Gott-Jesus-Beziehung, damit zusammenhängend die Frage nach der Göttlichkeit Jesu, Gott im Kreuzesgeschehen, Gott, der allein durch Jesus „erkannt" werden kann, und die Trinität. Fast erscheinen die theologischen Spekulationen über dieses Thema wie ein „Überbau", der Glauben verkompliziert und von dem ablenkt, was „zum Leben ausreicht". Die Frauen gestalten ihren Alltag mit einem Jesus, der praktisches Verhalten und Werte, die Gott entsprechen, repräsentiert. Gott selbst ist der Grund, die Weite, die Hoffnung und der Ansprechpartner, von dem sich die Frauen getragen wissen, mit dem sie ihre Fragen bearbeiten, der Kraft zum Handeln vermittelt und Hoffnung, daß ihr Einsatz nicht sinnlos ist. Vielleicht ist es an der Zeit, diese Art des Verständnisses als Glauben anzuerkennen und nicht *unbedingt* von theologischer Seite und von kirchlicher Verkündigung her den Eindruck zu erwekken, von Glauben sei genau genommen erst dann die Rede, wenn die Mittlerschaft Jesu, das erlösende Geschehen am Kreuz, die Auferstehung und Jesu Gottessohnschaft akzeptiert werden.
2. Die „dunkle" Seite Gottes begegnet den Frauen durch eigene Erfahrungen und durch kirchliche Lehre. Auch in dieser Frage ist festzustellen, daß das Kreuzesgeschehen – entgegen vorherrschender theologischer Lehre – für die interviewten Frauen keine Antwort bereit hält, sondern sie, wie Ulrike W. (58), sogar eher belastet (s. 3. Kapitel: Tod und Auferstehung). Fast hart und unverbunden stehen Kernaussagen herkömmlicher Christologien neben der Art, wie die Frauen die dunklen Erfahrungen verarbeiten. Sie gewinnen ein Gegengewicht aus dem unmittelbaren Bewußtsein, von Gott akzeptiert zu sein, und aus seiner welterhaltenden Güte, die immer wieder durchscheint. Es ist ihnen selbstverständlich, daß diese Akzeptanz Gottes *allen* Menschen gilt. Für diejenigen Frauen, die die dunklen Seiten des Erlebens nicht direkt mit Gott verarbeiten, ist Jesus ebenfalls kein Gegengewicht. Vielmehr stehen positive Gruppen- und Gemeinschaftserfahrungen an der Stelle, die in den traditionellen Antworten Jesus Christus einnimmt. Das unausgewogen Wirkende, das Zurückschrecken der Frauen vor weitergehenden Fragen könnte seine Ursache auch darin haben, daß es Theologie und Verkündigung nicht recht verstanden haben, das hinter diesem Problem liegende Thema aufzugreifen: die Frage nach der Allmacht Gottes, nach dem Gott, der doch Gerechtigkeit schaffen könnte und es nicht tut. Hier sollte noch einmal neu angesetzt und diskutiert werden. Und: Es ist zu überlegen, ob die Antwort aus dem Kreuzesgeschehen die einzig einsichtige ist.
3. Die Theodizeefrage ist auch für feministische Theologie eine Herausforderung auf gemeindlicher Ebene. Es ist sehr zu begrüßen, daß sie sich in Gruppen und Gottesdiensten allmählich ihren Weg bahnt und ihr Anliegen nicht allein den Frauenwerken und Akademien überläßt. Dadurch können in die oft recht „verkopften" Gemeinden Werte wie Gefühl, Erfahrung und Körperlichkeit eingebracht werden. Aber für intellektuell scharf fragende Frauen muß sich auch ein Bereich des nachhaltigen Fragens und Durchdenkens eröffnen, so daß die Arbeit nicht zu „soft" verlaufen darf.

4. Es fällt auf, wie selten die Frauen Gott als weltimmanent verstehen. Sie setzen sich für Werte und mitmenschliche Beziehungen ein, die Gott entsprechen, daß aber Gott *selbst* als Inbegriff gerechter Beziehungen und heilvoller Gemeinschaften nicht ohne uns geschieht, scheint ihnen ein fremder Gedanke zu sein. „Wenn wir in unserer Immanenz in dem, was wir erleben und tun, wirklich in die Radikalität der Liebe einsteigen, dann erhält unsere Immanenz die Transzendenz. Dann erscheint in unseren alltäglichen Vollzügen das, was wir ‚Gott' nennen."[21] Bei diesem Gottesverständnis verlagert sich die Verantwortungsinstanz von Gott zu den Menschen, zu sich selbst. Der Schutzraum, den ein persönlich verstandener Gott gewährt, muß dann verlassen werden. Daneben intendiert ein gewandeltes Gottesverständnis, daß wir den „Mann im Hintergrund", das ist hier „Gott", verlassen. Frauen haben ja auch heute noch das Problem, sich ohne Anerkennung und Ermutigung durch Männer nicht ganz vollwertig zu fühlen. Auch wenn ein männlich verstandener Gott diese Funktion einnimmt, könnte „er" den Lernprozeß verzögern, daß die Anerkennung anderer Frauen ebensoviel wert ist. Dieser Prozeß hängt eng damit zusammen, sich selbst als Frau gleichwertig verstehen zu lernen. Das ist gewiß für jede einzelne Frau ein langer und mühevoller Weg, aber nur wenn Frauen aller Schichten ihn mitgehen, trägt feministische Theologie zu der vor vom Feminismus intendierten „Kulturrevolution" bei (s. Einleitung).

5. Bedenklich stimmt die Dominanz des männlichen Gottesbildes bei den Frauen. Auch wenn andere Bilder genannt werden, sind sie bei den Interviewpartnerinnen eher Randphänomene gegenüber den männlich geprägten „Hauptbildern". Hier scheint feministische Theologie mit ihrer Suche nach vielfältigen Gottesbildern noch kaum gewirkt zu haben. Diese Diskrepanz wird allein schon durch das Blättern in dem von Angelika Schmidt-Biesalski herausgegebenen Sammelband „Befreit zu Rede und Tanz. Frauen umschreiben ihr Gottesbild"[22] deutlich. Fast sind wir geneigt, von einer Kluft zwischen den Gemeindefrauen und den feministisch engagierten Fachtheologinnen zu sprechen. Sie zu überwinden, ist dringend zu wünschen, denn die Frage ist, ob das männliche Gottesbild nicht gerade zur Idealisierung des Männlichen beiträgt, wie es Gabriela E. (49) anspricht. Solange Frauen aus den Gemeinden nicht in den Umdenkungsprozeß mit seinen auch emotionalen Komponenten miteinbezogen werden, gewinnt feministische Theologie keine Basis.

21 D. Sölle, Gott denken, a.a.O., 249.

22 A. Schmidt-Biesalski (Hg.), Befreit zu Rede und Tanz. Frauen umschreiben ihr Gottesbild, Stuttgart 1989.

5. Kapitel
Schuld und Gnade

Aspekte traditioneller Theologie

In der Theologie des Abendlandes bezieht sich Gnade primär auf die Erlösung von Schuld. Nicht so sehr die Menschwerdung Christi, die vom Schicksal der Vergänglichkeit befreit, sondern das Kreuz als Ausdruck der geleisteten Genugtuung für menschliche Schuld findet Interesse.

Im Mittelalter erfährt die Schuld-Genugtuungs-Thematik ihre äußerst wirksame und in manchen Kreisen bis heute rezipierte – wenn auch oft vergröberte – Ausdrucksform in der Satisfaktionstheorie des Anselm von Canterbury (1033–1109).

„Gott *mußte* Mensch werden, damit das sühnende Opfer von unendlichem Wert dargebracht werden konnte. Denn die Sünde stellt als Beleidigung Gottes eine Erschütterung des ganzen Kosmos dar. Die Ordnung der Welt beruht ja auf der Ehre Gottes. Wie sollte der Mensch mit seinen endlichen Kräften den unendlichen Schaden, den er selbst sich und der Welt angerichtet hatte, reparieren können?“[1]

Die unendlich große Beleidigung des unendlich großen Gottes richtet also unendlichen Schaden an. Angemessene Satisfaktion (lat.: Genugtuung) vermag nur der Gottmensch Jesus Christus zu leisten: Aufgrund seiner göttlichen Natur hat das Opfer unendlichen Wert, aufgrund seiner menschlichen Natur kommt es stellvertretend der Menschheit zugute. Das Ausmaß der menschlichen Schuld ist in diesem Denkmodell also immens.

In der Theologie Luthers erfährt die Thematik Schuld und Gnade in ihrer Erfahrungstiefe eine ungeheure Intensität. „Wie kann ich vor Gott bestehen?“ Um diese Frage kreist Luthers gesamter Lebensvollzug. Das Vollbringen äußerer „guter Taten“ reicht bei weitem nicht aus: „Wenn wir rein wären von allen Sünden und vollkommen brenneten von Liebe gegen Gott und den Nächsten, dann wären wir sicherlich gerecht und heilig durch die Liebe, und es wäre nichts, was Gott sonst noch von uns fordern könnte.“[2] „Um das Ganze des Menschen geht es bei Luther (‚brennen‘), um jede Regung, jedes Gefühl, jede Tat. Alles unterliegt der Zensur dieses Gottes.“[3] Sich selbst beobachtend und zergrübelnd vermag so ein Lebensvollzug nie zur Ruhe zu kommen, denn kaum eine Regung oder Tat läßt sich mit letzter Sicherheit als „gut“, das heißt als ganz und gar von der Liebe zu Gott durchdrungen beurteilen. Gnade erfährt der immer tiefer in den Abgrund der Verzweiflung gerissene Mensch durch das Christusgeschehen, das Luther in äußerst vielfältigen und lebendigen Bildern zu schildern weiß, zum Beispiel: Gott sah, daß die Menschen sich nicht aus eigener Kraft aus ihrer Situation zu lösen können. Er sagte zu Christus: „du sollst die Person sein, die alle Sünden aller Menschen gethan hat; gedenke

---

1 F.J. Nocke, Was heißt ‚Erlösung durch Jesus Christus‘? Aspekte systematischer Theologie, in: ru, 1, 20. Jg., 1990, 2ff, 5f.

2 Martin Luthers Sämtliche Schriften, IX, hg. von J.G. Walch, Groß-Oesingen ^{2}1987, 677.

3 R. Taube, Gott und das Ich – erörtert in einer Auseinandersetzung mit Luthers Lehre über Glaube und Liebe in seinem Galaterkommentar (1531/34), Frankfurt a.M. Bern New York 1986, 21.

also, daß du bezahlest und für sie genugthuest."[4] An Christus als göttlicher und ewiger Person toben sich die Mächte von Sünde und Tod aus, ohne ihn überwinden zu können. Dieses Geschehen gilt – und das ist beständig einzuprägen:

„Sofern du nun dieses glaubst, sofern hast du es. Wenn du glaubst, daß Sünde, Tod und Fluch abgethan sind, so sind sie abgethan, weil Christus diese in sich selbst besiegt und hinweggenommen hat und will, daß wir glauben, daß, gleichwie in seiner Person keine Gestalt des Sünders, keine Spur des Todes mehr vorhanden ist, so auch in unserer Person dessen nichts mehr sei, da er alles für uns ausgerichtet hat."[5]

Die Zuflucht zu Christus aus Verzweiflung und Angst schildert Luther in einem Liedvers:

„Mitten in der Hölle Angst unsre Sünd' uns treiben.
Wo solln wir denn fliehen hin, da wir mögen bleiben?
Zu dir, Herr Christ, alleine.
Vergossen ist dein teures Blut,
das g'nug für die Sünde tut.
Heiliger Herre Gott, heiliger starker Gott,
heiliger barmherziger Heiland, du ewiger Gott:
laß uns nicht entfallen von des rechten Glaubens Trost. Kyrieleison."[6]

Diese ungeheure Dynamik des Schuld- und Gnadenverständnisses wird theologiegeschichtlich kaum wieder erreicht. Ein Grund hierfür mag sein, daß nachfolgende Entwürfe im Gegensatz zu Luther vom Gnadenbewußtsein ausgehen konnten, von dem also, was Luther sich existentiell erringen mußte: eine überströmende Befreiungserfahrung nach Phasen tiefster Verzweiflung, die auch in späteren Schriften von ihm noch zu spüren ist. Ein weiterer Grund mag in der Uminterpretierung der Schuld in späteren Epochen – besonders im Rationalismus – zu suchen sein. Dort gilt als Schuld sittliche Unvollkommenheit, die Gott aber bei guter Gesinnung, die Christus nachzufolgen sucht, nachsieht. Im 19. Jahrhundert kommen Strömungen auf, die eher das Dunkel unserer Existenz betonen als die Schuldverstrickung. In der Malerei verheißt das Licht, das in Landschaftsbildern einfällt, Auflösung alles jetzt Unerklärlichen in Harmonie. In der Dichtung heißt es beispielhaft:

„Da werd ich das im Licht erkennen,
Was ich auf Erden dunkel sah,
Das wunderbar und heilig nennen,
Was unerforschlich hier geschah:
Da denkt mein Geist mit Preis und Dank
Die Schickung im Zusammenhang."[7]

Im aufkommenden Bürgertum des 19. Jahrhunderts besteht die Gefahr der Verquickung eines moralischen Schuldverständnisses mit einem selbstberuhigenden Gnadenbewußtsein – eine Haltung, die auch heute noch anzutreffen ist. Theologische Gegenentwürfe, die diesem den Ernst des lutherischen Schuld- und Gnadenverständnisses entgegenhalten

4 Martin Luthers Sämtliche Schriften, IX, a.a.O., 372f.
5 Martin Luthers Sämtliche Schriften, IX, a.a.O., 379.
6 EKG 518,3 (309,3).
7 W. Hofmann (Hg.), Luther und die Folgen für die Kunst, München 1983, 451.

wollen, haben eher eine dunkle pessimistische Grundstimmung in der protestantischen Kirchlichkeit gefördert, ohne diese durch die Gnadenerfahrung aufzuhellen. Beispielsweise fordert die Theologie Werner Elerts: Die Kirche hat die unangenehme Aufgabe wahrzunehmen, den Menschen einzuhämmern, daß sie sich vor Gott zu rechtfertigen haben, weil sie seine Ebenbilder sind. Mit der Empörung im Sündenfall nimmt die Menschheitsgeschichte als Geschichte wachsender Schuldverstrickung ihren Lauf. Im Jüngsten Gericht wird eine endgültige Scheidung der Menschheit erfolgen.[8] Gnade erfährt der Mensch in dem Augenblick, in dem er sein Todesurteil wegen der Empörung gegen Gott empfängt und das „Aufstehen! Begnadigt!“ hört.[9] Die Gnade ist streng an das Einbrechen des Christusäons in die Todeswelt gebunden. Im Kreuzesopfer ist das Urteil Gottes vollstreckt.[10]

Einen anderen Weg geht Paul Tillich, der den christlichen Glauben neu in das 20. Jahrhundert hineinsprechen will. Die menschliche Existenz charakterisiert er mit dem Begriff der Entfremdung als Zustand der Zerrissenheit. Sünde beschreibt dabei das aktive persönliche Sich-Wegwenden von dem, wozu wir gehören – von Gott als der Macht des Seins.[11] Hinter allen schuldhaften Einzeltaten steht diese eine Sünde, die Trennung von Gott. „Im Zustand der Sünde sein, heißt im Zustand der Trennung sein. Und die Trennung ist eine dreifache: sie ist eine Trennung zwischen den Individuen, eine Trennung des Menschen von sich selbst und eine Trennung aller Menschen vom Grunde des Seins.“[12] Im Bild Christi ist die verwandelnde Kraft des Neuen Seins ausgedrückt.

> „Die neue Schöpfung ist die Wirklichkeit, in der das Getrennte wieder vereinigt ist. Das Neue Sein ist im Christus offenbar, denn seine Einheit mit Gott ist niemals durch Trennung zerstört worden, auch nicht seine Einheit mit der Menschheit und seine Einheit mit sich selbst.“[13]

Im Hineingenommensein in Christi Macht des Neuen Seins vollzieht sich für uns – wenn auch fragmentarisch – eine Wandlung der Existenz. „Gnade“ zeigt an, daß Gott allein die Ursache dafür ist, daß wir uns in die Macht des Neuen Seins mit einbeziehen lassen dürfen.

Es ist also in der Theologiegeschichte die Tendenz zu spüren, das „Ganze“ des Menschen als Sünde zu beschreiben (die sich in einzelnen schuldhaften Taten nicht verrechnen läßt) und das „Ganze“ der Gnade als unverdient zu empfangende entgegenzuhalten. Dabei besteht die Gefahr, daß einzelne Regungen und Taten, im Gescheiterten wie im Gelungenen oder schwer Einzuordnenden, unkonkret verschwimmen. Neuere Entwürfe suchen dagegen *konkret* (auch) im Leben Jesu das erlösende Handeln Gottes

> „– als Annahme und Bejahung jedes Menschen,
> – als Befreiung von verunmenschlichenden Zwängen,
> – als Vergebung und Versöhnung,
> – als Ermächtigung zu eigenem heilenden und befreienden Handeln“.[14]

Vielleicht schärfen sie den Sinn für konkrete Erfahrungen in heutigen Lebensvollzügen.

---

8 Vgl. A. Peters, Rechtfertigung, in: Handbuch Systematischer Theologie, 12, Gütersloh ^{2}1990, 172f.
9 Vgl. A. Peters, Rechtfertigung, a.a.O., 175.
10 Vgl. A. Peters, Rechtfertigung, a.a.O., 177.
11 P. Tillich, Systematische Theologie, II, Stuttgart 31958, 56f.
12 P. Tillich, In der Tiefe ist Wahrheit. Religiöse Reden, 1. Folge, Stuttgart 1952, 171.
13 P. Tillich, Das Neue Sein. Religiöse Reden, 2. Folge, ^{5}1980, 29.
14 F.-J. Nocke, Was heißt ‚Erlösung durch Jesus Christus‘?, a.a.O., 6.

Definiert die traditionelle Sündentheologie Sünde weitgehend als Stolz und Selbstüberheblichkeit, so kritisiert die feministische Theologie dieses Sündenverständnis als die Erfahrung des Unterdrückers und hat ein frauenspezifisches Sündenverständnis entwikkelt. Judith Plaskow hat dabei Sören Kierkegaards Unterscheidung einer männlichen Form von Angst, die darin besteht, verzweifelt man selbst sein zu wollen, und einer weiblichen Form von Angst aufgenommen, die darin besteht, verzweifelt *nicht* man selbst sein zu wollen. Infolgedessen fordert sie eine Unterscheidung zwischen einer Sünde der Männer und einer Sünde der Frauen: Die Sünde der Frauen bestehe nicht in zuviel, sondern in zuwenig Stolz sowie in dem Mangel, die Verantwortung für die eigene Selbstwerdung zu übernehmen.[15] Rosemary Radford Ruether versteht an die Theologie der Befreiung anknüpfend Sünde als Struktur der Entfremdung, welche echte Beziehung verhindert. Im Verein mit Rassismus, Klassenherrschaft und Antisemitismus ist Sexismus eine grundlegende Form dieser strukturellen Sünde. „Sexismus ist eine dieser Mächte und Gewalten des historischen, strukturellen, sozialen Bösen, das unsere Entscheidungen als Männer und Frauen konditioniert, bevor wir noch geboren sind."[16] Aufgrund projektiver Rollenzuweisungen erschwert Sexismus den Frauen die Ausbildung einer autonomen Persönlichkeit. Sexismus bedeutet ihre Abhängigkeit von den Männern, weil den Frauen der Zugang zu öffentlicher Macht verwehrt wird, und er reduziert die Frauen auf ihren Körper und bestimmt ihn zum Objekt, sei es in der Abtreibungsgesetzgebung oder der Werbung. Diese Sünde als Struktur hat aber auch eine individuelle Seite. Sowohl Männer als auch Frauen tragen dazu bei, sie aufrechtzuerhalten.[17] Entsprechend unterscheidet R.R. Ruether sprachlich zwischen der systembedingten Sünde und der individuellen Schuld.

Dieses andere Verständnis von Sünde weckt auch eine kritische Sensibilität gegenüber herrschender Gnadentheologie. Ist die Sünde der Frauen sozial verursachte Selbstverneinung und das religiös Gebotene gerade Selbstwerdung und Personwerdung (nach R.R. Ruether auch die Versöhnung der Dualismen und die Errichtung einer neuen, auf Gegenseitigkeit gegründeten sozialen Ordnung), kann die Erlösung nicht mehr im traditionellen passiven Empfang der Gnade erfahren werden. Zu sehr bestätigt das damit verbundene Gottesbild die patriarchalen Strukturen und Erfahrungen, aus denen es für die Frauen auszubrechen gilt.

Statt dessen gewinnt *Mit-Wirkung* bzw. *Mit-Schöpfung*[18] (lat.: cocreatio) bei vielen feministischen Theologinnen eine entscheidende Bedeutung bei der Erlösung. Gnade ist nicht auf einen inneren Prozeß beschränkt, sondern wird als Befreiung aus Unterdrükkung wirklich. Für J. Plaskow ist die Frauengemeinschaft der Ort, an dem sich die Gnade als Prozeß der Umkehr und der Heilung vollzieht. Er beginnt mit der gemeinsamen Bewußtwerdung des sozialen Charakters der weiblichen Sünde.[19] Rosemary Radford Ruether und Elisabeth Schüssler Fiorenza räumen beide der Frauenkirche eine ent-

15 Vgl. L. Scherzberg, Sünde und Gnade in der Feministischen Theologie, Mainz 1991, 35ff.

16 R.R. Ruether, Sexismus und die Rede von Gott. Schritte zu einer anderen Theologie, Gütersloh 1985, 218.

17 R.R. Ruether, Sexismus und die Rede von Gott, a.a.O., 208ff.

18 D. Sölle, lieben und arbeiten. Eine Theologie der Schöpfung, Stuttgart 1985, 55ff.

19 L. Scherzberg, Sünde und Gnade in der Feministischen Theologie, a.a.O., 43f.

scheidende Rolle bei der Mitwirkung am Heil als der prozeßhaften und partikularen Überwindung der Sünde des Sexismus ein.[20]
So erfährt die Satisfaktionstheorie – ob eher juristisch gefaßt oder vom Opfertod her verstanden – Kritik. Die befreiende Macht Jesu wird eher in seinem Lebensvollzug gesehen, in seiner Vision einer neuen, von Hierarchien befreiten Gesellschaft, in heilenden Kräften, die er in den Menschen freisetzte, und in der Konsequenz, mit der er seine Lebenspraxis bis in den Tod hinein nicht verleugnete.

Vor diesem Hintergrund muß gefragt werden: Was erleben die Interviewpartnerinnen als Sünde und was erfahren sie als Gnade? Welche Rolle spielen Gott bzw. Christus bei der Erlösung?

Aspekte aus den Erzählungen der Frauen

1. Sündenverständnis

Auch wenn wir uns der Differenzierung Rosemary Radford Ruethers – Sünde als Struktur und Schuld als persönlicher Anteil an ihr – anschließen, sprechen wir im folgenden nur von „Schuld", weil dieser Begriff den Interviewpartnerinnen näher ist. Nur Gabriela E. und Dora S. verwenden je einmal den Begriff „Sünde" bzw. „Sünden".
Was die Frauen als Schuld empfinden, läßt sich – da die meisten nicht von „Schuld" oder „Sünden" sprechen – am ehesten an ihren Ansprüchen an sich und andere erkennen. Es handelt sich vornehmlich um ein individuelles Schuldverständnis. Dieses kreist um Ansprüche an ein christliches Leben, das sich in einer achtungsvollen Haltung dem/der Nächsten gegenüber ausdrückt. Diese Achtung zu verletzen, ist für die Frauen mit Schuld verbunden:
Marianne L. bittet Gott manchmal, daß sie auf ihre Worte aufpaßt und nicht schlecht über andere redet. Die Schuld dabei besteht für sie darin, daß sie sich ein verletzendes oder *ungerechtes Urteil* anmaßt. Auch Irmgard H. wehrt sich als Christin gegen menschenverachtende Vorurteile.
Viele Frauen spüren die Aufgabe, gerade den an den Rand gedrängten Menschen christliche Gemeinschaft anzubieten (s. 1. Kapitel: Der „ethische Jesus"). Heike S. (35) überlegt, „ob man nicht mehr für die Obdachlosen tun müßte", und Dora S. (78) meint, ob sie nicht öfter kranke, einsame, alte Menschen hätte besuchen und „mehr lieben" sollen. Als Schuld empfinden diese Frauen das *Aufgeben von Gemeinschaft* mit anderen.
Dora S. läßt auch anklingen, daß sie sich selbst gegenüber manchmal schuldig fühlt, wenn sie sich vor dem Fernseher „gehen läßt", anstatt die *Zeit sinnvoll zu nutzen*, zum Beispiel zum Lesen.
Es läßt sich bei Sabine M. (28) der Anspruch an sich selbst ausmachen, zu handeln, ohne sich dabei den Rücken stärken zu lassen, sei es durch Gott oder Jesus Christus. So sagt sie: „Ich habe mittlerweile immer so ganz doll den Anspruch, daß ich das alles schon

20 R.R. Ruether, Unsere Wunden heilen; unsere Befreiung feiern. Rituale in der Frauenkirche, Stuttgart 1988, 72ff; vgl. E. Schüssler Fiorenza, Zu ihrem Gedächtnis ... Eine feministisch-theologische Rekonstruktion der christlichen Ursprünge, München Mainz 1988, 408ff.

alleine schaffe, also ich brauche nicht unbedingt Gott." Ob diese Versuchung, der letztlichen *Selbstverantwortung* zu entfliehen, von ihr als Schuld bewertet wird, wird nicht deutlich. Eher zeigt ihr Votum ein Problembewußtsein an.

Angesichts der Erfahrung eines in ihr Leben eingreifenden Handelns Gottes wird sich Erika L. ihres *Treuebruches* ihm gegenüber bewußt und entwickelt Schuldgefühle, da sie nicht mit Gott rechnete (s.u.). Auch bei Dora S. klingt Schuldbewußtsein gegenüber Gott durch, wenn sie meint, sie hätte „mehr bekennen" müssen.

Dora S. und Marianne L. zeigen beide auch ein strukturelles Sündenverständnis. Dora S. (78) benennt, wie das am Gewinn ausgerichtete kapitalistische System dem Willen Gottes zuwider Menschen zum Objekt reduziert:

„Es liegt ja vorwiegend am Menschen, daß er sich von Gott entfernt hat, also seit dem Paradies erfüllen die Menschen ja nicht mehr den Willen Gottes ... Das ganze kapitalistische System, das ja nur auf Gewinn ausgerichtet ist, Gewinn ist ja immer mit Ausnutzung gekoppelt ..."

Die Rettung liegt für Dora S. in der Umkehr: „Sogar Carl Friedrich von Weizsäcker hat einmal gesagt: ‚Die einzige Rettung der Welt ist die Bergpredigt.' Der Wissenschaftler und Philosoph, wenn der das sagt, das freut mich dann immer, wenn solche Leute auch darauf kommen."

Marianne L. (84) erfaßt die Abhängigkeit der individuellen Sünde von übergeordneter, „struktureller" Sünde am Beispiel des ABM-Skandals des ehemaligen Verkehrsministers Günther Krause. Zwar macht *sie* sich schuldig, indem sie sich mit anderen zusammen über ihn ereifert, aber doch liegt die Schuld dafür auch bei ihm: *Er* wird „noch dazu an allen schuldig, die sich da entrüsten! Das ist doch nicht gut, wenn so etwas in unseren Herzen ist!"

2. Schuldverarbeitung und Gnade vor Gott

Für die Frauen, die in ihren Erzählungen Schuld und Schuldbewältigung direkt thematisieren, spielt vorwiegend Gott eine Rolle. Für Gabriela E. war er zeitweilig eine sie ablehnende, für Erika L. vorwiegend eine fordernde oder strafende Instanz. Für Marianne L. verkörpert Gott die Gnade gegenüber unserer Schuld.

Gott als verurteilende Instanz

Erika L. (47) erfährt angesichts der nicht mehr zu erwartenden Genesung ihres Mannes, daß sie „also ganz gravierend versagt" hat. Ihre Schuld besteht für sie darin, daß sie nicht mit Gott gerechnet hat.

„Und das habe ich dann, als mir das hinterher klar wurde, daß der gesund geworden ist, obwohl die Ärzte nicht helfen konnten ..., erst als Peter zu Hause war, habe ich das begriffen. Und da konnte ich dann also wirklich nur noch etliche Male ‚Entschuldigung' sagen für mein Verhalten, also für mein in diesem Fall völliges Fehlverhalten, daß ich weder beten noch bitten konnte für meinen Mann, noch, daß ich ‚danke' sagen konnte zu diesem Zeitpunkt ... Und da kam das schlechte Gewissen: ‚Du hast die ganze Zeit nicht einmal an ihn gedacht! ... Du hattest ihn vergessen!'„

Erika L. kommt von diesem Gefühl, Gott gegenüber in tiefer Schuld zu stehen, schwer los: „Ich habe mit dem Pastor darüber sprechen müssen, daß ich so versagt hatte." Sie nimmt sich vor, daß so etwas nicht wieder vorkommen soll. Die Schuldgefühle tauchen aber anderthalb Jahre später noch einmal auf. Ihr Mann hatte damals auf dem Krankenbett dem Pastor gesagt: „Wenn ich es schaffe, gesund zu werden, dann habe ich ja wohl Gott ein Dankeschön zu sagen, dann lasse ich mich taufen." Als ihr Mann das aber vergißt, brechen ihre Schuldgefühle von neuem auf: „Und dann mußte ich mit Pastor N. dann noch einmal über die Situation sprechen, daß ich so versagt hatte, weil ich mit diesen Schuldgefühlen nicht fertigwerden konnte." Trotz des gemeinsamen Taufunterrichtes mit ihrem Mann lockert sich für Erika L. das Bild dieses den Kontakt einfordernden Gottes nicht. Sie bleibt ihm gegenüber in der Schuld:

„Diese Erleben bei der Krankheit, dieses völlige Versagen, das hat natürlich den Wendepunkt gebracht, daß jetzt viel intensiver das Gespräch mit Gott ist, daß ich immer wieder mit diesem Schuldgefühl ..., das nicht zu vergessen und abends zu beten und das nicht wieder zu vergessen ... Im Grunde genommen ist es dieses Wiedergutmachen. Das ist es im Grunde genommen, daß man sagt: ‚Mein Gott, das darf nicht wieder passieren, wie kannst du nur.'„

Ihr Gespräch mit Gott geht dennoch über den Charakter der Pflichterfüllung hinaus. Erika L. erfährt, „daß es ganz wichtig ist, daß man einfach jemanden hat, mit dem man sprechen kann über Dinge, die man mit niemandem sonst besprechen kann. Daß es wichtig ist, daß man weiß, da ist jemand. Das war vorher nicht so, nicht so stark." Erika L. und ihren Mann verbindet diese Gotteserfahrung miteinander. Fiel schon die Nacht der Genesung von Erika L.s Mann auf einen bereits wichtigen Tag ihrer Beziehung, so haben beide auch seine Taufe und die nachgeholte christliche Trauung auf eben diesen Tag gelegt. Erika L. läßt durchklingen, daß dieses Datum ihr in schwierigen Tagen ihrer Ehe das Gefühl vermittelt, Gott wolle diese Beziehung. Gott erhöht also damit eine für Erika L. nicht immer leichte Realität, behält aber auch mit seinem Anspruch, als Instanz in ihrem Leben geachtet zu werden, seine Willensmacht darüber.

Auch Gabriela E. (49) erfuhr zeitweise einen sie ablehnenden und strafenden Gott. In der Auseinandersetzung mit sich selbst wie auch mit theologischen Themen hat sie dieses Gottesbild jedoch als einen Teil ihrer selbst entdeckt und es weiterentwickelt. In ihrer Kindheit hatte Gabriela E. stark das Gefühl, von ihren Eltern nicht gewollt zu sein. Statt sie als Person wahrzunehmen, hätten sie sich um sie gezankt wie um einen Besitz. Gabriela E. hat sich in dieser Atmosphäre oft fort „in den Himmel" gewünscht. Als Frau hat sie die Vorstellung, keine Kinder bekommen zu dürfen. Dabei verbindet sie die Frage ihrer Mutterschaft mit Gottes Urteil über sie:

„So dieses Gewolltsein, das hat mich schon sehr beschäftigt. Und da habe ich das auf mich übertragen und gesagt: ‚Du warst nicht gewollt, und du wirst auch keine Kinder haben.' ... Das war irgendwie so eine Folge, so eine Konsequenz, so eine Strafe, die immer so in mir war. Ich habe immer gedacht: ‚Naja, du wirst kein Kind haben, das geht einfach nicht. Du hast es nicht verdient, habe ich mir immer so eingeredet. Und dann habe ich mir immer gedacht: ‚Wenn du ein Kind kriegst, dann meint Gott es doch gut mit dir ...' Irgendwie habe ich dieses so innerlich, so zwanghaft auf Gott zugespitzt."

Als Gabriela E.s erstes Kind dann tot geboren wird, fühlt sie sich von Gott gestraft.

„Und da habe ich gedacht: ‚Mensch, du hast es erzwungen. Du wolltest das Kind unbedingt und hast es nicht verdient.' Also irgendwie habe ich ganz schwer Erklärungen dafür gefunden, weil ich es als ziemlich grausam empfand und dachte: ‚Meine Eltern, die können es ja gar nicht so gewollt haben, und wir haben es nun sehr gewollt und werden dafür bestraft. Irgendwie habe ich das immer ein bißchen mit Gott in Verbindung gebracht. Das muß ich schon sagen. Weil man da mit Sünde eben, so über den Verstand, ja, einen Bezug herstellt ..., nicht?"

Gabriela E. hat es erkannt, daß sie ihre „eigenen" Impulse, sich abzulehnen und zu bestrafen, das heißt die ihr von ihren Eltern vermittelte Botschaft letztendlich auf Gott übertrug. Mit der Geburt eines gesunden Kindes überwindet Gabriela E. ihre feindliche Haltung gegen sich selbst.

„Und andrerseits muß ich sagen, hat sich das bei mir auch wieder umgewandelt. Als ich dann wirklich auch nun ein gesundes Kind hatte, war ich auch wirklich .... Also die Dankbarkeit werde ich mein Leben nicht vergessen. Weil ich das wirklich als Geschenk dann auch gesehen habe und damit irgendwie auch ein Stück weit über meinen Lebensanfang hinweggekommen bin. Weil ich nun in dieses Kind auch hineingeben konnte: ‚Du bist ein Kind gewollt und gewünscht', und ich konnte ihm die Liebe auch so hineingeben, nicht?"

Sie erlebt dieses Kind als Geschenk. Ähnlich wie Erika L., fühlt sie aber aufgrund dessen auch eine Verpflichtung Gott gegenüber: „Also ich habe immer gedacht: ‚Mensch, wie kannst du das danken?'„ In ihrem großen Glück über das Kind denkt sie:

„‚Das kann doch nicht so bleiben. Um Gottes Willen, das ist doch einfach zu schön. Du kannst doch jetzt nicht hier dein Kind genießen!' ... Und ich hatte auch ein schlechtes Gewissen: ‚Nur so mit einem gesunden Kind sollst du glücklich sein?' Das konnte ich irgendwie nicht."

Gabriela E. adoptiert dann noch ein zweites Kind. Sie weiß, daß ihre Fähigkeit, sich mit alleingelassenen Kindern zu identifizieren, in ihrer Kindheit wurzelt.
Heute hat Gabriela E. zu einem anderen Gottesbild gefunden: „Und ich habe doch mehr und mehr durch die moderne Theologie wie Dorothee Sölle und auch durch Predigten mehr so die Vorstellung: Jetzt ist es eine Kraft in mir. Es ist eine Kraft in mir und etwas Positives, nicht etwas, was mich richtet oder so."

„Uns bleibt nichts anderes als die Gnade." (Marianne L., 84)
Es ist Marianne L.s (84) Hauptanliegen in ihrem Interview, die Erfahrung zu vermitteln, daß wir keine Angst zu haben brauchen, schuldig zu werden, „eben, daß ich, obwohl ich schuldig geworden bin, die Würde behalte und: die Hoffnung behalte." Weil Marianne L. in ihrem Leben Verantwortung getragen hat, blieb ihr die Erfahrung von Schuld nicht erspart: „Daß man manchmal etwas tut, was man nicht tun möchte, das ist furcht ..., das ist sehr, sehr schwer, wissen Sie." Manchmal käme man in solche Engpässe, „daß man wirklich nicht weiß, was ist richtig und was ist nicht richtig." In diesen Situationen, in denen sie bewußt oder unbewußt Fehler beging, hat Marianne L. die Erfahrung eines gnädigen Gottes davor gerettet, sich in Schuldgefühlen zu zerstören. „Man kann es gut meinen, aber man merkt seine eigenen Fehler, und man merkt das Unvermögen der anderen Menschen – also, es gibt nur die Gnade." Marianne L. erzählt viele Geschichten, die diese Einsicht verdeutlichen, zum Beispiel:

„Oder meinetwegen einmal in der Kinderstunde: Das war ja Krieg, und die Kinder wollten gerne Puppen haben. Und da habe ich gesagt: ‚Bringt Stoff mit, und dann machen wir Puppen!' Und da haben wir Puppen gemacht, und da hatte ein Kind einen ganz schwarzen Stoff. Und es hat auch eine Puppe gemacht. Und da habe ich – also ich mag es gar nicht erzählen. Da habe ich gedacht: ‚Pfui! Das ist ja der Teufel!‘ Also ich kann es heute nicht mehr begreifen. Ich nahm die Puppe und schmiß sie einem Kind zu, und das Kind schrie und warf die Puppe wieder weg und das andere Kind auch, bis die Puppe wieder zu mir kam. Und dieses Kind hatte ein ganz entsetztes Gesicht. Und das habe ich zufällig gesehen, und da habe ich die Puppe genommen und habe gesagt: ‚Du, schenkst mir die Puppe?‘ Ich sagte: ‚Möchtest du sie mir nicht schenken, ich möchte sie doch so gerne haben!‘ ‚Doch, wenn Sie die denn haben wollen.‘ Ich sage: ‚Ach, ich möchte sie doch gern haben, das war ja jetzt bloß ein Spaß!‘ ‚Ja!‘ sagt sie. Ich sage: ‚Willst du anderen Stoff mitbringen oder hat jemand einen Stoff? Dann kannst du ja eine neue Puppe machen.‘ Und sie hat auch dann irgendwie eine neue Puppe gemacht. Und diese Puppe hat jahrelang bei mir auf dem Sofa gestanden. Die Puppe hat einen ganz dicken Hals und ein dünnes Bein, ein langes und ein dickes Bein, vielleicht war das eine auch nicht länger, aber das eine war dick und das andere war dünn. Und alle Leute, die zu mir kamen, alle Leute, ob es Männer waren oder Frauen oder Kinder, nahmen die Puppe und wollten ihr den Hals eindrücken! Also sie wollten die Puppe *verändern*, zum Guten. Und da habe ich immer gedacht: ‚Guckmal, so seid ihr Menschen auch. Wenn der andere irgendwie anders ist, dann fangt ihr an, den herumzudrükken, und dann soll der anders werden. Und das *geht* nicht! Es geht wirklich nicht. Obwohl sie an dem dicken kurzen Bein gezogen haben, war das Bein dünn und lang, und wenn sie die Puppe wieder hinstellten, dann war das Bein wieder kurz und dick. Und der Hals war auch wieder dick, nicht. Ja, das habe ich aus dieser Puppe gelernt, mit der ich mich so schuldig gemacht habe … Und doch hat Gott mich weiterarbeiten lassen.“

Zweierlei macht diese Geschichte deutlich: Zum einen steht die schwarze Puppe für die unvollkommenen, vielleicht auch für die „bösen“ Seiten („Teufel“) im Menschen, die Marianne L. gelernt hat anzunehmen: Sie möchte der schwarzen Puppe ihren eigenen Wert und Maßstab zuerkennen. Gerade mit ihrem fremden Urteil über diese Puppe, so empfindet Marianne L., hat sie sich an dieser und dem Kind schuldig gemacht. Zum anderen deutet sie Marianne L.s eigenen Weg an, mit ihren Fehlern und ihrer Schuld umzugehen. Hat sie sich, wie sie sagt, auch oft an den ihr anvertrauten Kindern derartig schuldig gemacht, weiß sie sich doch von Gott freigesprochen, sonst hätte er sie nicht weiterarbeiten lassen: „Und Gott wird mich doch nicht, ohne entschuldigt zu werden, an der Jugend weiterarbeiten lassen.“
Ihr Schlüsselerlebnis, durch das Marianne L. ihre Einsicht in die Gnade Gottes trotz ihrer Fehler und Unzulänglichkeiten gewonnen hat, ist die Flucht aus ihrer Gemeinde nahe der Ostfront im Kriege, welche ihr und der Pfarrfrau das Amt des eingezogenen Pastors übertragen hatte. In der Entscheidung um diesen Schritt der Flucht gerät sie in Konflikt zwischen der einen Seite in ihr, die ihr Leben retten will, und der anderen, die sie an die Pflicht ihres Hirtenamtes gemahnt. Zudem war es „verboten, wegzugehen, das durften höchstens Frauen mit Kindern“. „Und ich konnte mich nicht entschließen zu fliehen, obwohl ich alles gepackt hatte! Ich hatte fünf Kleider übereinander gezogen. Aber ich konnte mich nicht entschließen zu fliehen.“ Während ihrer Flucht läßt sie es mehrmals darauf ankommen, den Anschluß an ihren Konvoi zu verpassen. Noch heute empfindet sie diese Tat als Unrecht. Auf die Frage, ob es ihr unrecht vorkam zu gehen, antwortet sie:

„Sie sagen: ‚Kam Ihnen vor‘, es *war* ja dieser Art, nicht. Und dann, als ich auf das Schiff ging, da haben die Soldaten gesagt: ‚Jetzt kommt der gute Engel von der Sanitätskompanie!‘ Und da habe ich gedacht: ‚Das ist schön, du bist ein Verräter und bist geflohen, aber die sagen das.‘“

Wie kommt Marianne L. mit diesem Urteil über sich selbst zurecht? Sie erzählt von Pastoren, die ihren Entschluß rechtfertigten. Zum Beispiel ließ der Pastor, den sie vertreten hatte, ihr ausrichten: „Es war gut, daß Sie gingen!“ Vor allem aber erfährt sie, daß ihr Leben weitergeht: „Mir sind immer Wege geebnet worden“. Menschen nehmen sie freundlich auf, sie wird gebraucht und in Aufgaben gestellt, die sie ganz beanspruchen. „Ich konnte mich mit Schuld gar nicht quälen.“ So trägt ihre eigene, pragmatische und dem Leben zugewandte Seite mit zu ihrer Erlösung bei. Sie stellt neue Erfahrungen über diese eine so schmerzhafte. Marianne L. erfährt die Gnade Gottes darin, daß sie weiterlernt und weitergebraucht wird, auch wenn sie noch so oft den Ansprüchen ihrer christlichen Wertmaßstäbe nicht genügt. „Und sehen Sie“, sagt sie,

> „ich möchte nun gerne ein Christ sein und kann nichts anderes sagen als: ‚Gott ist wunderbar.‘ … Uns bleibt nichts anderes als die Gnade. Es ist eben so, das glaube ich: ‚Von guten Mächten wunderbar geborgen erwarten wir getrost, was kommen mag.‘ Etwas anderes geht nicht. Sonst müßten wir Angst haben.“

Trotz der „schwarzen Puppe“, die für Marianne L. unsere menschlichen Urteile von gut und schlecht hinterfragt und einen ganz anderen Wert dagegenhält, stellt sich Marianne L. selbst doch unter konstante Wertmaßstäbe. Ihre Flucht damals *bleibt* Schuld, obwohl sie nicht ganz so weit geht, den Anspruch, daß ein „Hirt bei seiner Herde“ bleiben muß, gegenüber ihrem Recht auf Leben zu nivellieren. Der gnädige Gott „entschuldigt“ ihr diese Schuld und nimmt sie von ihr. In der Gnade Gottes können Marianne L.s christliche Ansprüche bestehen bleiben und auch ihr Urteil sprechen, ohne sie jedoch zu bedrohen. Zudem hegt Marianne L. manchen christlichen Ansprüchen gegenüber auch nüchterne Zweifel: „Es sind ja viele Märtyrer, die nicht Märtyrer hätten sein dürfen und brauchen, die vielleicht auch nicht warten konnten, ich weiß es nicht.“

3. Schuldvergebung durch Jesu Tod?

Diesen Zusammenhang erwähnen positiv nur zwei Frauen: Marianne L. (84) stellt ihn aber nur einmal her, ganz am Anfang des Interviews, als sie die Gedanken erzählt, die sie sich dafür vorher aufgeschrieben hat. „Wir brauchen keine Angst zu haben, schuldig zu werden wegen des Sterbens Jesu für uns“, sagt sie da. Wenn sie das ganze restliche Interview hindurch unvorbereitet erzählt, spricht Marianne L. nur von ihrer Beziehung zum gnädigen Gott. Ihre einzige christologische Begründung der Schuldfreiheit durch Jesu Sterben sticht aus ihrer sonst so anschaulich geschilderten Gottesbeziehung heraus. Pflichtschuldige Dogmatik?
Dora S. (78) erwähnt die Schuldvergebung durch Jesu Leiden zweimal.

> „Er hätte es gar nicht selber gebraucht [für sich zu sterben], er hat für uns, für mich also … gelitten, und dafür bin ich auch dankbar. Und ich meine, … ohne die Erkenntnis, daß man gesündigt hat, also nicht dem Willen Gottes nach gehandelt hat, und ohne das Sündenbekenntnis, die Beichte, wie man das auch nennen will, ist ja auch keine Erlösung möglich. Also das ist die Voraussetzung, … daß ich meine Schuld suche und ausspreche und darum bitte. Und Jesus hat das für uns vor Gott gewissermaßen auf sich genommen. Also das ist mir …, das ist nur eine Bewußtseinsangelegenheit. […] Er hat es für mich gelitten, das macht mich froh und dankbar.“

Für Dora S., die diese Dogmen als gegeben nimmt, für die es auch einen Tag gibt, an dem „die Wölfe von den Schafen getrennt“ werden, klingt dieser Zusammenhang plausi-

bel. Es bleibt aber eine „Bewußtseinsangelegenheit“ – für Dora S. nichts gedanklich tiefer zu Durchdringendes.
Tatsächlich äußern fünf Frauen ihr Unverständnis bzw. ihre Ablehnung des Gedankens, daß Jesus für unsere Schuld gestorben sei. Hilde N. und Erika L. können keine Beziehung zwischen Jesu Tod und sich selbst herstellen. Hilde N. (61) sagt: „Und ich habe das auch noch nicht begriffen, wieso das ... so etwas Besonderes mit mir zu tun hat.“
Heike S., Ulrike W. und Nicole W. empfinden die Vorstellung als abstoßend, daß Jesus für sie gestorben ist. Während Nicole W. (18) sich durch Jesu Tod auf für sie unangenehme Weise zu Dank verpflichtet fühlt, spürt Heike S. fast körperliches Unbehagen bei diesem Gedanken. Ulrike W. (58) lehnt den Tod Jesu für sie selbst ab: „Und auch, daß ich durch Christi Tod leben kann – das verstehe ich nicht. Das will ich auch gar nicht, ich weiß nicht, wie soll man? Nein. Nein, das verstehe ich nicht und ... will ich auch nicht.“

4. Mut zum eigenen Maßstab – erfahrene Gnade?

Sabine M. (28) grenzt sich zum Beispiel von der biblischen Vorstellung eines strafenden oder belohnenden Gottes ab: „Also, wenn da zum Beispiel steht: ‚Das wird dir im Himmel vergolten,‘ das stand ganz oft darin, dann habe ich immer gedacht: ‚So ein Blödsinn. Man tut doch nichts, damit einem das irgendwie wieder belohnt wird, man muß es doch tun um der Sache willen.‘„ Andrea R. (37) setzt souverän ihre eigenen lebbaren Maßstäbe: „Und es verlangt ja auch keiner im Rahmen von Nächstenliebe oder von Akzeptanz, jedem um den Hals zu fallen, nicht? Man kann auch sagen: ‚Ich kann dich eigentlich gar nicht leiden, aber ich akzeptiere dich so, wie du bist.‘“
Auch Dora S. (78) kann ihrem Wesen fremde Maßstäbe von sich abschütteln. Sie bemängelt zwar zum Beispiel ihre Unart, abends lange vor dem Fernseher zu sitzen und dann tagsüber nichts fertig zu bringen, schiebt diese Lebensnorm für sich dann aber beiseite: „Auf der anderen Seite sage ich mir: Es schreit ja auch keiner danach.“ Manche Frauen finden also auf religiösem Wege zu einer sie befreienden Anerkennung ihrer Begrenztheit.
Angesichts der sie erschlagenden gesellschaftlichen Realität, die sie als egoistisch erfährt, verblaßt die Bergpredigt für Elke R. (17) zur schönen Idee. Zwar enthält sie „Vorschläge und grundsätzliche Regeln, an die man sich halten sollte“, vorrangiger ist für Elke R. jedoch, eine Gemeinschaft zu haben, die zwischenzeitlich Schutz gewährt. Elke R.s resignativer Realismus läßt sie gar nicht erst ideale Grundsätze aufstellen, die zu Schuldgefühlen führen könnten.

Jesus als Verstärkung des eigenen Maßstabs

Ulrike W. (58) verhilft Jesus „in dieser uneingeschränkten Liebe zu den Menschen, sie so zu akzeptieren, wie sie sind“, zur Selbstannahme. Auch die fremdesten Aspekte ihrer selbst kann sie in dieser Perspektive als zu sich gehörig akzeptieren. Heike S. und Hilde N. erfahren durch Jesus Unterstützung bei ihrer Lösung von fremdbestimmten Urteilen: Während Hilde N. (61) sich Jesus positiv vorstellt „als einen, der nicht eingezwängt war in die Normen“, fühlt sich Heike S. (35) Jesus so nahe, „als gäbe es dieses, wie man es auch nennen will, als gäbe es dieses Wesen, was genau weiß, wer ich bin. Und wo ich mir keine Sorgen machen muß, daß ich irgend etwas verkehrt mache." Jesus, der Heike S. kennt, ermöglicht ihr also, zu ihrem eigenen, ihr gemäßen Weg zu stehen.

„Die Kraft kommt von Gott." (Andrea R., 37)
Heike S. (35), die sich durch Jesus stark in die Verantwortung für die Erde gerufen fühlt, erkennt die Möglichkeit, diesen Auftrag auch wahrzunehmen, als Gottes Geschenk. Es liegt nicht alles in ihrer Hand:

„Und ich weiß, daß mir auch kleinere Sachen geschenkt werden, daß ich das im Grunde gar nicht direkt erarbeitet habe, sondern, daß Sachen, daß Zeiten, in denen es mir sehr gut geht, oder daß Menschen, die mir begegnen, mit denen es mir gut geht, daß diese Sachen wirklich auch Geschenke sind."

Ähnlich drücken es auch Irmgard H. und Andrea R. aus. Andrea R. (37) sagt: „Und ich bin auch fest überzeugt, daß die Kraft, die in mir steckt, jetzt so mit Bosnien und auch für die Kinder- und Jugendfreizeiten, daß die Kraft von Gott herkommt." Die eigene Kraft und die beglückende Möglichkeit, Leben mit anderen gemeinsam zu gestalten, erfahren diese Frauen als Gottes Gabe – Gottes Gnade? Behütet sie diese Haltung – zumindest auf der verbalen Ebene – vor Selbstüberforderung und Schuldgefühlen?

Resümee

1. Die Frauen sprechen bis auf drei nicht ausdrücklich von Schuld. Das kann daran liegen, daß sie ohne oder mit religiöser Verstärkung keine bedrückenden Gefühle von Ungenügen oder Schuld infolge von Entscheidungen entwickeln bzw. daß sie Schuld relativ problemlos in ihr Selbstbild integrieren können. Möglicherweise ist es aber auch schwer, Gefühle von Schuld an sich heranzulassen und erst recht, offen darüber zu sprechen. Denn das bedeutet auch, zur eigenen Verantwortlichkeit zu stehen. Marianne L.s (84) Offenheit diesem Thema gegenüber wird ihr vielleicht durch ihre Theologie der Gnade Gottes ermöglicht. Gottes Gnade erlaubt ihr einen Einblick in ihre „Abgründe", der sie nicht bedrohen muß. Ihr Glaube vermittelt Marianne L. inhaltlich den seelsorgerlich heilsamen Aspekt der lutherischen Lehre, „gerechtfertigt aus Gnade", und deren Ermutigung, „tapfer zu sündigen".
2. Die Interviews erweisen die schon in den feministischen Entwürfen festgestellte geringe Bedeutung von Christologie im Zusammenhang mit diesem Thema. Die Sündopfertheologie stößt bei einigen Frauen direkt auf Ablehnung. Auch ohne diesen theologischen Umweg fühlen sie sich von Gott angenommen. In dem, was sie inhaltlich als Botschaft des Angenommenseins hören, gehen die Frauen allerdings nicht so weit wie Elisabeth Moltmann-Wendel, für die die Rechtfertigungsbotschaft ganz besonders deutlich zu Frauen spricht und sie auffordert, sich selbst anzunehmen als „gut, ganz und schön von Gott gewollt"[21].
3. Im Gegensatz zu ihren Schilderungen, die die Frauen relativ selbstbejahend und „er-

[21] E. Moltmann-Wendel, Das Land, wo Milch und Honig fließt. Perspektiven einer feministischen Theologie, Gütersloh 1985, 155.

löst" erscheinen lassen, steht aber doch die Beobachtung, daß sie sich zum Teil sehr viel Arbeit und Einsatz abverlangen. Reicht ihre Selbstannahme doch nicht hin, so daß das große Engagement auch dazu dient, sich ein positives Selbstbild zu schaffen? Wenn die Selbstbestätigung der Frauen von einem starken Einsatz für andere abhängig ist, dann kommt ihnen die Einsatz und Hingabe fordernde Seite des Christentums entgegen … Gerade diese Seite vernehmen sie auch besonders deutlich.

4. Ansatzweise nur machen Ulrike W. (58), Gabriela E. (49), Anneliese D. (59) und Heike S. (35) deutlich, daß für sie Selbstannahme und eine vom Urteil anderer unabhängige Identität nicht selbstverständlich sind und erarbeitet werden müssen. Jesus bzw. Gott kommt in diesem Prozeß eine hilfreiche Funktion zu. Weil Jesus und noch viel mehr Gott die Frauen „kennen" und „wissen, wer sie sind", vermitteln sie ihnen Akzeptanz und Annahme. Wenn sie ihre Fremdbestimmung spüren, erleben sie diese eher als persönliches denn als gesellschaftliches Problem.

5. Die Interviewpartnerinnen teilen kaum die Meinung der feministischen Theologinnen, daß die Schuld der Frauen in Selbstverneinung und Delegation ihrer Verantwortung für sich selbst besteht. Erika L. (47) übernimmt das Konzept „Sünde als Selbstüberhebung". Die anderen Frauen sehen ihre Schuld eher in der ungenügend wahrgenommenen Verantwortung für andere, dem Willen Gottes bzw. Jesu gemäß die Erde und die menschliche Gemeinschaft zu bewahren. Insofern verstehen sie sich als Mitwirkende an „der Gnade" bzw. am Heil. Im Unterschied zu den feministischen Entwürfen gilt das Engagement der Frauen jedoch vorwiegend der Integration *anderer*. Weitgehend fehlt ihnen die Einsicht in die sexistischen Strukturen, durch die sie ja auch selbst in vielem verneint werden. Dieses Bewußtsein ist aber Voraussetzung für den Zusammenschluß zu einer Frauengemeinschaft, die offensiv und sich selbst befreiend die eigene Identität und eine gerechte soziale Ordnung einklagt.

Damit würde sich die politische Bedeutung des Lebens und Kreuzes Jesu, die sich einigen jüngeren Frauen erschließt, um den Aspekt des Sexismus erweitern. Allerdings darf das nicht ohne die gleichzeitige Entwicklung einer schützenden Frauengemeinschaft gefordert werden. Der Zwiespalt im persönlichen Leben und auch gegenüber kirchlichen Strukturen wäre allzu beängstigend. Konstruktive Schritte zu einem gewandelten Verantwortungsverständnis lassen sich nur bei einem gleichzeitigen Angstabbau und dem gemeinsamen Aushalten und Bewältigen von Ängsten gehen.

6. Kapitel
Hoffnung

Aspekte traditioneller Theologie

In der protestantischen Theologie bestehen für diese Thematik zwei Gefahren: zum einen, Hoffnung auf das „Jenseits" zu konzentrieren, und zum anderen, sie auf das eigene Seelenheil einzuengen. Für Luther noch hebt das, worauf er seine Hoffnung setzt, schon in diesem Leben an: Die Heiligung als Kampf gegen das Widergöttliche beginnt im eigenen Ich. (Allerdings warnt er immer wieder vor zu viel Selbstbeobachtung, die nach seiner Auffassung nur allzu schnell zur Selbstgerechtigkeit wird.) Vollendet wird das Selbst in einem Leben, in dem es aufgrund unserer Heiligkeit keiner Vergebung mehr bedarf. Sünde, Tod und Unglück werden nicht mehr sein. Wir werden in einem neuen, unsterblichen und verklärten Leib leben.[1] Auch die Erde geht ihrer Verwandlung entgegen; sie wird ihr „Sonntagskleid" anziehen.

In der Epoche der lutherischen Orthodoxie, die die Erneuerungszeit der Reformation ablöst, vollzieht sich das, was bis heute die Entwicklung einer umfassenden präsentischen und futurischen Hoffnungskonzeption erschwert: Das Interesse verlagert sich auf die Seligkeit der einzelnen Seele in der Ewigkeit. Der Sinn für die Weltgestaltung tritt demgegenüber weit zurück. Die Welt soll in diesem Vorstellungshorizont nicht mehr verwandelt, sondern durch Feuer verbrannt dem Nichts preisgegeben werden. Weltvernichtung statt Weltwandlung![2] Die Abwertung der Welt und die Sehnsucht nach der Ewigkeit wird in folgendem Liedvers deutlich:

„Freu dich sehr, o meine Seele, und vergiß all Not und Qual,
weil dich nun Christus, dein Herre, ruft aus diesem Jammertal.
Sein Freud und Herrlichkeit sollst du sehn in Ewigkeit,
mit den Engeln jubilieren, ewig, ewig triumphieren."[3]

Einen Wendepunkt für das Hoffnungsverständnis bedeutet die Schrift „Pia Desideria" (1675) von Philipp Jakob Spener, in der eine „Hoffnung für bessere Zeiten für die Kirche" durch die „Erkenntnis Gottes allerorten" erwartet wird. Die kritische und reformierende Mitarbeit der Menschen an Gottes Werken wird hier durch den Gedanken der Eschatologie freigesetzt.[4] Ethik und Eschatologie bezieht P.J. Spener also aufeinander.[5]

Ihren ausgeprägtesten Niederschlag findet dieses Hoffnungsverständnis im württembergischen Pietismus, der sich „am Ganzen Gottes" orientiert. Überall, durch Bibel, Natur, Geschichte und Endgeschichte, werden wir Gottes ansichtig. Die einzelnen Menschen ordnen sich in einen großen Heilszusammenhang ein und arbeiten – zum Teil an (sozial-) utopisch anmutenden Entwürfen orientiert – an der Einlösung von Hoffnung

---

1 Vgl. M. Luther, Der große Katechismus, in: BSKL, 659.

2 Zum Problem reformatorischer Eschatologie und ihrer Folgen vgl. O. Weber, Grundlagen der Dogmatik, II, Neukirchen 1962, 741.

3 EKG 524,8 (319,8).

4 Eschatologie ist die Lehre von den letzten Dingen.

5 Vgl. F. Groth, Die „Wiederbringung aller Dinge" im Württembergischen Pietismus, Göttingen 1984, 35ff.

schrittweise mit.[6] Dieses Hoffnungsverständnis hat gesamttheologisch allerdings nicht das gleiche Gewicht wie die Hoffnungsindividualisierung bezogen auf das Jenseits. Sozialreformerische Programme, wie sie der angelsächsische Raum im 19. Jahrhundert entwirft und praktiziert[7], fehlen im deutschen Protestantismus weitgehend.
In der gegenwärtigen Theologie sucht Jürgen Moltmann mit seiner „Theologie der Hoffnung" (1964) und anderen Werken das Hoffnungsverständnis aus seiner individualistischen Engführung zu lösen. Der Gott der Bibel ist nach J. Moltmann der Gott der Hoffnung. Die Auferweckung Jesu deckt uns die verheißene Zukunft auf. „Der Prozeß beginnt mit der Vergebung der Sünden und endet mit dem Abwischen aller Tränen."[8] In diesen zur Neuschöpfung führenden Hoffnungsprozeß ist die Gemeinde eingebunden. Als Exodusgemeinde aus dem Status quo arbeitet sie an revolutionärer Veränderung in allen Bereichen und gewinnt ihre Hoffnung aus der umfassenden Eschatologie. Dieses Thema findet sich in neueren Kirchenliedern:

„Volk auf dem Weg in die Freiheit, in das verheißene Land,
nenne die Mörder beim Namen, mach ihre Taten bekannt.

Singe das Lied von der Freiheit, singe von Wein und von Brot,
sing Leben, sing Auferstehung, baue nicht mehr auf den Tod.

Baue auf Gott, der in Jesus Menschen aus der Knechtschaft befreit,
schüttle die Angst aus den Kleidern, Hoffnung blüht auf weit und breit."[9]

Mit Hilfe eines stärkeren Einflusses befreiungstheologischer Impulse auf Theologien in unserem Kontext würde es vielleicht gelingen, die präsentische Eschatologie – als Hoffnung bezogen auf das Gelingen der nächsten Handlungsschritte – nachdrücklicher zu bedenken. Es ließe sich vielleicht ein neues Bewußtsein für die Aktualität der jesuanischen Hoffnungsspannung zwischen dem nächsten Schritt und dem weiterhin Ausstehenden wecken. Sofern Anregungen aus Befreiungstheologien bereits aufgenommen sind, richtet sich Hoffnung auf „die Befreiung von Unterdrückung und Ausbeutung, von physischen und psychischen Behinderungen", auf „Befreiung zum Leben im Reich Gottes, im Shalom". So knüpft der brasilianische Befreiungstheologe Jon Sobrino eine gegenwärtige „subversive" Ethik an die eschatologische „Utopie" des Reiches Gottes:

„Von all seinen Zuhörern forderte er [Jesus] eine innere Bekehrung. Dabei forderte er von jener großen Mehrheit der Armen und Unterdrückten, daß ihre Bekehrung gerade auch eine Bekehrung zur Hoffnung war, daß sie also bereit waren zu glauben, daß Gottes Möglichkeiten größer sind als ihre eigenen Möglichkeiten und als alles, was sie aufgrund ihrer jahrhundertealten Erfahrung der Unterdrückung und des Leidens für möglich hielten. Diese Hoffnung birgt, auch wenn sie ein innerer Akt im Menschen ist, ein gewaltiges Potential der „Subversion" in sich, also die Möglichkeit der von manchen so befürchteten Umgestaltung der konkreten historischen Wirklichkeit. Sie fordert auch nach außen hin Früchte der Bekehrung, die, auch wenn sie angesichts der Utopie des Reiches recht gering erscheinen mögen, doch auch schon Elemente seiner

6 Vgl. F. Groth, Die „Wiederbringung aller Dinge", a.a.O., 24ff.
7 Vgl. zu diesen Bewegungen R.R. Ruether, Unsere Wunden heilen, unsere Befreiung feiern. Rituale in der Frauenkirche, Stuttgart 1988, 66.
8 J. Moltmann, Der Weg Jesu Christi. Christologie in messianischen Dimensionen, München 1989, 205.
9 „Volk auf dem Weg in die Freiheit", aus: Mein Liederbuch, Band 2, Oekumene heute, Düsseldorf 1992; aus Portugal, deutsche Übertragung: Diethard Zils. Rechte für den Text: tvd-Verlag, Düsseldorf.

Gegenwart unter uns sind. Mit ihr ist auch die Forderung nach der Liebe als einem Leben in Übereinstimmung mit den Idealen des Reiches und mit einem Ideal der Brüderlichkeit verbunden."[10]

„Die nächste Aufgabe der gegenwärtigen Theologie wird sein, die Erlösungslehre stärker mit der eschatologischen Hoffnung zu verbinden",[11] wie es folgendes Gedicht andeutet:

„*Wir sind in letzter Instanz*

Wir sind in letzter Instanz
das Reich, das uns gegeben
und das wir täglich bauen,
zu dem wir sehnsüchtig wandern."[12]

Aspekte feministischer Theologie

Hoffnung ist die treibende Kraft jeglicher befreiungstheologischer und feministischer Theologien. Sie gründen auf der Hoffnung, daß das Reich Gottes durch die Überwindung gegenwärtiger wirtschaftlicher, ökologischer und menschlicher Ausbeutung und Unterdrückung bereits auf Erden zeichenhaft anbricht. Damit ist zugleich deutlich, daß sie Hoffnung vor allem präsentisch verstehen.
Andrerseits ist Eschatologie selten expliziter Gegenstand feministischer Theologie. Gegenüber feministischer Exegese und Arbeiten zum Gottesbild oder zur Anthropologie treten eschatologische Entwürfe deutlich zurück, wenngleich (s.o.) all jenen Arbeiten die Hoffnung auf gegenwärtige Veränderung innewohnt. So faßt Luise Schottroff ihre Untersuchung zu Macht und Ohnmacht im Neuen Testament zusammen:

„Die υπομονη [griech.: Widerstandskraft] ist die Haltung der Märtyrer und Märtyrerinnen in der jüdischen und dann christlichen Tradition, die Konflikte mit der Gesellschaft, u.U. sogar die Hinrichtung auf sich nehmen, weil sie auf Gottes Reich auf dieser Erde warten und aus dieser Hoffnung Konsequenzen für ihr ganzes Leben ziehen. Die eschatologische Orientierung der upomonh wird im Neuen Testament immer wieder deutlich gemacht und in der exegetischen Literatur auch beschrieben. Allerdings habe ich in der exegetischen Literatur wenig Ansätze gefunden, die nachvollziehen, daß die eschatologische Hoffnung das Leben der Hoffenden zu einem Leben in Widerstand gegen die Praxis und Ziele der Gesellschaft macht. Dieser Widerstand konzentriert sich nicht auf einzelne heldische Aktionen, sondern ergibt sich für das gesamte Leben im Alltag aus der Differenz des Zieles: Königsherrschaft Gottes oder gesellschaftliche Ordnung."[13]

Aus der urchristlichen Überlieferung erhebt L. Schottroff „Widerstandskraft" als eine „das Leben der Hoffenden" bestimmende Haltung, die den eschatologischen Horizont der Ethik ausdrückt. Ähnlich deuten viele feministische Theologinnen die *Konsequenzen* präsentischer Eschatologie an: Elisabeth Schüssler Fiorenza nennt als Prämisse neute-

---

10 J. Sobrino, Geist, der befreit. Anstöße zu einer neuen Spiritualität, Freiburg 1989, 154f.

11 F.-J. Nocke, Was heißt „Erlösung durch Jesus Christus"? Aspekte systematischer Theologie, in: ru, 1, 20. Jg., 1990, 2ff, 7.

12 P. Casaldáliga, Auf der Suche nach dem Reich Gottes. Eine Anthologie, Klagenfurt Wien 1989, 290.

13 L. Schottroff, Die befreite Eva. Schuld und Macht der Mächtigen und Ohnmächtigen nach dem Neuen Testament, in: C. Schaumberger/L. Schottroff, Schuld und Macht. Studien zu einer feministischen Befreiungstheologie, München 1988, 15ff, 105.

stamentlicher Exegese die Hoffnung auf Gerechtigkeit, Freiheit und Heilsein, die es sowohl aus den Geschichten unserer Vorschwestern zu rekonstruieren, als auch heute durch Engagement, Verantwortlichkeit und Solidarität in Gemeinschaft praktisch zu leben gilt.[14] Carter Heyward fordert hinsichtlich menschlicher Erlösung: „Die Erlösung der Welt [...] hängt von unserer Bereitschaft ab, Liebe/Gerechtigkeit in dieser Welt zu verwirklichen."[15] Und indem Elisabeth Moltmann-Wendel „Rechtfertigung" in „Selbstliebe" umbenennt, formuliert sie Hoffnung vor allem durch die Selbstannahme von Frauen: Ich kann gut handeln, weil ich, wie ich bin, angenommen werde.[16] Umfassendere eschatologische Entwürfe erarbeiten Dorothee Sölle, Rita Nakashima Brock und Rosemary Radford Ruether.

D. Sölles Suche nach Hoffnung geht stets vom *Tod im Leben* als realer Hoffnungslosigkeit und Ohnmacht aus. Angesichts der Aufrüstung und der ökologischen Katastrophen fragt sie: „Wo ist noch Hoffnung? Die Bombe tötet ja nicht nur die Armen, sondern auch uns, schon jetzt, indem sie unsere Fähigkeit, auf die Schöpfung und ihr geschichtliches Weiterbestehen zu vertrauen, zerstört."[17] Und sie stellt fest, „daß gesellschaftliche Ohnmacht – verbunden mit dem Wissen, wie es anders sein könnte – eine der furchtbarsten Grunderfahrungen der bewußten Minderheiten in der Ersten Welt ist. Unsere Ohnmacht ist um so bitterer, je mehr wir wissen."[18] Allein aus *dieser* Situation kann keine Hoffnung entstehen. Vielmehr brauchen wir im Alltag die Visionen von Gottes Zukunft als Gerechtigkeit mit der 3. Welt, Frieden und Versöhnung mit der Natur. Diese speisen sich aus den christlichen Traditionen der Ebenbildlichkeit Gottes – „daß wir anders gemeint waren, nicht als Räuber und Gewaltverbrecher"[19], des Exodus und der Auferstehung Jesu als Leben vor dem Tod.

Das christliche Spezifikum der Hoffnung ist ihre das Gegenwärtige transzendierende Identifikation mit dem Erhofften:

> „Wir müssen bereits jetzt so miteinander umgehen, als seien wir schon befreit, als herrsche schon Gerechtigkeit, als lebten wir wie die ersten Christen zwar inmitten eines mörderischen Imperiums, aber doch anders, etwa in unserem Verhältnis zu Eigentum und Gewalt."[20]

Insofern unterscheidet sich christliche Hoffnung von der „Beobachterhoffnung" durch eine vorwegnehmende Anteilhabe und Mitwirkung am Erhofften. Und sie bringt Zorn und Mut hervor: Zorn, damit das Nichtige auch nichtig bleibt, und Mut, damit das, was sein soll, auch sein wird. Als „Zeichen der Umkehr", in denen Hoffnung (mit-) geteilt wird, nennt D. Sölle schließlich die Wahrnehmung der Opfer einer Situation, das Gespräch mit der Tradition und die gegenseitige Ermutigung. D. Sölles eschatologischer

---

14 Vgl. E. Schüssler Fiorenza, Brot statt Steine. Die Herausforderung einer feministischen Interpretation der Bibel, Fribourg 1988, 18, und E. Schüssler Fiorenza, Zu ihrem Gedächtnis ... Eine feministisch-theologische Rekonstruktion der christlichen Ursprünge, München Mainz 1988, 411.

15 C. Heyward, Und sie rührte sein Kleid an. Eine feministische Theologie der Beziehung, Stuttgart ^{3}1986, 44.

16 Vgl. E. Moltmann-Wendel, Das Land, wo Milch und Honig fließt. Perspektiven einer feministischen Theologie, Gütersloh 1985, 158.

17 D. Sölle, lieben und arbeiten. Eine Theologie der Schöpfung, Stuttgart 1985, 203f.

18 D. Sölle, Ein Volk ohne Vision geht zugrunde (Sprüche Salomos 29, 18). Anmerkungen zur deutschen Gegenwart und zur nationalen Identität, Wuppertal 1986, 140.

19 D. Sölle, lieben und arbeiten, a.a.O., 204.

20 D. Sölle, Ein Volk ohne Vision geht zugrunde, a.a.O., 143.

Entwurf löst die Spannung zwischen erlebter Ohnmacht (Tod) und Vision des Reiches Gottes (den letzten Dingen) durch eine diesseitig ausgerichtete aktive Hoffnung.

Innerhalb des Erlösungsmodelles von R.N. Brock zielt Hoffnung auf die Heilung der gebrochenen Herzen. Gebrochen sind menschliche Herzen an der Abwesenheit von *erotic power* („erotischer Macht"), am Fehlen ursprünglicher gegenseitiger Verbundenheit in einer hierarchischen und gewalttätigen patriarchalen Gesellschaft. Indirekt konkretisieren die von R.N. Brock hinzugezogenen markinischen Wundergeschichten die Gebrochenheit des Herzens, indem die Kranken das darstellen, was durch ihre Heilung überwunden wird. Wie heute zum Beispiel Unter- und Fehlernährung, strahlungsbedingter Krebs, Depression und Drogenabhängigkeit, verweisen auch die markinischen Erzählungen auf die politischen und die sozialpsychischen Dimensionen der Krankheit.[21] Gleichzeitig mit der Kraft menschlicher Zerstörung zeigen uns die gebrochenen Herzen aber die Möglichkeiten menschlicher Heilung: An die Stelle hierarchischer gesellschaftlicher Macht tritt in den Wundergeschichten gegenseitige „erotische Macht" als gegenseitige kraftvolle Verbundenheit. Der gesellschaftliche Status quo wird also durch die Heilung nicht wiederhergestellt, sondern von dieser angefochten.

Heilung, darauf beharrt R.N. Brock, ist ein „Prozeß des Unterwegs-Seins, nicht zu einem Ziel am Ende der Geschichte oder der Zeit, sondern stets auf der Reise der Erwartung, die sich aus dem Mut, mit dem Herzen zu leben, ergibt."[22] Sie kann nicht einmalig (zum Beispiel durch Tod und Auferstehung Jesu) geschehen. Vielmehr liegt die Verantwortung für die Heilung der gebrochenen Herzen *allein* bei unserer „Christa"-Gemeinschaft: Nur unser gemeinschaftlicher Mut und Wille zum Handeln in gegenseitiger Liebe kann die Kraft des Lebens erneuern.

R.R. Ruether widmet „Eschatologie und Feminismus" ein eigenes Kapitel ihrer Systematik. Sie geht von der Frage aus, „ob Frauen das gleiche Interesse [wie Männer] haben, ihre Sterblichkeit mit Hilfe von Doktrinen von einem Leben nach dem Tod zu leugnen oder ob das nicht der Gipfel von männlichem Individualismus und Egoismus ist."[23] Den Begriff „Eschatologie" faßt R.R. Ruether also enger als D. Sölle nur als die Möglichkeit des Menschen, seine Sterblichkeit zu überwinden, und nicht als das Verhältnis zwischen Ideal und tatsächlicher Existenz. Ihre kritische Analyse unterscheidet zwei Muster christlicher Eschatologie: „historische Eschatologie" und „persönliche Unsterblichkeit" (s. 3. Kapitel: Tod und Auferstehung).

R.R. Ruether stellt die „historische Eschatologie" als eine Sichtweise dar, die von einem linearen Geschichtsablauf ausgeht und eine alles errettende Endzeit annimmt. Christliche historische Eschatologie verlagert diese Endzeit in das Jenseits der Geschichte. Dem „Flug in die nicht realisierbare Zukunft" stellt R.R. Ruether ein Modell von Hoffnung entgegen, das auf zyklischer Bekehrung (griech.: metanoia) basiert. *Diese* Hoffnung fußt auf dem Glauben an „Grundbestandteile einer gerechten und lebensfähigen Gemeinschaft"[24], die in der Natur wurzeln, ausgewogene Beziehungen zwischen Menschen – und anderen Lebewesen – einschließen und je nach Kultur und Umwelt variieren kön-

21 Vgl. R.N. Brock, Journeys by Heart. A Christology of Erotic Power, New York 1991, 71ff.

22 R.N. Brock, Journeys by Heart, a.a.O., 105.

23 R.R. Ruether, Sexismus und die Rede von Gott. Schritte zu einer anderen Theologie, Gütersloh 1985, 279ff, 279.

24 R.R. Ruether, Sexismus und die Rede von Gott, a.a.O., 300.

nen. Als eine beispielhafte Kombination linearer und zyklischer Muster nennt R.R. Ruether die jüdische Tradition des Sabbatjahres, nach der es alle fünfzig Jahre zu einer „revolutionären Bekehrung" kommt (Num 25). Diese Umkehr kann jedoch nicht ein für allemal bewirkt werden und ist nicht bloß die zyklische Rückkehr zu einer vergangenen Schöpfungsordnung. Sie verdeutlicht nach R.R. Ruether vielmehr, daß Menschsein bedeutet, „in einem Zustand des Fortgangs zu sein, sich zu verändern und zu sterben. Sowohl Veränderung wie auch Tod sind gut. Sie gehören zu den natürlichen Grenzen des Lebens. Innerhalb dieser Begrenzungen müssen wir nach dem Leben, wie es Gott/in gemeint hat, suchen."[25] Von daher steht jede Generation neu in der Verantwortung, durch Umkehr zur Erde und zueinander Gerechtigkeit und Frieden (Schalom) zu realisieren.

Aspekte aus den Erzählungen der Frauen

1. Hoffnung für die gegenwärtige Welt (Präsentische Eschatologie)

Bei den befragten Frauen wurzelt die Fähigkeit, Veränderungen zum Guten wahrzunehmen, sowohl im Glaubens- als auch im Gottesverständnis. Sie beschreiben den Glauben als eine Kraft zum Handeln. Diese Kraft ist für sie gottgewirkt. Da Gott ein menschenwürdiges Leben will, bleibt das Engagement, zu dem er befähigt, nicht ohne Konsequenzen. Für einige Frauen kommt ein Glaubensverständnis hinzu, das sie befähigt, das Gute überhaupt wahrzunehmen, was für sie die Voraussetzung zu weiterem Engagement ist. Für Andrea R. (37) gehört zum Glauben die Überzeugung, „daß durch Nächstenliebe sich etwas ändern kann". Sie schiebt die Verantwortung für soziale Mißstände nicht auf Gott. Von ihm empfängt sie die Kraft zur Nächstenliebe.

> „Schlecht und gut macht Gott ja nicht, sondern ich sage: Es gibt da so ganz gewisse Potentiale im Leben, die man versuchen muß zu halten und für sich selber auszuhalten. Und es verlangt ja auch keiner im Rahmen von Nächstenliebe oder von Akzeptanz, jedem um den Hals zu fallen. Man kann auch sagen: Ich kann dich eigentlich gar nicht leiden, aber ich akzeptiere dich so, wie du bist. Und das versuche ich eben. Das ist für mich auch Glaube. Nicht alles negativ abwerten, sondern versuchen, für sich das Beste da herauszuziehen."

„Für sich das Beste herauszuziehen" bedeutet für Andrea R. nicht gleichgültige Akzeptanz, sondern Achtung und praktischer Einsatz im Rahmen der eigenen Fähigkeiten und Kräfte. Anneliese D. (59) äußert die Überzeugung: „Wir sind durch Gott so angelegt, Gefühle weiterzugeben und für andere Menschen auch zu leben." Diese Haltung findet sie in biblischen Erzählungen wieder, zum Beispiel in der Geschichte der Heilung der Aussätzigen. Diese Erzählungen zeigen ihr aber auch, daß dadurch Veränderungen möglich sind. Durch Teilnahme an Kursen eignet sie sich Kompetenzen im seelsorgerlichen Bereich an. Manches von dem, was sie sich vorgenommen hat, ist ihr gelungen. Das vermittelt Kraft zu weiterem Engagement. Gabriela E. (49) setzt an die Stelle des Glaubens Gott als eine Kraft in ihr – wobei sich ihr Gottesverständnis darin nicht erschöpft. Ebenso wie Anneliese D. ist es Gabriela E. wichtig, sich auf den Gebieten Kompetenzen anzueignen, in denen sie Veränderungen erreichen will. Sie ist aber auch stark auf die

25 R.R. Ruether, Sexismus und die Rede von Gott, a.a.O., 301.

Ermutigung durch andere Menschen angewiesen: „Sie stärken mich und auch die Sache vielleicht, für die ich mich einsetzen möchte.“ Zum Glauben gehört aber auch die Hoffnung, daß Neues entstehen kann, und die Fähigkeit, es dann auch wahrzunehmen. Das drückt Gabriela E. mit dem Bildwort aus, das sie wiederholt in ihre Gedanken einbezieht: „Die Mitte der Nacht ist der Anfang eines neuen Tages.“ Heike S. (35) unterstreicht diese Haltung:

„Es hat etwas mit Hoffnung zu tun, daß eben selbst, wenn es Stadien gibt, egal ob im eigenen Leben oder ganz klar eben auch bei Jesus, wo man das Gefühl hat, es ist absolut am Ende, daß dann ein neuer Anfang da ist. [...] Es fällt mir nie schwer, trotz allem Negativen auch wirklich Positives zu sehen.“

Worauf sich die Hoffnung der Frauen bezieht, ist unterschiedlich und hängt mit ihrem jeweiligen Engagement zusammen. Es fließt also das, was sie ethisch an Jesus lernen, mit ihren konkret begründeten Hoffnungen im gesellschaftlichen und sozialen Bereich, in ihren Gruppen und Gemeinschaftserfahrungen zusammen. Wenn Jesus als jemand verstanden wird, der für den unmittelbar nahen Lebenskreis Bedeutung hat, dann richtet sich die Hoffnung der Frauen auf Veränderungen in diesem Bereich. Anneliese D. (59) sieht Jesus als Bewahrer traditioneller, familienbezogener Werte. Diese Werte sind für Anneliese D. wichtig, für sie setzt sie sich ein und hofft, sie für die Kinder erhalten zu können: intakte Kleinfamilienstrukturen in einem naturnahen Leben. „Im Moment in meinem Leben versuche ich, Dinge, die mich glücklich gemacht haben, die ich auch für notwendig halte, für unsere Kinder zu bewahren.“ Ulrike W. (58) legt den Schwerpunkt ihres Jesusverständnisses auf seine Begegnungen mit Frauen. Ihre Hoffnung richtet sich darauf, daß wir in der Auseinandersetzung mit diesen Geschichten auch heute lernen, uns anzunehmen:

„Das sind auch so Sachen, die ich eben auch in unserem Kreis erlebt habe und die eben auch in unserer Gemeinschaft das möglich gemacht haben, ... einzelnen ... etwas mehr Selbstbewußtsein, etwas mehr Mut zu sich selber zu geben ... Und das ist, ist dann schon ganz wichtig, genau das sind Sachen, sind Situationen, die man in Geschichten im Neuen Testament, in Jesusgeschichten wiederfindet.“

Irmgard H. und Andrea R. erkennen an Jesus besonders die tätigen, praktischen Seiten. Sie hoffen, daß sie durch ihren Einsatz für sozial Benachteiligte, Asylbewerber/innen und von Krieg und Armut heimgesuchte Menschen das Leben erträglicher gestalten können. Ihre Hoffnung ist es aber auch, daß die jesuanischen Werte wie Toleranz und Akzeptanz einen achtungsvollen Umgang im menschlichen Miteinander ermöglichen. So sagt Irmgard H. (55): „Es würde manches in der Welt oder um uns herum anders aussehen, wenn viele Menschen sich dieses [das Christentum] bewußter machen würden.“ Diesen Aspekt beziehen Gabriela E., Heike S. und Sabine M. hoffnungsvoll auf den politisch-gesellschaftlichen Bereich. Auch Dora S. betont, daß sich die weltweiten Friedensbemühungen durch die Beachtung der Bergpredigt nachhaltiger durchsetzen könnten.

Bis auf Monika A., die für sich nach dem Tode einen harmonischen Ausgleich für dieses Leben sucht, richtet sich die Hoffnung der Frauen auf Änderungsmöglichkeiten im Diesseits. Sie sind überzeugt, daß durch die Beachtung der Haltungen und Werte Jesu, wie

Annahme, Toleranz, tätiges Engagement für Benachteiligte und seine Friedensethik, ein menschlicheres Zusammenleben möglich wäre.

2. „Endzeitliche" Hoffnung (Futurische Eschatologie)

Dieser Themenbereich spielt bei den von uns interviewten Frauen eine vergleichsweise geringe Rolle. Als Motivation für ethisches Engagement – wie etwa Jürgen Moltmann es postuliert – ist dieses gute Ende für die Welt und alles Leben nur sehr vorsichtig einzuschätzen. Auch die wenigen Frauen, die sich dazu äußern, lassen erkennen, daß sie sich hier in einem sehr ungewissen, für sie nicht klar zu beantwortendem Gebiet bewegen. So sagt Heike S. (35):

„Ich glaube, daß es etwas bringt, daß ich arbeite – egal, wie lange das auch immer dauert –, und ich glaube eigentlich, daß ich das nicht mehr erlebe, daß es eines Tages positiv enden wird. Ich weiß nicht genau, wodurch das kommen soll. Ja, wenn alle Menschen Christen wären oder etwas Ähnliches glauben würden und ihre Kraft da reinsetzen würden, daß wir erhalten, was wir vorgefunden haben, dann würde ich wahrscheinlich auch absehen, daß es wirklich mal positiv endet."

Damit entzieht Heike S. die Hoffnung dem für uns unverfügbaren Handeln Gottes und stellt sie in *unsere* Verantwortung. Sabine M. (28) fragt sich sogar, ob ihre Hoffnung auf ihrer optimistischen Grundhaltung beruht.

„Also ich bin irgendwie jemand, der immer optimistisch ist. Ich weiß auch nicht, es gibt eigentlich Situationen, wo man gar nicht mehr optimistisch sein kann, aber ich bin das eigentlich immer so. Gut, natürlich bin ich auch immer mal verzagt, aber nicht so … Das Grundgefühl ist eigentlich gut. Und das liegt, glaube ich, schon in dem Vertrauen, das ich habe, daß ich glaube, daß letztlich alles gut wird."

Marianne L. (84) verbindet in ihrem Gottesverständnis Hoffnung für die gegenwärtige Welt mit ihrer Vollendung: „Solange Gott in der Welt ist, das ist für mich eine Beruhigung. Also ich denke mir, dann muß es *doch* gut werden."
Der Verbindungsbegriff zwischen gegenwärtiger und zukünftiger Veränderung ist für Elke R. (17) die „Utopie". Damit deutet sie zugleich an, daß für sie dieser Themenbereich Überlebenshilfe ist. Wir können eigentlich nur leben, wenn wir so tun, als ob Veränderung möglich wäre, als ob noch etwas Ausstehendes zu erwarten sei.

„Naja, diese Utopie ist eigentlich die einzige Hoffnung und der einzige Grund, daß man hier im Prinzip noch leben muß, weil sonst ja hier nicht mehr besonders viel Lebenswertes auf der Welt ist. Man ist umgeben von irgendwelchen stinkenden Maschinen, Menschen haben nicht mehr allzu viel miteinander zu tun, man hetzt irgendwie so herum und guckt, daß man das schafft, was man schaffen soll, aufgrund des Leistungsdruckes, unter den man gesetzt wird, es muß möglichst alles einen langen, vorbereiteten, geplanten Weg gehen … Also ich kann mit dieser Erde und diesem Leben nicht so besonders viel anfangen: was das soll und warum überhaupt, wozu man sich eigentlich abplagt? Und insofern denke ich, daß diese Utopie eigentlich noch eine Hoffnung ist, wie es anders sein könnte, und eine Vorstellung. Ich denke, solange ein Mensch eine Hoffnung hat oder so, kann er noch einigermaßen überleben, aber ich denke, ganz ohne Hoffnung, daß sich hier irgend etwas grundlegend ändert, hat man sehr viel Schwierigkeiten zu überleben … oder noch so zu leben, daß man einigermaßen glücklich ist."

Auffallenderweise fehlen bei allen Frauen traditionelle, mit dem Weltende verbundene Vorstellungen, wie der wiederkommende Christus und das Gericht. Letzteres deutet nur Dora S. (78) an, wenn auch eher formelhaft: „Also am Jüngsten Gericht, oder wie auch immer, wird er die Wölfe von den Schafen trennen."

Resümee

1. Traditionelle Entwürfe der Theologie betonen die Gewißheit für eine Zukunft, die Gott aufgrund der Versöhnung durch Jesus Christus heraufführen wird, als unaufgebbar für die Entwicklung gelassenen Handelns. Bei den Frauen dagegen verbleibt der Bereich der „futurischen Eschatologie" eher im Ungewissen. Das wirkt sich aber keinesfalls lähmend auf ihr verschiedenartiges Engagement aus.
2. Es ist auffallend, daß bei einer Reihe von traditionellen Entwürfen auf das große Versöhnungskonzept in den Ausführungen keinesfalls eine adäquate Handlungsperspektive folgt. Bei den befragten Frauen dagegen ist die Handlungsperspektive sehr viel klarer ausgeführt, während umgekehrt die Zielperspektive – besonders in ihren kosmischen Dimensionen – zurücktritt.
3. Die Frauen stehen hierin auch in Distanz zu einer Christologie, die durch einen engagierten Impuls zum Handeln gekennzeichnet ist, zum Beispiel Jürgen Moltmanns. Denn auch er betont als unaufgebbar: „Der Prozeß [...] endet mit dem Abwischen aller Tränen."[26] Das Handeln trotz teleologischer Ungewißheiten ist den männlichen Entwürfen im Gegensatz zur Glaubenspraxis der Frauen eher fremd.
4. Es läßt sich bei einer Reihe von Interviewpartnerinnen eine Nähe zu befreiungstheologischen feministischen Entwürfen feststellen, wie zu Dorothee Sölles Verständnis von Auferstehung als Leben vor dem Tod. Hier lassen sich auch Rosemary Radford Ruether und Carter Heyward nennen, die unsere Verantwortlichkeit für die „Erlösung der Welt" einfordern, und Elisabeth Schüssler Fiorenza, für die unter anderem Solidarität und Verantwortlichkeit Kennzeichen unserer Berufung sind (s.o.). Zwar sind die meisten Bemühungen der von uns befragten Frauen nicht in ein so differenziertes Konzept eingewoben, wie es feministische Theologinnen darlegen. Aber mit ihrer Hoffnung auf Auferstehungserfahrungen im jetzigen Leben, mit ihrer Ermutigung durch solche Momente, mit ihrer Lebens- und Praxisorientierung stehen sie ihnen näher als herkömmlichen dogmatischen Entwürfen.
5. Vielleicht zeigen sie damit einen Ausweg aus der eschatologischen Ratlosigkeit, die gerade in letzter Zeit beklagt wird. Vielleicht leben die Frauen das, was theologische Ratlosigkeit noch nicht recht zuzugeben vermag: Hoffnung wird nicht zwangsläufig in ihrer Intensität gemindert, wenn sie bescheidener formuliert wird. Bescheidener formulierte, aber aufmerksamer gelebte Hoffnung könnte eine überraschende Tragfähigkeit gewinnen.
6. Das heißt aber für Schultheologie und Verkündigung anzuerkennen, daß der bisher propagierte eschatologische „Horizont" nicht unverzichtbare Grundlage verantwortlichen christlichen Handelns sein *muß*. Es gibt gewiß Menschen, die daraus Gelassenheit und

26 J. Moltmann, Der Weg Jesu Christi, a.a.O., 205.

Hoffnung für ihr Engagement gewinnen, aber für andere geht etwas Lähmendes von dieser Vorstellung aus. Für sie läßt sich die Frage schwer verdrängen, welchen Sinn das eigene Engagement haben soll, wenn doch Gott selbst die Zukunft heraufführt. Wieder für andere bietet sie ein bequemes Alibi für die Aufrechterhaltung des Status quo mit dem Hinweis: Wir können Gottes Zukunft doch nicht selbst herbeiführen.

7. Wie auch immer die Frage theologisch weiter diskutiert wird, es wäre hilfreich, auch „bescheidenere“ (Alltags-) Theologien und solche, die Ungewißheiten aushalten, als gleichwertig aufzunehmen, als alle auf *eine* Perspektive einzuschwören, die nicht alle Menschen glauben und leben können.

7. Kapitel
Jesus Christus als Grund von Gemeinschaftserfahrungen

Aspekte traditioneller Theologie

Der Gedanke der Gemeinschaft hat es in der traditionellen Systematik schwer, in seinem Wert anerkannt zu werden. Zwar besteht ein Konsens darüber, daß Gemeinschaft zur Kirche bzw. Gemeinde gehört, aber es besteht die Gefahr, die schriftgemäße Verkündigung und die schriftgemäß verwalteten Sakramente höher als die Gemeinschaft anzusehen. Dazu tritt eine – gewollte oder sich als Konsequenz des Kirchenverständnisses ergebende – Höherbewertung des Amtes als der Gemeinschaft untereinander. Das also, was Jesus Christus bewirkte, soll sich primär durch das amtlich verkündete Wort und Sakrament mitteilen.

Bei Luther gibt es auch andere Ansätze. So definiert er in der Schrift „Von der Freiheit eines Christenmenschen" das christliche Leben als Gemeinschaft der sich gegenseitig Dienenden[1] und im „Großen Galaterkommentar" als der sich das Wort der Sündenvergebung gegenseitig Zusprechenden[2]. In der „Vorrede zur Deutschen Messe" spricht Luther von kleineren Gruppen, deren Mitglieder sich gegenseitig kennen.[3] Diese Wertschätzung der Gemeinschaft, die sich gegenseitig etwas von Jesu Christi Wirksamkeit vermittelt, ist aber nie – weder bei Luther selbst, noch in der herrschenden protestantischen Theologiegeschichte – recht zum Tragen gekommen. Da Luther auf die Frage, wo die wahre Kirche sei, antwortet: Dort, wo das Evangelium der Predigt ist, verliert sich das Interesse an der Ausprägung des Gemeinschaftsgedankens.

> „Aber weshalb verbindet die ‚reine Lehre des Evangeliums' [...] M e n s c h e n? Weshalb schafft sie Gemeinschaft u n t e r e i n a n d e r? [...] Drängt nicht vielmehr eine solche rein lehrmäßige Begründung dahin, Kirche zur bloßen Schule oder Lehranstalt, eben zum Zweck der Lehrübermittlung, zu machen?"[4]

Auf diesem Hintergrund basiert die Hochschätzung des Wortes in Gebeten und Liedern:

> „Ach bleib mit deinem Worte bei uns, Erlöser wert,
> daß uns sei hier und dorte dein Güt und Heil beschert."[5]

Belastend für den Gedanken der Gemeinschaft mag die Aufnahme einer Bestimmung Melanchthons in der Zeit der Konsolidierung des protestantischen Kirchenbegriffes in der Epoche der lutherischen Orthodoxie sein. Auf die Frage, woran die Kirche zu erkennen sei, antwortete Melanchthon mit einer zusätzlichen dritten Bestimmung: an der disciplina, das heißt im Gehorsam dem Predigtamt gegenüber. Durch diese Äußerung

---

1 Vgl. Martin Luthers Werke I. Aufbruch zur Reformation, hg. von K. Bornkamm/G. Ebeling, Frankfurt a.M. ^{2}1983, 261.

2 Vgl. Martin Luthers Sämtliche Schriften, IX, hg. von J.G. Walch, Groß-Oesingen ^{2}1987, 421.

3 Vgl. Martin Luthers Werke V. Kirche, Gottesdienst, Schule, a.a.O., 77.

4 T. Koch, Das Problem des Evangelischen Kirchenverständnisses nach dem Augsburger Bekenntnis, in: B. Lohse/O.H. Pesch (Hg.), Das Augsburger Bekenntnis von 1530 damals und heute, München Mainz 1980, 125ff, 135.

5 EKG 347,2 (208,2).

stellt sich die amtlich vermittelte Lehre von Jesus Christus noch einmal prägnant *vor* den Gemeinschaftsgedanken.[6] So wird die Gemeinschaft mit Christus, statt die Gemeinschaft untereinander betont, wie etwa in folgendem Liedvers:

„Ich bin ein Glied an deinem Leib, des tröst ich mich von Herzen;
von dir ich ungeschieden bleib in Todesnot und Schmerzen;
wenn ich gleich sterb, so sterb ich dir;
ein ewig Leben hast du mir mit deinem Tod erworben."[7]

Und in der Tat setzt sich in der theologischen Wertigkeit der Amtsgedanke gegenüber der Gemeinschaft durch. So war es bis vor kurzem selbstverständlich, im Fürbittengebet am Schluß des Gottesdienstes besonders für die Predigenden zu bitten:

„Wir bitten für die Christenheit in aller Welt:
daß der Heilige Geist alle Kirchen und Gemeinden
mit seiner Gegenwart erfülle und mit seinen Gaben erleuchte,
daß er allen beistehe, die für die Predigt des Evangeliums
Verantwortung tragen, und ihnen helfe, seine Botschaft
in ihrem ganzen Reichtum zu verkündigen".[8]

Biblische Bilder vom Leib Christi, dem Volk Gottes oder dem Reich Gottes gewinnen daher nur hierarchisch besetzte Aussagekraft und erfahren kaum Konkretionen.
Im 20. Jahrhundert gewinnt auch durch eine so gemeindebetonte Theologie wie die Karl Barths die Gemeinschaft untereinander kaum Dignität. Alles bezieht sich auf das Verkündigungsgeschehen.[9] Jesus *ist* immer als sich ereignendes Wort und *spiegelt* sich – gebrochen und unvollkommen – in der Gemeinde. Die Gemeinde, das Spiegeln wird durch das sich ereignende Wort hervorgebracht. Die Gemeinde ist solidarisch mit der Welt. Sie ist kein Selbstzweck und hat *in sich* keinen Sinn und Zweck. Sie ist dazu da, der Welt das Wort von Jesus Christus zu sagen. So heißt es in einer Predigt K. Barths:

„Darum, weil Kirche sein soll, darum tritt er [Jesus Christus] mit seinem Befehl unter uns, darum tut er Zeichen und Wunder an uns. Es zielt alles, alles darauf, daß Menschen gefangen werden sollen, gefangen für den Glauben, gefangen für die Liebe, gefangen für die Hoffnung, gefangen für den Gott, dem sie gehören. Darum geht es in der Kirche. Dazu braucht Jesus Christus den Apostel Petrus. Dazu braucht er auch dich und mich."[10]

„Kirche für andere" – mit dieser Formulierung gewinnen K. Barths Gedanken (in diesem Aspekt von Dietrich Bonhoeffer unterstützt) auch in Gemeindegruppen Relevanz. Sie beschleunigen den Aufbruch aus Selbstgenügsamkeit und Horizontbegrenzung „bis zum eigenen Kirchturm" und helfen mit, den Boden für das politisch-gesellschaftliche Engagement von Basisgruppen zu bereiten. Sie fördern aber kein Verständnis für den Wert *gegenseitiger* und *für mich wichtiger* Gemeinschaft.
Hier lädt Jürgen Moltmanns Ekklesiologie eher zum Weiterdenken ein, der für die Rück- und Neugewinnung des Gedankens der Gemeinsamkeit plädiert:

---

6 Vgl. E. Hirsch, Hilfsbuch zum Studium der Dogmatik, Berlin [3]1958, 209.
7 EKG 522,3 (313,3).
8 Gebete. Revidierte Gebetstexte zu Agende I, bearb. von der Lutherischen Liturgischen Konferenz, Hamburg 1979, 122.
9 Vgl. zum Folgenden K. Barth, Die Kirchliche Dogmatik IV,3, Zürich 1959, 931ff.
10 K. Barth, Fürchte dich nicht! Predigten aus den Jahren 1934–1948, München 1949, 16.

„Wie aber werden Gemeinschaft und Freundschaft in der Kirche realisiert? Welche Gestalt haben sie gewonnen und welche Gestalt können sie gewinnen? Aus der Gemeinschaft Christi ist die Kirche entstanden. Aus der Gemeinschaft wird sie von neuem geboren. Aus der Bruderschaft geht die Gemeinde der Brüder hervor. Aus der Brüderlichkeit wird sie neue Gestalt gewinnen. Aus der Freundschaft Jesu leben die Freunde. Aus dem Geist der Freundschaft werden sie sich neu formieren. Nicht aus einer Reform der Sakramentsverwaltung, nicht aus der Reform der Ämter, sondern aus der Wiedergeburt konkreter Gemeinschaft wird die Kirche ihre gegenwärtige Krise überwinden."[11]

Freilich gibt es auch bei J. Moltmann Aussagen, die in einer gewissen Spannung hierzu stehen: „So sehr Wort und Sakrament die Gemeinschaft konstituieren, so sehr muß auch diese Gemeinschaft selbst in gegenseitiger Anteilnahme und Hingabe betont werden."[12] Daß Gemeinschaft sich durch eigene Erfahrungen und gemeinsame Anliegen selbst konstituieren kann, wird letztlich nicht zugestanden. Dieser Aspekt von Gemeinschaft, die sich gegenseitig fördert und damit konstituiert, hat sich aber beispielsweise auf den Kirchentagen und seinen Liedern durchgesetzt:

„Einsam bist du klein,
aber gemeinsam werden wir Anwalt des Lebendigen sein."[13]

Aspekte feministischer Theologie

Viele Entwürfe von feministischer Theologie enthalten den Aspekt der Gemeinschaft als einen wesentlichen Ausdruck des Glaubens. So sind für Dorothee Sölle neue Formen von Gemeinschaft *ein* Kennzeichen der Auferstehung vor dem Tod, die im gemeinsamen Kampf für Gerechtigkeit erfahrbar ist (s. 3. Kapitel: Tod und Auferstehung).

„Gemeinschaft aufzubauen, Freunde für die gemeinsame Sache zu gewinnen ist nicht etwas, was arbeitsteilig geregelt werden kann, so daß manche Christen missionarisch arbeiten, andere nicht. Das neue Leben wird nur gelebt als ein geteiltes und ausgebreitetes."[14]

Für Rosemary Radford Ruether hält die Gemeinde Christus durch den prophetischen Geist lebendig, der ihr die Gaben des Heilens und Vergebens vermittelt:

„Die christliche Gemeinde hält Christi Identität aufrecht. Als Weinstock und Reben setzt sich in unseren Schwestern und Brüdern das fort, was christliches Personsein ist. In der Sprache früher christlicher Prophetie können wir Christus in der Gestalt unserer Schwester begegnen. Christus als befreite Menschlichkeit ist nicht auf die unveränderliche Vollkommenheit einer einzigen Person festzulegen, die vor 2000 Jahren gelebt hat."[15]

Konkret wird diese Gemeinschaft in der Frauenkirche, die ihrerseits ein Modell für Gemeinschaften auf dem Weg zu religiöser Mündigkeit darstellt.

---

11 J. Moltmann, Kirche in der Kraft des Geistes. Ein Beitrag zur messianischen Ekklesiologie, München 1975, 343.

12 J. Moltmann, Kirche in der Kraft des Geistes, a.a.O., 342.

13 Kanon, in: Lieder für den Kirchentag, Frankfurt a.M. 1987.

14 D. Sölle, Wählt das Leben, Stuttgart Berlin 1980, 129.

15 R.R. Ruether, Sexismus und die Rede von Gott. Schritte zu einer anderen Theologie, Gütersloh 1985, 169f.

„Jede Glaubensgemeinschaft, die sich um ein erfülltes Gemeinschaftsleben bemüht, sollte sich bis zu einem gewissen Grad in den Bereich der Liturgie, der Bildung und der theologischen Reflexion engagieren, ihre materiellen und menschlichen Ressourcen organisieren, sich einer bestimmten Form von sozialer Arbeit widmen und ihr religiöses Leben vertiefen. Menschen, die über besondere Fähigkeiten in diesen Bereichen verfügen, sollten in der Gemeinschaft selbst gefunden oder in sie hineinberufen werden. Diese Menschen werden als Funktionsträger oder Leitende in den unterschiedlichen Bereichen eingesetzt, aber nicht, um diese Arbeit stellvertretend für andere zu leisten, die dann zu passiven Konsumenten werden. Die Funktion derer, die geistliche Ämter übernehmen, ist vielmehr, Lehrer und Helfer zu sein, die die anderen Mitglieder der Gemeinschaft zum Engagement in den genannten Bereichen anleiten."[16]

Elisabeth Schüssler Fiorenza entwickelt die Vorstellung von „Frauenkirche", in der sich Frauen auf der Suche nach Heilsein und Freiheit zusammenschließen und als Gemeinschaft von Gleichgestellten zu leben suchen – analog zu der von ihr vielleicht allzu idealisierten innerjüdischen Erneuerungsbewegung um Jesus und ihren Nachfolgegemeinschaften.

„Die kreative Aktualisierung ist der rituelle Selbstvollzug der Frauen-Kirche mit dem Ziel der Transformation der biblischen Religion.
Erst die Identifikation mit der Frauen-Kirche garantiert die wirklich universale Verkündigung des Evangeliums, weil sie diejenigen in ihre volle Würde einsetzt, die in einer patriarchalen Religion und Kirche marginalisiert worden sind, d.h. weil sie die Verwirklichung einer Jüngerinnen- und Jüngerschaft von Gleichen ermöglicht. Die patriarchale Kirche kann für sich nicht die Katholizität der wahren Kirche in Anspruch nehmen.
[...] In der Jesusbewegung und ebenso in der frühchristlichen Missionsbewegung war diese Erfahrung lebendig; in der weiteren Entwicklung der Kirche ist sie dagegen in dem Maße erschwert worden, als die sich stabilisierende Kirche patriarchale Strukturen ausgebildet hat. Die Kritik der Frauenkirche an der institutionellen Kirche und die lebendige Gemeinschaft, die sich bildet, können sich also in Kontinuität mit den Anfängen des Christentums verstehen."[17]

Für Carter Heyward konstituiert die „Macht in Beziehung", die „gerechte Beziehung", konkrete Begegnungen. Sie betont „die Macht und Intimität in gegenseitiger Beziehung im Gegensatz zu einer dominierenden hierarchischen Beziehung."[18] Intimität hat dabei nichts mit unserem Verständnis romantisierender Zweierbeziehungen zu tun:

„Intimität verbindet Menschen elementar in ihren innersten Gefühlen der Identität. Durch Intimität wird Beziehung in der Tiefe des Menschseins verankert. Intim sein heißt andere in einer Weise zu kennen und von ihnen gekannt zu werden, daß wir die Gegenseitigkeit unserer Beziehung als wirklich, als verläßlich und vertrauensvoll erfahren."[19]

Für Rita Nakashima Brock ist die „Christa"-Gemeinschaft von entscheidender Bedeutung. In ihr ist die Beziehung eine grundlegende Kraft, die heilt, ermächtigt und befreit. Beziehungen sind das, in denen „erotische Macht" fließen kann. Sie braucht eine bestimmte Atmosphäre: unhierarchische Begegnungen, in denen gegenseitiges Erkennen

16 R.R. Ruether, Unsere Wunden heilen, unsere Befreiung feiern. Rituale in der Frauenkirche, Stuttgart 1988, 107.

17 L. Scherzberg, Sünde und Gnade in der Feministischen Theologie, Mainz 1991, 90.

18 C. Heyward, Und sie rührte sein Kleid an. Eine feministische Theologie der Beziehung, Stuttgart [3]1986, 54.

19 C. Heyward, Und sie rührte sein Kleid an, a.a.O., 92f.

und Wertschätzen möglich ist. In ihnen kann erotische Kraft ihre heilenden und erlösenden Komponenten entfalten.[20]
Diese Entwürfe verbindet, daß sie nicht – wie oftmals traditionelle Theologie – um das Heil der eigenen Seele kreisen, sondern Heilwerden im Vollzug gerechter Gemeinschaft erwarten. Sie dringen auf Hierarchieabbau, auf gegenseitige Achtung und auf die Entwicklung verantwortlicher Kompetenz der einzelnen Frauen und Männer.

Aspekte aus den Erzählungen der Frauen

Wie für feministische Theologie hat auch für die meisten der befragten Frauen die Gemeinschaft einen hohen Stellenwert. Befragt nach ihrem christlichen Glauben, handelt ein wesentlicher Teil der Erzählungen von christlicher Gemeinschaft. Jesus ist für die Frauen wichtig, weil von ihm diese Gemeinschaften ausgehen und weil die Frauen durch ihren Glauben an ihn dort zusammenkommen. Sie finden in der Kirche einen Rahmen, in dem sie geschützt Verantwortung übernehmen können, Aufgabenfelder, Akzeptanz und Gemeinschaft. Es stellt sich die Frage nach der näheren Bedeutung von Gemeinschaft für Frauen und der Beziehung Jesu Christi dazu.
Im folgenden stellen wir vor, welchen Sinn die Frauen der christlichen Gemeinschaft beilegen. Dabei fällt auf, daß das Jesusbild und die Idee von Gemeinschaft, die die Frauen vertreten, meist miteinander korrelieren. Im wesentlichen lassen sich acht Auffassungen von christlicher Gemeinde erkennen:

Christliche Gemeinschaft als Lebensraum

Für einige Frauen nimmt die Gemeinschaft innerhalb der Kirchengemeinde einen so hohen Stellenwert ein, daß die Gemeinschaft nahezu als ihre Lebensform bezeichnet werden kann. Besonders für alleinstehende Frauen erfüllt die Kirche diese Funktion. Erdmute K. (72) hat nach ihrem Umzug aus der ehemaligen DDR ihre neuen Bekannten in der Kirchengemeinde kennengelernt. Der regelmäßige Besuch der Gottesdienste mit dem anschließenden Kirchenkaffee vermittelt ihr das Gefühl der Zugehörigkeit und stellt auch die Kontinuität mit ihrem früheren Leben her. Auch Dora S. (78) ist dankbar über diesen sozialen Ort: „Ich freue mich, daß ich hier so schön nah bin und daß wir eine so aktive Kirche haben und ich immer wieder Anregungen bekomme.“ Daß dieser Ort für Dora S. so wichtig geworden ist, nahm seinen Anfang mit dem Hausbesuch ihres Pastors:

> „Und ich fragte so: ‚Haben Sie nicht in Ihrer Kirche hier irgend so eine Gruppe, die so meinem Alter entspricht?‘ Er sagte: ‚Ja, da ist ein Frauenkreis, ich glaube, das ist Ihre Kragenweite. Gehen Sie doch da einmal hin.‘ Ja, und als ich da hinging, da bin ich dann immer gegangen. Von da an, muß ich sagen, habe ich mich der Kirche immer näher gefühlt. Und ich habe auch immer Bücher gelesen, die sich mit dem Glauben und ähnlichen Dingen, also aber auch mit philosophischen Dingen und so weiter, befaßten. Ja, und dieser Frauenkreis existiert im dreiunddreißigsten Jahr; und im zehnten Jahr verstarb der Ehemann der Leiterin, und sie zog neu verheiratet nach Marburg. Und in meiner Abwesenheit haben die Damen sich überlegt, ich sollte das weitermachen. Als sie mich damit konfrontierten, habe ich gesagt: ‚Wieso, das kann ich doch nicht, das

---

20 Vgl. M. Grey, Jesus – Einsamer Held oder Offenbarung beziehungshafter Macht?, in: D. Strahm/R. Strobel (Hg.), Vom Verlangen nach Heilwerden. Christologie in feministisch-theologischer Sicht, Fribourg Luzern 1991, 148ff, 162ff.

habe ich nicht gelernt‘ und so weiter, aber zu Hause habe ich aber gedacht: ‚Warum, streng dich an, die Kinder brauchen dich nicht mehr so, da hast du eine Aufgabe.‘ Ja, und nun mache ich es zweiundzwanzig Jahre, nicht. Es ist also eine kleine Gruppe geworden, also höchstens mal zweiundzwanzig. Jetzt sind wir nur noch zehn. Manche sind echt in den Seniorenkreis gegangen, wo es eben nur mit Kaffee und Kuchen und ein bißchen mit Vorlesen ist. Wir haben ja auch immer noch ein Thema. Manche sind gestorben oder weggezogen, also jetzt sind wir nur noch zehn – aber eine verschworene Gesellschaft oder Gemeinschaft.“

Ebenso spielt sich das Leben der jüngsten Frauen, Elke R. und Nicole W., weitgehend in der Gemeinschaft ab. Sabine M. (28) erinnert sich an diese Phase:

„Eine Zeitlang hatte ich mich auch an den Baptisten orientiert. Die hatten noch mehr so diese – also diese Jugendgruppe, die hatte ganz viel Gemeinschaft. Es war immer alles so ein bißchen kuschelig, gemütlich, nett und, ja ach, diese Kerzen. Genau das, was ich so suchte, nicht? Es war bei uns zu Hause nicht so besonders, was so Gemeinschaft anging.“

In der evangelisch-lutherischen Gemeinde hat Sabine M. dieses Wohlgefühl weniger gefunden:

„Das wollte ich ganz gerne irgendwo finden. Und das habe ich auch von der Gemeinde erhofft. Bei uns in der Jugendgruppe war es auch schön, und da gab es auch Fragen, aber es war immer so ein bißchen distanzierter – und da war es so ganz herzlich. Und das hat mir so gut gefallen. Und da konnte ich auch viel fragen, und da ging es eben auch viel um Jesus.“

Für Sabine M. ist es Jesus, um den sich diese Gemeinschaft bildet und an dem sie sich ausrichtet. Dieser Rückbezug vermittelt ihr „das Gefühl, daß man irgendwie so eine Verbindung hat, die andere nicht miteinander haben.“ Dora S. spricht sogar von Jesu Gegenwart in der Gemeinschaft. Als ihr Lieblingslied wünscht sie sich immer: „Wo zwei oder drei in meinem Namen beisammen sind, da bist *du* mitten unter ihnen.“ Sie fügt hinzu: „Das beziehe ich alles auf Jesus, wie er das alles versprochen hat.“
Aber nicht alle Frauen, für die die Gemeinschaft nahezu Lebensform geworden ist, beziehen diese auf Jesus oder ihren Glauben zurück. Während Nicole W. (18) Jesus als den Grund der Gemeinschaft weiß, zu der sie gehört – „Ohne ihn gäbe es den Glauben auch wohl irgendwie nicht, aber ‚wichtig‘, da habe ich noch nie so drüber nachgedacht“, – bedeutet der Glaube für Elke R. (17) „eigentlich nicht sehr viel, sondern eher die Gemeinde.“ Hier erlebt sie, daß rücksichtsvoller und achtungsvoller miteinander umgegangen wird, als es sonst allgemein üblich ist. Sie zieht aber keine Verbindung zu Jesus. Es scheint selbstverständlich, daß die Auseinandersetzung mit seinen Werten auch das Zusammenleben prägt. Elke R. findet,

„daß das wirklich nette Leute sind, die sich Gedanken machen und darüber sprechen und auch diskussionsfähig sind, also sich nicht unbedingt sofort ins Wort fallen, sobald der andere eine andere Meinung hat. Sondern meistens sind das auch Leute, die andere Meinungen akzeptieren können.“

Auch Hilde N. (61), für die die Jugendgruppe in der Gemeinde damals für lange Zeit eine große Bedeutung hatte, stellt zwischen der damaligen Erfahrung und ihrem Glauben keine Verbindung her.

Gemeinschaft als Ort christlichen Engagements

Für die Mehrzahl der Frauen ist die Gemeinde der Ort, wo Aufgaben im sozialen Bereich gemeinsam angegangen werden können. Drei Frauen begreifen die Kirche bewußt auch als politische Kraft. Dabei entspricht das Jesusbild der einzelnen Frau oftmals ihrem Interesse an der Gemeinde. Sie wird als Ort aufgesucht, wo der christliche Glaube, der in die Verantwortung ruft, Unterstützung erfährt, und wo Menschen sind, die den christlichen Weg der Hinwendung zum Nächsten mitgehen.

Andrea R. (37) trifft in der Kirchengemeinde Menschen, mit denen sie ihre Fähigkeiten und Interessen verwirklichen kann: „Seitdem [seit der Taufe ihrer beiden Töchter] bin ich sehr stark verbunden mit der Kirche, habe mich wieder mit Kirche auseinandergesetzt, wobei – das sage ich mal – bei mir sehr die Priorität auf Nächstenliebe steht und auf Solidarität, soziale Einstellung." Irmgard H. (55), die das Zugehen Jesu auf andere Menschen als vorbildhaft empfindet, versucht diesem christlichen Anspruch sowohl privat als auch im Rahmen kirchlicher Gruppen nachzukommen. So hat sie zeitweise Pflegekinder aufgenommen, arbeitet in der kirchlichen Hilfe für St. Petersburg und engagiert sich für Asylbewerber/innen. Für Heike S. (35) verwirklicht sich in der Kirchengemeinde die Botschaft Jesu für die am Rande der Gesellschaft Stehenden. Zu dieser Botschaft hat sie aus ihrer eigenen Geschichte heraus einen direkten Zugang: „Was Jesus gemacht hat, hat mich deshalb interessiert, weil ich aus einer Familie komme, der es finanziell extrem schlecht ging, und Jesus sich auch immer mit Leuten abgegeben hat, denen es irgendwie schlecht ging." Die Kirche hat Heike S. als Ort kennengelernt, an dem sich diese Botschaft tatsächlich zunächst für sie persönlich, dann aber auch für andere verwirklicht.

> „Also ich hatte Schulkameraden, die alle tierisch viel Geld hatten und war teilweise auch relativ ungelitten, schon von daher fand ich immer, daß das, was da in der Bibel stand, echt so etwas war, womit ich dann noch etwas anfangen konnte. Und ich bin dann eigentlich auch nach der Konfirmation immer mit der Kirche in Kontakt geblieben, habe kirchliche Jugendarbeit gemacht und – also so im Sozialbereich zu arbeiten, hat mir immer Spaß gemacht, von daher war es also …"

Auch Sabine M. orientiert sich streng am Vorbild Jesu und vertraut darauf, daß darin ein Weg zur Erlösung aus ungerechten Verhältnissen liegt. „Wenn ich so die Bibel lese, nur daraufhin: Was hat Jesus gemacht? Was hat er gesagt, was hat er gemacht?" Ihr Glaube führt Sabine M. aber nicht nur ins Engagement für andere, sondern vermag Menschen als die besten Freunde zusammenzuführen: „Die besten Freunde sind aber die, die glauben." So erzählt sie, wie ihre friedenspolitische Arbeit als Studentin wesentlich durch persönlichen Austausch bestimmt war über „Themen, die uns so beschäftigten, wo wir meinten, so müßten wir doch eigentlich zusammen leben."

Anneliese D. (59) fasziniert an Christus sein „unerschütterlicher Glaube an das Vorhandensein des Guten im Menschen." Dementsprechend hat Anneliese D., als ihre Kinder älter waren, „den Kontakt häufiger mit der Kirche gesucht, weil – jetzt sage ich einmal dieses abgegriffene Wort ‚Ideologie', aber der Glaube ist ja eine gewisse Richtung – weil der mir am menschlichsten schien allen anderen Möglichkeiten zu leben gegenüber."

Christliche Gemeinschaft als Ort der Ermutigung

Für Gabriela E. (49), der Jesus weniger eine ethische Orientierung darstellt als vielmehr ein Vorbild im Aushalten von Leiden, übernimmt die Gemeinde fast vollständig die

Rolle, die bei den anderen Frauen Gemeinschaft und das Vorbild Jesu ausfüllen: die der Ermutigung und der Legitimation für das eigene Engagement:

„Ich hab immer sehr, glaube ich, so die Vorbilder bei den Christen, wie Bonhoeffer und die Menschen im Widerstand, die ungeheure Kraft hatten und Mut, was mir so ganz fehlte, gesucht. Ich glaube, das war es, was mich auch immer angezogen hat, so diese ganz starke Exponierung mancher Menschen. Und daß sie das gewagt haben, so ganz mutig etwas zu sagen. Und das hat mich natürlich sehr angezogen. Und ich habe eben, auch gesehen: Da ist eine Kraft, und ich habe es ja auch selber so gespürt. Da ist irgend etwas, die Kräfte, die sind einfach da und von denen möchte ich auch mit leben. Und was mich immer auch zur Kirche hinzog, war auch ein Stück Verpflichtung vielleicht. [...] Und das ist für mich eben schon Gemeinde: Menschen, die ich eben so sehe, die eine Sache mittragen, in erster Linie tragen. Das ist etwas, was ich schon sehr wichtig finde. Also ich glaube, so als einzelner Mensch wäre ich nicht so stark und nicht so mutig. Und da gibt es mir so auch, ich denke schon, ein Stück zusätzliche Legitimation, als verstärkende Kraft."

Gabriela E. sieht aber auch die Gefahr, die so eine Gemeinschaft mit sich bringen kann:

„Vielleicht ist auch ein Stück autoritäres Verhalten dabei. Also daß ich leicht autoritätsgläubig bin, obwohl ich auch sehr kritisch immer war. Aber ein Stück brauche ich wohl vielleicht Menschen, an die ich mich so anschließe. So, wie ich auch gerne Biographien lese. Ich suche sicher in Bezug auf Kirche so große Vorbilder, die mich eben auch der Kirche so besonders nahe gebracht haben, weil ich sehe, da ist etwas, woher sie ihre Kraft nehmen."

Christliche Gemeinschaft als Ort der Heilung

Ulrike W. (58) versteht die biblischen Geschichten als Selbstfindungsgeschichten. Frauen aus der Bibel lernen in der Begegnung mit Jesus sich selbst zu akzeptieren. Mit ihrer christlichen Frauengruppe hat Ulrike W. viele dieser Geschichten so ausgelegt und erfahren.

„Dann kam dabei mehr und mehr zum Vorschein, daß die Frauen sehr neugierig waren und sehr zuversichtlich, daß man doch etwas von biblischen Geschichten für sich selbst nutzen kann. Und das fand ich spannend, und deswegen mache ich das auch immer noch weiter. [...] Wenn man da an diese gekrümmte Frau denkt und so, nicht. Wenn man da dann so ein bißchen sich mehr mit beschäftigt und dann überlegt, wie geht es dir selber? Und es ist eben denn auch in unserem Kreis üblich, daß man ... untereinander sich Mut macht, darüber zu sprechen, das auszusprechen. Das ist oft auch gar nicht so einfach, ich denke, das ist auch harte Arbeit. Ich denke, das ist auch das, was uns als Gruppe so zusammenhält, daß man weiß, daß die anderen die eigene Schwäche mitaushalten und ernstnehmen ... Und ich glaube, sonst würden wir uns auch gar nicht mehr treffen. Ich denke, das ist ganz wichtig dabei. Aber es ist eben auch schwierig, überhaupt Sachen zuzugeben, die einen drücken, die einen bedrücken, ... und ich selbst bin immer froh, wenn man das ausgesprochen hat und andere daran teilhaben läßt, die Möglichkeit gibt, mir zu helfen, daß einem in dem Moment schon der größte Packen abgenommen ist."

Diese Frauengruppe benötigt keine andere Berechtigung, als daß sie ein Raum ist, der es den Frauen ermöglicht, zu vertrauen, sich zu öffnen und im „Selbstbewußtsein zu sich selber" zu wachsen. Dieser Sinn der Gemeinschaft erwächst für Ulrike W. deutlich aus ihrem Bild von Jesus. Er ist ihr Vorbild „in dieser uneingeschränkten Liebe zu den Menschen, sie so zu akzeptieren, wie sie sind".

Kirchliche Gemeinschaft als Garant traditioneller Ordnung

Für Anneliese D. (59) repräsentiert Christus die ‚natürliche' Ordnung. „Für mich sind der christliche Glaube Gesetze, die aus der Natur gewachsen sind." Die christlichen Gebote und die „Naturgesetze“, die das Überleben ermöglichen, sind für Anneliese D. eins. Dieser natürlichen Ordnung entspricht für sie die Ordnung der Familie, „weil die Kirche ja auch in der Familie ruht oder umgekehrt.“ Diese Werte, von Anneliese D. selbst als traditionell bezeichnet, sucht sie – besonders in für sie bedrohlichen Umbruchsituationen – in der kirchlichen Gemeinschaft. Sie erinnert sich:

„Und drei Jahre später kam dieser Fliegerangriff auf T., und da war also alles, was ich liebte, was ich so unter Mühe in der Schule gehandarbeitet hatte – das sind so nichtssagende Dinge, als Kind bedeuteten sie mir aber etwas – ... Ich hatte also nichts mehr, was mich erinnerte. Das habe ich als junges Mädchen gesucht und bin darauf gekommen, in die Kirche zu gehen und einmal zuzuhören. Denn das waren ja Geschichten, die ich kannte, die meine Großmutter uns erzählte. Das Erzählen dieser Beispiele – ‚so ist es schon einmal gewesen‘ – war für mich eine gewisse Heimat, das war da. [...] Und ganz konkret wurde der Wunsch, mehr in der Kirchengemeinde zu leben, für mich als ... Ich war damals verheiratet, hatte zwei kleine Kinder und lebte eigentlich den Stil weiter, den meine Mutter und Großmutter so vorgelebt hatten, mit den Jahreszeiten und mit Garten und so weiter. Und ... ich konnte mit den neuen Werten nichts anfangen. Und da hatte ich wieder den Wunsch zuzuhören: Wie war das noch? Wie wurde in der Kirche dieser feste Bestandteil – auch in meinem Leben – wie wird da eigentlich dieses Beispiel ‚Mann und Frau‘, die ‚Familie‘, wie wird es da gehandhabt? ... Und dann habe ich, wie gesagt, meine Kinder, wenn auch nur zu den kirchlichen Feiertagen, in die Kirche geführt, damit sie zumindest wissen, sie ist da.“

Christliche Gemeinschaft als Schutzraum

Während viele Interviewpartnerinnen durch die Gemeinschaft zum Engagement ermutigt werden, übernimmt die christliche Gemeinschaft für andere Frauen eine Rückzugsfunktion aus der Welt. Die Welt wird nicht als gestaltbarer Handlungsraum gesehen. Elke R. (17) vertritt zwar ein ethisch orientiertes Jesusbild, sieht aber kaum eine Möglichkeit, christliche Ethik zu verwirklichen.

„Ich sehe da im Moment keine realen Möglichkeiten, das richtig hinzukriegen alles. Es sei denn, man würde allen Menschen jetzt diese Grundsätze einbleuen können mit irgendwelchen Tabletten oder so, das ist ja nun nicht möglich. Insofern denke ich nicht, daß es irgendeine reale Möglichkeit gibt, daran etwas zu ändern ... Weil auch nicht alle dazu bereit wären, weil man immer wieder Leute finden wird, die eher für ihren eigenen Vorteil arbeiten würden als für alles andere. Insofern wird sich das nicht machen lassen.“

Aus Resignation zieht sich Elke R. lieber zurück und findet es der Situation angemessener,

„sich Freunde [zu] suchen, daß man mit denen dann möglichst viel Zeit verbringt und sich irgendwie Möglichkeiten schafft, um zumindest kurzzeitig alles zu vergessen und einfach nur so vor sich hinzuleben. Das ist eigentlich die einzige Möglichkeit durchzukommen.“

Allenfalls „in ganz kleinen Gruppen, wenn man ganz abgeschottet wäre von allen anderen, dann könnte man vielleicht“ der großen tagtäglichen Gewalt etwas entgegensetzen. Auch Nicole W. (18) sucht deutlich das „schöne“ Zusammensein mit anderen in der Kirchengemeinde“ und findet dort ihr soziales Beziehungsnetz. Dem entspricht, daß sie sich an ihr angenehme Bilder von Jesus hält, „also schöne Sachen, daß er Wunder vollbracht hat oder daß er auch ein ganz normaler Mensch war“.

Christliche Gemeinschaft als Ermöglichung von biographischer Kontinuität

Gerade in Umbruchsituationen erfüllen die Kirchengemeinden eine stützende Funktion und ermöglichen trotz allen Wandels Lebenskontinuität. Bereits bei Erdmute K. (72) wird dieses nach ihrem Umzug aus der ehemaligen DDR in eine westdeutsche Großstadt deutlich. Aber auch jüngere Frauen wie Heike S. und Sabine M. haben sich nach Ortswechseln immer wieder an die ansässige Gemeinde gewendet, ihre Mitarbeit angeboten und so Kontakt gefunden. Sabine M. (28) erzählt:

„Und das Interessante ist, obwohl wir umgezogen sind, habe ich eigentlich nie Angst gehabt, daß wir irgendwie einsam sein werden. Ich habe immer gedacht, du gehst dann als erstes in die Kirchengemeinde. Da wirst du schon wieder jemanden finden. Und die werden dann wieder etwas mit dir machen wollen. Da wird sich wieder etwas anbahnen."

Christliche Gemeinschaft als Möglichkeit zur theologischen Weiterbildung

Die Mitarbeit in der Kirche erweitert die Horizonte der Frauen. Dora S. erzählt von den vielen kirchlichen Angeboten, die sie wahrgenommen hat. Von dort hat sie Eindrücke und Gedanken, besonders in Form von eindrücklichen Bildern, mitgenommen. Andrea R. (37) arbeitet in der Kinderkirche mit, und indem sie den Kindern die biblischen Geschichten erzählt und sich im Vorbereitungsteam damit auseinandersetzt, lernt sie selbst theologisch dazu: „Also einige kirchliche Geschichten durchlebe ich jetzt erst durch die Kinderkirche. Und ich verstehe viele Sachen jetzt auch besser. [...] Das so zu verstehen, wie die Kinder das verstehen, das ist viel einfacher, als wenn ich selber lese." Nicole W. (18) hat in ihrer Kirchengemeinde am Projekt „gottesdienst-leben" teilgenommen. „Einfach so darüber reden, wie man es auch sehen kann, sich darüber klarwerden, wie das so ist mit dem Glauben, wie man ihn erfühlen kann oder erfahren, das war richtig toll." Gedanken der feministischen Theologie sind bei den Frauen nur rudimentär angekommen.

Das Problem exponierter Verantwortung

Marianne L. (84) wird im Pfarrernotstand des 2. Weltkrieges vom Bruderrat ihrer – bekennenden – Gemeinde gemeinsam mit der Frau des Pfarrers eine besondere Art des Engagements übertragen:

„Also die Partei damals, die Nationalsozialisten, die hatten zwei Sachen: Entweder sie steckten die Pastoren ins KZ, oder sie zogen sie ein. Sie mußten in den Krieg. Und unser Pastor wurde auch gezogen. Und er kam zur Sanitätskompanie und kam nach Rußland, also an die Ostfront. [...] als der Pastor seine Einberufung bekam zum Militär, das war am Sonntag vor dem Gottesdienst, hat er sich im Bruderrat beraten, also was jetzt bei uns der Kirchenvorstand ist. Und dann hat er im Gottesdienst gesagt, daß er eingezogen wird, und zwar sofort, und hat seine Frau und mich nach vorn gerufen, vor den Altar gerufen, und hat uns das Amt übergeben und auch die Amtshandlungen. Und da mußten die Pfarrfrau und ich den Predigtdienst machen. Wir haben uns das geteilt mit Taufen und Beerdigungen und Predigen, Predigtdienst. Ja, es ging, aber – es war keine Trauung, und das war gut, nicht. Ob es nun richtig war ..., aber es ist ja auch so gekommen, daß auch im Krieg die Soldaten sich untereinander das Abendmahl gegeben haben."

Es fällt Marianne L. schwer, dieses ihnen im Sinne des Priestertums aller Gläubigen übertragene Amt mit vollem Herzen auszufüllen. Es plagt sie ein letzter Zweifel der Rechtmäßigkeit dieser Aufgabenübertragung.

Wie wichtig die christliche Gemeinschaft für den Glauben ist, faßt Heike S. (35) zum Abschluß ihres Interviews zusammen:

„Mir fällt gerade noch ein, ich glaube, das geht vielen Leuten so: daß Kirche für mich ohne die Leute, die ich kenne, überhaupt nicht denkbar ist. Also wenn ich mit anderen Leuten diskutiere, auch bei der Arbeit, überhaupt über Kirche, die dann ihre negativen Beispiele bringen, wer wieder etwas Ätzendes gemacht hat oder gesagt hat – ‚alle diese blinden Obrigen' –, dann fällt mir auch wirklich nichts mehr dazu ein, um dieses Bild von der Kirche irgendwie in ein positives Licht zu rücken. Und wenn ich nicht die positiven Erfahrungen mit bestimmten Pfarrern oder mit bestimmten Leuten in der Kirche gemacht hätte, wo ich das Gefühl hatte, das sind Leute, die denken wie ich und die machen überhaupt nicht immer das, was da immer vorgegeben ist, sondern sehen das auch alles viel freier, dann hätte ich auch heute überhaupt keinen Zugang zur Kirche. Also wenn ich nur wie alle anderen, die ich so kenne, und die inzwischen ausgetreten sind, nur diese üblichen Sachen aus der Zeitung und aus Gesprächen und von weit weg kennen würde, dann würde Kirche für mich wohl auch überhaupt nichts bedeuten. Also ich denke, man hat sehr viel Glück, wenn man Christen kennenlernt, die einem irgend etwas, die also irgendeinen Weg zu einem finden und einem diesen Weg dann auch zur Bibel oder zu Jesus zeigen können. Ja, das war mir ganz wichtig."

Resümee

1. Auf den ersten Blick wirkt es so, als lebten die Gemeinschaften von Jesus und seinen Werten, die von seinem Zugehen auf andere Menschen ausgehen. Bei genauerem Hinsehen bestätigt sich diese einseitige Sichtweise nicht. Ohne die Erfahrung einer Gemeinschaft, die diese Werte zu verwirklichen sucht, hat Jesus wenig Einflußchancen. Alle Frauen, die etwas mit den Werten Jesu für sich anfangen können, erleben sie eingebunden in eine glaubwürdige Gemeinschaft, worauf Heike S. (35) in ihrem „Schlußwort" ausdrücklich eingeht.
Andrea R. (37) erlebte hingegen in ihrer Jugend ein veräußerlichtes Christentum, so daß sie jahrelang gar nicht auf die Idee kam, sie könne in der Gemeinde sinnvolle Aufgaben für sich entdecken und aus der Auseinandersetzung mit Jesus Gewinn für sich schöpfen. Monika A. (46) stellt so hohe Forderungen an die kirchliche Gemeinschaft, daß sie keine Spuren Jesu in ihr zu entdecken vermag. Folglich traut sie ihm kaum Impulse zur Veränderung im Diesseits zu und sieht seine Werte erst als nach dem Tod erfahrbar an. Am deutlichsten wird die Machtlosigkeit Jesu ohne eine glaubwürdige Gemeinschaft bei Hilde N. (61), die Jesus durchaus positive Seiten abgewinnen kann. Hilde N. sieht aber kirchliche Gemeinschaft derart stark von Bevormundung und Hierarchie geprägt, daß Jesus keine Kraft dagegen zu entwickeln vermag.
2. Es fällt das geringe Bewußtsein der Frauen für gegenseitige Beziehungen auf. So nutzt nur Ulrike W. (58) bewußt die Kraft der Gemeinschaft füreinander, von der die Theologinnen sprechen. In ihrer Frauengruppe stehen die Frauen selbst im Mittelpunkt. Neben einer kleinen Gruppe von Interviewpartnerinnen, die das Angebot der Gemeinde an Gemeinschaft und Anregung wahrnimmt, verstehen viele Frauen ihre Gemeinde zuerst als Gemeinschaft *für* andere, in die die christliche Verantwortung ruft. Sie begrüßen dann aber die aus dem Engagement resultierenden Kontakte, die Anerkennung, die Ermutigung zur Verantwortung und die Anteilnahme. Offenbar bewerten sie das Dasein für andere letztlich höher als das Für-Sich-Nehmen und Gegenseitigkeit. Diese Haltung ent-

spricht dem Jesusbild der Frauen. Fast alle orientieren sich am irdischen Jesus als ethischer Instanz und an einem von ihm abgeleiteten christlichen Anspruch. Diesen interpretieren sie im Sinne einer Kirche für andere und nicht hinsichtlich eigener Frauengemeinschaft.

3. Die Kirche bietet wenige Bilder *gegenseitigen* Empfangens. Weder das Abendmahl noch das Bild des einen Leibes mit den vielen Gliedern (1.Kor 12) wird von den Frauen zur theologischen Deutung ihrer Gemeinschaft herangezogen. Es ist zudem ein zweifelhaftes Bild für gleichberechtigte Gemeinschaft, denn üblicherweise wird als Haupt des Leibes Christus (Eph 4,15) oder „der Pastor" gesehen. Solange Christus oder aber „der Pastor" als das Haupt der Gemeinde verstanden werden, können die gegenseitigen Beziehungen keine Tragkraft gewinnen. Dann bleiben die Richtungen aller Beziehungen vertikal: Christus für mich – Kirche für andere. Dann stehen und fallen der Glaube und die Glaubwürdigkeit der Gemeinschaft mit der einen Person des Pfarrers. Ein drittes Bild, das feministische Theologinnen für Befreiung und Gemeinschaft wiederholt heranziehen, der Exodus Israels aus Ägypten, taucht bei den Frauen überhaupt nicht auf.

4. Marianne L. (84) spricht über ihre Probleme mit alleiniger, herausragender Verantwortung. Ihre Erzählung läßt nach einer Bewertung des Schutzes in der Gemeinschaft fragen. Unterstützt er eine Tendenz, sich anzulehnen und die eigene letzte Verantwortung zu fliehen? Oder ist dieses Ideal exponierter Verantwortung auch ein fragwürdiges? Ahnen die Frauen, daß eine geteilte, gemeinsam getragene Verantwortung eine sehr viel menschlichere und angemessenere ist als eine exponiert wahrgenommene? Marianne L. verhehlt ihr Unbehagen gegenüber dem herausragenden Amt des Pastors nicht, den sie vertreten sollte. Sie empfindet es als Eindringen in ein Sakrileg, dieses Amt auszufüllen.

5. Gabriela E. (49) ist die einzige Frau, die den Rückhalt, den sie in der Gemeinschaft findet, für sich auch kritisch einschätzt. Sie wittert darin einen Ausdruck ihrer Abhängigkeit. Sensibel geworden für dieses Problem der Gemeinschaft als Legitimation ihres Handelns, ist es Gabriela E. in ihrer persönlichen Entwicklung wichtig geworden, darin Unabhängigkeit vom Urteil anderer zu gewinnen.

6. Fast alle interviewten Frauen drücken, wie Gabriela E. und Marianne L., den Wunsch aus, Verantwortung *im Raum einer Gemeinschaft* zu übernehmen. Dieser Wunsch erscheint uns verständlich und ist nicht abzuwerten, solange alle in der Gemeinschaft gleichberechtigt und auseinandersetzungsfähig sind. Vielmehr erscheint es eher „unorganisch", daß einzelne so stark herausgehoben im Dienst der christlichen Gemeinschaft handeln müssen, daß kaum ein anderes Gemeindeglied deren Platz unangefochten vertreten kann. So empfindet es Marianne L. direkt als Eindringen in einen ihr nicht zustehenden Bereich, das Pfarramt zu verwalten. Es zeigt sich, daß Glaube und Gemeinde durch Wort und Sakrament hierarchisch „verwaltet" werden, die meisten Frauen jedoch Gemeinde eher als Ort der Gemeinschaft verstehen.

7. Das, was nach traditionellem Verständnis Predigt und Sakramente vermitteln sollen, offenbart den Frauen die Gemeinschaft. Hier entwickelt und stärkt sich ihr Glaube, hier fühlen sie sich angenommen und zum Handeln ermutigt.

8. Kapitel
Die Bedeutung von Gottesdiensten für den Glauben an Jesus Christus

Aspekte traditioneller Theologie

Dem Gottesdienst kommt in traditionellen ekklesiologischen Entwürfen[1] eine wichtige Stellung zu – wird doch in ihm das Wort verkündet, das den Glauben wirkt. Diese wichtige Bedeutung leitet sich aber auch aus der Definition der eigentlichen Kirche her: Sie ist die Gemeinschaft derer, die Jesus Christus als ihren Herrn bekennen und durch ihn ihr Leben bestimmen lassen. Jesus Christus ist der Herr der Kirche. „Kirche wird schlechthin gleichgesetzt mit der *Gemeinde*, die Christus selbst durch Wort und Sakrament um sich versammelt und bei sich erhält“[2]. Wer sich „wirklich“ zu Jesus Christus bekennt, weiß nur Gott allein. Deswegen wird von einer nicht sichtbaren Kirche gesprochen, weil Menschen nicht von einer äußeren Zugehörigkeit zur Gemeinschaft auf den Glauben anderer schließen können. Daraus ergibt sich die Frage, wo die eigentliche Kirche anzutreffen sei. Hierauf antwortet Confessio Augustana (CA VII):

> „Es wird gelehrt, daß alle Zeit eine heilige christliche Kirche müsse sein und bleiben, welche ist die Versammlung aller Gläubigen, bei welchen das Evangelium rein gepredigt und die heiligen Sakramente in Übereinstimmung mit dem Evangelium gereicht werden.“[3]

Das heißt, die wahre Kirche ist da anzutreffen, wo Wort und Sakrament schriftgemäß gelehrt und ausgeteilt werden. Das Wort kommt nicht „leer“ zurück, es schafft Glauben. So bittet ein Lied:

> „O Gott, du höchster Gnadenhort, verleih, daß uns dein göttlich Wort
> von Ohren so zu Herzen dring, daß es sein Kraft und Schein vollbring.“[4]

Dieses Wort wird amtlich verkündet: „Denn das Predigtamt und Gottes Wort soll daher leuchten wie die Sonne, nicht im Dunkeln schleichen [...], wie man der blinden Kuh spielt“[5]. „So sind also Wort und Sakrament die ‚notae ecclesiae‘, man könnte das übersetzen: die Ortszeichen der wahren Kirche. An diesem Ort darf in der sichtbaren Kirche zugleich die Gemeinschaft der Glaubenden geglaubt, gesucht und erwartet werden.“[6] Predigt und Sakrament sind streng christologisch orientiert. Ihr Inhalt bezieht sich auf die Sündenvergebung um Christi willen. An seinem Kreuz zeigt sich, daß wir nicht

---

1 Ekklesiologie ist die Lehre von der Kirche.

2 W. Joest, Dogmatik, Band 2: Der Weg Gottes mit dem Menschen, Göttingen 1986, 527.

3 Vgl. Die Bekenntnisschriften der evangelisch-lutherischen Kirche, Göttingen [5]1963, 61. Die Confessio Augustana (CA), das Augsburgische Bekenntnis von 1530 gilt als Bekenntnisgrundlage der lutherischen Kirchen. Alle Länder und Städte, die 1530 auf dem Reichstag zu Augsburg dieses Bekenntnis unterschrieben, das eine Zusammenfassung der grundlegenden biblischen Aussagen konzentrieren sollte, stellten sich damit auf protestantische Seite.

4 EKG 194,1 (143,1).

5 Martin Luthers Sämtliche Schriften, VII, hg. von J.G. Walch, Groß-Oesingen [2]1987, 352f.

6 W. Joest, Dogmatik, Band 2, a.a.O., 532.

durch eigenen Verdienst einen gnädigen Gott haben. Luther vermag das in seinen Predigten mit unzähligen Bildern zu illustrieren:

„Alle Apostel und Propheten sollen von ihm [Christus] lehren; wie denn Johannes der Täufer auch spricht: Ich bin nicht Christus; siehe, das ist das Lamm Gottes; denn der Grundstein und Eckstein soll allein geprediget werden, der allein helfen könne, denn außer ihm ist kein Rath. [...]
Wer aber auf den Stein fällt, das ist ein seliges, heilsames Zerschellen, wenn's auf dem Stein zerschellt. An einem Hause oder Mauern da können nicht alle Steine am Licht stehen, es müssen auch etliche Füllsteine (sein). Dasselbige sind diejenigen, die sich stoßen an dem Stein zur Seligkeit, laufen gerne wider ihn und lassen sich zerbrechen, auf daß sie nichts seien, Christus aber alles. Also ist S. Paulus auf den Stein gefallen und zerschellt, wie er sich rühmt zun Philippern, daß er ein Hebräer sei und unsträflich im Volk Gottes gelebt nach dem Gesetz Mosis und der Väter Lehre; als er aber Christum erkannt habe, daß er allein auf ihn gebaut sein müsse, und durch den Glauben an Christum gerechtfertigt werden, da wurde er ein schön Gefäß, ein köstlicher, edeler Stein“[7].

Alles ist in der Gemeinde auf das Predigtamt hingeordnet, das eigentlich Christi Amt ist.

„Im unmittelbaren Anschluß an ihre Thesen von Glauben und Rechtfertigung sagt die Confessio Augustana: ‚ut hanc fidem consequamur, institutum est ministerium docendi evangelii et porrigendi sacramenta‘ (CA V). [Solchen Glauben zu erlangen, hat Gott das Predigtamt eingesetzt, Evangelium und Sakrament gegeben.] Diese Amtslehre nimmt also ihren Ausgangspunkt bei der Heilsbedeutung des Amtes. Man kann sagen, daß das Amt im Sinne der Reformation das Evangelium in der Kirche repräsentiert. Dieser Satz blickt ganz auf den öffentlichen Verkündigungsauftrag, er ist nicht am Menschen bzw. am menschlichen Träger dieses Amtes und seiner ‚Würde‘ interessiert, sondern einzig an der Funktion selbst, mit der die Kirche steht und fällt.“[8]

Es wird nicht bestritten, daß Menschen sich auch gegenseitig „das Wort“ sagen können, aber für die öffentliche Verkündigung gilt die rechtmäßige Berufung „um der Einheit und Ordnung des gottesdienstlichen Lebens der Gemeinde willen.“[9] Diskutiert werden zuweilen Luthers Äußerungen, die konträr zu einem exklusiven Auftrag zur öffentlichen Verkündigung stehen:

„Es gibt Äußerungen Luthers, die zu besagen scheinen, daß auch dieses Amt von Christus der Gemeinde als ganzer gegeben ist und nur um eines geordneten und die Einheit wahrenden Vollzuges willen von der *Gemeinde* an einzelne ihrer Glieder übertragen wird.“[10]

Dominierend aber bleibt die andere Linie in Luthers Denken: „Andere Äußerungen Luthers und Melanchthons können dafür angeführt werden, daß das Amt von Christus selbst gestiftet und von ihm unmittelbar, nicht erst auf dem Weg über die Gesamtvollmacht der Gemeinde, in seine besondere Vollmacht eingesetzt ist.“[11] Auch wo der Gemeinde eine größere Bedeutung beigemessen wird, bleibt meistens das Wort das hervorragend Betonte im Gemeindeverständnis: „*Christus* regiert die Kirche durch das gepredigte und durch seinen Geist erhellte Wort der Schrift.“[12]

7 Martin Luthers Sämtliche Schriften, VII, a.a.O., 1113f.
8 W. Trillhaas, Dogmatik, Berlin 1962, 539f.
9 W. Joest, Dogmatik, Band 2, a.a.O., 530.
10 W. Joest, Dogmatik, Band 2, a.a.O., 530.
11 W. Joest, Dogmatik, Band 2, a.a.O., 530f.
12 W. Joest, Dogmatik, Band 2, a.a.O., 530.

Gottesdienste haben also eine herausragende Bedeutung *und* eine herausragende christologische Bedeutung. Christus wird primär von der Sündenvergebung her verstanden, die zu predigen ist. Seine Taten während seines Wirkens in Galiläa und auf dem Weg nach Jerusalem treten zurück. Zwar wird der Dienstcharakter der Kirche gefordert, diakonische Aktivitäten gehören selbstverständlich zu ihr, sie darf – so heißt es – nicht Selbstzweck sein. Da aber die sichtbare Kirche nie frei von Irrtümern, Versagen und Heuchelei ist, weil alles in ihr außer dem Predigtamt menschliche Ordnung ist, läßt sich ein Gefälle ausmachen: vom schriftgemäß gepredigten Wort zum irrtumsbeladenen Handeln.

In neueren Entwürfen sind Einwände gegen die herrschenden ekklesiologischen Tendenzen erhoben worden, und es sind einige unterschiedliche Akzentuierungen zu beobachten. So hält Wolfhart Pannenberg die wahre Kirche mit Wort und Sakrament für unzureichend beschrieben. Die Menschen gehören dazu und zwar alle, die ihrer Intention nach dazugehören wollen – allerdings ist dann zu fragen, ob der Bekennende wirklich Jesus meint oder „etwas intendiert, was mit der Sache Jesu nichts zu tun hat."[13] Der Gottesdienst feiert die religiöse Bestimmung der Menschen: das Heil im Reich Gottes, das Jesus verkündet hat „als Aufhebung des Gegensatzes zwischen Herrschenden und Beherrschten"[14]. Das Heil des Reiches Gottes ist noch nicht im Alltag, „sondern nur in der Form der gottesdienstlichen Feier ausdrücklich gegenwärtig."[15] „Der Vermittlung solchen Verstehens dient die gottesdienstliche Funktion der Predigt."[16]

Sehr viel nachhaltiger stellt Helmut Gollwitzer das gemeinsame Hören in eine Reihe mit dem Engagement der Gemeinden. Kirche ist Jüngerschaft, die zusammengebracht ist durch die Botschaft vom Sieg des Reiches Gottes, des Lebens über den Tod. Es ist Gottes Werk, das diese Kirche immer wieder zusammenbringt. Zu ihr gehört: gemeinsames Hören, gemeinsames Bemühen um Verstehen, bruderschaftliches Sozialleben, Tischgemeinschaft, Gebet und öffentliches Engagement, um die Revolution des Lebens gegen den Tod in der Gesellschaft voranzutreiben. Kirche besteht also aus einer horizontalen (Verkündigung) und einer vertikalen Ausrichtung (Sozialleben). Kriterium der wahren Kirche ist die horizontale Linie, auch wenn sie ohne die vertikale nicht wäre und keinen langen Atem hätte. Klar benennt H. Gollwitzer die Problematik des Amtsverständnisses: In einer hierarchisch strukturierten „Kirche" ist es unvermeidlich, daß das kirchliche Amt im Ansehen höher steht. Dem widerspricht jedoch die Gleichberechtigung der Glaubenden.[17] In einer Predigt akzentuiert H. Gollwitzer:

> „Ich fürchte immer mehr: daß wir Gottesdienste so halten, wie wir sie Jahrhunderte lang gehalten haben, ist der erste Ungehorsam, den wir begehen, das erste Nichttun, nachdem wir Ja gesagt haben. Denn die Rede des Pfarrers kann die gemeinsame Beratung nicht ersetzen. Die Strenge der Liturgie macht den Gottesdienst konzentriert, aber sie verhindert, daß wir gemeinsam über die Folgen unseres Tuns uns klar werden. Die Lieder, die wir singen, sind Glaubenszeugnisse vergangener Zeiten, für viele Menschen heute schlechthin unverständlich, und enthalten viel vom Trost des Glaubens für den Einzelnen, aber so wenig von dem Zusammenhang von Glauben und Tun".[18]

---

13 W. Pannenberg, Thesen zur Theologie der Kirche, München ²1974, 21.

14 W. Pannenberg, Thesen zur Theologie der Kirche, a.a.O., 13.

15 W. Pannenberg, Thesen zur Theologie der Kirche, a.a.O., 53f.

16 W. Pannenberg, Thesen zur Theologie der Kirche, a.a.O., 54.

17 Vgl. H. Gollwitzer, Vortrupp des Lebens, München 1975, 111ff.

18 H. Gollwitzer, Veränderung im Diesseits. Politische Predigten, München 1973, 118f.

Gegenüber dem traditionellen Gottesdienstverständnis lösen sich bei diesen Konzepten Predigt und Abendmahl aus der einseitigen Betonung der Botschaft von der Sündenvergebung. Auch nach Wolfhart Pannenberg soll sich die Predigt nicht so sehr an der Sünden- und Schuldfrage orientieren, als an der Sinnfrage.[19] Im Abendmahl wird in neueren Entwürfen nicht nur die Gemeinschaft mit Jesus, sondern auch die Gemeinschaft untereinander betont:

„Je mehr die Kirche zu einer Gemeinschaftskirche des Volkes wird, um so wichtiger wird für sie die Gemeinschaft im Mahl werden. Sie wird diese Mahlgemeinschaft bei allen ihren Versammlungen feiern. Sie wird sie zeitlich so ausdehnen, daß nicht nur eine gemeinsame Liturgie, sondern auch die spontane Gemeinschaft im gegenseitigen Austausch von Erfahrungen und Problemen des alltäglichen Lebens ermöglicht wird."[20]

Auf Kirchentagen wird etwas von diesen Wünschen bereits verwirklicht. Erfahrungen aus Liturgischen Nächten zeigen das:

„In der Halle teilen sich die Menschen Brot und Wein, reichen das Essen weiter, schenken sich ein, essen und trinken. Sie haben Hunger und Durst. Seit dem Abendessen, dem kärglichen, hat es nichts gegeben. Es wird eine richtige Mahlzeit, kein aufgesetztes Mahl. Die ursprüngliche, Kommunikation anregende und fördernde Qualität des Essens erweist sich. Es gibt viel Zuwendung, die die freundliche Geste überschreitet. Menschen begegnen sich – beim Nehmen und Geben. Sie tun etwas Ursprüngliches miteinander."[21]

Aspekte feministischer Theologie

Feministisch-theologische Entwürfe möchten im Gottesdienst die vielfältigen Ebenen zum Ausdruck bringen und sich nicht auf eine hierarchisch vermittelte und thematisch einseitige Botschaft beschränken. Hören, Schweigen, Meditieren, Aktionen – diese und andere Ausdrucksmöglichkeiten können zu Gottesdiensten gehören. Jesus wird nicht, wie in den traditionellen Konzepten, als der Herr der Kirche verkündet, eher erfährt das lebendigen Ausdruck, was er wollte: die Gemeinschaft der Gleichgestellten im Reiche Gottes, das nicht nur eschatologisch oder symbolhaft verstanden wird. Vor allem ist Gottesdienst selbstbewußter Ausdruck der Frauen als Kirche und insofern „Frauenkirche". Der Gottesdienst stärkt für den gemeinsamen Kampf, in dem es um das Eintreten für die Opfer des Patriarchats geht. Er stärkt – und das unterscheidet dieses auch von den meisten neueren Konzepten von Männern – für ein Eintreten *für sich selbst*. Er stärkt für den Kampf um die Aufhebung des Patriarchats und lebt diese Aufhebung in gegenseitiger Achtung. „Eine feministisch-christliche Spiritualität ruft uns daher dazu, die Ekklesia von Frauen zu versammeln, die in der zornigen Geistesmacht gesandt sind, unsere eigenen Leute, die Frauen sind, – unser ‚Volk' – zu speisen, zu heilen und zu befreien."[22] Gottesdienste bzw. liturgische Feiern sind in die Bewegung der Frauenkirche also einge-

---

19 Vgl. W. Pannenberg, Thesen zur Theologie der Kirche, a.a.O., 31.

20 J. Moltmann, Kirche in der Kraft des Geistes. Ein Beitrag zur messianischen Christologie, München 1975, 285.

21 Liturgische Nacht. Ein Werkbuch, Wuppertal 1974, 49.

22 E. Schüssler Fiorenza, Zu ihrem Gedächtnis … Eine feministisch-theologische Rekonstruktion der christlichen Ursprünge, München Mainz 1988, 411.

woben. Die Frauenkirche intendiert das, was die Jesusgemeinschaft praktizieren wollte: das Reich Gottes als ein Reich der Gerechtigkeit, des Friedens und der Gemeinschaft. So sieht Elisabeth Schüssler Fiorenza

„die ‚Frauenkirche' als eine historische Befreiungsbewegung, die es braucht, damit sich eine christlich-feministische Spiritualität im obigen Sinne ‚inkarnieren' kann, und zwar ‚in prophetischem Engagement (commitment!), in solidarischem Handeln, in unermüdlichem Widerstand gegen das Patriarchat, in bestätigenden und bestärkenden liturgischen Feiern und in feministischen Basisorganisationen.'
Frauenkirche konstituiert sich so nicht *primär* durch liturgische Feiern (dies impliziert eine kritische Anfrage an den traditionellen Kirchenbegriff!) – diese sind zwar wichtig, gerade, weil sich Frauen hier das von Klerikern eifersüchtig gehütete Gut aneignen –, aber nach Schüssler-Fiorenza ist ‚die Veränderung von Strukturen, der alltägliche Kampf', genauso wichtig."[23]

Aspekte aus den Erzählungen der Frauen

Kindergottesdienst

Für gut die Hälfte der befragten Frauen bildet der Kindergottesdienst den Grundstein für spätere Gottesdienstbesuche. Sie erzählen aber keine Bilder oder Geschichten von Jesus, die ihnen damals wichtig waren. Es war eher die Gesamtatmosphäre, die sie prägte. Marianne L. erinnert nur noch die Lieder, andere Frauen besinnen sich auf Bräuche, wie ein Transparent als Weihnachtsgeschenk oder das Schmücken des Altares zu Erntedank. Irmgard H. (55) erzählt:

„In den Kindergottesdienst bin ich einfach sehr gerne gegangen, das hing sicherlich auch mit dem Pastor und seiner Frau zusammen, weil die den Kindergottesdienst – für die damalige Zeit sicher sehr fortschrittlich – so gestaltet haben, daß wir auch viel machen durften, und sei es ... beim Erntedankfest den Altarraum zu schmücken. Das haben dann die Kindergottesdienstkinder gemacht, aber auch in der Sommerzeit hat die Frau es oft so gemacht, daß wir Blumen mitbringen konnten in den Kindergottesdienst und die dort in Vasen gestellt haben und sie vorne vor den Altar gestellt haben und solche Dinge. Und sie hat viel gesungen mit uns, Kinderlieder. Aber ich denke nicht, daß da als Kind so eine Beziehung zum Glauben war, bewußt jedenfalls nicht."

Für einige Frauen scheint aber gerade dieser nicht-bewußte Glaube die Grundlage zu sein, auf der sie sich später wieder dem kirchlichen Bereich nähern.

Konfirmationsunterricht und Konfirmation

Wenige Gesprächspartnerinnen erwähnen den Konfirmationsgottesdienst, aber nahezu alle gehen auf den Unterricht ein. Die älteren erinnern das viele Auswendiglernen des Katechismus und der Lieder, und auch die jüngeren erinnern zum Teil noch den Zwang zum Gottesdienstbesuch und die Prüfung. Irmgard H. und Gabriela E. bedauern, daß sie bei dem vielen Quatsch, der während der Stunden gemacht wurde, nicht zu fragen wagten, was sie nicht verstanden. Dagegen hat Erika L. diese Zeit sehr viel Spaß gemacht. Nachhaltig geprägt durch den Konfirmandenunterricht wurden Heike S. und Elke R., und

23 A. Schulenburg, Feministische Spiritualität. Exodus in eine befreiende Kirche? Stuttgart Berlin Köln 1993, 194. Hier finden sich ausführliche Darlegungen zur „Frauenkirche".

zwar beide durch die jesuanische Thematik, wobei bei Elke R. positive Gruppenerfahrungen als wichtiges Moment dazutraten. Heike S. (35) erzählt:

„Und für mich hat der Glaube eigentlich erst in der Konfirmandenzeit angefangen, eine Rolle zu spielen. Ich hatte einen Pfarrer, der im Konfirmandenunterricht völlig von diesem Auswendiglernen abgegangen ist, und von den Klassenkameraden wußte ich, daß sie ganz furchtbare Zeiten in der Konfirmandenstunde durchgemacht haben. Und ich hatte immer einen Pfarrer, der also dann Saint-Exupéry mit uns gelesen hat oder völlig andere Texte, die eigentlich wenig mit Kirche zu tun hatten. Und als die anderen zur Konfirmation wirklich noch geprüft wurden, da war es bei uns auch so – das weiß ich noch ganz genau, daß wir das Bild von dem Ratzeburger Maler Weber beguckt haben in der Kirche, und jeder konnte eben, wenn er Lust hatte, etwas dazu sagen, also völlig anders als ansonsten diese Prüfungen, und auch mich hat das Bild angesprochen. Ich fand also diese Art mit uns umzugehen von dem Pfarrer absolut phantastisch und fand damals, daß Kirche doch etwas Sinnvolles sein muß, wenn es da Leute gibt, die sich trauen, auch etwas anderes zu machen und irgend etwas Spannendes zu machen, das fand ich gut. Und wir haben damals auch – soweit ich mich erinnere – wenig zum Alten Testament gemacht, sondern wenn, dann Saint-Exupéry oder ähnliche Dinge dann häufig in Bezug auf das Neue Testament gelesen und geguckt, wo es da irgendwelche Stellen gibt, die uns etwas sagen."

Anschließend erzählt Heike S. von einem sie ebenfalls beeindruckenden Religionsunterricht und meint dann:

„Und durch den Pfarrer und den Religionslehrer war das eigentlich so, daß ich das Gefühl hatte, das interessiert mich, was da in der Bibel steht. Und was Jesus gemacht hat, hat mich deshalb interessiert, weil ich aus einer Familie komme, der es finanziell extrem schlecht ging und Jesus sich auch immer mit Leuten abgegeben hat, denen es irgendwie schlecht ging."

Auch Elke R. (17) hat durch den Konfirmandenunterricht ein differenziertes Verständnis von Jesus gewonnen. Als Teamerin im Konfirmandenunterricht ist sie weiterhin an diesem Diskussionsprozeß beteiligt, in dem es um die Frage geht: „Was würde Jesus heute tun?"

„Wenn man über die Seligpreisungen redet, es wird ja sehr viel darüber gesprochen, was man damit eigentlich anfangen kann und daß es nicht nur so dahingesagte Sätze sind, sondern daß da schon etwas hintersteckt, und was da eigentlich hintersteckt. Und es wird ja auch viel darüber geredet, daß Jesus sich gerade Armen und sozial schwachen Leuten zugewendet hat …, und das ist eigentlich schon so eine Leitlinie im Prinzip."

Die Konfirmandenzeit nimmt in den Erzählungen einen sehr viel breiteren Raum ein als die Konfirmation selbst. Die Konfirmation vermag in Ausnahmefällen bereits vorhandene gute Erfahrungen in kirchlichen Räumen verstärken. Sie konnte jedoch nicht Gabriela E.s (49) im Konfirmandenunterricht unartikulierte Zweifel ausräumen, sondern verstärkt diese eher noch:

„Und es war etwas Besonderes. Aber ich hatte nicht das Gefühl, daß ich jetzt glaube. Also das hatte ich nicht. Und das war für mich – also das war ganz schlecht …. Und nachmittags habe ich furchtbar erbrochen. Weil mir so schlecht war und weil ich mich auch mit … Ja, ich fühlte mich allerdings auch von meiner Familie nicht verstanden. Ich habe das schon ernstgenommen, und ich hatte das Gefühl, für die anderen war das mehr so eine Formsache.

Im Gegensatz zu einem gelungenen Unterricht hat der Konfirmationsgottesdienst für die befragten Frauen keine den Glauben prägende Funktion.

Trauung und Taufe der Kinder

Von ihrer Trauung erzählen die Frauen auffallend wenig. Vielleicht ist ihnen, wie wir auch beim Weihnachtsfest vermuten, die Erzählung davon gegenüber uns Theologinnen peinlich, weil dieser Gottesdienst den Ruf des „Volkstümlichen" genießt. Es ist zu vermuten, daß die Trauung im Verständnis der Frauen eher in den Bereich des Privaten, genauer: der privaten Feierlichkeit, fällt als in den Bereich des Glaubens. Christologische Prägungen sind im Zusammenhang mit der Trauung überhaupt nicht auszumachen.

Fast allen Frauen ist die Taufe ihrer Kinder selbstverständlich und scheint nicht zu einer christologischen oder kirchlichen Vertiefung beizutragen. Nur Andrea R., gewinnt durch die Taufe ihrer Kinder Kontakt zur Kirche, aus denen sich ein jesuanisches Verständnis entwickelt.

Trauergottesdienste

Nicht eine einzige Frau erzählt von einem Trauergottesdienst. Erdmute K. spricht von der Sterbebegleitung ihrer Eltern, Andrea R. hat Sterbebegleitseminare besucht, und Marianne L. erwähnt Beerdigungen als zu ihren Vertretungspflichten während des Krieges gehörend. Aber keine Frau erwähnt eine konkrete Beerdigungsfeier. Wir können dieses nur konstatieren, nicht interpretieren.

Sonntagsgottesdienste

Die Mehrzahl der von uns interviewten Frauen besucht regelmäßig den sonntäglichen Gottesdienst. Sie gehen aber selten auf ihnen wichtige oder interessante Einzelheiten ein. Im Gottesdienst suchen sie vor allem Ruhe, Trost und Geborgenheit. Gabriela E. (49) erzählt, was ihr der Gottesdienst vermittelt: „Ein Stück Ruhe auch, eben Kräfte sammeln, Aufnehmen. Das finde ich schon wichtig heute gegenüber allem Tun und Handeln. Und … so die Balance finden. Und es ist, denke ich, auch etwas sehr Wichtiges." Für Anneliese D. (59) ist der Gottesdienst eines der seltenen Momente, in denen sie sich nicht gefordert fühlt:

> „Sehen Sie mal, wo gibt es das noch: Sie setzen sich in einen Raum. Sie hören zu, und Sie können auch so wieder hinausgehen. Sie werden nicht gebeten, Mitglied zu werden – ich meine, ich bin nun Mitglied. Sie werden nicht aufgefordert, Stellung zu nehmen, alles das. Sie werden einfach empfangen und wieder abgegeben, ohne irgendwelche Verpflichtungen. Das ist doch etwas ganz Wichtiges!"

Gerade diese Atmosphäre vermißt Monika A. (46) seit der Einführung neuerer liturgischer Elemente in den Gottesdiensten: „Ich fühle mich nicht mehr geborgen." Heike S. (35) dagegen empfindet das Angenommensein im Gottesdienst gerade in den Zeiten, in denen es ihr schlecht geht:

> „Für mich ist heute der Glaube vor allem eine Unterstützung. In Zeiten, in denen es mir sehr schlecht ging, habe ich das wirklich so empfunden, daß … wenn ich dann in den Gottesdienst gegangen bin, ich wirklich dann das Gefühl hatte, ich bin da zu Hause, ich bin da angenommen."

Andrea R. (37) spürt das Gefühl der Geborgenheit auch in Gottesdiensten in fremder Umgebung: „Ich bin auch geborgen so in der Kirche. […] Auch wenn ich die Leute gar nicht kenne." Für Erdmute K. (72) war die Kirche der einzige Ort, an dem sie in der Nachkriegszeit Ruhe finden konnte: „Ruhe, innere Ruhe findet man dann dort, nicht. Denn sonst, meine ich, hätte man das alles vielleicht doch nicht überstanden." Aus manchen dieser Äußerungen spricht das Gefühl, im Gottesdienst einen Raum zu haben, in dem die Frauen nicht von anderen gefordert werden, sich aber auch selbst nicht fordern müssen. Heike S. spricht die entlastende Funktion Jesus zu. Für die anderen Frauen vermittelt eher die Gesamtatmosphäre Geborgenheit.

Die beiden stark engagierten Frauen, Irmgard H. (55) und Andrea R. (37), möchten auch praktische Anregungen für sich aus dem Gottesdienst mitnehmen. Andrea R.: „Das ist eben auch das, was für mich im Gottesdienst wichtig ist, daß auch das Praktische und das Menschliche da herüberkommt, etwas Realistisches." Für Irmgard H. ist auch die Gemeinschaftserfahrung – „mit anderen zusammen sein" – ein wichtiges Motiv für den Gottesdienstbesuch.

Hilde N., Heike S., Andrea R. und Gabriela E. suchen Anregungen zum Nachdenken. Andrea R. sagt:

„Und ich denke, das ist auch der Sinn dabei. Nicht daß ich mich besülzen lasse, sondern daß es mich auch anrührt und beschäftigt und ich mich mal mit irgendwelchen Sachen auseinandersetze, wo ich sonst gar nicht dran denke. Und auch mit Gott mich auseinandersetze."

Bis auf Hilde N. erwähnen diese Frauen *Predigt* als etwas, was anregend sein kann. Heike S. erzählt:

„Seit vier Jahren – ich bin jetzt 35 – gehe ich regelmäßig zum Gottesdienst und habe das Gefühl, daß mir dieses Nachdenken über Texte ausgesprochen viel bringt. Und mir sind eigentlich inzwischen die Gottesdienste, in denen nichts passiert, also einfach die Predigtgottesdienste, lieber als irgendwelche mit viel action. Das Nachdenken über einzelne Aspekte oder, wenn ich einmal bekannte Texte höre, dann gibt es ja ab und zu auch neue Aspekte."

Gabriela E.s (49) Gottesverständnis hat sich auch unter dem Einfluß von Predigten gewandelt: „Und ich habe doch mehr und mehr durch die moderne Theologie wie Dorothee Sölle und auch durch Predigten mehr so die Vorstellung: Jetzt ist es [das Göttliche] eine Kraft in mir." Sie nimmt aus Predigten aber auch das mit, was ihr an Biographien über Glaubensvorbilder wichtig ist:

„Und immer wieder auch hinterfragen [sie] ihren eigenen Glauben, ihr Denken und Handeln. Also das finde ich ungeheuer … mutmachend, solche Menschen, solche Texte. Und … ja den gleichen Geist, die gleichen Gedankengänge kommen hier auch sonntags in unseren Predigten. Ich finde da doch immer Parallelen."

Anregungen für ihr Jesusverständnis durch Predigten dürfen wir bei Heike S. vermuten, deren Erzählung über ihren Glauben primär von Jesus handelt. Auch für Andrea R. und Irmgard H., die praktische und realistische Anregungen suchen, dürfte ein jesuanisches Vorbild zutreffen. Sabine M. vermutet, daß ihre heutige Ethik durch die Konzentration der Predigten auf Jesus geprägt ist. Anneliese D. (59) spricht von Jesusgeschichten als Beispielen. Sie dürfte sich also auch auf Jesus beziehen, wenn sie erzählt, was ihr an Predigten wichtig ist:

„Es gab Trauer, es gibt traurige Momente, es wird auch in der Zukunft traurige Momente geben für mich, und dann strebe ich in den Gottesdienst. Da wird mir durch die … Predigt, durch die Beispiele wird mir etwas abgenommen, … ohne mich schuldig zu sprechen. Auch nur das! Das ist ja auch so wichtig!"

Etwas vom Geiste Jesu, der – wie Anneliese D. mehrmals erwähnt – immer wieder auf die Menschen zuging, soll durch die Predigt deutlich werden. Für ein Drittel der Gottesdienstbesucherinnen ist die Predigt also insofern erwähnenswert, als sie ihnen auch Anregungen von Jesus her vermittelt. Nur bei Gabriela E. tritt dieser Aspekt zurück, verdichtet sich dann aber am Karfreitag (s.u.).
Dagegen findet die *Liturgie* kaum Erwähnung. Elke R. fand sie als Kind ganz interessant. Gabriela E. meinte früher, sie könne mit der Predigt *allein* besser zurechtkommen:

„Früher habe ich gedacht: Warum läßt man das nicht alles weg? Es kämen vielleicht viel mehr Leute, wenn man eine gute Predigt am Sonntag macht, und das andere, was viele Leute auch gar nicht gut finden, alles sparen würde. ‚Wenn man einen guten Vortrag am Sonntag hielte, dann wären vielleicht die Kirchen voller', das würde ich heute nicht mehr so sagen. Da ist wahrscheinlich schon so ein Stück, ja, Tradition und Form. Obwohl ich schon immer unsicher bin, was da für die Gemeinschaft oder für die meisten … Es wird sehr unterschiedlich sein, was die Menschen da empfinden, welche Form sie da brauchen."

Nur Dora S. besucht den Gottesdienst ausdrücklich auch wegen der Liturgie. Monika A. fand früher Geborgenheit in der Liturgie – heute nicht mehr (s.u.). Anregungen zum christologischen Verständnis durch die Liturgie sind bei den Frauen nicht zu entdecken.
Kritik am Gottesdienst äußern die Frauen fast nur in Hinblick auf die Predigt. Heike S. (35) findet es, wie Dora S., unverständlich, daß immer dieselben Texte im Gottesdienst als Predigtgrundlage dienen:

„Im Jahresablauf sind die Texte ja vorgegeben, und ich habe mich schon so oft gefragt, warum die Geschichte vom Weinberg schon siebenunddreißigmal dran war und andere Sachen, die ich jetzt so durch den Arbeitskreis kennenlerne [gemeint ist eine Gottesdienstvorbereitungsgruppe], von denen habe ich überhaupt noch nie etwas gehört. Und das ist mir total schleierhaft, warum man nicht fremde Texte sucht."

Dora S. (78), die gerne neue Anregungen erhält, kritisiert: „Etwas stört mich zum Beispiel an der Kirche, daß alle vier Jahre das gleiche Predigtthema kommt." Irmgard H. (55) wendet sich mit Andrea R. gegen Predigten, die an der Lebenswirklichkeit vorbeigehen:

„Es gibt ja auch manchmal Pastoren, die predigen, und da sage ich dann oft: ‚Das ist ja total am Leben vorbei.' Und solchen Pastoren laufen ja auch viele Leute aus der Kirche weg, die das Wort Gottes, also Jesu Wort, nicht so auslegen können, daß nicht jeder für sich sagt: ‚Das ist das, was mir jetzt wieder Kraft gibt!' Oder daß sie ein Verständnis bekommen für ihr Leben, für Gottes Willen. Da habe ich dann meine Probleme."

Hilde N. (61) vermißt die Transparenz dessen, wie der Prediger selbst in seiner Lebenswirklichkeit mit dem Glauben zurechtkommt: „Daß mehr herüberkommt, wie derjenige, der das verkündet, mit seinem Leben fertig wird oder mit den Fragen, die so plötzlich auf einen zukommen, … die Kriege in der Welt oder so." Während Andrea R. und Irmgard H. die Verständlichkeit der Predigt anmahnen, meint Hilde N., daß sich die Prediger um ihre eigentliche Aufgabe herumdrücken: „Als wenn sie etwas mitmachen und die Bewegung lernen, aber nicht lernen, aus welcher Mitte das kommt." Diese Mitte ist die Gottesfrage, die nicht plausibel vermittelt wird. „Wenn die Kirche mir nichts anderes vermittelt als wie ich mich anderen gegenüber verhalten soll, dann nützt sie mir nicht so sehr viel."

Kritisch auf die Liturgie – und zwar auf die erneuerte – geht Monika A. (46) ein:

„Was mir an der neuen Liturgie nicht gefällt: Das Gemeinschaftsgefühl und dieses Beschütztaus-der-Kirche-Gehen, dieses Gefühl ist nicht mehr da. Das war früher, aber es ist heute nicht mehr. Und zwar kann ich Ihnen das ganz genau erklären. Das ist so egal, ob ich nun da war oder ob ich zum Frühschoppen war und gesprochen habe. Früher wurde zum Schluß der Segen verteilt mit ausgebreiteten Armen. Da waren wir alle behütet, beschützt und einmal in den Arm genommen. Und dann sind wir gegangen, mit diesem Gefühl sind wir gegangen. Und heute wird vorne gesprochen, es wird ein Kreuz gemacht, es wird ein Lied gesungen, und wir gehen. Von behütet ist nichts mehr ..., und das fehlt ... mir jedenfalls ... Dieser Segen, dieses Behütet- und Beschütztsein und dann dieses Gefühl, kuschelig in den Arm genommen zu sein, nicht. Und dann ist es mir egal, wer da vorne steht, der macht ja nur diese äußere Gestik. Aber dieses Harmoniegefühl und dieses Beschütztsein-, Behütetsein-Gefühl ist weg. Also auf den Punkt gebracht: Ich kann mich in unserer evangelischen Kirche nicht geborgen fühlen, weil ich keine Geborgenheit spüre, nicht einmal sonntags im Gottesdienst."

Die Frauen suchen im Gottesdienst vor allem Geborgenheit, Ruhe und Annahme. Diejenigen, die sich über Einzelheiten äußern, sind die eher intellektuellen Frauen oder diejenigen, die Anregungen für die Lebenspraxis suchen. Sie alle beziehen sich auf die Predigt. Bis auf die Aussage von Monika A. zum Segen scheinen Einzelelemente der Liturgie nicht so sehr zu prägen wie die Gesamtatmosphäre. An Feiertagsgottesdiensten finden nur Karfreitag und Ostern Beachtung (s. 2. Kapitel: Kreuz und Leiden Jesu Christi).

Abendmahlsgottesdienste

Das Abendmahl ist ein Themenkreis, der in den Interviews fast vollständig entfällt. Marianne L. (84) erinnert sich an die Abendmahlspraxis ihrer Eltern: „Meine Eltern gingen einmal im Jahr zum Abendmahl, da mußte man nüchtern hingehen, also ohne zu essen und so weiter, und die nahmen das auch sehr ernst. In der stillen Woche mußte es still sein, da durften wir uns nicht zanken und nicht laut sein." Das Abendmahl wurde also der Karwoche zugeordnet. Später hat Marianne L. während ihrer Pastorenvertretung selbst das Abendmahl ausgeteilt und hatte, wie bei allen Vertretungsaufgaben in dieser Zeit, auch hier Sorge, ob dieses rechtens sei.

Ablehnend zum Opfergedanken, der im Abendmahl anklingt, äußert sich Ulrike W. (58): „Also, das lehne ich ab, daß Jesus das Opferlamm Gottes gewesen sein soll, was wir immer singen beim Abendmahl."

Dora S. (78) erzählt von besonderen Abendmahlsfeiern:

„Vor einigen Jahren war bei uns am Gründonnerstag und auch am Silvesterabend in der Kirche sogenanntes Abendmahl am Tisch. Da wurden in der Kirche in den Gängen die Tische feierlich gedeckt mit Blumen, Kerzen. Und es wurde erst gegessen, Tee und Käse und selbstgebackenes Brot. Und wenn das vorbei war – zwischendurch gab es Musik oder irgendein Thema, so ein paar goldene Worte – wurde das Abendmahl gefeiert, so wie man sich vorstellt, daß es wirklich am Gründonnerstag gewesen ist."

Aber auch Dora S. bekennt ihre Schwierigkeiten mit dem Abendmahl:

„Ja, im Abendmahl versuche ich immer, mich Jesus zu nähern. Das ist ja sowieso das größte Geheimnis oder die größte Schwierigkeit …, das in sich aufzunehmen. Manchmal erwartet man ja auch mehr als man erlebt, aber trotzdem, wenn Abendmahl ist, gehe ich auch immer hin."

Da die meisten Frauen kaum eine Beziehung zur Opfertheologie haben (s. 2. Kapitel: Kreuz und Leiden Jesu Christi und 5. Kapitel: Schuld und Gnade), ist es folgerichtig, daß das Abendmahl in seinem protestantisch traditionellen Sinne kaum Bedeutung hat. Obgleich ihnen die Gemeinschaft in der Kirche sehr wichtig ist, erzählen sie erstaunlicherweise auch nicht von den Abendmahlsfeiern, die seit dem Nürnberger Kirchentag 1979 den Gemeinschaftscharakter in den Vordergrund stellen.

Besondere Gottesdienste

Gottesdienste in besonderer Form finden sehr viel weniger Erwähnung als die traditionellen Gottesdienste. Andrea R., die selbst aktiv in der Kinderkirche mitarbeitet, begrüßt Familiengottesdienste, die auch Kinder besonders durch ihre Lieder ansprechen. Auch Nicole W., geprägt durch die Jugendarbeit mit ihren eigenen Andachten, besucht Familiengottesdienste. Eine Vielzahl unterschiedlicher Gottesdienste besucht Dora S., auch charismatische und von der Michaelisbruderschaft gestaltete, die ihr aber vor allem wegen der Lieder nicht zusagen. Sabine M. (28) hat als Studentin selbst Gottesdienste gestaltet. Sie besuchte eine Friedensgruppe:

„Wir haben immer versucht, Sachen rüberzubringen: Also andere Lebensweisen, andere Einstellungen zu Krieg und zu Wohlstand und Reichtum und Abgeben und Teilen, diese ganzen Sachen, darum ging es eigentlich immer. Es war immer so die Frage des Miteinanders, der Gewaltlosigkeit. Wir haben auch ganz viele Andachten gemacht, einmal im Monat. Wir hatten immer so verschiedene Themen, Themen, die uns beschäftigten, wo wir meinten, so müßten wir doch eigentlich zusammenleben."

Heike S. (35) ist auch heute noch in einer Gottesdienstvorbereitungsgruppe, wobei sie selbst lieber ganz normale Predigtgottesdienste besucht.

„Ja, ich glaube, das ist eher so, daß beides zusammenkommt. Also wenn ich selber einen Gottesdienst mache, dann würde ich keine Predigt halten wollen. Dann finde ich auch immer, daß etwas passieren muß, daß man die Leute auch ein bißchen von den Stühlen holen muß. Die können da nicht nur eine Stunde herumsitzen und einfach mal zuhören. Andrerseits geht es mir so, wenn ich in den Gottesdienst gehe, daß ich es sonntags morgens beruhigend finde, mir etwas anhören zu können und zu gucken, was hat es mit der kommenden Woche zu tun, von daher ist es eine gute Verbindung. Es wäre mir zu langweilig, einen normalen Gottesdienst zu gestalten, weil ich ab und zu eben ein bißchen action haben will. Und wenn ich in dem Arbeitskreis nicht wäre, dann würden mir wahrscheinlich die Bewegungsgottesdienste gefallen, weil sie eben eine Verbindung zu den anderen hätten … Es gehört beides zusammen."

Auch bei diesen wenigen Äußerungen läßt sich aus dem Gesamtkontext der Erzählungen eine prägende Wirkung durch jesuanische Gedanken durch die besonderen Gottesdienstformen vermuten. Andrea R. dürfte Anregungen zum Nachdenken und Handeln aus den Familiengottesdiensten mitnehmen. Sabine M.s Ethik ist entscheidend durch die Bergpredigt geprägt, deren Grundton sich in den Andachten der Friedensgruppe durchhält. Ebenso dürfte die stark jesuanische Zentrierung von Heike S. durch die von ihr vorbereiteten Gottesdienste neue Anregung erhalten – durch den aktiven Umgang mit den Inhalten stärker als durch ihre akkustische Rezeption.

Frauengottesdienste

Die Weltgebetstagsgestaltung, die Frauen Kompetenz und Eigenständigkeit zutraut, findet nur bei Dora S. (78) Erwähnung:

„Früher hieß es ‚Weltgebetstag der Frauen', inzwischen heißt es ‚Frauen laden ein'. Aber ich meine, Männer kommen ganz wenige dazu, weil immer noch gedacht wird, das ist nur Frauensache, die Frauen gestalten es. In diesem Jahr war es bei uns in der Kirche, wir haben uns auch sehr bemüht. Es ist ja auch immer verbunden mit einem Zusammensein entweder vorher oder hinterher. Also wir haben uns schon intensiv bemüht ..., und ich glaube, es ist auch ganz gut gelaufen."

Einige Frauengottesdienste hat Hilde N. (61) besucht: „Da ging es auch um Frauen aus dem Alten Testament. Das fand ich sehr sinnvoll, weil das weibliche Element ausgebreitet wurde." Auf die Frage hin, ob die Gottesdienste zu neutestamentlichen Frauengestalten ihr Jesus nähergebracht haben, antwortet sie: „Nein, nein. Wobei ich denke, daß das, was ich über Jesus weiß, aus dem Neuen Testament ihn in die Reihe der Männer bringt, die durchaus einen weiblichen Anteil haben." Heike S. hat sich in ihrer Gottesdienstgruppe auch mit biblischen Frauengestalten beschäftigt und durch sie ihren einzigen Zugang zum Alten Testament gewonnen.

Frauengottesdienste scheinen noch keine ernstzunehmende Realität in den Gemeinden der Frauen darzustellen, kein Angebot, daß das Jesusbild und das Frauenverständnis damals und heute beeinflußt.

Resümee

1. Fast alle Frauen besuchen regelmäßig den Gottesdienst. Nach ihren Aussagen zu urteilen, hat er aber nicht die herausragende Bedeutung für sie, wie die alltägliche ethische Bewährung. Auch die Gemeinschaftserfahrungen, die in den meisten Interviews einen wichtigen Stellenwert einnehmen, verbinden sich nicht in erster Linie mit dem Gottesdienst. Die befragten Frauen verstehen Kirche weniger vom Gottesdienst oder vom Wort her, als von der Ermöglichung eines ihnen sinnvollen Engagements, in dem sie sich angenommen und bestärkt wissen. Dadurch unterscheiden sie sich von pointierten ekklesiologischen Positionen wie folgender: „Die Kirche lebt von Gottes Wort."[24]

Auch Frauen, die von den Denkanstößen der Predigt angesprochen werden, schildern die Unterstützung der Gemeinschaft in Gruppen oder Initiativen als ebenso wichtig. Das gilt auch für Andrea R. (37) und Irmgard H. (55), die vom Gottesdienst Lebenshilfe erwarten. Die Interviewpartnerinnen nähern sich so dem Frauenkirchen-Verständnis, das Gottesdienste und liturgische Feiern nicht als anderen Erfahrungen und Aktivitäten vorgeordnet verstehen möchte. Damit eröffnet sich ein weites Spektrum dessen, was Kirche eigentlich ausmacht. Frauen finden *nicht* primär in Gottesdiensten das, was für ihren Glauben wichtig ist, sondern leben in einer Vielzahl von Formen und Aktivitäten, die

24 W. Trillhaas, Evangelische Predigtlehre, München ^{4}1955, 18.

das Reich Gottes versinnbildlichen. Es ist an der Zeit, diese Erfahrungen ernstzunehmen und die gottesdienstliche Verkündigung von der Überfrachtung dessen zu befreien, was sie alleine gar nicht leisten kann.

2. Es ist nicht festzustellenen, daß das Abendmahl Nähe zu Jesus Christus vermittelt. Beim Abendmahl scheint zum traditionellen ekklesiologischen Verständnis eine noch größere Diskrepanz zu bestehen als bei der Predigt. Es entfällt auch der Gedanke der Gemeinsamkeit untereinander, den neuere Entwürfe betonen. Nähe zu Jesus Christus entwickeln die Frauen eher in einem Engagement, das Jesu damaligem Handeln nachempfunden wird, oder durch Gemeinschaftserfahrungen in Gruppen, die er ermöglicht hat. Auch hier zeigt sich, daß sich nicht vorschreiben läßt, wodurch sich eine Beziehung zu Jesus Christus aufbaut. Respekt vor unterschiedlichen, aber gleichwertigen Zugängen wäre wünschenswert.

3. Es ist ferner zu fragen, ob die Frauen deshalb so wenig von den Gottesdiensten erzählen, weil sie selbst darin kaum Verantwortung tragen – eine konsequente Auswirkung des traditionellen Amtsverständnisses. Eine wichtige Erfahrung – gerade für sehr aktive Frauen – könnte in dem Erleben liegen: Es wird auch einmal etwas für mich getan, andere haben etwas für mich vorbereitet, ich brauche es „nur" anzunehmen. Aber diese Erfahrung darf nicht wie bisher in einer trotz allen Gegenbeteuerungen („Es kommt nicht auf die Person des Amtsträgers an.") hierarchischen Struktur geschehen, weil sie sonst das Denken in Hierarchien permanent einübt und verfestigt.

4. Gottesdienst ist vor allem ein Raum und ein Geschehen, in dem sich die Frauen geborgen fühlen (wollen) und zur Ruhe kommen. Erst in zweiter Linie wird der Wunsch nach Denkanstößen genannt. Damit besteht auch eine Diskrepanz zu befreiungstheologisch orientierten feministischen Entwürfen. Diese sehen Gottesdienst als einen Raum an, in dem Frauen miteinander feiern, Gemeinsamkeit untereinander erfahren, sprechen, schweigen, sich gegenseitig akzeptieren lernen und sich im Kampf für eine Kirche der Gleichgestellten bestärken. Die von uns befragten Frauen suchen hingegen hauptsächlich eine Gelegenheit, *nicht* zum Tun aufgefordert zu werden und sich von den vielfältigen Pflichten gegenüber anderen auszuruhen. Sie suchen daneben Anregungen aus der Predigt, die – so ist aus dem Gesamtkontext ihrer Erzählungen zu schließen – ihre jesuanisch bestimmte Ethik vertiefen und anwenden helfen. Sie suchen im Gottesdienst den Trost und die Akzeptanz, die ihrem Jesusbild entsprechen. Damit stehen sie in einem Abstand zu den feministischen Entwürfen, die zwar die vielfältigsten Ebenen im Gottesdienst zum Ausdruck bringen möchten, Gottesdienst aber vornehmlich als einen Raum verstehen, in dem Frauen Kraft gewinnen, *für sich* einzutreten.

Hier wird besonders deutlich, daß es dringend der „Vermittlungsfrauen" bedarf, die auf der einen Seite dazu anregen, die Ethik *für andere* umzupolen in eine Ethik für sich, andere Frauen und die durch patriarchale Kultur Marginalisierten, und die auf der anderen Seite das Bewußtsein für die Lebenswelten der von feministischer Theologie kaum erreichten Frauen aufrechthalten. Sorgfältig muß über die Funktion der „Vermittlungsfrauen" nachgedacht werden, damit diese nicht ihrerseits zwischen den Polen zerrieben werden.

5. Verblüffend wenig erzählen die Interviewpartnerinnen von Weltgebetstagsgottesdiensten, Frauen- und Dekadegottesdiensten, die in manchen Landeskirchen anläßlich des vom Ökumenischen Rat der Kirchen ausgerufenen Jahrzehnts „Churches in Solidarity

with Women“ (1988–1998) gefeiert werden. Wir wissen über die Interviews hinaus von einigen Frauen, daß sie solche Gottesdienste besucht haben oder sogar an der Vorbereitung beteiligt waren. Ist es Zufall, daß sie kaum davon berichten? Oder prägt sie die Erfahrung, die immer wieder in Gemeinden zu hören ist, daß diese Gottesdienste nicht so recht ernstgenommen werden? Nehmen die Frauen sie selbst nicht so ernst wie die „richtigen“ und damit auch ihr eigenes Engagement nicht?
Ansätze eigener Verantwortung für Gottesdienste sind gewiß vorhanden, aber sie müssen in das eigene Selbst-Bewußtsein erhoben werden. Wichtig hierbei ist, was E. Schüssler Fiorenza zu bedenken gibt:

> „Weil die Kolonisierung der Spiritualität von Frauen durch Männer bewirkt hat, daß wir das Männliche als göttlich internalisiert haben, müssen Männer ihre spirituelle und religiöse Herrschaft über Frauen und über die Kirche als Leute-Volk-Gottes aufgeben, wenn Wechselseitigkeit eine reale Möglichkeit werden soll.
> Frauen wiederum müssen ihre geistliche Macht zurückfordern und die Vergöttlichung des Männlichen, von der wir besessen sind, austreiben, bevor ein Miteinander möglich wird.“[25]

Es ist also zusammenfassend festzustellen, daß Kommunikation, Mitverantwortung, Aufnahme vielfältigster Aspekte und Lebensäußerungen und Bestärkung für das Engagement im eigenen frauenorientierten Interesse im Hinblick auf den Gottesdienst bei den befragten Frauen nur sehr zurückhaltend wahrzunehmen ist. Ob es gelingt, den Gottesdienst für Frauen zu einem Ort werden zu lassen, an dem sie ihre Interessen wahrnehmen lernen, hängt nicht zuletzt davon ab, ob es möglich ist, das jesuanische Verständnis aus der einseitigen Vermittlung einer Ethik des Daseins für andere (und sei es auch politisch verstanden) zu lösen.

25 E. Schüssler Fiorenza, Zu ihrem Gedächtnis …, a.a.O., 413.

9. Kapitel
Geschichten und Bilder des Glaubens an Jesus Christus

Aspekte traditioneller Theologie

Blättern wir in dogmatischen Lehrbüchern, so fällt die Dominanz der paulinischen Texte gegenüber anderen biblischen Traditionen auf. Die synoptischen Texte werden vorwiegend vom Kreuzes- und Ostergeschehen her gelesen: „Was wir von ihm [Jesus] erfahren, was wir in dem Neuen Testament lesen und hören, ist bereits eine Botschaft von ihm, ein Kerygma."[1] Entsprechend erfolgt die Interpretation der Texte, die Ereignisse aus dem Leben Jesu wiedergeben:

„Jesus ist von Anfang an der Jesus des Glaubens. Er kann nicht ohne die existentielle Begegnung mit ihm verstanden werden, er sucht Glauben, fragt nach dem Glauben der Menschen und ist, menschlich gesprochen, darauf angewiesen, daß er auf Erden Glauben findet."[2]

Den Hintergrund für die paulinische Dominanz und die dargelegte synoptische Interpretationsweise bietet Luthers Kreuzestheologie, die sich vor allem aus den paulinischen Schriften speist. Er versucht, seine Theologie allgemeinverständlich im Kleinen Katechismus zu vermitteln, der ja auch durchaus noch als Extrakt der wichtigsten Glaubensinhalte gilt und in manchem Konfirmandenunterricht gelernt wird. Dort heißt es in der Erklärung zum zweiten Artikel des Glaubensbekenntnisses:

„Ich glaube, daß Jesus Christus,
wahrhaftiger Gott vom Vater in Ewigkeit geboren
und auch wahrhaftiger Mensch von der Jungfrau Maria geboren,
sei mein Herr,
der mich verlornen und verdammten Menschen erlöset hat,
erworben, gewonnen von allen Sünden,
vom Tode und von der Gewalt des Teufels;
nicht mit Gold oder Silber,
sondern mit seinem heiligen, teuren Blut
und mit seinem unschuldigen Leiden und Sterben;
auf daß ich sein eigen sei
und in seinem Reich unter ihm lebe und ihm diene
in ewiger Gerechtigkeit, Unschuld und Seligkeit,
gleichwie er ist auferstanden vom Tode,
lebet und regieret in Ewigkeit.
Das ist gewißlich wahr."[3]

Lieder und Gebete vermitteln heute noch in Gottesdiensten Schwerpunkte dieser Theologie:

„Wir glauben auch an Jesus Christ, seinen Sohn und unsern Herren,
der ewig bei dem Vater ist, gleicher Gott von Macht und Ehren,

---

1 W. Trillhaas, Dogmatik, Berlin 1962, 283.
2 W. Trillhaas, Dogmatik, a.a.O., 284.
3 Der Kleine Katechismus Dr. Martin Luthers, EKG 806.2.

von Maria, der Jungfrauen, ist ein wahrer Mensch geboren
durch den Heilgen Geist im Glauben; für uns, die wir warn verloren,
am Kreuz gestorben und vom Tod wieder auferstanden durch Gott. Amen."[4]

In neuerer Zeit erhält diese Sichtweise eine Korrektur durch die Rückwendung zum historischen Jesus durch die Bultmann-Schule. So gibt Willi Marxsen zu bedenken:

„Der Fehler liegt m.E. darin, daß man die Urgemeinde als aus einer Wurzel entstanden denkt, eben aus dem Osterglauben. Tatsächlich müssen wir jedoch mit zwei Wurzeln rechnen. Die eine wird repräsentiert durch das Jesus-Kerygma der synoptischen Tradition, die andere durch das Christus-Kerygma der vorpaulinischen und paulinischen Theologie, durch die gesamte Briefliteratur des Neuen Testaments und durch das Johannesevangelium. Offenbar hat das Christus-Kerygma also eine viel weitere Verbreitung gefunden als das Jesus-Kerygma. [...] Freilich ist sofort zu beachten, daß der Auferstandene niemand anders war als der Irdische. Darum bedeutet Einlassen auf den Auferstandenen immer noch Einlassen auf dieselbe Sache, die der Irdische angeboten und zugemutet hatte."[5]

Es kommt in der Folge in Gottesdiensten zu einer stärkeren Beachtung des „historischen Jesus". Diese Richtung wird durch Familiengottesdienste, durch die Aufnahme von befreiungstheologischen und friedenstheologischen Impulsen und durch Kirchentagslieder gefördert. So ergibt sich für Gottesdienste heute ein weitergefächertes Bild, als es Grundbestände dogmatischer Lehrbücher vermuten lassen. Manchmal bieten Gottesdienste ein buntes Gemisch christologischer Traditionen. Neben altkirchlichen Formeln im Glaubensbekenntnis und paulinischer Theologie in der Epistellesung kann ein Lied wie dieses stehen:

„Der blinde Mann von Jericho, der kann nun wieder sehn,
der Lahme aus Jerusalem, der kann nun wieder gehn, wieder gehn.

In Köln und auch in Wuppertal sind Leute blind und lahm,
es fehlt der eine, der sie sieht, wie damals einer kam.

Wann kommt der eine noch einmal, vielleicht 'ne ganze Flut
nach überall und allezeit, so einer tät uns gut."[6]

Aspekte feministischer Theologie

Die feministischen Theologien, die im deutschen Kontext rezipiert werden, konzentrieren sich von Anfang an in besonderer Weise auf die Geschichten des Leben Jesu. Programmatisch für die Jesus-Frauen-Geschichten formuliert Elisabeth Moltmann-Wendel:

„Wir können [...] – was uns die Frauenforschung nahelegt – die *Frauen als Subjekte der Geschichte* sehen. Indem wir unser Interesse auf die Frauen verlagern, wird auch die Gestalt Jesu davon nicht unberührt bleiben, da Beziehung stets etwas Wechselseitiges ist."[7]

---

4 EKG 183,2 (132,2).

5 W. Marxsen, Die Sache Jesu geht weiter, Gütersloh 1976, 62f.

6 Mein Liederbuch für heute und morgen, Düsseldorf o.J., B59,1.2.7.

7 E. Moltmann-Wendel, Beziehung – die vergessene Dimension der Christologie. Neutestamentliche Ansätze feministischer Christologie, in: D. Strahm/R. Strobel, Vom Verlangen nach Heilwerden. Christologie in feministisch-theologischer Sicht, Fribourg Luzern 1991, 100ff, 101.

Für den praktischen Umgang mit Texten gibt E. Moltmann-Wendel einige Anhaltspunkte, zum Beispiel:

„Kunst und Kultur benutzen, um verschüttete frauenfreundliche oder matriarchalische Traditionen wieder aufzudecken: Maria, die auf dem Löwen reitet, Maria Magdalena, die schöne Freundin Jesu, Martha, die Drachenbesiegerin [...]
Die biblischen Erzählungen von Frauen einmal nach ihren menschlichen Eigenheiten, ihrer Biografie, ihrer Persönlichkeit wiedererstehen zu lassen, ohne nach christologischen und jesuanischen Aspekten zu fragen. Letty Russell: ‚Watch it like a movie!' (Sieh es wie einen Film an!)
Die eigene christliche Sozialisation an ihnen aufarbeiten, fragen, wie sie mir früher begegnet sind und wie sie mir heute begegnen.
Mut zur Subjektivität bekommen und frauenfeindliche und frauenunfreundliche Stellen der Bibel offen ablehnen. Männliche Schriftsteller wie Paulus, Lukas, Johannes, so schildern und nach dem beurteilen, wie sie die Befreiung der Frau erlebten und wie sie sie in ihren Gemeinden umsetzten.
[...]
Mit neuen Erzählformen, Hörerlebnissen, dramatischen Umformungen Geschichte neu erzählen, verselbständigen und die eigene Geschichte begleiten. Wo Gott als befreiend erfahren wird, öffnet sich die Bibel mit unzähligen neuen Möglichkeiten."[8]

Elisabeth Schüssler Fiorenza bezieht sich auf Geschichten, die die *Tischgemeinschaft* als Bild für die Gemeinschaft der Gleichgestellten um Jesus thematisieren und auf die Begegnungen mit Deklassierten und Verarmten: „Die Verheißung des Reiches Gottes richtet sich an alle Mitglieder des Volkes Israel, insbesondere aber an drei Gruppen: die Armen, die Kranken und die Verkrüppelten, die Zöllner, Sünder und Prostituierten."[9] E. Schüssler Fiorenzas Forschungsarbeiten über die unsichtbar gemachten Frauen in der Urkirche werden in Gottesdiensten und auch allgemeinverständlichen Texten aufgenommen und bedacht.[10]
Rosemary Radford Ruether liest die Jesusgeschichten unter der Leitlinie des prophetischen Prinzips: „Prophetischer Glaube klagt religiöse Ideologien und Systeme an, die die herrschende ungerechte Gesellschaftsordnung rechtfertigen und sanktionieren. Das sind für die Propheten und die Mission Jesu zentrale Traditionen."[11]
Feministische Liturgien entstehen, die in Gebeten, Segensworten, Bekenntnissen, Liedern und Meditationen das gewandelte Frauenbild und Jesusverständnis zu übermitteln suchen:

„Die unbekannte Frau, die Jesus salbte
Markus 14,3–9

Unbekannte Frau,
Dein Name war ihnen so unwichtig,
Daß sie ihn vergaßen.

Und doch bist du bekanntgeworden,
Wird zu deinem Gedächtnis erzählt.

---

8 E. Moltmann-Wendel, Ein eigener Mensch werden. Frauen um Jesus, Gütersloh ^{3}1982, 17f.

9 L. Scherzberg, Sünde und Gnade in der Feministischen Theologie, Mainz 1991, 83.

10 z.B. C. Friebe-Baron, Ferne Schwestern, ihr seid mir nah. Begegnungen mit Frauen aus biblischer Zeit, Stuttgart 1988, 131ff.

11 R.R. Ruether, Sexismus und die Rede von Gott. Schritte zu einer anderen Theologie, Gütersloh 1985, 42.

Erzählt,
Wie sehr dir dein Wunsch,
Jesus nahe zu sein,
Unter den Nägeln brannte.
Erzählt,
Wie du dich durchsetztest
Gegen den Widerstand
Und die Ignoranz der Männer um Jesus.
Erzählt,
Wie du, ohne große Reden zu schwingen,
Zu Jesus gingst,
Seine Angst sahst
Und ihn zärtlich salbtest.

Unbekannte Frau,
Mir bekannt in deiner Kraft, mit deinem Willen,
Mir bekannt mit deinem Ahnen, in deiner Zärtlichkeit."[12]

Aspekte aus den Erzählungen der Frauen

Die interviewten Frauen erwähnen auffallend wenige konkrete biblische Geschichten und Gestalten. Von Jesus vermitteln sie eher einen „ethischen Gesamteindruck", der sich insbesondere aus der Bergpredigt speist und sich bei den älteren Frauen mit den Zehn Geboten vermischt. Aussagen zur Passions- und Ostergeschichte – Herzstücke traditioneller Christologien – erfolgen meist erst auf Nachfrage. Die paulinischen und nachpaulinischen Briefe finden keinerlei Beachtung. Das Alte Testament kennen die Frauen kaum, oder sie haben keinen Zugang zu ihm gewonnen.
Da die Schöpfungsgeschichte aus der Genesis nur pauschal erwähnt wird und die kosmische Christologie des Kolosserbriefes keine Rolle spielt, erfolgt auch – außer bei Dora S. – keine Verbindung zwischen Christologie und Schöpfungstheologie. Auch die von feministischen Theologinnen derzeit intensiv erforschte Weisheitstradition nehmen die Interviewpartnerinnen nicht als Verbindung beider Themenkreise auf. Die beiden Frauen, denen ökologische Themen wichtig sind, Heike S. und Sabine M., beziehen auch die Begründung für *dieses* Engagement direkt aus ihrem ethischen Jesusverständnis, ohne weitere Traditionen zu bemühen.
Lieder und Gebete werden in den Interviews fast noch pauschaler erinnert als die biblischen Geschichten. Bilder, Symbole und Sitten, die dem Bereich der Volksfrömmigkeit zuzuordnen sind, sind unterrepräsentiert.

Biblische Geschichten
Es läßt sich feststellen: Am detailliertesten erinnern die älteren Frauen, deren Leben eng an die kirchlichen Traditionen gebunden war und ist, biblische Geschichten und Sprüche. Die jüngeren, von kirchlicher Jugendarbeit geprägten Gesprächspartnerinnen favorisieren Abschnitte über den „ethischen Jesus". Ihr Jesusverständnis begründet eine Reihe der Frauen von der Bergpredigt her, weil Jesus dort, wie Elke R. (17) sagt, „ja so mal ganz konkret, in konkreten Sätzen sagt, was er denkt, was seine … oder was die Lebenslinien

12 U. Kamps-Blass, in: Frauen in der Bibel, Frankfurt a.M. 1992, 204.

der Menschen sein sollten und wonach man sich richten sollte, damit die Welt einigermaßen lebenswert ist.“ Gabriela E. und Sabine M. beziehen ihre gesellschaftlichen Werte, wie Gerechtigkeit, Teilen und Feindesliebe, ebenfalls aus den Seligpreisungen der Bergpredigt. Dora S. (78) zitiert Carl Friedrich von Weizsäcker mit den Worten: „‚Die einzige Rettung der Welt ist die Bergpredigt.‘ Der Wissenschaftler und Philosoph, wenn der das sagt, das freut mich dann immer, wenn solche Leute auch darauf kommen.“

Konkrete Jesusgeschichten werden selten genannt. Anneliese D. erwähnt die Heilung des Aussätzigen (Lk 17,11–19) als Beispiel für die Art Jesu, auf Menschen zuzugehen. Für Hilde N. (61) ist es imponierend, daß Jesus sich nicht kritiklos den Gesetzen unterworfen hat, sondern „spontan … an den Menschen selbst gedacht hat, an die Frau, die er geheilt hat, egal was für ein Wochentag oder welcher Rasse sie angehörte und ähnliches.“ Für Ulrike W. sind die Jesusgeschichten sehr eingängig. Mit ihnen kann sie ein gewandeltes Selbstverständnis gewinnen. Es erwächst ihr der Mut, auch Fremdes, schwer Verständliches an sich selbst wahrzunehmen und zu akzeptieren. Als Beispiel für ihren „Dialog“ mit den biblischen Geschichten nennt sie die Erzählung von der gekrümmten Frau (Lk 13,10–17), die für sie das Befremdliche – „Verkrümmte“ – an uns selbst repräsentiert.

Die meisten Frauen vermitteln einen Gesamteindruck von Jesus, den sie (auch) durch biblische Geschichten gewonnen haben. Heike S. beeindruckt als Konfirmandin, daß Jesus sich mit armen Menschen abgegeben hat. Diese Armut nimmt Elke R. auch an seinem eigenen Lebensstil wahr, der ihm heute ihrer Meinung nach keine Chance zum Überleben böte. Hilde N. erkennt in seinem unkonventionellen Verhalten weibliche Anteile.

Für die älteren Frauen scheinen sich die Zehn Gebote mit dem ethischen Gesamteindruck Jesu zu vermischen. Während sie dem Alten Testament eher skeptisch gegenüberstehen, treten die Gebote als gleichrangige Lebensweisung neben Jesus. Erdmute K. (72) erzählt:

> „Und wir hatten auch, wenn ich mich richtig erinnere, immer die erste Stunde Religion, und den Religionsunterricht gab die Klassenlehrerin. Und das finde ich schon so gut, wenn da irgendwann einmal etwas passiert. Das ist ja auch wie heute, daß in der Schule einmal ein Kind sehr ungezogen war und sich Dreistigkeiten erlaubt hat, irgendwie sind sie da wieder zur Raison gebracht worden, nicht … Dann sind sie wieder zur Besinnung gekommen. Also solche schlimmen Sachen, wie sie heute passieren, waren eigentlich nicht, das kann ich nicht erinnern … Da hat dann die Klassenlehrerin gesagt: ‚Überlege mal, was du machst,‘ und an die Gebote erinnert.“

Als pädagogisches Mittel lernten auch Anneliese D. und Irmgard H. die Gebote kennen. Irmgard H. (55), die dem Alten Testament sonst nichts abzugewinnen vermag, betont: „Die Gebote haben mir immer etwas bedeutet. Sie tun es auch heute noch.“

Für Dora S. und Erdmute K. bleiben konkrete Geschichten dann in Erinnerung, wenn sie sich mit einem bildhaften Eindruck verbinden. Das gemeinsame Essen der vielen Menschen auf einem Kirchentag in gelöster Atmosphäre läßt Erdmute K. die Speisung der 5000 gegenwärtig werden, ein Erlebnis und eine Geschichte, die sie beide nicht vergißt. Vor ihrem Aufbruch zur Flucht im 2. Weltkrieg erhielt Erdmute K. eine Bildkarte mit der Sturmstillung geschenkt, die ihr Geborgenheit und Zuversicht inmitten von Chaos und Bedrohung vermittelte. Gebunden an Situation und Geste bleiben auch hier Bild und Geschichte präsent.

Auf die Passions- und Ostergeschichten kommen von sich aus nur die beiden älteren Frauen, Marianne L. und Dora S., und die jüngste, Elke R. (17), zu sprechen: „Wichtig ist mir … naja, eigentlich hauptsächlich die Auferstehungsgeschichte, wahrscheinlich, weil das ja die meist hoffnungsbringende Geschichte von Jesus ist, die eigentlich einen Großteil der Hoffnung bringt.“ Für Dora S. (78) sind die Auferstehungstraditionen im vergangenen Jahr durch die Osternachtsfeier und durch einen Aufsatz zu dieser Thematik lebendig geworden. Sie hat gelesen, daß Ostern eine neue Schöpfung in Gang gekommen ist: „Denn so wie Jesus erschienen ist, da war er weder ein Geist, noch war er der wiedergeborene Jesus, sondern etwas ganz Neues, deshalb hat ihn Maria auch nicht erkannt, erst als er sie ansprach, und auch die Emmausjünger haben ihn nicht erkannt.“ Dora S. verbindet die Zusage des auferstandenen Jesus mit ihrem (alttestamentlichen) Konfirmationsspruch. Beide vermitteln ihr die Angstfreiheit, auch im Dunkeln noch Gemeindeveranstaltungen zu besuchen und sich in ihrer Wohnung allein wohlzufühlen:

„‚Ist Gott für mich, wer mag wider mich sein.‘ Ja, also ich habe auch keine Angst vor Einbrechern oder so etwas, sondern ich habe das Bewußtsein, ich bin getragen … von … von Gott. Und ich meine, früher habe ich eben nur Gott – inzwischen ist es, daß Jesus tatsächlich eine Kraft ist, die gesagt hat: ‚Ich bin bei euch alle Tage bis an das Ende der Welt.‘“

Die Passionsgeschichte deuten Sabine M. und Elke R. als Ausdruck des konsequenten Engagements Jesu. Einzelheiten erwähnt Marianne L. (84): „Das, was an Jesus göttlich gewesen ist, das ist sein unbedingter Gehorsam. Und sein unbedingter Glaube. Daß er bis ans Kreuz da beten konnte: ‚Vater, ich befehle meinen Geist in deine Hände.‘“ Dora S. (78) erwähnt demgegenüber die markinischen Worte: „Mein Gott, mein Gott, warum hast Du mich verlassen?“ Ihr ist die Deutung dieses Psalmgebets als Vertrauenspsalm bekannt.

Vom Kreuzesgeschehen her nehmen Marianne L. und Ulrike W. auf die alttestamentliche Geschichte der sogenannten Opferung Isaaks Bezug. Für Marianne L. ist sie ebenso schwer verständlich wie das Kreuzesgeschehen. Ulrike W. lehnt die Interpretation des Kreuzestodes als ein von Gott gewolltes Opfer mit dem Hinweis ab, Gott habe auch die Opferung Isaaks verhindert.

Das Alte Testament erfährt kaum positive Zitierungen. Erdmute K. (72) erläutert das so:

„Man hat ja eigentlich mehr vom Neuen Testament behalten als vom Alten, nicht. Da ist natürlich die Schöpfung, nicht, das ist ja klar, daran glaubt man auch, aber an das andere, was da so im Alten Testament … Also das Neue … das Kirchenjahr fängt ja damit an.“

Sabine M. (28) meint ablehnend: „Also das Alte Testament finde ich sowieso ziemlich schrecklich.“ Konkret erwähnen die Gesprächspartnerinnen die Geschichte von Kain und Abel, die in Anneliese D.s Kindheit bei Geschwisterstreitigkeiten warnend erzählt wurde, die Geschichte von Daniel von Elke R. und Psalmen von Irmgard H. Positiv äußern sich Andrea R. über die Mose- und Jonageschichten, die sie durch ihre Arbeit in der Kinderkirche kennengelernt hat, und Nicole W. über ihre Erarbeitung des 23. Psalms im Projekt „gottesdienst-leben“.

Biblische Frauengestalten

Wenn Frauen sich positiv über das Alte Testament äußern, dann fast nur in bezug auf die

Frauengestalten. Heike S. lernte einige durch eine Gottesdienstvorbereitungsgruppe kennen und Hilde N. durch Frauengottesdienste (s.u.). Ulrike W. empfindet die Frauen des Alten Testaments, mit denen sie sich in ihrer Frauengruppe auseinandergesetzt hat, als „starke Frauen". Die Frauengestalten des Alten Testaments bilden für Ulrike W. (58) einen ersten Anfang für das Verständnis einer Verbindung von Altem und Neuem Testament, indem *beide* Ausgangspunkte für die Auseinandersetzung mit Frauengeschichte bieten:

„Ja, das hab ich dann eben gemerkt, indem ich, ja, Frauengestalten aus dem Neuen Testament und ein paar aus dem Alten Testament mir vorgenommen habe. Man merkt, je mehr man sich damit beschäftigt, daß im Alten Testament diese Frauen *starke* Frauen waren, viel stärker als die aus dem Neuen Testament, und insofern beschäftige ich mich nun eben auch wieder mit dem Alten Testament."

Hilde N. und Heike S. haben diese Frauentraditionen durch Frauengottesdienste kennengelernt.
Wie schwer es aber auch ist, zu den Frauen des Neuen Testaments vorzudringen, wird am Beispiel von Irmgard H. (55) deutlich. Sie überlegt: „So sehr gut ist die Kirche ja nicht mit ihrer Macht umgegangen. Sie hat schon schlimme Dinge gemacht, eben auch Frauen gegenüber ... Dann müßte ich mich ja auch fragen: Wie wäre es, wenn auch die Jünger Frauen gewesen wären, wie wäre es dann?" Auf den Einwand, daß im Neuen Testament auch viel von Frauen die Rede ist, erweist sich die „Macht der Bilder" als stärker: „Sie [die Jünger] werden ja auf sämtlichen Gemälden als Männer dargestellt. Da kann man nicht sagen, ‚es sind Frauen'. Die Köpfe sind doch sehr männlich." Wenn sich die Interviewteilnehmerinnen mit den Frauen des Neuen Testaments beschäftigt haben, betonen sie, wie Heike S. (35), besonders die positive Haltung Jesu ihnen gegenüber:

„Mir fällt gerade ein, ich weiß gar nicht, ob Jesus mich als Frau aufwertet oder vieles, was wir so in der feministischen Theologie sehen, was uns ja immer nicht erzählt worden ist, daß da eben auch Frauen dabei waren und daß Jesus überhaupt irgend etwas mit Frauen zu tun hatte. Ich glaube eigentlich gar nicht, daß das so eine große Rolle für mich gespielt hat. Das ist mir früher, glaube ich, nicht aufgestoßen, daß da nur 12 Jünger waren und von Frauen nie die Rede war ... Ja heute fällt es mir aber auf. Also heute, wo ich mehr darüber nachdenke, also da finde ich manche Geschichten schon ätzend ... Gut, und dann spielt Jesus für mich dann auch eine Rolle, daß er uns Frauen völlig anders behandelt hat als das üblicherweise sowohl in der Zeit der Fall war, als auch heute bei den Erklärungen gesagt wird."

Dora S. (78) empfindet es als „weibliche Seite" Jesu, „...daß er erstens sehr verständnisvoll und liebevoll war und auch mit der Samariterin am Brunnen gesprochen hat, was ja ganz gegen die Regel war, und auch Trost spenden konnte, nicht." Ähnlich argumentiert Hilde N. Ulrike W. (58) erwähnt zunächst, daß sie die Frauen aus dem Alten Testament als sehr viel stärker empfindet als die im Neuen Testament. Dann aber konzentriert sie sich auf die neutestamentlichen Frauen:

„Also ich denke gerade so, oft wirft man uns ja diese Gefühle so vor und daß man so sehr wenig Logisches macht und ... Ich denke gerade so an diesen Geschichten mit Jesus mit den verschiedenen Frauen wird einem das ganz schön deutlich gemacht, daß das ganz wichtig ist, daß diese Gefühle ja schon, wie soll ich sagen, ein ganz wichtiger Teil des Lebens sind und das Dazustehen, daß man das nicht unterdrückt und daß man einem kopfbeherrschten Menschen etwas voraus hat."

Die Argumentation läuft auf Jesus zu: „Er bestärkt sie [die Frauen] sehr. In ihren Eigenschaften und in ihrem Auftreten und daß sie dadurch doch Anerkennung unter ihresgleichen erwerben.“ Gabriela E. (49) sind die Wundererzählungen durch die Frauengeschichten nähergekommen. Früher hat sie sich Jesus fast ausschließlich in Leidenssituationen vorgestellt:

„Und andrerseits, das ist aber auch erst in den letzten Jahren gewachsen, aber das ist erst so neuer so, gerade durch die feministische Theologie denke ich, durch die Frauengeschichten, durch Wundergeschichten, die man so gehört hat, sind mir die Geschichten auch wert geworden. Früher, ja, da waren sie mir sehr fern. Ich konnte sie mir gar nicht vorstellen. Jetzt sehe ich sie etwas mehr eben mit den Augen der Psychologen oder so gedeutet. Jetzt sind sie mir auch … ja, sie sind mir nähergerückt. Und sie sind mir auch vorstellbar. Ich sehe sie jetzt nicht mehr so als „Wunder“ in Gänsefüßchen, sondern wirklich so als Umwandlung eben. Und ja, sie sind mir als Bilder jetzt sehr wichtig geworden und auch sehr mutmachend eben. Und doch auch, ich denke auch ein Stück … für mein eigenes Leben ein bißchen wegweisend, auch wenn es natürlich ein weiter Abstand ist. Es ist doch immer wieder …, daß man denkt, also ich mir vorstelle, also Jesus hätte das getan oder hätte das gesagt oder das gewollt, oder er hat so gelebt. Also eben … Menschen nicht abgewiesen oder sich eben ihnen zugewandt, zugehört, daß es eben auch für das Handeln wichtig ist. Aber in erster Linie – das ist schon auch noch stärker – ist es so dieses Aushalten von Leid, nicht?“

Auch Jesus selbst, der für Gabriela E. „also so weit weg, für mich so, so fremd eigentlich, sehr fremd“, ist ihr in den letzten Jahren nähergekommen:

„Vielleicht so mit feministischer Theologie. Das kann gut sein, wo dann so die Geschichten eben von ihm, wo ja auch die Frauen eine Rolle spielen. Ja, dann doch vielleicht auch das Buch „Mirjam“ von Luise Rinser. Ja, vielleicht war das so der Anfang. Ja, das hat mich fasziniert. Ich, ich würde sagen, das ist vielleicht der Ausgangspunkt gewesen. Ja, das hat mich, das hat mir auch erst das Verständnis dafür eröffnet. Ich konnte mir früher auch immer so ganz schlecht vorstellen, was ich … Ja, es war so lebensfremd für mich. Es war so lebensfremd. Ja, das ist es wohl. Und das hat jetzt meine Vorstellungskraft … Ja, das hat mich fasziniert. Beide Gestalten, die des Jesus aber auch der Mirjam in der Erzählung. Ich glaube, das war es. Ja, ja. Früher habe ich das immer so …, ich weiß nicht. Es ist merkwürdig, auch so die Bilder, das war mir fremd. Das war so ein fremder Heiliger, weit weg.“

Kritisches äußert nur Dora S. (78) in Bezug auf Jesu Ablehnung seiner Familie: „Aber er hat zum Beispiel gesagt: ‚Mein Vater, meine Mutter, meine Brüder und Schwestern, das sind meine Jünger,‘ also, daß er seine Familie auch ein wenig abgelehnt hat. Also es gibt schon einiges, worüber man stolpern könnte.“

Gebete

Viele Frauen erinnern sich daran, in der Kindheit gebetet zu haben. So lernte Erdmute K. das Vaterunser von ihren Großmüttern, die es als Abendgebet sprachen. Elke R.s Großvater betete mit ihr vor dem Essen. Für sie manifestierte sich dadurch die Glaubwürdigkeit des christlichen Glaubens, weil sie ihren Großvater sehr schätzte. Auch Irmgard H. (55) erinnert sich an Tischgebete: „Komm, Herr Jesus, sei unser Gast“ und „Danket dem Herrn, denn er ist freundlich.“ „Ich habe dem nicht so diesen … christlichen Hintergrund gegeben, aber ich fand es gut, daß wir zusammensaßen und alle etwas zusammen gemacht haben, das fand ich schon gut.“

Wenn die Frauen erwähnen, zu wem sie bewußt gebetet haben, ist es meistens Gott, nicht Jesus. Erika L. (47) sagt: „In der Kindheit war es sicherlich Gott, mit dem Abendgebet.“ Anneliese D. (59) erzählt von ihren an Gott gerichteten Wunschgebeten: „Ja, als Kind habe ich immer gebetet: ‚Lieber Gott …,‘ und dann habe ich einen gewaltigen Wunsch darangehängt, also daß die Kaninchen nun endlich Junge bekommen und so weiter.“ Gabriela E. (49) erinnert sich: „Manchmal habe ich dann gesagt: ‚Lieber Gott, am Wochenende will ich zu meiner Mutter. Mach, daß ich da hinfahren kann.‘ Und meistens hat das auch wohl geklappt.“ Ausdrücklich weist Gabriela E. (49) darauf hin, daß sie nie zu Jesus gebetet hat:

„Ich habe nie gebetet: ‚Lieber Jesus‘ oder so. Ja, ich weiß noch, wir haben zu Hause gebetet: ‚Komm, Herr Jesus, sei du unser Gast.‘ Das weiß ich, das war so ein Lippengebet. Aber ich fand es immer ganz komisch. Ich hätte lieber gesagt: ‚Lieber Gott, danke für das schöne Essen.‘„

Marianne L. ist mit dem lutherischen Morgen- und Abendsegen aufgewachsen, der – wie sie betont – sich ebenfalls an Gott wendet.

In der Erwachsenenzeit belebt sich die Gebetspraxis bei den Frauen wieder, als die eigenen Kinder klein sind. Sie nennen hier allerdings keine konkreten Gebete.

Diejenigen Frauen, die auch jetzt noch regelmäßig beten, nennen ebenfalls Gott und nicht Jesus als Ansprechpartner. Bei Dora S. (78) allerdings verschwimmen beide im Gebet: „Also mein tägliches Gebet morgens ist ‚Führe mich, o Herr, und leite‘. Da weiß ich gar nicht einmal, ist das jetzt Jesus oder Gott. ‚Meinen Gang nach deinem Wort‘ – ein Psalm. Ich habe immer das Gefühl, das ist zu Jesus, aber das verschwimmt da gewissermaßen.“ Marianne L. (84) überlegt während des Interviews, warum sie hauptsächlich zu Gott betet:

„Ich will Ihnen etwas sagen: Wenn ich bete, spreche ich immer Gott an … Und ich bete meistens: ‚Lieber Vater im Himmel‘. Und wenn ich für mich persönlich bitte, dann bitte ich immer ‚durch Jesus Christus‘. ‚Ich bitte dich im Namen Jesus Christus.‘ Das ist, das habe ich schon einmal zu meiner Freundin gesagt, daß ich nicht – es gibt ganz seltene Fälle, wo ich Jesus anspreche, aber ich spreche meistens immer Gott an … Der lutherische Abendsegen ist ja: ‚Das walte Gott, Vater, Sohn und Heiliger Geist. Ich danke dir, mein himmlischer Vater.‘ Und mit diesen Gebeten bin ich aufgewachsen, und vielleicht liegt es daran, ich weiß es nicht.“

Auch Nicole W., die in Extremsituationen großer Freude oder Traurigkeit betet, spricht Gott an, ebenso Irmgard H. (55):

„Da fällt mir ein …, daß ich immer, wenn ich nicht zu müde war – ich war oft wahnsinnig müde nach der Arbeit, so daß ich mich in den Klamotten, wie ich von der Arbeit nach Hause kam, auf das Bett geschmissen habe und geschlafen habe –, wenn ich bewußt ins Bett gegangen bin, gebetet habe. Und aus diesem Beten heraus ist dann entstanden, immer noch einmal nachzudenken, was ich am Tag gemacht habe: ob ich alle Kinder gut betreut habe oder was ich vergessen habe. Das mache ich heute noch. Jetzt im Moment habe ich ja keinen Beruf, aber Familie. Und es ist wie ein Kreis. Es schließt sich über dieses tägliche Nachdenken ein Gebet an, daß alle eingeschlossen werden. Ohne Zwang, es gibt mir unheimlich viel, ich kann so völlig ruhig einschlafen. Daraus – nein, das ist erst später entstanden – entstand, morgens wach zu werden und ganz bewußt zu sagen: ‚Ich darf gesund aufwachen und so einen Tag haben.‘„

Zu einer sehr eigenständigen Art des Gebets hat Monika A. (46) gefunden:

„Als es hier um die Diskussion mit Evas Schule ging: ‚Was machst du nun richtig? Machst du das? Schickst du sie dahin oder schickst du sie dahin, wo sie hingehört.‘ Ach, das ist ja immer so eine Entscheidung, nicht, dann kriegt sie da vielleicht eine Lehrerin, wo ich sie hinhaben will, die sie nicht mag ... Und da habe ich mit einer sehr guten Bekannten gesprochen, eine sehr gläubige Frau, und ... da hat sie gesagt: ‚Frau A., beten Sie! Sie wissen ja, Sie müssen nicht die Hände falten und sagen: ‚Lieber Gott, bitte hilf mir!‘, das wissen Sie selber, nicht‘ ... Und ... das war so eine stumme Zwiesprache eben mit dem irgendwo, denn er ist ja nicht da. Das Etwas ist ja nicht da oben, das ist ja *um uns* herum, das ist jetzt hier im Raum ... Das ist eben einfach da, nicht greifbar. Und dann habe ich also ... oft genug... halbwegs nicht mit mir selber geredet, aber *zu* jemandem gesprochen und habe gesagt: ‚Ich weiß nicht weiter.‘ Und habe also jedesmal wieder erklärt, worum es geht ... Dann plötzlich war ich völlig ruhig, ich brauchte das nicht mehr und dachte: ‚Du hast die richtige Entscheidung getroffen.‘ Also, *es ist* irgendwo was da, ich kann es nur nicht erklären, und es ist einfach so. Wenn ich gefragt wurde bis jetzt: ‚Glauben Sie denn?‘ habe ich immer gesagt: ‚Ich weiß es nicht.‘ Und ich weiß es bis heute noch nicht ... Aber... das ist doch irgendwo diese Zwiesprache, ich stelle mich ja nicht vor den Spiegel und sage: ‚So, Monika, jetzt entscheide dich, bitte!‘ Da ist irgendwo eine Zwiesprache mit irgend etwas in Problemsituationen, aber ... Ich spreche, also ich spreche da nie Gott an, muß ich also sagen ... Aber es ist irgendwo etwas. Wenn ich also oft genug darüber rede, sagen wir es einmal so herum, daß ich... irgendwann... dieses Gefühl habe...: ‚So, du machst das so, oder du machst das so.‘ Und dann bin ich auch ruhig, und dann gibt es auch keine Hektik mehr oder kein Ablenken mehr und kein gar nichts mehr.“

Es läßt sich beobachten: Die kirchlich verwandten Gebete zu Jesus scheinen nicht in den Lebensvollzug der Frauen zu passen. Nur Marianne L. (84) gebraucht die konventionelle Schlußformel: „durch Jesus Christus“. Da Gott die grundlegende Glaubensbeziehung für der Frauen ist, wenden sie sich folgerichtig an ihn. Andrerseits haben auch Gebete aus dem feministisch-theologischen Kontext, die an die Ruach- (hebr. Geist/in) und Weisheitstradition anknüpfen, augenscheinlich kaum Raum gewonnen. Allein Monika A., die sonst ein weibliches Gottesverständnis strikt ablehnt (s. 4. Kapitel: Das Gottesverständnis im Zusammenhang mit der Christologie), gewinnt in ihren Gebeten eine erstaunliche Nähe zu den Formulierungen, die aus diesen Traditionen erwachsen können.

Lieder

Wenn die Frauen im Interview konkrete Lieder nennen, sind es solche, die Freude und Vertrauen ausdrücken, deren Melodien oft etwas Überschwengliches, den Alltag Transzendierendes vermitteln. Ob die Lieder eher Gott oder Jesus zum Thema haben, scheint dabei weitgehend belanglos zu sein. Irmgard H. (55) erinnert sich an das Lied „Lobe den Herren“. Es verbindet sich für sie mit Sonntagen bei ihrem Großvater, die sich von der angespannten Atmosphäre in ihrem Haus unterschieden:

„Mein Großvater war Organist und hat den Kirchenchor geleitet und den Männergesangverein, aber in der Kirche eben den Kirchenchor. Und er hat sehr gerne gesungen. Meine Großeltern wohnten auch in dem Dorf, wo wir waren, und jeden Sonntag gingen wir nach Möglichkeit mit meinem Großvater spazieren in den Wald. Da ist viel Wald rundherum. Und er hat uns viel von der Natur erzählt, von Tieren, und auch mit uns viel gesungen, unter anderem auch ‚Lobe den Herren‘. Aber wir mochten gerne, gerne mit ihm singen. Das war schön.“

Marianne L. (84) erzählt:

„Also, ich entsinne mich als Kind... Ich bin irgendwann einmal in die Sonntagsschule gegangen, da haben wir, die nannte man früher Gemeinschaftslieder, solche Lieder wie ‚Stern, auf den ich schaue‘ oder ‚Weiß ich den Weg auch nicht, du weißt ihn wohl‘, also diese Lieder. Und die habe ich mit Inbrunst gesungen, aber weiter weiß ich nichts.“

Im Verlaufe des Interviews erinnert sie sich noch an das Lied: „Auf Adlers Flügeln geborgen durchs wogende Meer". Erdmute K. (72) verwechselt im ersten Moment das Motto des Kirchentages 1951 mit dem Lied „In dir ist Freude", das dort gesungen wurde und ihre Gefühle bei diesem Erlebnis widerspiegelt. Dora S. (78) beschreibt mit Liedern ihr Grundvertrauen und intensiviert mit ihnen ihre Lebensfreude:

„Ich habe auch sehr viel übrig für … Gesangbuchlieder. Da denke ich gerade an ‚Jesus ist kommen, Grund ewiger Freude', also diese Worte allein sind für mich das …, das kann ich auch für mich sagen … Also diese Paul-Gerhard-Lieder oder so, die bringen mir auch sehr viel Tost, und dann freue ich mich auch sehr, daß man teils in der Schule, teils im Konfirmandenunterricht früher viel mehr Lieder gelernt hat, so daß ich die Texte nicht irgendwo nachlesen muß, sondern wenn ich manchmal spazierengehe, dann fällt mir manchmal etwas ein, was dann wunderbar paßt … zum Trost …, zu Trost und Erhebung, zur Steigerung der Freude oder so."

Dora S. singt auch im Chor mit. „Das soll ja auch alles zum Lobe Gottes sein, diese Musik, die wir da singen – Lob und Preis." Lieder vergegenwärtigen ihr auch das ihr so wichtige Gemeinschaftsgefühl in Gruppen. Hier ist dann explizit Jesus wichtig, als derjenige, der so eine Gemeinschaft ins Leben rief und belebt:

„Wenn ich mir da [in der Bibelstunde] ein Lied wünschen darf, dann: ‚Wo zwei oder drei in meinem Namen versammelt sind, da bist du mitten unter ihnen'. Und das beziehe ich alles auf Jesus, wie er das alles versprochen hat. Und es ist irgendwie, um es ganz mechanisch zu sagen, eine Kraftquelle, die wir anzapfen können."

Nicht während des spontanen Erinnerns, sondern bei dem Nachdenken darüber, warum ihr Gott wichtiger ist als Jesus, meint Marianne L. (84), daß während ihrer Berufstätigkeit als Katechetin Jesus für sie mehr im Vordergrund stand als heute: „Und auch die Lieder, die wir sangen, waren ja meistens Jesuslieder: ‚Mein schönste Zier und Kleinod bist auf Erden du, Herr Jesus Christ', das war unser Leib-und-Magenlied, oder: ‚Ach, bleib mit deiner Gnade bei uns, Herr Jesu Christ'." Vermutlich kommt es den Frauen nicht auf den Adressaten eines Liedes an, sondern auf die vertrauensvolle Stimmung, die es vermittelt. Vielleicht würden sie bei bewußterer Textdurchsicht eher Gott statt Jesus einsetzen.

Moderne Lieder erwähnt bis auf Dora S. (78) – „Wo zwei oder drei" – nur Andrea R. (37), ohne allerdings Titel zu nennen: „Mich sprechen die kirchlichen Lieder sehr an, die heutzutage nicht mehr so konservativ sind, auch auf die Kinder oder auf Familiengottesdienste zugeschnitten sind."

Weihnachtslieder, die ja sonst in der sogenannten Volksfrömmigkeit eine große Rolle spielen, erwähnt nur Erika L., die sie mit ihrem Kind gesungen hat.

Bilder und Symbole

Bilder und Symbole spielen in den Erzählungen kaum eine Rolle. Nur für zwei Frauen, Dora S. und Erdmute K., sind sie deutlich glaubensprägend. Die Gründe für Erdmute K.s (72) bildhaften Glauben mögen in ihrer entbehrungsreichen Kindheit und späteren beruflichen und häuslichen Überbelastung wurzeln, in der die kirchlichen Traditionen fast den einzigen Ausgleich boten. Das, was sich ihr an Bildhaftem erschloß, war Ausgleich zum Alltag, blieb in Erinnerung und machte sie für diesen Bereich empfänglich.

„Heiligabend gingen wir Kinder in den Kindergottesdienst, vor der anderen Kirche war das, da gingen wir dann hin, und da gab es sogar eine Krippe so als Transparent, die habe ich heute noch, das kriegten wir Weihnachten. Man freute sich dann so, nicht, über die kleinen Sachen dann.“

Ebenso lebhaft erinnert sie eine Nachbildung des Heiligen Grabes, an dem am Karsamstag eine Andacht stattfand.

„Und wir hatten bei uns in der Stadt auch ein Heiliges Grab, eine Nachbildung des Heiligen Grabes in Jerusalem. Das hatte ein Bürgermeister bauen lassen, der hatte irgend etwas versehen, und als Sühne wurde von seinem Vater ihm ein Bußgang nach Jerusalem auferlegt. Und da hatte er einen Architekten mit, und der hat das alles nachgebildet. Da gibt es genau den Ölberg, den Bach Kidron und die Begräbniskirche.“

Auch hiervon bewahrt Erdmute K. ein Bild, wie von der Sturmstillung.
Dora S. (78) ist erst, als ihre Kinder aus dem Haus waren, in näheren kirchlichen Kontakt getreten. Sie hat sich zu diesem Zeitpunkt nicht mehr durch eine Kirche des Wortes irritieren lassen, sondern sich als sehr visuell veranlagte Frau durch Bilder und Symbole bereichern lassen. Allerdings wohnt sie auch in einer Gemeinde, in der unterschiedliche Elemente in Gottesdiensten und Gruppen eingebracht werden. So prägen sich ihr komplizierte theologische Sachverhalte durch Bilder ein. Sie erzählt von einer Predigt, die das Gebot der Nächstenliebe thematisierte:

„Man müsse sich ein Dreieck vorstellen. Man soll lieben den lieben Gott – das ist die eine Ecke –, und man soll lieben seinen Nächsten, und man soll lieben sich selbst. Wie eine Triangel, sagte sie [die Pastorin]. Und da hatte sie auch eine Triangel und sagte, man muß dafür sorgen, daß sie hängt, und dann klingt sie. Und das muß gleichseitig sein, die Liebe zu Gott, zu mir und zum Nächsten. Und das finde ich so gut.“

Das Bild der Triangel greift Dora S. noch einmal in einem anderen Zusammenhang auf:

„Diese dreierlei Vorstellung ist ja nun nicht so schwierig, die Trinität. Aber andrerseits, ... wir leben in der dreidimensionalen Welt, also könnte es gar nicht anders sein als drei. Also vier Dimensionen können wir uns ja auch gar nicht vorstellen, ja also ich nicht, die meisten nicht. Und das ist auch ... irdisch irgendwie festgelegt, diese drei Punkte. Jetzt denke ich gleichzeitig auch wieder an die Triangel.“

Auf das Zeichen des Kreuzes gehen die Frauen erst auf Nachfrage ein (s. 2. Kapitel: Kreuz und Leiden Jesu Christi). Einige bildhafte Assoziationen prägen das Gottesverständnis: Sabine M. vergleicht Gott mit einem Schirm, Monika A. mit einer Birke oder einem Duft (s. 4. Kapitel: Das Gottesverständnis im Zusammenhang mit der Christologie).

Sitten und Bräuche

Auch hier sind es Dora S. und Erdmute K., die am ausgeprägtesten den Rhythmus des Kirchenjahres mit seinen Sitten und Gebräuchen leben. So nimmt Dora S. die Fastenzeit wahr und feiert die Osternacht mit dem anschließenden Osterfrühstück. Erdmute K. (72) erzählt, wie das Kirchenjahr in ihrer Kindheit noch sehr viel intensiver gelebt wurde als heute:

„Also das ganze Kirchenjahr ist uns durch den Konfirmandenunterricht, durch den Religionsunterricht in der Schule eigentlich so bildhaft im Gedächtnis geblieben, nicht. Das fängt an mit Christi Geburt, und dann geht das weiter mit Fastenzeit, Karwoche, Trinitatis und so, die ganze Zeit … Wenn ich einmal an Karfreitag denke, also wenn ich daran denke, wie ich in meinem Berufsleben und jetzt auch, was ich alles vorhabe, … also das gab es auch bei meinen Eltern nie, daß da Karfreitag gearbeitet wurde. Das war eben richtig der heiligste Feiertag in der ganzen Kirche."

Das Kirchenjahr vermittelt diesen beiden Frauen Grundkenntnisse der christologischen Traition. Die Bilder und Stimmungen prägen sehr nachhaltig und wirken sich auf das gesamte Erleben der Frauen aus. Zu einer prägenden christologischen Konzentration kommt es dabei in ihrem Glauben nicht.
Marianne L. (84) war durch ihren Beruf als Katechetin in den Rhythmus des Kirchenjahres und in die Gewohnheiten einer Gemeinde eingebunden:

„Wissen Sie, es war so: Es gibt ja bestimmte Höhepunkte in der Gemeinde, das ist das Krippenspiel zu Weihnachten, dann haben wir im Herbst einen Elternabend gemacht, da haben wir ein Laienspiel gemacht, das mußte ich vorbereiten, und dann kamen die Freizeiten."

Die anderen Frauen erzählen von keiner nennenswerten Prägung durch das Kirchenjahr. Auch Weihnachten, das doch im Bewußtsein der Volksfrömmigkeit einen so hohen Stellenwert einnehmen soll, kommt kaum zur Sprache – vielleicht, weil wir als Theologinnen die Gesprächspartnerinnen sind. Heike S. und Sabine M. erzählen auf die Frage hin, ob Jesus in ihrer Kindheit für sie von Bedeutung war, von Weihnachten. Sabine M. (28): „Ja, so als Kind so mit Weihnachten, da ist er uns nahegebracht worden, eben so als Kind in der Wiege." Dieser Jesus hat für die beiden Frauen wenig mit dem erwachsenen Jesus zu tun, auf den sie sich seit der Konfirmationszeit und der Phase der Jugendgruppen vornehmlich als ethisches Vorbild beziehen. Sie verbinden auch die ärmlichen Umstände der Geburt im Stall nicht mit dem „späteren" Jesus der Armen. Bei Monika A.(46) verläuft die Entwicklung anders. Sie erzählt:

„Also was immer schön war, und, ja, das ist eben auch Jesus, das war immer Weihnachten. Nicht, da war also a) der Weihnachtsmarkt mit der Zuckerwatte und Heiligabend eben in der Kirche, das war also das Schönste, was es gibt, und dann kamen wir nach Hause, aber da gab es zum Beispiel nie eine Weihnachtsgeschichte zum Vorlesen. Wir mußten also ein Gedicht aufsagen oder ein Lied singen, wir waren nun vier Kinder … Dann war an sich das einzige der Geschenktisch. Dann war Weihnachten erledigt."

Der Kirchenbesuch vermittelt ihr ein positiveres Gefühl als das, was zu Hause geschah. Die Geborgenheit beim Kirchenbesuch findet sie etwas später bei Morgenandachten wieder. Dieses Grundgefühl leitet im Erwachsenenalter zu einem Verständnis Jesu als einer Person, die in die Geborgenheit und Harmonie der Trinität eingebettet ist.

Resümee

1. Die Frauen erzählen von relativ wenigen Jesusgeschichten. Wenn sie diese erwähnen, erkennen sie in ihnen vor allem den engagierten, gebenden Jesus. Überlegungen zur Gegenseitigkeit, die Elisabeth Moltmann-Wendel in ihren Arbeiten auch allgemeinver-

ständlich zu vermitteln sucht, sind den Interviewpartnerinnen entweder nicht bekannt oder scheinen ihnen nicht nennenswert.

2. Da das Alte Testament den Gesprächspartnerinnen kaum bekannt oder fast bedeutungslos ist, nehmen sie die Traditionsströme nicht wahr, die bei feministischen Theologinnen die Verbindung zur jüdischen Tradition ausmachen (zum Beispiel die prophetische und die Exodustradition).

3. Interessant ist, wie die Interviewpartnerinnen von den Frauengestalten in den Jesusgeschichten erzählen. Sie dienen dazu, Jesus einerseits menschlicher erscheinen zu lassen, um ihm dadurch näherzukommen – andrerseits tragen sie zu seiner Idealisierung bei (zum Beispiel sein vorbildlicher Umgang mit Frauen oder seine Offenheit für andere Menschen). Zwei Frauen (Dora S. und Hilde N.) betonen, daß er seine weiblichen Anteile lebte. Er wird also alles Belastenden enthoben und wird zum idealen Mann, mit dem ideale Beziehungen möglich werden. Im täglichen Leben versuchen die Frauen, die jesuanische Haltung nachzuleben, gewinnen also über einen dem „Weiblichen" angenäherten Mann bestärkende Handlungsimpulse.

Eine aus der Sozialisation geborene weibliche Besänftigungsstrategie? Die Dominanz des Männlichen wird nicht direkt thematisiert und bearbeitet, sondern gemildert. Damit wird aber der Weg erschwert, über die Identifikation und Kommunikation mit Frauen eigene Stärke zu entwickeln. Die Macht der männlich besetzten Bilder wird so nicht gebrochen. Einem solchen „besänftigenden" Vorgehen leisten die feministisch-theologischen Entwürfe Vorschub, die Frauen auf Gemeindeebene überhaupt erreichen. So bleibt in den Arbeiten von E. Moltmann-Wendel die Dominanz Jesu, auch wenn sie die biblischen Texte als Beziehungsgeschichten interpretiert. Denn: Um *einen* Mann zentrieren sich *mehrere* Frauen, die nach einem kurzen Erscheinen meist wieder zurücktreten. Dieser Tatbestand wird von E. Moltmann-Wendel nicht kritisch ausgewertet.

Wir brauchen demgegenüber dringend Frauen-Beziehungsgeschichten, wobei die markinische Geschichte der Frauen am Grab, auf die E. Moltmann-Wendel hinweist[13], nicht ausreicht. Wir werden hier nach Texten und Bildern suchen müssen, die Frauenbeziehungen in ihrem Einsatz für Selbstachtung und gleichrangige Beziehungen als Vorboten des Reiches Gottes feiern. Das folgende Gebet könnte zur Suche anregen:

„Die Kraft, zu entdecken

Alle: Geist des Lebens, wir gedenken heute der Frauen, der bekannten, wie der namenlosen, die zu allen Zeiten die Kraft und die Gaben, die du ihnen gegeben hast, nutzten, um die Welt zu verändern. Wir rufen diese unsere Urmütter an, uns darin zu helfen, in uns selbst die Kraft zu entdecken, die von dir kommt – und sie so zu nutzen, daß eine Welt entsteht, in der Gerechtigkeit und Frieden regieren.

Wir gedenken SARAHS, die zusammen mit Abraham Gottes Ruf folgte, ihre Heimat verließ und ihren Glauben auf einen Bund mit Gott gründete. Wir bitten um die Kraft ihres Glaubens.

Wir gedenken ESTHERS und DEBORAS, die durch ihr Handeln aus persönlichem Mut ihr Volk erretteten. Wir bitten um die Kraft in ihrem Mut, um uns für das Gemeinwohl einzusetzen.

13 E. Moltmann-Wendel, Das Land, wo Milch und Honig fließt. Perspektiven einer feministischen Theologie, Gütersloh 1985, 193.

Wir gedenken MARIA MAGDALENAS und der anderen Frauen, die Jesus nachfolgten und denen man keinen Glauben schenkte, als sie die Auferstehung verkündeten. Wir bitten um die Kraft ihres Glaubens angesichts von Zweifel und Mißtrauen.

Wir gedenken PHÖBES, PRISCILLAS und der anderen Frauen in der frühen Kirche, die sie mit führten. Wir bitten um ihre Kraft, um das Evangelium zu verkünden und die Gemeinden zu inspirieren.

Wir gedenken der Äbtissinnen des Mittelalters, die Glauben und Wissen lebendig erhielten. Wir bitten um ihre Kraft zu Führungsrollen.

Wir gedenken THERESAS von Avila und KATHERINAS von Siena, die sich gegen die Verderbtheit in der Kirche in der Zeit der Renaissance wandten. Wir bitten um die Kraft ihrer Einsicht und die Offenheit und Unverblümtheit ihrer Sprache. *(An dieser Stelle möchtet ihr vielleicht der Frauen der heutigen Zeit aus eurem Kulturkreis gedenken und des Beitrags, den sie geleistet haben, z.B. der ersten ordinierten Frau, der ersten Ärztin usw.)*

Alle: Wir gedenken unserer eigenen Mütter und Großmütter, deren Leben das unsere geprägt hat. Wir bitten um die besondere Kraft, die sie uns weitergeben wollten.

Wir bitten für die Frauen, die in ihrem eigenen Zuhause Opfer von Gewalt sind. Möge ihnen die Kraft zuwachsen, ihre Angst zu überwinden und nach Lösungen zu suchen. Wir beten für die Frauen, die in einem Leben in Armut und Unterernährung stehen. Möge ihnen die Kraft der Hoffnung zuwachsen, um zusammen auf ein besseres Leben hinzuarbeiten.

Wir beten für die Frauen, die heute in ihren Arbeitsgebieten Besonderes wagen. Möge ihnen Ausdauer als Kraft zuwachsen, um so allen Frauen neue Arbeitsgebiete zu erschließen.

Alle: Wir beten für unsere Töchter und Enkelinnen. Möge in ihnen die Kraft wachsen, ihr ganz eigenes Leben für sich zu entdecken. *(Fügt hier alle Frauen an, derer ihr gedenken oder für die ihr beten möchtet.)*

Alle: Wir haben viele Frauen in Vergangenheit und Gegenwart besungen, die die Kraft hatten, das Leben mit zu gestalten. Jetzt ist es Zeit, auch uns selbst zu feiern. In einer jeden von uns ist wie in ihnen Leben, Licht und Liebe angelegt. In einer jeden von uns ist der Keim zu Kraft und Heiligkeit beschlossen. Mit unseren Körpern können wir Liebe fühlbar machen; mit unseren Herzen können wir Heilung bringen; mit unserem Verstand können wir Glauben, Wahrheit und Gerechtigkeit erkennen. Geist des Lebens, begleite uns in unserem Suchen."[14]

4. Die Frauen erwähnen kaum Bilder oder Symbole. Dafür sind folgende Erklärungen denkbar:
a) Die Frauen erzählen hiervon nicht, weil es in einem Gespräch über den Glauben und Jesus Christus um den „richtigen", sprich: kirchlich vermittelten, Glauben geht.
b) Die Frauen erinnern keine Bilder und Symbole, weil kirchliche Tradition sie nicht oder unzureichend anbot.
c) Die Bilder und Symbole haben sich zwar der Seele eingeprägt, aber nicht die Ebene der bewußten Wahrnehmung erreicht.
Welche Erklärung auch die zutreffende sein mag, es liegt auf der Hand, daß die evangelische Kirche des Wortes es entweder nicht vermochte, einen Bilderreichtum bereitzu-

[14] A.M. Heidkamp, Die Kraft, zu entdecken. Aus: Sybille Fritsch Oppermann/Bärbel von Wartenberg-Potter (Hg.), Die tägliche Erfindung der Zärtlichkeit. (GTB 489). Gütersloher Verlagshaus. Gütersloh, 3. Auflage 1990.

stellen, oder aber diesen Bereich als sekundär abwertete, so daß er von den Frauen nicht thematisiert wird. Obwohl in den letzten Jahren mit Familiengottesdiensten und anderen Gottesdienstformen auf dieses Defizit reagiert wurde, scheint hier noch ein erheblicher Nachholbedarf zu bestehen. Vielleicht gelten diese Gottesdienste mit ihren Bildern und Zeichen auch immer noch nicht als so „seriös“ wie die „richtigen“ Gottesdienste. Hier ist allerdings auch anzumerken, daß die befreiungstheologisch orientierte feministische Theologie dieses Gebiet den eher tiefenpsychologisch ausgerichteten Frauen überlassen hat.

5. Auch für Bilder, Geschichten und Symbole, die eher männlich bestimmt sind, gibt es in den Erzählungen wenig Raum. Auf die Bedeutung von Symbolsystemen für das menschliche Leben hat aber aus feministischer Perspektive die Religionswissenschaftlerin Carol Christ hingewiesen. Im Anschluß an den Anthropologen Clifford Geerts macht sie darauf aufmerksam, daß Religion als ein „System von Symbolen“ Stimmungen und Motivationen hervorruft. Unter einer Stimmung ist eine psychologische Haltung (wie Ehrfurcht, Respekt usw.) zu verstehen, die Motivationen als ethischen Handlungsimpuls grundiert. „Symbole haben sowohl psychologische als auch politische Wirkungen.“[15] Bilder und Symbole erreichen tiefere seelische Schichten als Worte, als die Ebene der bewußten Rationalität. Von daher wirken sie nachhaltiger und langandauernder.

> „Symbolsysteme können nicht einfach abgelegt werden, sie müssen ersetzt werden. Ich glaube, daß da, wo keine Ersetzung stattfindet, das Denken und Fühlen in Zeiten der Krise, Verwirrung oder Niederlage zu den vertrauten Strukturen zurückkehrt. Religionen, die auf der Verehrung eines männlichen Gottes beruhen, erzeugen Stimmungen und Motivationen, die Frauen in einem Zustand der psychologischen Abhängigkeit von Männern und männlicher Autorität halten. Gleichzeitig legitimieren sie die politische und soziale Autorität der Väter und Söhne in den Institutionen der Gesellschaft.“[16]

Wichtig ist es, daß Frauen für sie heilsame Bilder und Symbole auf sich wirken lassen und allmählich durch die Wandlung von Stimmung und Motivation sich selbst annehmen lernen als Frauen, die weibliche Macht bejahen und aus dieser Macht heraus handeln.

Legen wir diese Gedanken zugrunde, so ist es äußerst besorgniserregend, wie wenig protestantische Theologien des Wortes Frauen ermutigt haben, sich zu Bildern oder Symbolen zu äußern. Werden diese nicht bewußt gemacht oder in den Bereich des nicht ganz vollgültigen Glaubens oder nicht ganz vollgültiger Gottesdienste (Familien- oder Frauengottesdienste) abgeschoben, kann auch keine Umwandlung auf dieser Ebene stattfinden. Dann ist aber zu befürchten, daß feministischen Theologien mit ihren Intentionen noch ein sehr langer Weg bevorsteht, weil Frauen in Zeiten der Verunsicherung von den altvertrauten Symbolen bestimmt bleiben.

Wenn wir uns diesen Sachverhalt klarmachen, stellt sich mit aller Brisanz die Frage, ob eine Theologie und Kirchlichkeit, die sich auf einen Mann in ihrem Zentrum beruft, das Patriarchat entmachtende Bilder vermitteln kann. Vielleicht wäre es hier wichtig, das wieder pointiert in den Mittelpunkt zu stellen, was das *Anliegen Jesu* – und nicht nur seines! – war: die Nähe des Reiches Gottes als Gemeinschaft von Gleichgestellten zu

---

15 C. Christ, Warum Frauen die Göttin brauchen, in: Schlangenbrut, Nr. 8, 2/1985, 6ff, 7.

16 C. Christ, Warum Frauen die Göttin brauchen, a.a.O., 8.

leben und zu verkünden. Das Reich Gottes, von dem Jesus plastisch erzählte und das er in manchen Momenten mit Frauen, Männern und Kindern, die bei ihm waren, verwirklichte, könnte eine Quelle heilender Bilder bergen. Aber auch, wenn wir ihn, wie Rosemary Radford Ruether, eher vom prophetischen Prinzip her verstehen,[17] relativiert sich seine dominierende Stellung. Er steht dann in einer Reihe von Frauen und Männern, die gegen Benachteiligung aufstanden. Auch aus dieser Interpretation können Bilder entstehen, die Frauenmacht stärken und Visionen der Gleichrangigkeit entwickeln helfen.

---

17 R.R. Ruether, Feministische Interpretation: Eine Methode der Korrelation, in: L.M. Russell (Hg.), Befreien wir das Wort. Feministische Bibelauslegung, München 1989, 131ff, 139.

10. Kapitel
Kirche als Instanz christlichen Glaubens

Aspekte traditioneller Theologie

„Kirche als Instanz christlichen Glaubens" mag eine ungewöhnliche Überschrift im protestantischen Kontext sein. Ist es doch protestantisches Pathos gewesen, daß die Schrift *allein* über Glaubensfragen richten solle. Die Bibel ist Instanz. Das Wort der Verkündigung weckt und erhält den Glauben. Die Kirche selbst ist als creatura verbi (lat.: Schöpfung des Wortes) der Schrift untergeordnet. In Glaubensangelegenheiten dürfen *alle* in der Kirche urteilen – wenn sie sich an der Schrift orientieren. Das Amt ist um der guten Ordnung willen da und macht auch als Amt Christi (s. 8. Kapitel: Die Bedeutung von Gottesdiensten für den Glauben an Jesus Christus) die Amtsinhaber nicht zu einer besonderen Autorität. Sie stehen lediglich für die öffentliche schriftgemäße Verkündigung. Und doch stimmt dieses augenscheinlich nicht mit der Realität überein oder – besser gesagt – nicht damit, wie viele Menschen Kirche erfahren und verstehen. Da hier etwas geschehen ist und geschieht, was nach dogmatischen Grundentscheidungen eigentlich nicht sein darf, gehen wir an dieser Stelle anders vor als in den sonstigen Kapiteln des Buches. Wir suchen einige Erklärungsmöglichkeiten:

a) Die Schrift ist nun einmal nicht so klar und widerspruchsfrei, wie zuweilen angenommen wird. Das als Instanz dienende Kriterium ist so eindeutig nicht heranzuziehen. Diese Feststellung dürfte nach der langen historisch-kritischen Forschungsgeschichte banal sein. Und doch gibt es kirchliche Verlautbarungen, die so tun, als sei die Zeit stehengeblieben und – das ist das Entscheidende! – als hätte die Kirche gegenüber den sogenannten Laien/innen Kompetenzen, die sie selbst als Kriterium anzuwenden verstünde.

b) Es ist ein Irrtum zu meinen, die Amtsfunktion wirke sich nicht auf das Ansehen der Person aus; Pastoren sind „irgendwie" etwas Besonderes.

c) Bibelwissenschaftliche und dogmatische Sachverhalte vermitteln sich schwer auf die Gemeindeebene. Theologische Sprache, die Art des Argumentierens und die Problemstellungen sind in der Gefahr, Herrschaftswissen zu sein.

d) Von der Gemeinde aus schwer durchschaubare kirchliche Strukturen vermitteln ein Bild von „Kirche als Instanz des Glaubens".

e) Gremien und zahllose Verlautbarungen vermitteln Laien/innen einen Eindruck von Geschäftigkeit und Kompetenz, der sie lähmt.

Kirche als Instanz des Glaubens bedeutet: Im Bewußtsein der Menschen sind nicht sie *selbst* Kirche, sondern Kirche tritt ihnen gegenüber. Konrad Raiser, Generalsekretär des Ökumenischen Rates der Kirchen, beobachtet eine neuerliche Verstärkung dieses Phänomens:

> „Freilich läßt sich auch in den Kirchen, in denen die ökumenische Laiendiskussion zunächst ein breites Echo ausgelöst hat, heute ein Rückfall in ein sehr viel älteres Verständnis der Laien im Sinne eines defizienten Status beobachten. Die Laien sind die ‚bloßen' Mitglieder der Kirche. Ihnen stehen gegenüber
>
> – die Spezialisten und Experten, das heißt in der Kirche die Theologen. Die Laien sind inkompetent im Blick auf theologisches Fachwissen. Sie sind die Empfänger von Informationen und die Zielgruppe von kirchlichen Bildungsmaßnahmen;

– die professionellen oder hauptamtlichen Mitarbeiter. Die Laien, besonders als ehrenamtliche Mitarbeiter, erfahren sich häufig als machtlos, als störend für den reibungslosen Ablauf und gegebenenfalls sogar als ungewollte Konkurrenz für die Hauptamtlichen;
– die ordinierten Amtsträger. Die Laien können auf keine amtliche Legitimation zurückgreifen und nur ihre persönliche Autorität einsetzen.
Als die bloßen Mitglieder stehen die Laien der Kirche selbst gegenüber, die sich als Organisation durch ihre hauptamtlichen Mitarbeiter, vor allem die theologisch ausgewiesenen Amtsträger, darstellt."[1]

Aspekte feministischer Theologie

Aus der Sichtweise der „Laiinnen" ist bislang auch im feministischen Bereich noch kaum über die Bedeutung der Kirche für den Glauben geschrieben worden. Während nordamerikanische feministische Theologinnen, wie Rosemary Radford Ruether oder Elisabeth Schüssler Fiorenza, zwar bei ihren Entwürfen von „Frauenkirche" oder „Frauengemeinschaft" von Laiinnen ausgehen, setzen sie bei diesen Frauen ein überdurchschnittliches Maß an Bibelkritik, emanzipatorischem Bewußtsein und politischem Engagement voraus. Das männlich geprägte Kirchenverständnis wollen sie mit Erfahrungen sprengen,

„die unser Solidarischsein als Schwestern feiern, um uns gegenseitig Macht zu verleihen, und die unsere durch die Taufe ergangene Berufung zur Nachfolge von Gleichgestellten zurückgewinnen. Dieses Bild und Selbstverständnis macht es uns möglich, eine feministische Bewegung aufzubauen – nicht an den Rändern der Kirche, sondern als zentrale Verkörperung und Inkarnation der Vision von Kirche: Kirche, die in Solidarität mit den Unterdrückten und Verarmten lebt; deren Mehrheit Frauen und von Frauen abhängige Kinder sind."[2]

Auf deutscher Seite besteht – von Ausnahmen abgesehen[3] – ein vordringliches Interesse an der noch immer ambivalenten Situation der Frau als Pfarrerin[4]. Die meist in persönlicher Form gehaltenen Aufsätze kreisen im wesentlichen um die Frage, wie Frauen ein männlich geprägtes Amt und öffentliche Macht handhaben können. Wie Laiinnen mit der ebenfalls in ihre persönlichsten Bereiche hineinwirkenden Autorität einer männlich dominierten Kirche umgehen können, ist unseres Wissens bislang noch kaum untersucht worden. Nur zwei Untersuchungen beziehen ausdrücklich auch ehrenamtlich arbeitende Frauen mit ein.[5]

---

1 K. Raiser, Herrschaft der Experten, in: Deutsches Allgemeines Sonntagsblatt, 22.06.94, 19.

2 E. Schüssler Fiorenza, Zu ihrem Gedächtnis ... Eine feministisch-theologische Rekonstruktion der christlichen Ursprünge, München Mainz 1988, 408f.

3 I. Lukatis, Frauen in Kirche und Theologie, Hannover 1988, beschreibt in einem Band des Lutherischen Verlagshauses die gegenwärtige soziale Situation von Frauen in der westdeutschen Kirche; A. Schulenburg, Feministische Spiritualität. Exodus in eine befreiende Kirche?, Stuttgart Berlin Köln, 1993; C. Wolf (Hg.), Macht und Ohnmacht der Frauen in der Kirche, Stuttgart 1983, läßt 15 Kirchenfrauen in gehobener Position biographisch erzählen.

4 Z.B. R. Bernhardt (Hg.), Alltagstheologie. Glauben im Alltag junger Pfarrerinnen und Pfarrer, Neukirchen-Vluyn 1993; S. Kahl (Hg.), Die Zeit des Schweigens ist vorbei. Zur Lage der Frauen in der Kirche, Gütersloh 1979; E. Reichle, Chancen, Erwartungen und Befürchtungen von Theologinnen im kirchlichen Dienst gestern und heute, in: Theologia Practica 20/1985, 47ff; G. Kratzmann/U. Wagner, Lernen, Pastorin zu sein. Ein Briefwechsel, in: Pastoraltheologie 72/1983, 415ff; U. Wagner-Rau, Zwischen Vaterwelt und Feminismus. Eine Studie zur pastoralen Identität von Frauen, Gütersloh 1992; aus Holland C. Halkes, Suchen, was verlorenging. Beiträge zur feministischen Theologie, Gütersloh 1985.

5 A. Hieber/I. Lukatis, Zwischen Engagement und Enttäuschung. Frauenerfahrungen in der Kirche, Hannover 1994; von katholischer Seite: M. Rotter/R. Schüle (Hg.), Trotz allem. Frauen sagen ja zur Kirche, Würzburg 1994.

„Frauenkirche [ist] hierzulande ein brisantes, weil belastetes Unternehmen. ‚Frauenkirche' beinhaltet für viele Frauen in ihren Befreiungsversuchen nicht immer eine Verheißung, die sie anzieht. Das kommt nicht von ungefähr: Die schlechtesten Erfahrungen, die hochkommen, wenn frau das Wort ‚Kirche' nur hört, fehlen nicht, nur weil Frauen das Wort nun mit einem Präfix für sich beanspruchen: *‚Warum ausgerechnet schon wieder Kirche' – muß* das denn sein?'
Frauen befürchten:
– daß sie sich in einer Frauenkirche anachronistisch wieder ‚mit dem alten Hut' abplagen müssen
– daß Frauen es nicht wirklich schaffen, sich selbst einen *neuen* Kirchen-Raum zu geben; sie argwöhnen (unbewußte) Rück-Fälle in bekannte kirchliche (Verhaltens-) Modelle und vermuten
– daß durch einen neuen Raum die erst gerade gewonnene Freiheit verlorengeht
Daneben gibt es auch viele Frauen, für die die alte Heimat ‚Kirche' und alles, was sie damit einmal verbunden haben, gleichgültig geworden ist, wenn es um das Leben einer Feministischen Spiritualität geht. Sie finden das Gemeinschaftselement auch in anderen Frauengruppen, die sie nicht mit ‚Kirche' in Verbindung bringen wollen. Sie wissen nicht, wozu so etwas wie ‚Kirche' noch gut sein soll."[6]

Frauen, die in Gemeinden integriert sind, fürchten, in einen schwer auszuhaltenden Zwiespalt zu geraten. Sie bangen um den Verlust von Sympathien und vertrauten Lebensräumen. Für Frauen, die beruflich mit Theologie und Kirche zu tun haben, gilt (anders als in Nordamerika):

„Frauen, insbesondere Theologinnen, sehen sich fast überall mit Kirche als Amtskirche konfrontiert. Frei-Raum ist sehr selten; Enge herrscht vor – gerade die innere Gebundenheit an unterdrückende Strukturen läßt sich für Frauen oft nicht einfach lösen. Viel Energie geht deswegen in die Auseinandersetzung mit der Massivität der anscheinend unverrückbaren Amtskirche. Für experimentierende ‚Selbstversuche' fehlt oftmals die Autonomie und der Spielraum zum Weiter-Denken."[7]

Aspekte aus den Erzählungen der Frauen

„Kirche" ist der von unseren Interviewpartnerinnen am häufigsten gebrauchte Begriff, wenn sie über das äußere Gefüge ihres Glaubens sprechen. Sie beziehen sich dabei hauptsächlich auf zwei Erfahrungen mit der evangelischen Kirche: den heimatlichen Ort positiv erlebter Gemeinschaft (s. 7. Kapitel: Jesus Christus als Grund von Gemeinschaftserfahrungen) und die übergeordnete Glaubensinstanz. Als Instanz des Glaubens tradiert die Kirche Normen und Dogmen, die von den Frauen eher verschwommen wahrgenommen werden und ambivalente, von Unsicherheit geprägte Gefühle auslösen. Der Person des Gemeindepfarrers als sichtbarem Repräsentanten dieser Kirche stehen die meisten der von uns befragten Frauen jedoch positiv und erwartungsvoll gegenüber.

1. Persönlicher und „richtiger" Glauben

Der persönliche Glauben

Der von den Gesprächspartnerinnen auf verschiedene Weise entwickelte und gelebte christliche Glauben erweist sich für die meisten als tragfähige und bereichernde Kraft.

6 A. Schulenburg, Feministische Spiritualität. Exodus in eine befreiende Kirche?, Stuttgart Berlin Köln 1993, 206f.
7 A. Schulenburg, Feministische Spiritualität, a.a.O., 206.

Im Alltag verleiht ihnen vor allem der Glauben an Jesus Antrieb zum Handeln (s. 1. Kapitel: Der „ethische Jesus“) und Ermutigung in schwierigen Lebenssituationen. Heike S. (35), in deren Umweltengagement diese beiden Aspekte des Glaubens zusammenfließen, äußert stellvertretend und prägnant:

„Also wenn ich mich frage, was für einen Sinn diese ganze Umweltgeschichte hat, gerade wenn man sich so ansieht, daß immer mehr eigentlich den Berg heruntergeht, egal, wieviel wir tun, dann würde ich als Nichtchrist wirklich verzweifeln. [...] Also ich habe die Begründung für dieses Engagement durch meinen Glauben, und ich habe die Kraft durch meinen Glauben. Wenn beides nicht da wäre, würde ich wahrscheinlich gar nicht im Umweltbereich arbeiten, dann würde ich wahrscheinlich irgendwo in der Industrie sitzen.“

Irmgard H. (55) unterscheidet beide Elemente ihres Glaubens, indem sie Jesus die Kraft zum Handeln und Gott Vertrauen und Ermutigung zuordnet.

„*Jesus* gibt mir wirklich schon viel Kraft, aber was *Gott* mir gibt, das ist eben ungeheuerlich, gewaltig, gut. Ich denke, für mich wäre das manchmal ganz schwierig gewesen, aus dem wieder herauszufinden, wenn ich nicht dieses Gefühl gehabt hätte, ich werde getragen, wenn ich so voller Not bin. Es sind ja gar nicht einmal meine persönlichen, ganz persönlichen Dinge, sondern Dinge, die so aus der Familie erwachsen. Dann dieses Gefühl: Ich kann mich so *absolut* fallenlassen, und irgendwann habe ich dann wieder genauso viel Kraft, und der Tag ist wieder genauso schön wie er war.“

Auf ähnliche Weise erfahren die meisten der von uns befragten Frauen durch ihren Glauben „Geborgenheit, Sicherheit, Trost“. Besonders die ältere Generation verweist, wie Ulrike W. (58), in diesem Zusammenhang ausdrücklich auf das persönliche Gebet, „daß man, ja, anfängt zu reden ..., in schwierigen Situationen dann Ruhe holt, Besinnung.“ Monika A. schildert mit großer Offenheit ihr Gebet angesichts schwerer Entscheidungen (s. 9. Kapitel: Geschichten und Bilder des Glaubens an Jesus Christus). Auf besonders krasse Weise zeigt Monika A.s Darstellung des Gebets die Spannung ihres persönlichen Glaubens: Er erweist sich als befriedigend und hilfreich auch in problematischen Lebenssituationen, entzieht sich aber bei abstrakter theologischer Anfrage bis zur Selbstverleugnung. Nuancierter tritt dieses Paradox in einer Vielzahl der Interviews zutage.

Der „richtige“ Glauben

In vielen der von uns geführten Gespräche hegen die Frauen schon in der zweiten, ihre eigenen Glaubensaussagen vertiefenden Phase Zweifel an der Qualität ihres Glaubens, die sich im letzten, gelenkten Teil des Interviews noch vermehren. Die wesentliche Ausnahme aller Zweifel bildet die starke Bindung der Frauen an den ethisch vorbildhaften Jesus, wie sie besonders im Interview mit Irmgard H. (55) zutage tritt: „Bei allem, was mit Jesus, Gottes Sohn zusammenhängt, habe ich keine Probleme, das zu glauben.“ Die Schilderung ihres vertrauensvollen Glaubens an Gott unterbricht und relativiert Irmgard H. jedoch: „Das ist wahrscheinlich so ein ganz einfacher Glaube, den ich mir aus dem, was ich verstanden habe, für mein Leben so als Inhalt gemacht habe.“ Nicole W. (18) hält bei der Beschreibung ihrer Wahrnehmung von Kirche als offenem, heimatlichem Haus inne:

„Man kann den Glauben bestimmt auch auf viele andere Sachen beziehen, viele andere Sachen, aber für mich ist es dieses: Menschen, die dazugehören, Aktivitäten … Ich weiß nicht, ob das genügt? Ein bißchen oberflächlich alles, glaube ich, nicht? Also so richtig glaubende Menschen, die dann immer noch jeden Sonntag zur Kirche gehen … Nur die ältere Generation, glaube ich, lebt so."

Verbindet Nicole W. die Unzulänglichkeit ihres Glaubens spontan mit ihrem unregelmäßigen Gottesdienstbesuch, distanziert Monika A. (46) sich von ihrem Glauben, „weil ich mit Sicherheit oft genug gegen die Zehn Gebote verstoße, ohne es zu wissen und ohne es bewußt zu machen." Implizit stellen der regelmäßige Kirchgang und die Befolgung der Zehn Gebote die wesentlichen *sichtbaren* Merkmale christlichen Glaubens für sie dar.

Nicole W. macht ihre Glaubensunsicherheiten zwar zunächst an Äußerlichkeiten fest, befürchtet aber zudem wie die Mehrzahl der Frauen, dem christlichen Glauben *intellektuell* nicht zu genügen. Ihr intellektuelles Unterlegenheitsgefühl deutet Nicole W. auf die Frage nach ihr wichtigen biblischen Texten an:

„Also wir hatten einmal bei ‚gottesdienst-leben' den … 23. Psalm? Den mit: ‚Der Herr ist mein Hirte'. Den hatten wir aufgegliedert und so ein bißchen interpretiert. Ich kannte ihn ja vorher schon, habe ihn gelesen und so, aber was dahintersteckt, das wußte ich nicht, das hatte ich noch gar nicht überlegt. Wenn man das öfter lesen würde, dann würden vielleicht einige Texte wichtig *werden*. Aber ich brauche da immer Anleitung, so mit jemand zusammen. Von alleine kann ich das nicht, das vergißt man dann auch wieder irgendwie."

Gabriela E. (49), die zu einem selbstbewußteren Umgang mit dem Glauben gefunden hat, formuliert die Zweifel an der Qualität ihres Glaubens eher rückblickend. Noch immer sieht aber auch Gabriela E. die Schuld am Mißlingen des „richtigen" Glaubens bei ihrer *eigenen* Unfähigkeit:

„Also daß ich Angst vor Gott hatte, kann ich eigentlich nicht sagen. Ich meine, manchmal schon, eben in Bezug auf meinen Glauben. ‚Glaubst du eigentlich richtig, nicht? Du möchtest, daß er da ist.' Da habe ich schon immer wieder Zweifel gehabt. Aber das ist in den letzten Jahren bei mir eigentlich sehr viel besser geworden. […] So dieser Glauben, da sage ich: ‚Ich glaube halt so gut ich kann. Und was ich nicht glauben kann – ich kann es nicht ändern.' Ich denke halt: ‚Ich gebe mir Mühe.' Da mache ich mir jetzt nicht mehr so viele Gewissensbisse und sage halt: ‚Ich kann es nicht anders.' Und habe so das Gefühl, Gott kann das nachsehen."

„Was ich nicht glauben kann" – das sind für Gabriela E. die Auferstehung im dogmatischen Sinne, die Begriffe Sünde und Strafe und die Allmacht Gottes. Diese dogmatischen Glaubensinhalte stehen in einem spannungsvollen Verhältnis zu Gabriela E.s eigenem Glauben. Unverständliche, Unsicherheit auslösende Inhalte des christlichen Glaubens sind auch für Sabine M. die Auferstehung, für Irmgard H. der Heilige Geist und das Verhältnis des Christentums zum Alten Testament, für Anneliese D. die Begründung der Gottessohnschaft Jesu und für Erika L. der Sühnecharakter des Kreuzestodes Christi. Hinzu tritt die Furcht, dem christlichen Glauben gar nicht richtig anzuhängen oder *inhaltlich* „am richtigen Gottesverständnis haarscharf vorbeizuglauben", wie es Sabine M. im Nachgespräch des Interviews ausdrückt.

Stellvertretend für die meisten Interviewpartnerinnen distanziert Erika L. sich von den transzendenten Aspekten der Christologie. Sosehr Christi Leben, seine Worte, Heilungen

und Wunder wie auch sein Leiden den Glauben der Frauen prägt, so fremd bleibt seine Erhöhung. Der Sühnecharakter seines Todes, Christi Himmelfahrt und Auferstehung im dogmatischen Sinne sind für sie unverständliche Bestandteile des Glaubens.
Stoßen die Frauen auf ihnen fragwürdige Inhalte des Glaubens, nennen sie diese jedoch in der Regel *nicht* beim Namen, sondern sprechen allgemein von „kirchlichen Geschichten" (Andrea R.), „christlichen Lehrsätzen" und „Geboten der Kirche" (Anneliese D.), die die „Volkskirche" (Irmgard H.) und das „Kirchenjahr" (Erdmute K.) versinnbildlichen. Die konkreten Bibelabschnitte, dogmatischen Sätze oder kirchlichen Traditionen bleiben hinter diesen Worten verborgen – als seien die Frauen selbst nicht sicher, worin eigentlich der Makel ihres Glaubens besteht. Diese Ungewißheit äußert sich in Irmgard H.s (55) Zweifeln an ihrer rechtmäßigen Zugehörigkeit zur Volkskirche: „Ich bin ja sicher für mich ein überzeugter Christ, aber wie das so von der Volkskirche verstanden wird …" Auf die Frage der Interviewerin, was denn am Glauben der Volkskirche anders sei, antwortet sie:

> „Das weiß ich eben nicht! Ich denke, das sind alle die – ich will gar nicht einmal sagen ‚die Pastoren', aber Menschen, die so durchgeistigt oder durchgeistlicht sind … Für mich geht das an ganz praktischem Glauben-Leben vorbei. Das ist für mich der Unterschied – ob er das wirklich ist, weiß ich nicht. So habe ich mir das erklärt."

Unpersönliche, distanzierte Formulierungen – wie Erika L.s (47) Reaktion auf die Frage nach der Auferstehung: „Das ist schon richtig, das ist klar", – ausweichende Antworten, Themenwechsel, verlegene Pausen oder Stammeln drücken das Unbehagen gegenüber den ungenannten Glaubensverpflichtungen aus. Im Gespräch mit Gabriela E. (49) läßt sich diese Spannung am Wechsel von der Ichform zum distanzierten „man" ablesen: Während sie die Themen Sünde und Sühne in der 3. Person andeutet, sei das Kreuz für sie „eben nichts, was einem da so hingehalten wird, sondern es ist eben wirklich das Leben, es ist unser Leben, nicht? Es ist nicht etwas, woran ich verpflichtet werde zu glauben." Auch Gabriela E.s Aussage verweist auf das Bewußtsein eines an die Kirche gekoppelten normativen Glaubens, der den eigenen Glauben überschattet und beurteilt.
Die Frauen berichten auch von Konfrontationen mit dem „richtigen" Glauben außerhalb der Kirche, wobei für viele die religiöse Erziehung der Kinder zum Prüfstein ihres Glaubens wird. Selbst in Irmgard H.s (55) nüchterner Zusammenfassung: „Ich habe mir Mühe gegeben, so gut ich es mit meinem laienhaften Glauben konnte", klingt die Anstrengung und Unsicherheit bei der religiösen Erziehung der Kinder nach. Während Andrea R. (37) die Überlegungen zur Taufe ihrer Töchter zum Wiedereintritt in die Kirche bewegen, kommt es bei Hilde N. (61) zum Bruch mit ihrem bisherigen selbstverständlichen Glauben:

> „Als meine Kinder geboren wurden, da kam plötzlich ein Bruch. Denn da mußte ich das weitergeben. Und da ich mir immer sehr gut überlege, was ich weitergebe, ob ich dahinterstehe …, da ging das plötzlich nicht. Ich habe zwar am Kinderbett abends gesungen, aber ich habe nicht mit den Kindern abends gebetet, und ich habe ihnen keine biblischen Geschichten erzählt. Wenn die Kinder nachher in den Kindergottesdienst wollten – okay. Ich habe auch Kontakte dieser Art nicht unterbunden. Und ich habe mich auch nachher bemüht, daß die Kinder zum Konfirmandenunterricht gingen, weil ich dachte: ‚Das gehört einfach dazu. Sie müssen das Wissen haben und sich dann selbst entscheiden müssen.'"

Die Vermittlung von Inhalten des Glaubens, hinter denen sie selbst nicht voll steht, delegiert Hilde N. an die Kirche. Aber die Weitergabe des Glaubens, allein das Verbalisieren von Glaubensüberzeugungen ohne missionarischen Eifer, schreckt auch Nicole W. (18) in der von ihr geleiteten Kindergruppe: „Eine message herüberbringen …, das traue ich mir noch nicht ganz zu“, irritiert Irmgard H. (55) bei den von ihr zu haltenden Andachten im Kirchenvorstand und begleitete Sabine M.s (28) Versuche, in der Kirche Fuß zu fassen:

„Nach der Schule habe ich dann so ein Freiwilliges Soziales Jahr gemacht in der Kirchengemeinde, und da habe ich gemerkt, daß es mir schwerfällt, sehr schwerfällt von Gott oder von Jesus zu erzählen. Also das so weiterzugeben an andere, das kann ich irgendwie nicht. Ich kann das wohl für mich so leben, aber ich kann das nicht so missionarisch weitergeben. Ich weiß nicht, das liegt mir nicht, und irgendwie will ich das auch nicht. Ich will das vorleben, oder die Leute müssen selbst darauf kommen oder durch andere – also ich kann das jedenfalls nicht. […] Dann war ich noch im Kirchenvorstand. Und das ist auch wieder so, daß ich gerne auch in der Kirche mitwirken möchte. Ich möchte auch eine Gemeinde mitprägen, aber ich bin eben nicht so verwurzelt, daß ich sagen kann: ‚So, ich bin überzeugte Christin.‘ Das nicht.“

So fremd ist den Frauen der eigenständige intellektuelle Umgang mit dem „richtigen“ christlichen Glauben, so groß die Angst vor Blöße und Fehlern!

2. Ursachen der Spannung zwischen persönlichem und „richtigem“ Glauben

Die Angst vor Fragen

Einige Frauen suchen im Interview nach den Ursachen ihrer Unsicherheit gegenüber dem normativen Glauben. Irmgard H. (55) sieht diese in ihrer eigenen Unfähigkeit, Fragen zu stellen, begründet.

„Wir haben ja auch nicht gefragt! Das war früher nicht so wie heute. Da fragte man nicht so. Ich finde es heute so toll, daß die Kinder diese Freiheit und die Offenheit haben zu fragen. Ich habe, was die Eltern sagten, einfach so hingenommen. Es war so, das wurde nicht nachgefragt. Mein Vater war auch sehr autoritär. Ich weiß gar nicht, wie er das geduldet hätte.“

Gabriela E. (49) bestätigt dieses Verhalten:

„Ich habe nie eine Frage gestellt. Nie. Also nicht als Kind. Ich kann mich erinnern, als kleines Kind nicht, als größeres Kind nicht und in der Konfirmandenzeit schon überhaupt nicht über Glaubensfragen. Ja, das fand ich eigentlich schade … war auch gar nicht möglich, war viel zu viel Scheu oder …, ich weiß nicht, wie ich es sagen soll. Man sprach darüber nicht.“

Während Gabriela E. als junge Frau die Barriere zu Glaubensfragen durch intellektuelle Auseinandersetzung (Religionsunterricht, Studentengemeinde, Vorträge, theologische Literatur) überwindet, bleibt Irmgard H.s Unterlegenheitsgefühl bestehen, „weil ich mit dem absolut wirklichen Glauben von vielen Dingen meine Probleme habe“:

„Nach wie vor habe ich Probleme damit, alles so zu glauben: ‚Das sei einfach so,‘ und das soll ich glauben. […] Der Glaube, den ich mir jetzt so zurechtgelegt habe, er ist natürlich entstanden durch mein Nicht-Hinterfragen. Vielleicht wäre manches anders gekommen, wenn ich gefragt hätte, ich weiß es nicht.“

Es scheint, als versage sich Irmgard H. als erwachsene Frau *selbst* den Wunsch, Fragen zu stellen. Selbstkritisch beobachtet Sabine M. (28) bei sich ein ähnliches Verhalten:

„Ich denke auch nicht mehr viel über Glauben nach, obwohl ich das vielleicht mal wieder tun sollte. Aber ... ich weiß auch nicht, warum ich das nicht tue. Es ist vielleicht auch unbequem. Oder ich habe vielleicht auch Angst, daß ich Fragen habe, auf die ich keine Antworten finde, und deswegen frage ich vielleicht gar nicht erst."

An ihrem Umgang mit der Bibel veranschaulicht Sabine M. das Dilemma von Interesse und Hilflosigkeit bei der Auseinandersetzung mit christlichen Inhalten.

„Also ich finde es faszinierend, was da in der Bibel steht an Weisheiten, die uralt und so aktuell sind. Diese Stellen lese ich ganz gerne, obwohl mir vieles unklar ist, also ich habe immer irgendwie ganz viele Fragen, wenn ich die Bibel lese. Ich lese sie auch nicht mehr so viel. Ich habe sie eine Zeitlang ganz systematisch gelesen, immer so ein Kapitel und dann das nächste. Im Neuen Testament bin ich da immer hängengeblieben, weil ich Fragen hatte, und irgendwie kam ich da nicht so richtig weiter. Ich konnte mir die Fragen nicht beantworten. Also ich bin dann auch nicht jemand, der sich dann so doll damit beschäftigt und ganz viel fragt oder ganz viel liest, das auch wieder nicht. Ich glaube, ich bin wohl schon jemand, der sich das heraussucht, was er gerade verstehen will. Denn eigentlich müßte ich mich ja auch mit den Sachen beschäftigen, die ich nicht verstehe oder nicht gut finde. Also wenn da zum Beispiel steht: ‚Das wird dir im Himmel vergolten,' das stand ganz oft darin, dann habe ich immer gedacht: ‚So ein Blödsinn. Man tut doch nichts, damit einem das irgendwie wieder belohnt wird. Man muß es doch tun um der Sache willen.' Da kamen so Stellen, wo ich noch so viele Fragen hatte. Ja, eigentlich müßte ich mich damit beschäftigen, und dann lese ich nur das, was ich eben für gut halte. Ich weiß, daß das nicht richtig ist, aber ..."

Bildet das Nicht-Hinterfragen christlicher Lehre zwar Schutz vor Fremdem und Rechtfertigung des eigenen Glaubens, so bezeichnet es für viele Frauen doch die unüberwindliche Kluft zwischen eigenem und normativem Glauben. In diesem Prozeß stellt sich die Frage nach der Rolle der Kirche, die die Frauen schließlich ihrem Dilemma überläßt.

Autoritäre Kirche

Daß die Frauen gerade ihnen unverständliche Glaubensinhalte oder Traditionen als „kirchlich" bezeichnen und ihnen gegenüber Zweifel und Gewissensbisse empfinden, entwirft das Bild einer Glaubensautorität Kirche. In dieser Kirche ist es schwer, einen selbstbewußten, lebendigen Umgang mit dem Glauben zu entwickeln.

Hilde N. (61) wirft der christlichen Kirche als einzige Interviewpartnerin *direkt* hierarchische Strukturen vor, die einige andere Frauen leise andeuten. Gleich zu Beginn des Interviews sagt sie: „Also ein Punkt ist diese Autorität, dieses Wort ‚Herr', das mich unheimlich stört ..., also einmal dieser ganze Bereich von Unterordnung." Im weiteren Verlauf des Gesprächs attackiert Hilde N. dann aus verschiedenen Perspektiven die Verquickung von Glaube und Kirche in ihrer Forderung an den Menschen, sich zu unterwerfen. Der Glaube an den Heiligen Geist bildet dabei für sie eine Ausnahme:

„Ich könnte am allerehesten etwas mit dem Heiligen Geist anfangen. Weil das die Idee ist, weil das für mich das Gefühl ist oder das, was *zwischen* Menschen passiert. Das ist nicht so personifiziert. Ich meine, das klingt auch alles so naiv – oder vielleicht hätte ich mich einfach intellektuell mehr damit befassen müssen: ‚Alle Menschen haben irgendwo etwas Transzendentes,' an was sie sich aufhängen, nicht? An was sie sich aufhängen oder festhalten. Und so sehe ich die christliche Religion auch. Aber ich kann mich nicht in diese … Abhängigkeiten begeben, die gerade unsere Kirche uns so vorlegt."

Die positive Einschätzung des Heiligen Geistes kontrastiert Hilde N.s vorangehende Äußerungen zu Gott und Christus: „Im Grunde habe ich nicht die Vorstellung, daß da ein Gott ist, der – wie auch immer – alles lenkt. Und Christus, … also er ist für mich kein Gegenüber." Von Gottes vermeintlicher Allmacht und Christi historischer Ferne sticht die gegenseitige und dynamische Kraft des Heiligen Geistes ab. Sie offenbart Hilde N. in zwischenmenschlichem, herrschaftsfreiem Geschehen die menschliche Transzendenz und beläßt, anders als der Glaube an Gott und Christus, den Menschen *nicht* in Unterwerfung oder gläubiger Abhängigkeit.
Auf die Frage nach Jesus, dem Mann, nimmt Hilde N. im letzten Teil des Interviews ihre Gedanken zu kirchlicher Autorität abermals auf,

„daß die … wesentliche Botschaft, die da kommen soll, von Männern kommt. Das stört mich schon … Aber warum stört es mich? … Ja, vielleicht doch nicht, weil es ein Mann ist, weil es so diese Art Unterordnung sein muß, … weil ich mir etwas sagen lassen muß von jemand, der alles wissen soll, alles gemacht hat, und wenn ich mich umsehe, ist alles so … so unvollkommen und schrecklich. […] Ich empfand es als sehr angenehm, auch einmal eine Frau auf der Kanzel zu hören und … gut, vielleicht auch nur, weil da Dinge angerührt, Dinge angestoßen wurden, die ich bei Männern bisher nicht so entdeckt habe. Aber es gibt natürlich auch andere … Aber so weit …, Pastoren, die mir begegnet sind, da empfinde ich doch so eine Art Defizit. Ja, oder dieses – ja, was ist es denn eigentlich? Dieses Männliche: ‚Ich weiß schon den Weg.'„

Hilde N. fühlt sich bevormundet. Die hierarchische Struktur einer von Männern dominierten Kirche spiegelt für sie Glaubensinhalte, die sie selbst auf unmündige Abhängigkeit reduzieren. Weder sind Ungewißheit, Unvollkommenheit und Unsicherheit, die sie in der Welt tagtäglich erfährt, in autoritär verkündeten Glaubensgewißheiten aufgenommen, noch vermag Hilde N., sich angesichts persönlicher Not, Ungerechtigkeit und Krieg in vertrauensvolle Abhängigkeit von einem allmächtigen Gott zu begeben.
Kirchliche Appelle an eine menschliche Ethik als Antwort auf Gottes Gnade zerstreuen Hilde N.s Vorbehalte nicht. Vielmehr stört sie sich an einer Kirche, die vom Menschen lediglich moralisch korrektes Verhalten fordert. Als einzigen Bezug (!) zu Christus stellt Hilde N. zwar manchmal seine Vorbildhaftigkeit für sich her,

„es ist aber mehr so ein moralisches Vorbild, wobei – wenn ich das Wort sage – fällt es mir zum Beispiel auch auf den Wecker, daß die Kirche so moralisch ist. Das nervt mich auch in Predigten, daß man da immer an dieser Stelle gepackt wird, weil ich das nicht als … Ich finde, das ist eine menschliche Qualität, wie man sich verhält seinen Mitmenschen gegenüber. Wenn die Kirche mir nichts anderes vermittelt, als wie ich mich anderen gegenüber verhalten soll, dann ist es …, dann nützt es mir nicht so sehr viel."

Während Hilde N. sich auflehnt, unterwirft sich Erika L. (47) Gott und paßt sich kirchlichen Strukturen an. Wie für Hilde N., gipfelt für Erika L. die Auseinandersetzung mit dem Glauben in Gott. Daß sie während der lebensgefährlichen Krankheit ihres Mannes ihre Abhängigkeit von Gott nicht gespürt und durch Bitt- und Dankgebete zum Ausdruck gebracht hat, erfüllt Erika L. mit Schuldgefühlen und Gewissensbissen. In dieser Situation sucht sie das Gespräch mit dem Pastor, um sich Gottes Nähe zu vergewissern. Ihre Schuldgefühle Gott gegenüber bearbeitet Erika L. teilweise in der Begegnung mit dem

Pastor, der sie in den Kirchenvorstand bittet: „Ich hatte keine Ahnung vom Kirchenvorstand. Ich wußte nicht, was das für eine Arbeit werden würde und habe erstmal ‚ja' gesagt, einfach auch, um ihm einen Gefallen zu tun." Teilweise versucht sie, ihre Schuldgefühle durch Engagement in der Gemeinde zu mildern. Erika L.s Selbstvorwürfe bleiben von christlicher Schuldvergebung unerreicht und fördern ihre Unterordnung und Abhängigkeit in einem autoritären Kirchen- und Glaubensgefüge (s. 5. Kapitel: Schuld und Gnade).

Auf verschiedene Weise kommt in den Interviews mit Hilde N. und Erika L. die Belastung zur Sprache, die durch die Vermischung von Erfahrungen einer autoritären Kirche mit einem dogmatischen Gottesbild entsteht und Jesus nicht als Korrektiv wirken läßt. Hilde N. und Erika L. leiden beide darunter, in dieser männlich geprägten Hierarchie keine selbstbewußte Identität im Glauben entwickeln zu können. In der Folge haben beide unter anderem große Mühe, ihren Glauben zu artikulieren, wobei Hilde N.s Glaube an den Heiligen Geist als unhierarchische, zwischenmenschliche Kraft eine bedeutungsvolle Ausnahme darstellt.

Besonders das Interview mit Monika A. (46) zeigt daneben einen anderen Zugang zu einer autoritären Kirche auf. Im Gegensatz zu Hilde N. und Erika L. vermißt Monika A. in der evangelischen Kirche klare Autoritäten und Richtlinien: „Da weiß ich einfach nicht: ‚Ist die Kirche mit sich selber uneins? Weiß da die linke Hand nicht, was die rechte tut? Oder hat sie keine klare Linie mehr? Wie willst du denn eine klare Linie finden, wenn die Kirche sie nicht einmal selber hat in sich?'„ Monika A. fordert von der Kirche bzw. ihrem Repräsentanten, dem Pfarrer (s.u.), ihr Entscheidungen abzunehmen, ihr den Weg zu weisen und sie zu beschützen. Auch Anneliese D. (59) hebt die in der Tradition gründende Stärke und Autorität der Kirche gegenüber modernen Gesellschaftsformen und gleichberechtigten Beziehungen positiv hervor.

Einen selektiven Umgang mit der Kirche und dem von ihr verkündeten Glauben praktiziert Dora S. (78). Als „eine menschliche Institution mit vielen Fehlern und Schwierigkeiten" versteht sie die Kirche als „schmückendes Beiwerk" zu ihrem Glauben. Zuversichtlich sucht sie in ihr nach Nischen und Freiräumen für sich. Dieser Nutzung der Kirche entspricht Dora S.' Umgang mit dem Glauben: Unbewußt trennt sie zwischen repetierten dogmatischen Glaubenssätzen, „die ich mir nicht unbedingt vorstellen kann, können muß" – und deren kirchliche Autorität sie so untergräbt, und eigenen Glaubensbildern.

„Der Pastor, das ist ein Spitzenmann gewesen." (Monika A., 46)

Als Pendant zum Leitthema ihres Interviews – „Ich fühle mich nicht mehr geborgen", – fassen beide Sätze Monika A.s (46) ganze Sehnsucht nach Harmonie und Schutz in der Kirche zusammen. Als Repräsentant der Kirche gewinnt der Pfarrer für Monika A. an enormer Bedeutung. An seinem Verhalten mißt sich die Erfüllung ihrer Erwartungen an die Kirche. Gerne erinnert sie sich zum Beispiel an

„Pastor T., und das ist ein Spitzenmann gewesen. Das muß ich also sagen. Der hat es ja nun wirklich auch nicht leicht in seiner katholischen Gemeinde als evangelischer Pastor. *Aber* er ist Christ gewesen, er ist Mensch gewesen, er ist Financier gewesen, der hat also die Leute ... dazu gekriegt, die Kissen für die Bänke zu spendieren, einen neuen Anstrich für die Kirche zu spenden, er war also *Bettler* für die Kirche, und ... er strahlte eine unwahrscheinliche Wärme aus.

Und da habe ich gedacht: ‚Ja, irgendwo muß da doch etwas sein, nicht. Wenn die noch *solche* Leute haben, muß da doch noch irgendwo etwas sein.' Und *dieser* Mann hat mich an sich, ohne es zu wissen, dahin gekriegt, daß ich hier in der Kirche wieder aktiv mitarbeite."

„Eine unwahrscheinliche Wärme", „warme Augen" oder „eine unwahrscheinliche Ausstrahlung" muß für Monika A. ein Pfarrer haben, „und für mich ist ein Pastor 24 Stunden im Dienst, [...] dazu gehört auch eine moralische Verpflichtung, nicht, das ist auch – sollte *Berufung* sein."

„Und das ist, was die Gemeinde dem vorigen Pastor immer noch hoch anrechnet: Er ist herumgegangen. Er ist herumgegangen und hat nicht gewartet, daß die Leute kommen. Und da war ein anderes Harmoniegefühl noch in der Gemeinde, und das ist meiner Meinung nach sehr, sehr wichtig. Denn *wir* kommen nicht zur Kirche. Die Kirche muß zu uns kommen."

Neben seiner Eigenschaft als ständig erreichbarer, fürsorglicher Vater sollte der Pfarrer nach Monika A. aber auch eindeutige Positionen vertreten und „jemand [sein], der im Zweifelsfalle auch einmal mit der Faust auf den Tisch haut und sagt: ‚Schluß jetzt,'„ wie der in diesem Zusammenhang von Monika A. positiv dargestellte Papst in der katholischen Kirche. Monika A.s Erwartungen an den Pfarrer sind kaum von denen an die Kirche zu unterscheiden, so sehr decken sich die Sehnsucht nach einem patriarchalischen Pfarrer und das Verlangen nach einer autoritären, hierarchischen Kirche.
Wie Monika A., die den Segen am Schluß des Gottesdienstes mit ausgebreiteten Armen vermißt und „dieses Gefühl: ‚Ha, kuschelig in den Arm genommen,'„ und wie Erika L., die seinen Beistand in Schuldgefühlen und Gewissensnot sucht (s.o.), wünscht sich auch Andrea R. (37) die Nähe zum Pfarrer „im Amt":

„Ich habe ein sehr gutes Verhältnis zu den Pastoren. Ich duze mich auch mit denen. Wir verstehen uns ganz toll und freundschaftlich, und wenn Kirche ist und sie ihren Talar anziehen, dann bedeutet es für mich doch ein bißchen mehr. Also es ist doch, hat doch gefühlsmäßig mit Würde zu tun. Das vermitteln die nicht, also die nehmen mich genauso in den Arm wie alle anderen Tage auch. Aber es ist trotzdem irgend etwas vom Gefühl her da. [...] Ich finde das schön, und das gehört, finde ich, zur Kirche."

Anders als für Monika A., ist für Andrea R. daneben aber gerade die Menschlichkeit und Verletzlichkeit des Pfarrers von entscheidender Bedeutung für seine Glaubwürdigkeit.

„Ich arbeite in einem Krankenhaus, habe auch da mit Pastoren zu tun, die auch Sterbebegleitung machen. Was mir da auffällt ist, daß ... die Auseinandersetzung mit dem Tod auch für die Pastoren recht schwierig ist. Also das fällt mir wirklich ..., und das finde ich so menschlich bei dieser Frage, daß das nicht so fertige Antworten sind, sondern daß auch da eine Grenze erreicht wird, wo sie daran denken, daß auch sie einmal sterben müssen, daß sie das beschäftigt."

Eine andere Gruppe von Frauen sieht den Pfarrer vor allem als Schlüssel zum Glauben und zur Gemeinde mit außergewöhnlichen Fähigkeiten versehen. Dora S. (78) erinnert sich an den ersten Hausbesuch ihres Gemeindepfarrers als Einstieg in ihr weitreichendes kirchliches Engagement: „Also das war ein sehr beliebter und vielseitiger Pastor, der jetzt auch Bücher schreibt. [...] Ich meine, es war ein ganz interessanter Mensch." Besonders akzentuiert spricht Dora S. von ihrer jetzigen Gemeindepfarrerin:

„Also die ist ein Goldstück! Die ist ganz jung, und es ist ihre erste Pfarrstelle. Und ... das ist für mich ein Gewinn. Sie singt auch sehr schön, und sie hat eine deutliche Stimme. Frauen haben manchmal, wenn sie verständlich sind, so eine Krächzstimme, aber bei ihr klingt das alles harmonisch.“

Heike S. (35) berichtet, wie sie als Jugendliche von ihrem Gemeindepfarrer kirchlich sozialisiert wurde: „Ich fand also auch diese Art, mit uns umzugehen, von dem Pfarrer absolut phantastisch. [...] Und ich habe mich auch mit den Pfarrern immer gut verstanden. Und von daher bin ich dann eigentlich auch, ja, ganz beständig mit der Kirche in Kontakt geblieben.“ Gerade in phantasievoller Eigenständigkeit und Unangepaßtheit gewinnen Pfarrer – und kirchliche Laien – für Heike S. an Bedeutung. Zurückhaltender reflektiert Ulrike W. (58) ihren Zugang zum Glauben, bemerkt aber wie Heike S. die große Verantwortung des Pfarrers für den einzelnen:

„Es kommt sehr darauf an, wer einen damit in Berührung bringt ... Und ich denke, es kommt auch sehr darauf an, daß ... Ich unterscheide da auch immer in ‚Christen‘ und ‚Heiligtuer‘, das sind meine beiden extremen Pastoren, die ich so kennengelernt habe gerade während der Jugend. [...] Ich denke, in einem bestimmten Alter, wenn man eben wieder mehr sich ... mit den Prioritäten, die man in seinem Leben setzen möchte, beschäftigt, kommt das wieder zum Vorschein oder aber auch *nicht*. Und ich weiß nicht, ich denke, wenn man sich nicht wirklich auch in seiner Jugend intensiv damit beschäftigt, dann kann ich mir nicht vorstellen, daß man das dann später irgendwo wieder hervorkramt.“

Nach Ulrike W. ist es Aufgabe des Pfarrers, ein christliches Lebensfundament zu legen, wie es bei einigen Interviewpartnerinnen geglückt scheint. Fast alle von uns befragten Frauen erzählen unaufgefordert von ihren den Glauben anregenden Erlebnissen oder Gesprächen mit Pfarrern. Beeindruckt schildern sie dabei dessen besondere Fähigkeiten und Eigenschaften, ohne diese bewußt an die Autorität der Kirche zu koppeln. Vielmehr stellt sich der Pfarrer den Frauen als ein von ihren zwiespältigen Erfahrungen mit einer autoritären Kirche losgelöstes außergewöhnliches Individuum dar.

3. Chancen zur Überwindung der Kluft

Möglichkeiten, sich inhaltlich mit dem Glauben auseinanderzusetzen und so die Kluft zwischen dem eigenen und dem normativen Glauben zu überbrücken, haben sich jedoch zwei Interviewpartnerinnen in der Kirche selbst geschaffen. Andrea R. (37) holt als Mitarbeiterin der monatlich stattfindenden Kinderkirche das an theologischer Bildung nach, was sie weder zu Hause noch im Konfirmandenunterricht erhielt:

„Also so einige kirchliche Geschichten durchlebe ich jetzt erst durch die Kinderkirche. Und ich verstehe viele Sachen jetzt auch besser. Was zum Beispiel für mich ganz wichtig ist, wenn ich diese Kinderkirche begleite und mitmache, daß man nicht von mir verlangt, daß ich so den theologischen Hintergrund erzähle. Also daß ich, was weiß ich, eine Kinderbibel vornehme, mir das durchlese und das so erzähle, wie ich es wahrnehme. Sondern ich lasse das ruhig von denen machen, die das gelernt haben. Das schiebe ich an die Theologen ab, an den Diakon oder Pastor, weil daraus lerne *ich*. Das so zu verstehen, wie Kinder das verstehen, das ist viel einfacher, als wenn ich selber lese. Die Zusammenhänge versteht man viel besser. [...] Wir haben zum Beispiel jetzt die Geschichte vom Jona an mehreren Tagen bearbeitet und haben mit den Kindern zusammen einen riesigen Walfisch gebastelt. Das kann ich gut nachvollziehen, das finde ich toll, und dazu stehe ich auch. Wenn ich mir die Geschichten in der Bibel alleine angucke, dann denke ich: Es ist ja sehr stark symbolisch gedacht – aber die Symbolik muß man auch erst verstehen, nicht?“

Unsicherer beschreibt Ulrike W. (58) die Arbeit mit biblischen Frauengestalten in dem von ihr geleiteten Gesprächskreis. Sie sagt, wieviel Spaß sie selbst am Lesen, am gemeinsamen Entdecken und Diskutieren biblischer Geschichten hat, schränkt aber sofort ein: „im Grunde genommen leider viel zu laienhaft, weil man wenig Anleitung findet, beziehungsweise dazu fehlt mir auch die Zeit." Trotzdem hat auch Ulrike W. durch die selbständige Beschäftigung mit biblischen und theologischen Fragestellungen Selbstbewußtsein und Freiheit in der Kirche gewonnen. Andrea R. und Ulrike W. zeigen zwei Orte in der Gemeinde auf, in denen Frauen der Erwerb theologischer Bildung möglich ist.

Resümee

1. Die intellektuellen Schwierigkeiten, die viele der befragten Frauen im Umgang mit dem Glauben haben, scheinen uns *an sich* eine Auskunft über den evangelischen Glauben zu sein – und nicht nur über die Christologie. Der Zugang zum Heil im richtigen Glauben setzt für Protestanten offenbar ein hohes Maß an Intellektualität voraus! Diesbezügliche Minderwertigkeitsgefühle koppeln die Frauen an eine überwältigende und unübersichtliche Größe Kirche, die ihnen weder Raum läßt, sich mit ihren Zweifeln an einem hierarchisch verwalteten Glauben zu befassen, noch intellektuelle Anregungen zur Auseinandersetzung mit dem eigenen Glauben gibt. Selbst ein bei vielen Frauen vorhandenes *positives* Gottesbild vermag die Angst vor der Autorität Kirche nicht aufzuheben. Vor uns als Theologinnen in dieser Kirche über ihren Glauben zu sprechen, löste bei den Interviewpartnerinnen eventuell auch Hemmungen und Unsicherheiten aus …

2. Die Gespräche mit den Gemeindefrauen belegen daneben eine geringe, selektive Kenntnis biblischer Texte und Traditionen, die den Ohnmachtsgefühlen gegenüber kirchlicher Dogmatik Vorschub leistet. So haben die Frauen zwar diffuse Vorstellungen von Christi Erhöhung durch Sühnetod, Auferstehung und Himmelfahrt, sie bringen diese jedoch kaum mit Bibeltexten in Verbindung. Andrerseits nehmen sie die *Einfachheit*, mit der die Synoptiker Jesu Gleichnisse und Wunder erzählen, gar nicht zur Kenntnis.
Parallel dazu haben Geschichten, die die egalitären oder prophetischen Züge des Urchristentums betonen, für die von uns befragten Frauen kaum Bedeutung. Erzählungen von der Gleichberechtigung der Jünger und Jüngerinnen zum Beispiel im Heilen und Vergeben (Matth 10,5–16) oder im Gemeinschaftsleben (Apg 4,32–37) erwähnen sie gar nicht. An Jesus selbst nehmen die Frauen nur seine gebenden, dienenden und heilenden Aspekte wahr, nicht aber seine eigenen Bedürfnisse nach Gemeinschaft oder Abgeschiedenheit, Ermutigung oder Gespräch, und identifizieren sich lediglich mit jenen. Schließlich korrigiert auch das „Reich Gottes" – von keiner Gesprächspartnerin dem Begriff oder der Sache nach genannt – nicht ihre Minderwertigkeitsgefühle. Nicht geläufig sind unseren Interviewpartnerinnen also unter anderem die Bibeltexte, die feministischer Theologie als bestärkende Tradition und inspirierende Vision zugrunde liegen!

3. Wie diese Unkenntnis eine Spaltung von persönlichem und dogmatischem Glauben bewirken kann, zeigt das vorangehende Kapitel. Doch: Wer fördert die Unwissenheit und Verantwortungslosigkeit im Glauben der Laiinnen, und wer profitiert von ihr? Rosemary Radford Ruethers Analyse des Klerikalismus, die sicher auch auf den protestantischen Raum übertragbar ist, bietet eine mögliche Antwort:

„Der Klerikalismus ist der Ausdruck der Abspaltung geistlicher Tätigkeit von der Interaktion mit der Gemeinschaft und der Transformation geistlicher Kompetenz in ein hierarchisches Kastenwesen, das Priestertum über Laientum stellt. Der Klerus monopolisiert die Lehre, die sakramentalen Handlungen und die Verwaltung der Kirche und macht die Gemeinde zu einer passiven Herde von Abhängigen, die in ihrer religiösen Praxis von der Priesterschaft angeleitet werden soll, ohne über Form und Inhalt dieser Praxis mitbestimmen zu können."[8]

Für diese Situation sind jedoch die wenigsten Frauen, wie Hilde N. (61) oder Gabriela E. (49), sensibilisiert, so daß die Demontage eines sie unterdrückenden Klerikalismus weder in den Herzen noch in den Köpfen der von uns befragten aktiven Gemeindefrauen begonnen hätte.

4. Vielleicht läßt sich mit basisorientierten Ansätzen auf der Gemeindeebene ein Anfang machen. Nach R.R. Ruether sollte jede Gemeinde oder Gemeinschaft überlegen, was sie leben möchte und dafür benötigt. Die unterschiedlichsten Begabungen könnten gefragt sein:

„Die Gemeinschaft wird durch jede weitere Entfaltung der liturgischen Kreativität, der Bildung, der Planung, des sozialen Wandels und der spirituellen Entwicklung in ihrer Mitte mündiger werden; immer mehr Mitglieder der Gemeinschaft werden ihre Fähigkeiten entwickeln. Obwohl niemand universelle Kompetenz entwickeln muß, sollte jeder das Gefühl haben, in allen Bereichen lernen und partizipieren zu können. Eine immer größere Zahl von Mitgliedern der Gemeinschaft sollte fähig werden, Leitungsfunktionen in einem oder in mehreren Bereichen des Gemeinschaftslebens zu übernehmen. So wird es immer leichter möglich, die Rollen nach dem Rotationsprinzip zu verteilen, denn viele Menschen werden sich durch den einen oder anderen Bereich besonders angesprochen fühlen und durch die Übernahme von Leitungsfunktionen auf diesem Gebiet ihre Kompetenz erweitern."[9]

5. Die koreanische Theologin Chung Hyun Kyung kritisiert, daß es in Deutschland keine „Theologie des Volkes" gäbe, da sich Kirchenvertreter und Theologen nicht für die Erfahrungen des „Volkes" interessierten. An die Adresse feministischer Theologinnen gibt sie zu bedenken:

„Deutsche feministische Befreiungstheologinnen müssen sich von der Indoktrination durch die sogenannten großen deutschen Väter freimachen: Schleiermacher, Barth, Bultmann, Tillich, Rahner und andere. Obwohl deren Theologie vielleicht im deutschen Kontext relevant ist, haben sie keine anhaltende Bedeutung für Menschen überall auf der Welt. [...]
Um wirklich von Frauenerfahrungen auszugehen, müssen deutsche Frauen sich von diesem männlichen Vermächtnis befreien. Das erste, was sie brauchen, ist eine Art ‚Dekonstruktion' der deutschen Väter, des Geistes der toten Väter und deren theologischer Methodologie und Inhalte und deren theologischer Tagesordnung. Sie sollen auf ihre eigene Lebenserfahrung hören und gleichzeitig ihren eigenen Kontext Deutschland beachten: Was bedeutet es, heute eine deutsche Frau zu sein, auf diesem sterbenden Planeten und in diesen komplizierten internationalen Beziehungen? Um relevant zu sein, müssen deutsche Theologinnen mit Befreiungstheologien aus der 3. Welt im Dialog stehen"[10].

---

8 R.R. Ruether, Unsere Wunden heilen, unsere Befreiung feiern, a.a.O., 91.
9 R.R. Ruether, Unsere Wunden heilen, unsere Befreiung feiern, a.a.O., 108.
10 C.H. Kyung, Verabschiedet die deutschen Väter!, in: Publik-Forum, 13, 23. Jg., 1994, 31.

11. Kapitel
Jesus, der Mann

Aspekte traditioneller Theologie

Den Hintergrund der von uns in den Interviews gestellten Frage – „Ist es für Sie von Bedeutung, daß Jesus ein Mann war?“ – bildet folgende, nach W. Trillhaas „unverbrüchliche Grundlage aller Christologie“: „Jesus war ein geschichtlicher Mensch; aber in diesem Menschen hat sich Gott selbst erschlossen. Jesus war ein geschichtlicher Mensch; aber in diesem Menschen hat sich unsere Welt, hat sich das Sein des Menschen verändert.“[1] Zusammengefaßt heißt das, daß Gottsich im geschichtlichen Menschen Jesus einmalig offenbart hat. Daß dieser Mensch ein Mann war, wird in der Theologiegeschichte selten *direkt* angesprochen. Vielmehr thematisiert traditionelle Theologie sein Menschsein: Gott ist Mensch geworden. Die Suggestion, daß der Erlöser nur als Mann erscheinen konnte, vollzieht sich eher indirekt. Aussagen wie solche, die Frauen vom Priesteramt ausschließen, weil sie *als Frauen* Christus nicht bei der Eucharistie repräsentieren können, sind faßbare Einzelelemente in einem sonst schwer zu durchdringenden Geflecht.

Angelegt wird die Suggestion der notwendigen Männlichkeit Jesu unter anderem in den trinitarischen Streitigkeiten der Alten Kirche. Das im Zusammenhang mit diesen Auseinandersetzungen formulierte Nicänum (von 325) nennt den Logos (das ist das Wort Gottes bzw. Christus) *wesenseins* (griech.: homoousios) mit dem Vater – ein Bekenntnis, das zu der Annahme verleiten kann, der Logos müsse zwangsläufig irdisch als Mann erscheinen.

„*Das Glaubensbekenntnis von Nizäa-Konstantinopel*

Wir glauben an den einen Gott,
den Vater, den Allmächtigen,
der alles geschaffen hat,
Himmel und Erde,
die sichtbare und unsichtbare Welt.
Und an den einen Herrn Jesus Christus,
Gottes eingeborenen Sohn,
aus dem Vater geboren vor aller Zeit:
Gott von Gott, Licht vom Licht,
wahrer Gott vom wahren Gott,
gezeugt, nicht geschaffen,
eines Wesens mit dem Vater;
durch ihn ist alles geschaffen.
Für uns Menschen und zu unserem Heil
ist er vom Himmel gekommen,
hat Fleisch angenommen
durch den Heiligen Geist
von der Jungfrau Maria
und ist Mensch geworden.

---

1 W. Trillhaas, Dogmatik, Berlin 1962, 247.

Er wurde für uns gekreuzigt unter Pontius Pilatus,
hat gelitten und ist begraben worden,
ist am dritten Tage auferstanden nach der Schrift
und aufgefahren in den Himmel.
Er sitzt zur Rechten des Vaters
und wird wiederkommen in Herrlichkeit,
zu richten die Lebenden und die Toten;
seiner Herrschaft wird kein Ende sein.
Wir glauben an den Heiligen Geist,
der Herr ist und lebendig macht,
der aus dem Vater und dem Sohn hervorgeht,
der mit dem Vater und dem Sohn
angebetet und verherrlicht wird,
der gesprochen hat durch die Propheten,
und die eine, heilige, allgemeine
und apostolische Kirche.
Wir bekennen die eine Taufe zur Vergebung der Sünden.
Wir erwarten die Auferstehung der Toten
und das Leben der kommenden Welt.
Amen."[2]

Liest man das ebenfalls im Zuge dieser Dispute entstandene Chalcedonense (von 451) auf dem Hintergrund einer patriarchalen Gesellschaft, läßt das Bekenntnis zu dem einen Christus, vollkommener Mensch und vollkommener Mensch in zwei Naturen, zu ähnlichen Schlußfolgerungen verführen. Unterstützt wird die patriarchale Entwicklung der Christologie durch die Einsetzung des Christentums als römische Reichsreligion im 4. Jahrhundert, die zumindest in der Christologie des Kaiserfreundes Euseb von Caesarea (260/65–339) das Messias-Symbol mit dem real-existierenden Kaisertum identifiziert.

„Christus als Logos oder *Nous* (weltordnender Geist) Gottes enthüllt den göttlichen Geist und stellt Plan und Regierung für den vorhandenen sozialen Kosmos bereit. Alles ist Teil einer großen in sich geschlossenen Hierarchie des Seins. So wie der Logos Gottes den Kosmos lenkt, lenkt der christliche römische Kaiser mit der christlichen Kirche das politische Universum; Herren herrschen über Sklaven, Männer über Frauen. Frauen, Sklaven und Barbaren (wie auch die religiösen Minderheiten der Juden, Heiden und Ketzer) sind die *a-logoi*, die ‚Nicht-Geistbegabten', die durch Vertreter des göttlichen Logos regiert und definiert werden müssen Christus ist also der *Pantokrator* (All-Herrscher) einer neuen Weltordnung geworden."[3]

Schon jetzt, zur Zeit der klassischen christologischen Dogmen (von Nicäa und Chalcedon), ist die Unfähigkeit der Frauen, Christus zu repräsentieren, angelegt: einerseits durch die Definition, daß der Sohn wesensgleich mit dem Vater, Christus als Offenbarung eines männlichen Gottes also männlich sei (woraus sich folgern läßt, daß er auch nur von Männern repräsentiert werden kann), und andrerseits durch die Auffassung, daß Christus Begründer und kosmischer Herrscher vorhandener politischer und sozialer Hierarchien sei.

Weitere Suggestionskraft zu der Auffassung, daß der Erlöser nur männlich erscheinen konnte, bietet folgende Antithese: Die Sünde kam durch eine Frau in die Welt (Eva), die Erlösung durch Christus. Der Kirchenvater Augustin (354–430) bekräftigt diese Mei-

2 Das Glaubensbekenntnis von Nizäa-Konstantinopel, EKG 805.2.
3 R.R. Ruether, Sexismus und die Rede von Gott. Schritte zu einer anderen Theologie, Gütersloh 1985, 155.

nung und verbindet sie mit der Behauptung, daß Männer bis auf die Kinderzeugung eine sehr viel adäquatere Hilfe füreinander seien, als Frauen es zu sein vermöchten. Vollends fatal wirkt sich die Aufnahme dieser Gedanken unter Einbeziehung der aristotelischen Anthropologie in der Scholastik des Mittelalters aus, wie es bei Thomas von Aquin (1225/26–1274) deutlich wird:

„Und *Thomas* greift diese Meinung auf, verstärkt sie, zitiert sie positiv. Das Zitat des Augustinus [„Durch die Frau kam das Gift in die Welt, durch Christus oder Maria das Heil."] gibt er bestätigend, vollständig wieder. Außer seiner eigenen Exegese kommt nun etwas Zweites hinzu: das über Aristoteles rezipierte Vorstellungsmodell von Zeugung. An und für sich sollten immer Knaben geboren werden, durch ungünstige äußere Umstände, feuchte Südwinde und dergleichen, kommt es aber zufällig, nicht geplant, nicht beabsichtigt, zu Mädchen. Ein Mädchen hat also nicht in sich einen Wert, sondern ist ‚mas occasionatus', das heißt also praktisch ein mißglückter Mann. Von daher wird nun der Frau eine mehrfache Minderwertigkeit zugesprochen. Sie ist die körperlich Schwächere, sie ist daher, *daher* wohlgemerkt, auch die geistig Schwächere, und sie ist wiederum *darum* auch die sittlich Schwächere."[4]

Die naheliegende Konsequenz der Theologie Thomas von Aquins: Christus konnte selbstredend nicht in der minderwertigen Frau Gestalt annehmen.
Wohl als Gegenreaktion ist in mystischen Bewegungen des Mittelalters der Versuch zu entdecken, ein androgynes Christusbild zu malen. Besonders eindrücklich ist dieses in den Visionen der englischen Mystikerin Juliana of Norwich (1342–1416/20). Sie beschreibt, wie Christus durch die Sakramente die Menschen nährt und sich diese wie verirrte Kinder zu ihm flüchten können. Sie charakterisiert ihn mit Eigenschaften, die sie einer Mutter beilegt: Freundlichkeit, Milde, Liebe, Weisheit und Einsicht.[5] Die Dominanz des Männlichen wird in der mittelalterlichen Mystik abgemildert, wobei es fraglich bleibt, inwieweit das Weibliche tatsächlich aufgewertet wird, da doch das Männliche ihre – angeblichen – Eigenschaften absorbiert.
Ein weiterer Baustein für die Höherbewertung des Männlichen in der Christologie mag die Lehre vom dreifachen Amt Christi (lat.: munus triplex) sein, wenngleich sie vermutlich hauptsächlich innertheologische Auswirkungen hat. Nach Vorformen formuliert Calvin (1509–1564) dieses Lehrstück in der Reformationszeit und versucht darin, Person und Werk Christi miteinander zu verbinden. Er ordnet die – alttestamentlich hergeleiteten – prophetischen, hohepriesterlichen und königlichen Ämter Christus zu, insofern dieser lehrt, sich selbst opfert und betend für die Menschen einsteht und königlich regiert. Alle Ämter waren – von wenigen Ausnahmen abgesehen – von Männern besetzt und konzentrieren sich in der Lehre vom dreifachen Amt wiederum auf eine männliche Gestalt.
Auch in Epochen, in denen die christologischen Hoheitsprädikate zugunsten einer Idealisierung des Menschen Jesus zurücktreten, sind das Mannsein aufwertende Komponenten zu entdecken. So versteht die Aufklärung Jesus als „natürlichen Menschen", von seiner Zeit und seinem Volk bedingt – aber als unerreichbares Vorbild an Weisheit und Tugend. Eine Frau kann diese Vollkommenheit nicht repräsentieren.
Eine ähnliche Tendenz läßt sich in der Leben-Jesu-Forschung des 19. Jahrhunderts fest-

4 H. Pissarek-Hudelist, Das Bild der Frau im Wandel der Theologiegeschichte, in: dies. (Hg.), Die Frau in der Sicht der Anthropologie und Theologie, Düsseldorf 1989, 19ff, 35f.

5 Juliana von Norwich, Eine Offenbarung göttlicher Liebe, Basel Freiburg Wien 1960, 143ff.

stellen, die nicht nach dem Christus der Dogmen, sondern nach dem Menschen Jesus sucht. Das Bild, das sie von ihm entwirft, wirkt oftmals androgyn. Harmonie und Frieden umgeben ihn. Er strahlt Ruhe und Besonnenheit aus, Heiterkeit und Milde. Selbstbeherrschung zeichnet ihn aus – Eigenschaften, die dem Idealbild der bürgerlichen Frau in der entstehenden Kleinfamilie entsprechen. Auf die Frage, warum Jesus als *Mann* der vollkommene Mensch sein konnte, antwortet Carl Ullmann:

„Vermöge der unbezwingbaren Willenskraft, die er [Jesus] bewährt, können wir Jesum im vollen Sinne des Worts einen Mann nennen; aber wir dürfen nicht deshalb sein Eigenthümliches in die Männlichkeit setzen, insofern diese der Weiblichkeit entgegensteht: denn er bewährt ebenso auch die ganze Sanftheit, Reinheit und Zartheit des weiblichen Wesens."[6]

Wiederum ist ein Mann Träger des Vollkommenen. Zusätzlich sind in diesem Zusammenhang Reaktionen auf das Werk von David Friedrich Strauß: „Das Leben Jesu" (1835) zu beachten. D.F. Strauß schreibt: Die Idee liebt es nicht, sich im Einzelnen zu offenbaren. Sie offenbart sich nur in der ganzen Menschheit. Die Idee der Gottessohnschaft macht sich also von dem Individuum Jesus los. Er ist ein vorübergehendes Moment in der Entwicklung, ein pädagogischer Anstoß für andere. Wenn nämlich die Autonomie des Menschen sich nicht selbständig entwickeln kann und als solche gewahrt wird, wird sie von Jesus geknechtet.[7] Als Echo auf diese Aussagen verteidigen D.F. Strauß' Kritiker bis heute die Besonderheit Jesu nachdrücklichst!
In der modernen Theologie erfährt die Begründung des Patriarchats eine peinliche Herleitung in der sonst eher links-politisch ausgerichteten Dogmatik Karl Barths:

„Es ist nun einmal so, daß die ganze Bibel ‚nicht den Matriarchat, sondern den Patriarchat voraussetzt', daß Christus ‚dem Volk Israel angehörte', daß Gottes Handeln ‚so geordnet' ist, daß Christus ‚Mann gewesen ist und als solcher die Superiorität Adams bestätigt' hat usw."[8]

Dergleichen offene christologische Begründungen weiblicher Unterlegenheit finden sich heutzutage sonst eher in römisch-katholischen, anglikanischen und orthodoxen Argumenten gegen die Ordination von Frauen. So argumentiert die Erklärung des Vatikans von 1976 (das 1994 abermals bekräftigt wird) gegen die Ordination von Frauen mit der notwendigen „natürlichen Ähnlichkeit" zwischen Christus und dem Priester. „Der Priester repräsentiert in der Ausübung seines Amtes Christus, der durch ihn handelt. Die Frau kann nicht zum Priesteramt zugelassen werden, weil sie niemals Abbild Christi sein kann. ‚Christus selbst war und bleibt nämlich ein Mann'."[9] Daraus folgert Rosemary Radford Ruether pointiert: „Der Besitz männlicher Genitalien wird also die essentielle Vorbedingung dafür, Christus zu repräsentieren, der die Offenbarung des männlichen Gottes ist."[10]
In der zeitgenössischen protestantischen Theologie zeigt sich die Problematik des männ-

---

6 C. Ullmann, Die Sündlosigkeit Jesu. Eine apologetische Betrachtung, Gotha [7]1863, 49.

7 Vgl. A. Schweitzer, Geschichte der Leben-Jesu-Forschung, Tübingen [6]1951, 116ff.

8 J. Moltmann, Henriette Visser't Hooft, in: L. Schottroff/J. Thiele (Hg.), Gotteslehrerinnen, Stuttgart 1989, 169ff, 174.

9 Erklärung der Kongregation für die Glaubenslehre zur Frage der Zulassung der Frauen zum Priesteramt, hg. vom Sekretariat der Deutschen Bischofskonferenz, Bonn 1976, 15, zit. nach: D. Strahm, Aufbruch zu neuen Räumen. Eine Einführung in feministische Theologie, Fribourg [2]1989, 75.

10 R.R. Ruether, Sexismus und die Rede von Gott, a.a.O., 157.

lichen Christus insofern subtiler, als sie gegenüber dem *Mann* den *Menschen, Sohn* und *Bruder* Christus betont. „Der Sohn Gottes hat die menschliche Natur in der Menschwerdung freiwillig angenommen, und zwar die echte und ganze menschliche Natur",[11] erläutert zum Beispiel Wolfgang Trillhaas die Lehre von der Person Christi. Wilfried Joest stellt das „echte Menschsein" Jesu darüber hinaus in eine Reihe mit anderen Glaubensaussagen:

„*Jesus* – als wirklicher Mensch *der wahre Mensch.* Damit ist gesagt: Er allein hat Menschsein in ungebrochener Entsprechung zu Gott gelebt. [...] In ihm ist der Mensch erschienen, in dem die geschöpfliche Bestimmung des Menschen, in antwortender Entsprechung „Ebenbild" Gottes zu sein, wahrgemacht ist. Als dieser wahre Mensch steht er, der ganz *mit* uns, an unserer *Seite* ist, zugleich *für* uns, an unserer *Stelle*, vor Gott: als der Mensch, der für unser Versagen eintritt, der Gott gegeben hat, was wir ihm schuldig bleiben. Das neutestamentliche Christuszeugnis bringt das zum Ausdruck, wenn es von der *Sündlosigkeit* Jesu spricht. [...] Damit ist eben *Jesus* zum Kriterium geworden für das, was vor Gott recht und was vor ihm Sünde ist."[12]

Da der Sohn Gottes geschichtlich männliche Gestalt angenommen hat, deuten die zentralen Definitionen von W. Trillhaas und W. Joest an, daß die „echte und ganze menschliche Natur" oder das „wahre Menschsein" nur in männlicher Gestalt möglich war. Ausgehend von dem „wahren Menschsein" Christi, können W. Joests anschließende Aussagen die Männlichkeit Gottes, die Sündlosigkeit des *Mannes* Jesu und die Verpflichtung zum Glauben an das Menschsein in männlicher, sündloser Form implizieren.
Wolfhart Pannenberg, dessen christologische Überlegungen von der *Verkündigung Jesu* ausgehen, beschreibt Christus vornehmlich als *Sohn Gottes*:

„Im Mittelpunkt der Botschaft Jesu stehen der Vater und sein kommendes Reich, nicht eine für Jesu eigene Person beanspruchte Würdestellung, mit der er sich ‚Gott gleich gemacht' hätte (Joh 5,18). [...] Wenn dennoch schon bei Jesus selbst von einem Sohnesbewußtsein im Verhältnis zu Gott gesprochen werden kann, so handelt es sich dabei um einen Reflex seiner Rede von Gott als Vater. Der Sohn ist der, der in seinem Verhältnis zum Vater dessen Vatersein entspricht."[13]

W. Pannenbergs Auslegung der Gottessohnschaft Jesu ist insofern fortschrittlich, als sich Jesus dem Anspruch Gottes und des kommenden Gottesreiches in gleicher Weise unterordnet, wie er es von seinen Hörern verlangt. Jesus postuliert die Sohnschaft Gottes also auch für seine Hörer (zum Beispiel in Lk 6,35; Mt 5,45). Das Sohnesverhältnis kennzeichnet daher sowohl Jesu eigene als auch die allgemeine Beziehung der Glaubenden zu Gott.[14] Die Implikationen einer Glaubensbeziehung, die paradigmatisch als Vater-Sohn-Beziehung vorgegeben ist, werden jedoch nicht reflektiert. Weder kann eine Frau „Sohn" sein, noch erlaubt das Gottesprädikat „Vater" andere Vorstellungen als die eines männlichen, also nicht-weiblichen Gottes.
Versteht er zwar den Titel „Gottessohn" nicht exklusiv, betont aber auch W. Pannenberg die einmalige *Offenbarung* Gottes als Herrscher der Schöpfung in Jesus Christus: „Durch diesen einen Menschen, in welchem der Sohn menschliche Gestalt annahm, ist die Königsherrschaft Gottes auch andern Menschen gegenwärtig und zur ihr Leben be-

---

11 W. Trillhaas, Dogmatik, a.a.O., 257.
12 W. Joest, Dogmatik, Band 1: Die Wirklichkeit Gottes, Göttingen ^{2}1987, 229.
13 W. Pannenberg, Systematische Theologie, Band 2, Göttingen 1991, 415.
14 Vgl. W. Pannenberg, Systematische Theologie, a.a.O., 415f.

stimmenden und mit neuem, ewigen Inhalt erfüllenden Kraft geworden."[15] Jesus der Mann ist die einzigartige Selbstverwirklichung eines herrschenden Gottes in der Welt.
Die politische Theologie der 70er Jahre untermauert ihrerseits die Einzigartigkeit Jesu, indem sie ihn *handelnd* als hervorragenden Bruder der Menschen und vorbildlichen Sohn Gottes beschreibt, wie nachstehendes Eucharistiegebet einer Studentengemeinde:

„Gott sucht sich einen Sohn

Gott sucht sich einen Sohn
[…]
Wer wird dieser Sohn sein?
Wir schlagen einander und heilen nicht,
wir wollen herrschen und sind autoritär,
es fällt uns schwer zu dienen,
wir bleiben nicht treu.
Wir leben nicht miteinander
und füreinander
als Menschen.

Gott, wer kann dein Sohn sein,
dein Ebenbild?
Wer ist unter uns
dein vielgeliebter,
so treu wie du selbst,
dein wahrer Menschensohn?
Stimme von oben,
Stimme aus der Wolke,
Geist, der weht wie der Wind,
Gott, rede nun selbst
und zeig uns den Menschen,
der dein Sohn ist."[16]

Das vorstehende Gebet verdrängt auf zweierlei Weise die Frauen aus der Nachfolge Christi: Weder können sie biologisch „dieser Sohn" sein, noch sind sie im „wir" der Menschen mitgedacht, das durch ein hauptsächlich männliches Schuldverständnis charakterisiert wird.
Weibliche Umschreibungen der Menschwerdung Christi und seiner Gotteskindschaft verwendet traditionelle Christologie kaum. Sie erweckt so zwei mögliche Vorstellungen: Entweder sind Frauen von der Gottessohnschaft der Glaubenden ausgeschlossen, oder die männlichen Begrifflichkeiten sagen – im Gegensatz zu den weiblichen – alles über das menschliche Wesen aus. Die zweite, wahrscheinlich verbreitetere Variante, manifestiert auf subtile Weise den Vorrang des Mannes. Jesus der Mann – zuweilen offen und klar als Begründung für die Zweitrangigkeit von Frauen genutzt, öfter aber in indirekten Botschaften herangezogen, um das Patriarchat zu stützen. Das macht die Auseinandersetzung und Bearbeitung schwierig, weil die indirekten Momente schwer zu fassen sind, in ihrer Subtilität aber vermutlich nachhaltiger wirken als schnell in ihrem Interesse zu entlarvende Aussagen.

---

15 W. Pannenberg, Systematische Theologie, a.a.O., 434.
16 U. Seidel/D. Zils (Hg.), Aktion Gottesdienst, Band 2. Peter Hammer Verlag, Wuppertal 1970, 75f, aus einem Gottesdienst einer Studentengemeinde am Palmsonntag.

Die Jesus-Frauengeschichten des Neuen Testaments

Seit dem Aufkommen feministischer Theologie in den 70er Jahren beschäftigt sich diese mit den Konsequenzen eines männlichen Erlösers für Frauen. Dabei lassen sich inhaltlich zwei Forschungsrichtungen unterscheiden, die allerdings in ihren Entwürfen aufeinander bezogen sind: die Beschäftigung mit den Beziehungen des synoptisch überlieferten Jesus zu Frauen und die Frage nach dem Christus-Symbol.

Christa Mulack, die der Frage nach den Beziehungen Jesu zum Weiblichen nachgeht, stellt in dem Buch „Jesus – der Gesalbte der Frauen" die pointierte These auf, daß Jesus von den Frauen seiner Zeit lernte. Danach übernimmt Jesus von den Frauen eine weibliche Liebesethik, der die mütterliche Liebe zugrundeliegt, und bestätigt in der Folge die Frauen in ihrem Sein, während er die Männer zur Umkehr aufruft. Das Ergebnis dieses Lernens von Frauen zeigt die Begegnung Jesu mit der Samariterin am Brunnen (Joh 4):

„‚Ich weiß, daß der Messias kommt', hatte die Frau mit großer Bestimmtheit zu ihm gesagt. […] Gewiß, die Messiaserwartungen waren allgegenwärtig in seinem und ihrem Volk, aber in dem *Erleben* der Isoliertheit und des Abgeschnittenseins dieser Frau von Beziehungen zu Gott und Mensch bekam Jesus die Sehnsucht nach jener Erlösergestalt ganz unmittelbar und fernab von aller Spekulation aus einem tiefen inneren Bedürfnis heraus zu spüren. Und seine Antwort auf diese Sehnsucht lautet: ‚Ich bin's, der ich mit dir rede.'

Ich glaube, wir machen es uns zu leicht, wenn wir in dieser ersten Selbstoffenbarung Jesu lediglich eine Information in Form einer Selbstaussage sehen. Wenn Johannes in so krasser Form die soziale und religiöse ‚Minderwertigkeit' sowie die daraus resultierende Heilsbedürftigkeit dieser Frau herausstellt, dann will er damit einen inneren Zusammenhang zwischen ihr und der Messiasoffenbarung am Ende des Dialogs herstellen. Dieser innere Zusammenhang besteht meines Erachtens darin, daß Jesus mit seiner Offenbarung auf die Bedürftigkeit der Frau reagiert und damit zu einer typisch weiblichen Erlebnisweise vordringt, dem tiefen emotionalen Wunsch nämlich, die Bedürfnisse anderer zu befriedigen, andere Menschen glücklich zu machen. Diese Haltung ist Ausdruck einer reifen, einer erwachsenen Liebe, die sich für das Wohl anderer einsetzt, nicht um etwas zurückzubekommen, sondern weil sie um die eigene Stärke, die eigene Fähigkeit zur Hilfe weiß und andere daran teilhaben lassen möchte, damit sie ihre positiven Eigenschaften entwickeln und stärken können."[17]

In abgeschwächter Form hebt Elisabeth Moltmann-Wendel, die ihre Christologie programmatisch in „Der Jesus der Frauen"[18] umbenennt, Jesu Abhängigkeit weniger von einer weiblichen Ethik als von der Dynamik gegenseitiger Beziehungen zu den Frauen des Neuen Testaments hervor:

„Mir scheint, daß wir der ‚Idolatrie der Person Christi' [M. Daly] zunächst am besten begegnen, indem wir neu nach seinem Leben im menschlichen Beziehungsgeflecht fragen. Wie erlebten Frauen ihn?

[…] Sie sind die Aktiven, die die Prozesse in Gang setzen und schließlich etwas erreichen:

Die blutflüssige Frau macht sich von hinten in der Menge an Jesus heran, faßt seinen Mantel und holt sich die Heilung (Mk. 5,25ff.).

Die kanaanäische Frau schreit hinter ihm her, bis sie den Jüngern lästig wird. Sie muß in einer peinlichen Weise Jesus dahin bringen, daß er auch für ihre Tochter da ist (Mt. 15,21ff.).

---

17 C. Mulack, Jesus – der Gesalbte der Frauen. Weiblichkeit als Grundlage christlicher Ethik, Stuttgart 1987, 98f.

18 E. Moltmann-Wendel, Das Land, wo Milch und Honig fließt. Perspektiven einer feministischen Theologie, Gütersloh 1985, 18.

Martha ist in einer für manche Kommentatoren aufdringlichen und geschwätzigen Art daran beteiligt, daß Jesus Lazarus endlich auferweckt. Ihre aktive Art und seine Passivität geraten direkt aneinander (Joh. 11,19ff.).
[...]
Die Frauen holen sich etwas von ihm: Heil, Gesundheit, Leben, Wein, Menschlichkeit, und sie geben ihm zugleich etwas: Sinn, Aufgaben, Lebensziel und die Gemeinschaft, ohne die unsere Aufgaben und Ziele menschenfern, abstrakt werden."[19]

In den neutestamentlichen Jesus-Frauengeschichten erkennt E. Moltmann-Wendel eine neue menschliche „Gegenseitigkeit"[20]. Diese entsteht aus der Bedürftigkeit der Frauen, ihrer Fremdheit, Einsamkeit oder Krankheit, die sie durch die Begegnung mit Jesus selbst aktiv überwinden. Die Frauen öffnen sich für ihn und schaffen so eine veränderte Wirklichkeit. Jesus, zu dem die heilende Beziehung gesucht wird, wird zu einer neuen Persönlichkeit, und die Frauen gewinnen gerade mit anderen zusammen ein positives Verhältnis zu sich selbst („Selbstliebe"). Gleichzeitig stellt E. Moltmann-Wendel Parallelen zwischen Jesus und den Frauen heraus, die auf große Nähe zwischen ihnen hinweisen: Die Verben *dienen, leiden, aufrichten* und *aufwecken* und *erschüttert-* oder *verstört-sein* finden sich für Jesus und die Frauen, nicht aber für die Jünger.

„Die aufgezeigten Parallelen machen deutlich, daß Frauen als Zeuginnen von Tod und Auferstehung Jesu in der frühen Christenheit eine fundamentale theologische Bedeutung gehabt haben müssen, sodaß mit ihrer Erfahrung von Leiden und Heilung, von Tod und Auferstehung Jesu Leben gedeutet werden konnte, und daß die Geschichte Jesu sich wiederum in ihrem Leben spiegeln ließ."[21]

Diese Parallelität, die systematisch-theologisch die Möglichkeit von Gottes Offenbarung in allen Menschen andeuten könnte, bricht E. Moltmann-Wendel jedoch bei Jesu Tod ab: „Er geht die Passion zu Ende und bereitet den Weg, der von seinen NachfolgerInnen angstfreier gegangen werden kann. Seine Geschichte ist einmalig. Auch die Frauenerfahrungen reichen nicht daran."[22] Beruht der erlösende Charakter des irdischen Jesus auf gleichberechtigter Gegenseitigkeit, so bleibt Jesus am Kreuz und in der Auferstehung der einsame Retter.
Elisabeth Schüssler Fiorenza befragt biblische Texte auf die Hoffnungen, Kämpfe und Leiden unserer Vorschwestern, um die für das machthabende Patriarchat „gefährlichen Erinnerungen" für die heutige Gemeinschaft von Frauen zu bewahren. Sie geht davon aus, daß das Neue Testament zwar als androzentrisches Buch nicht Abbild der Realität ist, hinter ihm jedoch durch kritische historische und theologische Analyse die frühe christliche Geschichte rekonstruiert werden kann.[23] Ihre Untersuchungen konzentriert E.

---

19 E. Moltmann-Wendel, Das Land, wo Milch und Honig fließt, a.a.O., 126ff.
20 Die Beziehungsstrukturen der Jesus-Frauengeschichten präzisiert E. Moltmann-Wendel in dem zuvor erschienenen Band; dies., Ein eigener Mensch werden. Frauen um Jesus, Gütersloh ^{3}1982. E. Moltmann-Wendels Begriff der „Gegenseitigkeit" läuft der der „Partnerschaftlichkeit" voraus, den die Tiefenpsychologin H. Wolff bereits in den 70er Jahren für die Beziehung Jesu zu seinen Mitmenschen prägte; vgl. H. Wolff, Jesus der Mann, Stuttgart 1975; dies., Jesus als Psychotherapeut, Stuttgart 1978.
21 E. Moltmann-Wendel, Beziehung – die vergessene Dimension der Christologie. Neutestamentliche Ansatzpunkte feministischer Christologie, in: D. Strahm/R. Strobel (Hg.), Vom Verlangen nach Heilwerden. Christologie in feministisch-theologischer Sicht, Fribourg Luzern 1991, 100ff, 107.
22 E. Moltmann-Wendel, Beziehung – die vergessene Dimension der Christologie, a.a.O., 108.
23 Vgl. E. Schüssler Fiorenza, Brot statt Steine. Die Herausforderung einer feministischen Interpretation der Bibel, Fribourg 1988, in dem sie die Prämissen ihrer Arbeiten reflektiert.

Schüssler Fiorenza auf die Jesusbewegung, die mit dem Judentum die Vision des Reiches Gottes teilt. Im Unterschied zu anderen jüdischen Gruppierungen verbindet die Jesusbewegung aber das gegenwärtige mit dem noch ausstehenden herrschaftsfreien Reich Gottes und verheißt es insbesondere den Armen, Kranken und Behinderten, den Zöllnern, Sündern und Prostituierten. Das Heil des Reiches Gottes beschränkt sich nicht auf deren Seele, sondern umfaßt die ganze Person in ihren sozialen Bezügen, wie es die Heilungsgeschichten des Neuen Testaments verdeutlichen. Die von Jesus begründete *discipleship of equals*, eine „Nachfolgegemeinschaft von Gleichgestellten", erhofft und lebt dieses Reich-Gottes-Verständnis durch Engagement, Verantwortlichkeit und Solidarität in Gemeinschaft. So ist „die Jesusbewegung nicht ohne Jesus vorstellbar, aber sie ist auch undenkbar ohne die JesusnachfolgerInnen."[24] Jesus selbst zeichnet E. Schüssler Fiorenza in die Weisheitstradition der weiblichen „Sophia" ein.

„Eine feministische Christologie, die Frauen im Befreiungskampf gegen patriarchale Ausbeutung ermächtigen will, muß Jesus im Verstehens- und Denkhorizont der Göttin verstehen können, solange patriarchale Theologie auf der Männlichkeit Jesu und Gottes besteht. Sie darf christliche Frauenbefreiungstraditionen nicht als einzigartig und einmalig ausgeben, sondern hat sie als eingebettet in antike Emanzipationsbestrebungen, an denen das Judentum teilhatte, zu rekonstruieren. Christliche Identität muß als *religiös* befreiende Identität im Zentrum des Patriarchats konstituiert werden können.
Als einen wichtigen christologischen Ansatzpunkt für eine solche inklusive Christologie im Horizont religiöser Göttinnentraditionen habe ich die jüdische Sophiatradition als ein bedeutsames christologisches Urgestein freizulegen versucht. Die Sophiatradition ist eine der ältesten neutestamentlichen Traditionen, die Jesus, zusammen mit den israelitischen ProphetInnen, Johannes dem Täufer, sowie seinen späteren NachfolgerInnen, als den prophetischen Gesandten und das geliebte Kind der Sophia-Gott versteht."[25]

– In die Reihe dieser Interpretationen Christi durch die Jesus-Frauen- oder Jesus-Nachfolge-Geschichten gehören auch Carter Heywards Entwurf eines Jesus, der die Macht der Beziehung paradigmatisch lebte, und das von Rosemary Radford Ruether betonte „prophetische Prinzip", nach dem sich Jesus als Prophet für die Marginalisierten der Gesellschaft einsetzt (s.u.).
Den skizzierten Rekonstruktionen frühchristlicher Jesusgemeinschaft wirft jedoch Susanne Heine inhaltlich Selektion und methodisch einen Zirkelschluß von Interesse und Ergebnis vor, wenn sie aus Jesus den „Mann feministischer Träume" machen.[26] S. Heine wertet demgegenüber als auffälligen Zug der Jesustradition die Familienfeindlichkeit mit asketischen Zügen, wobei Askese die Sehnsucht nach Aufhebung der leidvollen Bedingungen irdischer Existenz meint. Weder die androzentrische Textüberlieferung des Neuen Testaments, noch der patriarchale Zusammenhang des Urchristentums sollten uns ihrer Meinung nach aber daran hindern, „entgegen mangelhafter Verwirklichung in der

24 Vgl. E. Schüssler Fiorenza, Zu ihrem Gedächtnis ... Eine feministisch-theologische Rekonstruktion der christlichen Ursprünge, München Mainz 1988, 166.

25 E. Schüssler Fiorenza, Zur Methodenproblematik einer feministischen Christologie des Neuen Testaments, in: D. Strahm/R. Strobel (Hg.), Vom Verlangen nach Heilwerden, a.a.O., 129ff, 143f; vgl. E. Schüssler Fiorenza, Auf den Spuren der Weisheit, in: V. Wodtke-Werner (Hg.), Auf den Spuren der Weisheit. Sophia – Wegweiserin für ein neues Gottesbild, Freiburg 1991.

26 Vgl. R. Frick-Pöder, S. Heine. Frauen der frühen Christenheit, in: Schlangenbrut, Nr. 20, 2/1988, 44ff; s. auch S. Heine, Frauen in der frühen Christenheit. Zur historischen Kritik einer feministischen Theologie, Göttingen [3]1990.

Geschichte und an die im Kanon formulierten christlichen Ansprüche anknüpfend, eine neue Praxis zu etablieren"[27].

Das Christus-Symbol

Während E. Moltmann-Wendel, E. Schüssler Fiorenza und in gewisser Weise auch C. Halkes[28] der feministischen Frage nach dem männlichen Christus-Symbol ausweichen, indem sie die Jesus-Frauengeschichten, die Jesusgemeinschaft bzw. das Abbild-Gottes-Sein Jesu thematisieren, ist das feministische Problem mit der Christologie nicht eigentlich der historische Mann Jesus, „sondern die theologische Interpretation dieser Person als Sohn Gottes, die Auffassung, dass ein Mann der alleinige und ausschliessliche Weg zu Gott ist, die unüberbietbare und historisch einmalige Selbstaussage Gottes, der Erlöser der Menschheit."[29] R.R. Ruether zeigt auf, wie das Christus-Symbol in der Geschichte mit Männlichkeit und (kosmischer und sozialer) Herrschaft identifiziert wurde und so die religiöse und politische Macht von Männern legitimierte[30].

Ein Anknüpfen an diese Vorstellung eines männlichen Erlösers ist nach Mary Daly für Frauen nicht möglich: „Wenn das Symbol in dieser [unterdrückerischen] Weise ‚benutzt' werden *kann* und es tatsächlich lange Zeit so ‚benutzt' worden ist, weist das dann nicht auf einen inhärenten Mangel des Symbols selbst hin?"[31] Später antwortet sie: „Eine patriarchale Gottheit oder ihr Sohn ist gerade *nicht* in der Lage, uns von den Schrecken einer patriarchalen Welt zu erlösen."[32] Aber nicht nur gegen das patriarchale Christus-Symbol, auch gegen das Vorbild Jesu wendet sich M. Daly, da es Frauen in der Vergangenheit nach Rechtfertigung suchen läßt, anstatt ihren eigenen Erfahrungen Priorität zu schenken. Diese könnten eher im Symbol der Großen Göttin aufgenommen werden, das

> „der Schlüssel ist für die Erlösung aus der Knechtschaft von Strukturen, welche die Entfaltung des menschlichen Seins verhindert haben. Symbolisch gesehen, ist es die Heilige Jungfrau, die den Sohn befreien und ‚erretten' muß. Anthropologisch gesehen, ist es die Frau, die den Durchbruch herbeiführen muß, der den anscheinend verhängnisvollen Verlauf menschlicher Evolution verändern kann."[33]

Innerhalb des christlichen Erlösungskonzeptes entwerfen demgegenüber die feministischen Theologinnen R.N. Brock, C. Heyward, R.R. Ruether und D. Sölle ein neues Christus-Symbol. Rita Nakashima Brock geht dabei von der Frage aus, was Erlösung im heutigen Kontext überhaupt bedeuten könne. Sie sprengt dann den individuellen Erlösungsgedanken, indem sie den Schwerpunkt von Christus, dem alleinigen Erlöser, auf

---

27 S. Heine, Antwort, in: Schlangenbrut, Nr. 23, 11/1988, 41ff, 42.

28 C. Halkes, Suchen, was verlorenging. Beiträge zur feministischen Theologie, Gütersloh 1985, lehnt eine Überbewertung des Mannseins Jesu ab: „Ich möchte lediglich davon ausgehen, daß Gott weder Mann noch Frau ist, während ‚er' aus männlicher Projektion fast immer männlich gedacht wird; und ich glaube immer weniger, daß Frauen so dringend nach Gott-die-Mutter suchen müssen. Gott hat sich im menschgewordenen Wort inkarniert, in Jesus von Nazareth, den wir Christus nennen. Dringend bedürfen wir einer pneumatologischen und sophistologischen (weisheitsbezogenen) Christologie [...]. Daher glaube ich letztendlich mit dem Ziele unserer wahren Menschwerdung an den Heiligen Geist, der nie überwiegend anthropomorphe Züge erhalten hat" (a.a.O., 123).

29 D. Strahm, Aufbruch zu neuen Räumen, a.a.O., 72.

30 R.R. Ruether, Sexismus und die Rede von Gott, a.a.O., 152ff.

31 M. Daly, Jenseits von Gottvater, Sohn & Co. Aufbruch zu einer Philosophie der Frauenbefreiung, München [4]1986, 91.

32 M. Daly, Jenseits von Gottvater, Sohn & Co., a.a.O., 115.

33 M. Daly, Jenseits von Gottvater, Sohn & Co., a.a.O., 116.

die messianische Gemeinschaft – „Christa“ – verlagert. Diese beansprucht eine „erotische Macht“, die R.N. Brock nicht sexuell, sondern als *primal interrelatedness*, als ursprüngliche gegenseitige Verbundenheit definiert. Auf eine sinnliche Weise kann erotische Macht unsere am Abgeschnittensein von anderen „zerbrochenen Herzen“ ganz machen und uns erlösen. So erfährt auch die messianische Gemeinschaft in heilsamer Verbundenheit – die konkrete Partikularität einschließt – Erlösung.

„Christus ist das, was ich Christa/Gemeinschaft nenne. Jesus hat zwar in zentraler Weise an dieser Christa/Gemeinschaft teil, aber er bringt weder erotische Macht hervor, noch kontrolliert er sie. Er wird durch sie hervorgebracht und ist an ihrer Entstehung beteiligt. Christa/Gemeinschaft ist eine lebendige Wirklichkeit, die sich in beziehungshaften Bildern ausdrückt. Daher wird Christa/Gemeinschaft dort faßbar, wo sich erotische Kraft/Macht manifestiert. Die Wirklichkeit erotischer Macht in Beziehungen heißt, daß diese nicht in einer einzelnen Person zu finden ist. Also muß das wahrhaft Christologische als etwas, das göttliche Fleischwerdung und erlösende Kraft offenbart, in Verbundenheit und nicht im einzelnen Menschen liegen.“[34]

Auch Carter Heyward bezieht die christliche Erlösung auf eine gemeinschaftliche Kraft der Verbundenheit. Ausgehend von der Prämisse, daß Gott die „Macht in Beziehung“ ist und die „Liebe zum Nächsten wie zu sich selbst“ Norm christlicher Theologie und Praxis sein muß, stellt sie eine interaktionistische Anthropologie und Christologie vor:

„Es ist wichtig für uns, daran zu denken, daß Jesus nicht in sich und aus sich selbst heraus einzigartig war. Das sogenannte ‚scandalon der Besonderheit‘ [Jesu Göttlichkeit] ist genau, was dieser Ausdruck sagt: ein Skandal, eine falsche Lehrmeinung. Andere Männer und Frauen können in offener, zuversichtlicher, aktiver und letztlich revolutionärer Beziehung zu Gott leben, und solche Menschen haben gelebt. Jesus ist der Mensch, an den wir uns als Christinnen und Christen gemeinschaftlich erinnern können. Es ist eine Frage unserer besonderen Geschichte, unserer besonderen Gemeinde und unserer kollektiven Erinnerung. Es geht nicht darum, daß Jesus einzigartig war. Aber seine Beziehung zu Gott war auf einzigartige und einmalige Weise *die* befreiende Beziehung, die ein Mensch zu Gott haben kann.“[35]

Messianisch können nach C. Heyward aber auch jene Menschen wirken, die Gottes *dynamis* (griech.: Macht), die Macht der Beziehung, für diejenigen Menschen repräsentieren, die diese nicht zu leben wagen. Sie trösten, lehren und lieben sie und spüren so „ihr eigenes Bedürfnis, gedrängt und getröstet zu werden. Dadurch erkennen sie auch, daß jede schöpferische Beziehung *gegenseitig messianisch* ist. Sie, die uns ermutigen, werden *von* uns ermutigt.“[36] So bestärken wir uns nach C. Heyward gegenseitig, im „Provisorium zwischen Erwartung und Erfüllung“ zu leben.
Rosemary Radford Ruethers Ansatz geht von der synoptischen Überlieferung der radikalen Jesusbewegung aus. In den Evangelien erneuert Jesus als Messias die prophetische Vorstellung, nach der sich das Wort Gottes für die Randgruppen der Gesellschaft einsetzt. Jesu prophetischer Protest richtet sich gegen soziale, sexistische und rassistische Hierarchien, die als Ausdruck entfremdeter Beziehung Sünde sind und im Gottesreich als Prinzipien jeglicher Beziehung überwunden sein werden. Jesu Befähigung, als Befreier aufzutreten, beruht dabei nicht auf seinem Mannsein. Die Beziehung zwischen

---

34 R.N. Brock, Journeys by Heart. A Christology of Erotic Power, New York 1988, 52, übers. von C. Tietz-Buck.

35 C. Heyward, Und sie rührte sein Kleid an, a.a.O., 116f.

36 C. Heyward, Und sie rührte sein Kleid an, a.a.O., 187.

Jesus, dem Erlöser, und den Erlösten ist nach R.R. Ruether zudem eher dynamisch als statisch zu verstehen, da auch Jesus der Erlösung – durch die Taufe Johannes des Täufers – bedurfte. Zwar mahnt R.R. Ruether, auch die erlösende Beziehung zwischen Jesus und Gemeinde als wechselseitige zu sehen, sie gibt aber seine paradigmatischen Qualitäten nicht auf. Persönliche Erlösung als Wiederherstellung individueller Ganzheitlichkeit ist für R.R. Ruether stets an aktive zwischenmenschliche und politische Befreiung gekoppelt. Nur als Erlösende werden wir selbst zu Erlösten und zu Trägern des Göttlichen. Christus repräsentiert das erlöste Menschsein, das wir durch Sünde verloren haben und durch Erlösung wiedergewinnen.

„Christus als befreite Menschlichkeit ist nicht auf die unveränderliche Vollkommenheit einer einzigen Person festzulegen, die vor 2000 Jahren gelebt hat. Eher ist es so, daß uns die erlösende Menschlichkeit vorangeht und uns an noch unvollendete Dimensionen menschlicher Befreiung erinnert.“[37]

Als einzige hier genannte Theologin hat Dorothee Sölle schon *vor* ihrem explizit feministischen Bewußtsein[38] seit den 60er Jahren eine politische Christologie entwickelt. Diese geht davon aus, daß wir nach dem „Tode Gottes“, also spätestens seit Auschwitz, nicht mehr die Erfahrung eines allmächtigen, unmittelbaren Gottes machen können. Vielmehr ist Gott „ohnmächtig und schwach in der Welt, aber gerade so ist er bei uns und hilft uns.“[39] Christus verdeutlicht uns nach D. Sölle diesen Gott als vorläufiger „Stellvertreter“. Er vertritt Gott vor den Menschen und die Menschen vor Gott. Als solcher ist Christus wie wir:

„Jesus ermöglicht das, was er verlangt: Er traut uns Gott zu. Nichts anderes meint Paulus mit dem Ausdruck: ‚Er war der Erstgeborene unter vielen Brüdern und Schwestern‘ (Römer 8,29). Eine solche Christologie hat das Interesse, uns da hineinzuziehen; und erst indem wir betonen, er war wie wir, können wir überhaupt sagen, worin er nicht wie wir war: hinsichtlich der Sünde. Wir leben faktisch nicht für andere, wir plündern andere aus, wir leben für uns. Das unterscheidet uns aber nicht in einem physischen oder metaphysischen, sondern in einem existentiellen Sinn von Christus. Von seiner geschichtlichen Existenz ausgehend wissen wir: ‚Er war wie wir.‘ So wie er Wunder getan hat, so nahm er an, daß auch seine Jünger Wunder tun können (Markus 16,17; Matthäus 10,7f.). Er sendet uns genauso aus, Wunder zu tun, Hungrige zu speisen, Nackte zu kleiden, die Toten ins Leben zu rufen. Wirklich an die Wunder glauben bedeutet, selber Wunder zu tun.“[40]

Ähnlich R.R. Ruethers Entwurf, ist Christus für D. Sölle die fortwährende geschichtliche Realität des historischen Jesus, der die Gerechtigkeit liebte und für sie litt. Er setzte sich mit politischer Macht auseinander und demaskierte sie als das Böse in der Geschichte. Wo menschliches Handeln heute Christus ähnelt, ist es göttliches Handeln, das auf Stellvertretung verzichten kann.

---

37 R.R. Ruether, Sexismus und die Rede von Gott, a.a.O., 170.

38 D. Sölle äußert sich dazu im Nachwort der Neuauflage, Stellvertretung. Ein Kapitel Theologie nach dem „Tode Gottes“, Stuttgart 1982.

39 D. Sölle, Stellvertretung, a.a.O., 202.

40 D. Sölle, Gott denken. Einführung in die Theologie, Stuttgart 1990, 153f.

„Ist es für Sie von Bedeutung, daß Jesus ein Mann war?" lautet eine der fünf standardisierten Fragen, die wir unseren Gesprächspartnerinnen im letzten Teil des Interviews stellten. Von sich aus kommt keine der Frauen auf das Mannsein Jesu ausdrücklich zu sprechen. Zu der christologischen Qualität dieser Frage – „Kann ein männlicher Erlöser Frauen erlösen?"[41] – dringen wir im Gespräch kaum vor, wenngleich die Bilder, die die Frauen für sich von Jesus entwerfen, ihre Sehnsucht nach befreitem, ganzheitlichem Menschsein spiegeln.
Daß der historische Jesus ein Mann und keine Frau war, ist für die von uns befragten Frauen selbstverständlich. Anders als die feministischen Theologinnen lehnen die meisten Interviewpartnerinnen darüberhinaus einen möglichen Bedeutungsunterschied rundweg ab. So antwortet Irmgard H. (55) auf die Frage nach Jesu Männlichkeit: „Nein, es bedeutet mir gar nichts", und Erika L. (47): „Das spielt keine Rolle." Implizit verbinden sie aber mit Jesus viel stärker als feministische Christologie-Entwürfe Gottesebenbildlichkeit, Einzigartigkeit und männliche Höherbewertung. Im Unterschied zur traditionellen Christologie koppeln die Interviewpartnerinnen, wie viele feministische Theologinnen, ihr Jesusverständnis fast ausschließlich an die synoptische Überlieferung des Lebens und Sterbens Jesu und an ihre persönlichen Glaubenserfahrungen mit ihm. Als Schwerpunkte ihrer Auseinandersetzung mit dem Mann Jesus kristallisieren sich Jesu Nähe zu Gott, sein ganzheitliches Menschsein und seine Beziehungen zu Frauen heraus.

1. Jesus – „wahrer Gott und wahrer Mensch"

Mehr als die Hälfte der Interviewpartnerinnen versucht, Jesus in seiner göttlichen *und* menschlichen Wesensart zu fassen, ohne den dieser Denkstruktur zugrundeliegenden Begriff der „zwei Naturen Christi" ausdrücklich zu nennen. Jede Frau setzt dabei einen eigenen Schwerpunkt. Alle ordnen Jesus darüber hinaus bestimmte „Werke" zu, die zum Beispiel in den Kapiteln „Der ethische Jesus" oder „Die Bedeutung von Gemeinschaft" aufgenommen werden.
Marianne L. (84), ehemalige Katechetin, bleibt als einzige auch im Wortlaut dicht an der traditionellen Chalcedonensischen Formel, wendet sie aber gleich auf eine beziehungshafte Anthropologie an, in der ein Mensch den anderen auf Gottes Immanenz verweist:

> „Also daß Jesus sozusagen ein Übermensch war, das habe ich zuerst gedacht. Aber ich habe dann im Laufe der Zeit gemerkt, daß das stimmt: ‚wahrhaftiger Mensch'. Und ‚wahrhaftiger Gott', deshalb bin ich der Meinung, daß jeder Mensch – ja, vielleicht ist das gefährlich, was ich jetzt sage, … naja – ein Kind Gottes ist. Das kann ich einmal so sagen, nicht? Aber nicht Gott *ist*, sondern Gott für irgendeinen anderen Menschen verkörpert."

Auch Heike S. (35) berichtet von einer Verlagerung ihrer Sichtweise: Nahm sie an Jesus zunächst seine Göttlichkeit wahr, beeindruckt sie jetzt stärker seine wahrhaftige Menschlichkeit.

---

41 R.R. Ruether, Sexismus und die Rede von Gott, a.a.O., 145.

„Damals hatte ich das Gefühl, daß Jesus vollkommen ist, so eigentlich eher gottgleich. Nicht eigentlich Gottes Sohn ist und auch nicht menschenähnlich, sondern schon eher ein Überwesen oder so etwas. Einer, der sich eben väterlich um alle kümmert und auch um uns eben, obwohl wir kein Geld hatten. Heute würde ich viel eher auch den Menschen in Jesus sehen. Und ich würde ihn deshalb auch gut finden, weil er eben nicht mehr diese Überfigur ist, sondern weil ich das Gefühl habe, er kennt viel von dem, was ich so empfinde, oder das weiß er. Und … ja, also … wenn er heute leben würde, würde er sicher viele Dinge so sehen wie ich. Also für mich ist es heute eher eine menschenähnliche Figur als früher."

Wie Marianne L. setzt Heike S. Jesu Menschlichkeit sofort in Beziehung zu ihrem eigenen Menschsein. Das tut auch Monika A. (46), wenngleich mit deutlich verschiedener Absicht. Da irdisches Leben und jenseitige Auferstehung für sie dualistisch voneinander getrennt sind, muß Jesus im Leben Menschengestalt annehmen, um im Tode wie die Menschen in die harmonische, göttliche Einheit aufzuerstehen, „denn ein nicht-irdisches Wesen kann ja nicht so sterben …"

Für Erdmute K. (72) sind Gott und Jesus im Glauben ungetrennt: „Das gehört eigentlich zusammen, für mich gehört das zusammen." Andrea R. (37) äußert sich ähnlich und antwortet auf die anschließende Frage, ob Jesus für sie Gott sei: „Nein, Jesus ist nicht für mich Gott. Er ist der Sohn von Gott, aber es gehört so zusammen, wie mein Mann und seine Töchter." Dogmatisch ausgedrückt, glauben beide Frauen eher an die Wesenseinheit Jesu mit Gott, die sich für Andrea R. außerdem in ihrem gemeinsamen Werk der Nächstenliebe manifestiert.

Die Spannung zwischen den zwei Seiten Christi beschreiben Dora S., Nicole W. und Sabine M. Sie drückt sich für Dora S. (78) in Jesu Gottessohnschaft aus, die zwischen Gott und Mensch vermittelt: „Jesus ist Gottes Sohn, ist Mensch geworden und ist die Brücke, die Brücke zwischen Gott und mir oder Gott und der Welt. Also er ist für mich nicht nur ein frommer Lehrer gewesen oder ein sündloser Mensch, sondern echt Gottes Sohn …" Sabine M. (28) versucht, die Besonderheit der Ethik Jesu (also reformatorisch gesprochen des „Amtes") durch seine doppelte Herkunft zu erklären:

„Daß er Gottes Sohn war, das glaube ich schon, daß es nicht *irgendwer* war, den Gott geschickt hat. […] Also ich glaube eben, daß Gott überall ist und sein Sohn …, er ist von Gott irgendwie gesandt worden. Natürlich über Maria und Joseph. Aber Gott hat ihn gesandt, also er ist mehr Gottes Sohn gewesen als der Sohn von Maria und Joseph."

Nicole W. (18) sieht Jesus in der Spannung zwischen den „schönen Sachen", die er mit Gottes Hilfe auf Erden vollbracht hat, und seinem Leiden am Kreuz. Das Symbol des Gekreuzigten erschreckt sie in seiner Anomalie und in seiner Forderung nach Unterwerfung,

„obwohl ich auch andere Bilder von Jesus kenne. Also schöne Sachen, daß er Wunder vollbracht hat oder daß er auch ein ganz normaler Mensch war – also auf der einen Seite, auf der anderen Seite auch wieder nicht, da war er auch eine Person Gottes, ein ganz besonderer Mensch. Er hat viel für uns getan, für die Menschen getan […] Dadurch, daß Jesus mit Gott immer so in Beziehung war, hat er durch ihn auch solche Kräfte gekriegt, solche Gaben. Also halb Mensch, halb Gott, ein Mensch mit göttlichen Fähigkeiten. Nichts Normales. So einen bestimmten touch hat er bestimmt."

Die Mehrzahl der Frauen zieht zum Verständnis des Geheimnisses Jesu seine Gottessohnschaft heran. Ist seine menschliche Natur durch die persönliche Identifizierung, wie sie besonders bei Heike S. hervortritt, gegeben, so ist seine göttliche Seite schwer zu verstehen. Anschaulich wird diese lediglich bei Monika A. und Nicole W., die Jesu göttlicher Natur neben der Gottessohnschaft seine Auferstehung bzw. seine ethischen Gaben beilegen. Für die von uns befragten Frauen repräsentiert Jesus als Mann fraglos das Göttliche, wenngleich sie das „Wie“ schwer zu fassen vermögen.

2. Jesus – ganzheitlicher Mensch?

„Das spielt keine Rolle.“ (Erika L, 47)

Weicht Sabine M. der Frage nach Jesu Mannsein aus – „Eigentlich war er immer ein Mensch so für mich. Nicht Mann, nicht Frau.“ –, lehnen einige ältere Frauen dieses Thema offen ab. Irmgard H. (55) sagt: „Nein, es bedeutet mir gar nichts“, Erika L. (47) meint: „Das spielt keine Rolle“, und Marianne L. (84) kontert: „Sie ist ja keine – er ist ja keine Frau.“

Lediglich auf der geschichtlichen Ebene sind sie zur Auseinandersetzung mit Jesu Männlichkeit bereit. So antwortet Erika L. auf die Frage, ob eine Frau in derselben Weise wie Jesus hätte Vorbild sein können:

„Früher zu der Zeit, wo Jesus gelebt hat, war es ja nur möglich, daß ein Mann es tat. Eine Frau hatte ja ganz andere Aufgaben. Insofern kann man das ganz schwer sagen ... In der heutigen Zeit könnte eine Frau das alles, dann wäre es auch gleich, da würde ich nicht unbedingt einen Unterschied sehen. Ich weiß nicht, ob eine Frau es anders tun würde. Ich bin nicht sicher. Früher ... das ist vielleicht auch ein Grund, warum Gott einen Sohn haben wollte statt eines Mädchens, einer Tochter, weil er über die Tochter wohl nicht hätte so viel erreichen können.“

Neben Anneliese D. (59): „Die Akteure, das waren ja Männer. Das mußte wohl – das ist für die damalige Zeit und für das Land, in dem die Geschichte spielt, ja selbstverständlich“, erklärt auch Erdmute K. (72) Jesu Mannsein mit dem Patriarchat: „Früher war eben auch der Vater das Oberhaupt der Familie. Heute ist die ganze Zeit eine andere ... Man kann gar nicht mehr, man kann keine Parallele ziehen dazu.“ Eine Beziehung zwischen Jesu Männlichkeit und ihrer Weiblichkeit stellen diese Interviewpartnerinnen nicht her. – Für Elke R. stellt sich diese Frage gar nicht, da sie Jesus nicht als Menschen, sondern als göttliche „Idee“ auffaßt.

Jesus als Mann

Die Mehrheit der von uns befragten Frauen sieht Jesus durchaus auch in seiner Geschlechtlichkeit, wenngleich nur Heike S. und Nicole W. diese als eindeutig männlich identifizieren. Heike S. (35) assoziiert Jesu Mannsein positiv mit Brüderlichkeit:

„Also wenn ich mir überlege, ob ... das einfach nur eine Figur ist, die neutral wäre, dann ist sie das nicht. Also das ist schon ein Mann. Aber es ist eine Figur, zu der ich sehr positive Gedanken habe, so wie zu meinem Bruder. Also es könnte genauso gut meine Schwester sein ..., aber es stört mich nicht, daß es mein Bruder ist ... Also Jesus ist für mich nicht auswechselbar. Ich könnte nicht sagen, da wäre eine Frau genauso gut denkbar. Aber es hat keine ..., keine negativen Assoziationen.“

Als einzige Interviewpartnerin befaßt sich Nicole W. (18) offen mit den problematischen Aspekten Jesu Mannsein:

„Was das [Jesu Mannsein] bedeuten könnte? Ich weiß nicht ..., vielleicht..., man sagt ja immer, ein Mann sei stärker, hätte mehr Durchsetzungskraft. Vielleicht hätte das eine Frau nicht geschafft, aber das ist nicht meine Meinung. Das könnte genauso gut eine Frau gewesen sein."

Ob Jesus für sie auch hätte eine Frau sein können?

„Ja doch, das kann ich mir gut vorstellen. Doch, das hätte er für mich genauso gut sein können, im Gegenteil, das fände ich gut. Vielleicht hätte sie auch Sachen anders gesagt, vielleicht mehr ... mit Herz. Jesus war auch viel mit Herz, aber Frauen reagieren manchmal noch anders in bestimmten Situationen."

Nicole W. zeigt hier phantasievolle Offenheit, verbunden mit einer positiven Selbsteinschätzung als Frau. Bewußt entwirft sie ein Bild gegen die herrschende Meinung, nach der ein Mann stärker sei und mehr Durchsetzungskraft hätte. Gerade in der Emotionalität, dem „Herzen" von Frauen, sieht Nicole W. eine besondere Kraft, die dem Mann Jesus gefehlt habe.

Androgyne Sichtweisen

Das Gros der Interviewpartnerinnen, die zum Gespräch über Jesu Mannsein bereit sind, integriert die von Nicole W. angedeuteten weiblichen Eigenschaften in einen androgynen Entwurf. Anneliese D. (59) ist von der bedingungslosen Liebe und Treue Christi zu den Menschen fasziniert, die sie spontan mit der von Tiermüttern vergleicht. Er verkörpert für sie das „natürliche Verlangen nach Frieden, nach Liebe" und nach Emotionalität: Weinen und Lachen – „es ist ja beides in uns, und wir müssen es ausleben dürfen, beides. Und ich denke doch, da ist Christus ..., er hat es uns dargebracht." Auch Ulrike W. hebt an Jesus besonders seine Wertschätzung des Gefühls hervor (s.u.).

Explizit entwerfen Dora S., Hilde N. und Gabriela E. ein ganzheitliches Jesusbild, nach dem Jesus „kein so stark männlichen Typ" (Dora S.) oder sogar das „Gegenbild des typischen Männlichen" (Gabriela E.) ist. Dora S. (78) erläutert ausgehend von Jesus ihr androgynes Menschenbild:

„Ich möchte ihn mir gar nicht anders vorstellen als ein Mann, aber ich weiß, er war ein Mann, der sehr viele weibliche Elemente in sich hatte und der für die Frauen ... sehr viel übrig hatte, was für die Zeit damals also gar nicht selbstverständlich war ... und mehr oder weniger im Hintergrund oder im Unterbewußtsein verblieben ist und was nun die sogenannte feministische Theologie ausgräbt – aber teilweise übertreiben sie das so und verdammen alles Männliche und lassen nur das Weibliche gelten. Für mich ist das männliche und das weibliche Element wesentlich und gehört zusammen und ergänzt sich ... Ich habe mich dann immer mehr als Mensch als als Frau gefühlt. Was aber ... im allgemeinen nicht so üblich ist, oder die meisten Frauen wollen auch Frauen sein, und die Männer wollen auch Männer sein, aber ... in jedem Menschen sind ja auch logisch gesehen weibliche und männliche ... Anteile, zum Beispiel die ganzen Schwulen sind ja auch Männer, in denen eben sehr viel Weibliches drin ist. Die Künstler haben auch mehr Weibliches in sich."

Innerhalb dieses Entwurfes konkretisiert Dora S. Jesus folgendermaßen:

„Ja also, daß er erstens sehr verständnisvoll und liebevoll war und auch mit der Samariterin am Brunnen gesprochen hat, was ja ganz gegen die Regel war, und ... auch Trost spenden konnte, nicht. Das Komische ist, irgendwie stelle ich ihn mir ja mit langen Haaren und mit hellem langen Gewand vor. Ich weiß nicht ..., ob das aus den Zeiten, wo er auf Erden lebte, oder ob es von

Gemälden herkommt oder wie auch immer, aber auch da trägt er für mich etwas – also er ist kein so stark männlicher Typ …, wollen wir mal so sagen.“

Es scheint, als vermische Dora S. das verklärende Bild des Jünglings „mit langen Haaren und mit hellem langen Gewand“ mit Entwürfen politischer und feministischer Theologie, die wie sie dessen sanfte und gewaltlose Züge hervorheben. Andrerseits reflektiert Dora S. die eigene Sichtweise auch kritisch (und nimmt hier S. Heines Einwände gegen feministische Jesusbilder auf):

„obwohl er hat ja auch gesagt, er ist nicht gekommen, den Frieden zu bringen, sondern das Schwert. Und es ist das einzige, glaube ich, welches dem widerspricht, wo man eine andere Vorstellung von ihm hat. Aber er hat zum Beispiel gesagt: ‚Mein Vater, meine Mutter, meine Brüder und Schwestern, das sind meine Jünger,‘ also daß er seine Familie eigentlich auch so ein bißchen abgelehnt hat. Also es gibt schon einiges, worüber man stolpern könnte.“

Hilde N. (61) bringt *gerade* Jesu revoltierende Haltung mit dem Weiblichen in Verbindung, das sie ähnlich Nicole W. durch Emotionalität und Menschlichkeit charakterisiert:

„Wobei ich denke, daß das, was ich über Jesus weiß aus dem Neuen Testament, ihn in die Reihe von Männern bringt, die durchaus einen großen weiblichen Anteil haben. Das sehe ich schon so. Also, wenn ich an Jesus denke, dann – wird mir jetzt so klar – denke ich wenig an das Wort ‚Herr‘ … In vielen Fällen habe ich die Erfahrung gemacht, daß Frauen differenzierter denken, differenzierter in Bezug auf Menschliches … und … daß Menschliches mehr Gewicht hat als Ideen und Macht.“

Auf die Frage hin, inwiefern Jesus diesen Typ Mann verkörpere, beschreibt Hilde N., wie Dora S., Jesus als zugewandten, sensiblen, den Homosexuellen ähnelnden Mann:

„Also es gibt Männer heute, zum Beispiel unter den Homosexuellen, die ich …, ja für sehr viel empfindungsreicher halte. Wobei, wenn man das ausspricht, ist das schon wieder in irgendeiner Schublade. Ich könnte mir vorstellen, daß es einen Haufen Männer gibt, die das bloß nicht an sich herankommen lassen wollen. Von ihrer Erziehung oder sonst woher. Wo es doch eigentlich so wäre, nicht? Und wenn ich an Jesus Christus denke, dann stelle ich ihn mir vor als einen, der nicht eingezwängt war in die Normen.“

Beide Frauen, Hilde N. und Dora S., entwerfen ein androgynes Jesusbild, in dem Jesus zwar primär ein Mann ist, seine Männlichkeit jedoch um positive weibliche Eigenschaften erweitert wird. So beschließt auch Gabriela E. (49) ihre wechselvolle Geschichte mit dem Mann Jesus, in der sie dessen Männlichkeit zunächst idealisierte, diese Haltung nun jedoch problematisiert, indem sie sagt:

„[Jesu Mannsein] hat auf jeden Fall keine Bedeutung, die jetzt mehr Distanz macht, also daß ich wünschte, daß er eine Frau wäre, daß ich mehr Beziehung hätte. Ich sehe ihn ohnehin mehr als ganzheitlichen Menschen, wie das heute wohl auch öfters interpretiert wird, mit den auch guten weiblichen Fähigkeiten, oder … als Gegenbild des typischen Männlichen, kann man ja auch so sagen, nicht? … Nein, damit habe ich eigentlich keine Probleme … Das ist für mich eigentlich nicht so wichtig, das Geschlecht in dem Fall.“

3. Jesus und die Frauen

Jesus war für Gabriela E. (49) früher „so ein Heiliger, aber weit weg eigentlich. Kein richtiger Mensch. Und erst jetzt merke ich … – also so weit weg, für mich so fremd eigentlich. Sehr fremd.“ Erst durch die Beschäftigung mit den Jesus-Frauengeschichten, wie der literarischen Verarbeitung von Maria Magdalena, gewann sie Zugang zu ihm:

„Eigentlich ..., ja, ich würde sagen, eigentlich erst in den letzten Jahren. Vielleicht so mit feministischer Theologie. Das kann gut sein, wo dann so die Geschichten von ihm ..., wo ja auch die Frauen eine Rolle spielen. Ja, dann doch vielleicht auch durch das Buch ‚Mirjam‘ von Luise Rinser. Ja, vielleicht war das so der Anfang. Und das hat jetzt meine Vorstellungskraft ... Ja, das hat mich fasziniert, beide Gestalten: die des Jesus, aber auch der Mirjam, und die Erzählung. Ich glaube, das war es, ja.“

Heike S. (35), der Jesus als ethisches Vorbild, als Helfer und Bruder seit langem nahe ist, kommt nach einer Pause von sich aus noch einmal auf ihn zu sprechen. Sie beschreibt, wie Jesu positiver Umgang mit den Frauen ihre Bindung an ihn verstärkt, stellt aber gleichzeitig fest:

„Also heute, wo ich mehr [über Frauen] nachdenke, da finde ich manche Geschichten schon wirklich ätzend ... Gut, und dann spielt Jesus für mich auch eine Rolle, weil er uns Frauen völlig anders behandelt, als das üblicherweise sowohl in *der* Zeit der Fall war als auch heute.“

Durch die Beschäftigung mit den Frauengestalten der Bibel beginnt Heike S., biblische Geschichten aufmerksamer und kritischer zu hören. Das befreit sie dazu, manche für sich auch abzulehnen. Ulrike W. (58), die sich – unter ausdrücklicher Ablehnung feministischer Theologie – von allen Interviewpartnerinnen am meisten mit den Jesus-Frauengeschichten beschäftigt, hat durch sie ebenfalls eine neue Nähe zu dem Jesus des Neuen Testaments gefunden, indem sie von ihm lernt, ihre Gefühle zu bejahen.

„Oft wirft man uns ja diese Gefühle so vor und daß man so sehr wenig Logisches macht und ... Ich denke, gerade so an diesen Geschichten mit Jesus und den verschiedenen Frauen wird einem das ganz schön deutlich gemacht, daß das ganz wichtig ist, daß diese Gefühle ja schon – wie soll ich das sagen – ein ganz wichtiger Teil des Lebens sind und das Dazustehen, daß man das nicht unterdrückt, sondern einem kopfbeherrschten Menschen etwas voraushat ... Insofern denke ich eben, ist das eine ganz spannende Sache, wenn man das, was man so selber erfährt im Umgang mit den Leuten, reflektiert mit dem, was im Neuen Testament erzählt wird. Und ich *da* dann wieder anfange und fix mit dem Kopf arbeite! Aber ich denke, das macht auch nichts.“

Jesus verleiht den Frauen durch die Anerkennung ihrer besonderen, emotionalen Fähigkeiten ein neues Selbstbewußtsein. Ausgehend von der Heilung der gekrümmten Frau beschreibt Ulrike W., wie sie die synoptische Überlieferung direkt auf ihre gemeindliche Erfahrungswelt transponiert:

„Das sind auch so Sachen, die in unserer Gemeinschaft das möglich gemacht haben, einzelnen ... etwas mehr Selbstbewußtsein, etwas mehr Mut zu sich selber zu geben ... Und das sind schon dann ganz richtig genau die Sachen, die Situationen, die man in Geschichten im Neuen Testament, in Jesusgeschichten wiederfindet. Und das ist auch in meinen Augen der Grund, wieso sich diese Geschichten so in dieser Art erhalten haben.“

Ulrike W. verspürt eine doppelte Nähe zu den Jesusgeschichten: In ihrer Gebrochenheit als Frau identifiziert sie sich mit den Frauengestalten – in ihrer Rolle als Gruppenleiterin mit Jesus selbst. Jesu ganzmachende „Heilung“ der Frauen erfährt und gibt sie in der Offenheit, dem Trost und der Ermutigung des Gesprächskreises. Zusätzlich hat Ulrike W., wie Heike S., durch die Beschäftigung mit den Jesus-Frauengeschichten einen neugierigen Blick für die Bibel gewonnen. Sie stellt fest, „daß da im Grunde genommen nichts anderes drinsteht als das, was wir täglich erleben, daß die Bibel ein Buch ist, in dem unser Leben steht", fragt sich aber auch:

„Was ist da alles verfälscht worden, oder was verfälscht man selber durch Wandlung der Sprache? Wenn man so in manche Feinheiten geht, dann ... weiß ich nicht, ob das alles ... genauso wiedergegeben ist, wie das mal ursprünglich war. Und das ist wiederum dann das Gute daran, daß man sich nicht ganz genau irgendwie mit einer Sache festnagelt, sondern daß es eben in verschiedenen Situationen einem auch verschiedenes bedeuten kann – ein und dieselbe Sache. Das ist auch ganz wichtig daran."

Für Gabriela E., Heike S. und Ulrike W. eröffnen sich durch die Auseinandersetzung mit den Jesus-Frauengeschichten verschiedene neue Dimensionen: Jesus wird ihnen im Glauben menschlich nahe; durch ihn fühlen sie sich als Frauen heute aufgewertet; sie entwickeln Interesse auch an Tradition und Überlieferung des Neuen Testaments.

4. Wertschätzung von Mann und Frau

Die anthropologischen Aspekte ihres Glaubens sind kein erfragtes Thema der Interviews und werden von den Frauen auch nicht offen angesprochen. Eine in vielen Interviews übereinstimmende Argumentationsstruktur läßt jedoch eine bestimmte Wertschätzung von Mann und Frau erkennen. Dabei lösen zwei Themen Äußerungen der Frauen zu ihrem anthropologischen Verständnis aus: die Frage nach dem Mann Jesus und der – oftmals daran anschließende – Themenbereich Patriarchat und Emanzipation.

„Aber ..."

An die Behauptung vieler Interviewpartnerinnen, Jesu Mannsein sei für sie letztlich ohne Bedeutung, schließen sich im Gespräch zwei widerlegende Aussagen: Entweder schließt sich ein „aber" an, das die Hochschätzung von Männern verrät, „aber Gott ist männlich". Andrea R. und – rückblickend – Gabriela E. äußern als einzige offen ihr besseres Verhältnis zu Männern. Andrea R. (37), die im Krankenhaus als Sekretärin arbeitet, antwortet auf die Frage nach dem Mann Jesus mit Erfahrungen aus ihrer Arbeitswelt:

„Nein. Das hat überhaupt keine Bedeutung für mich. Es könnte genauso auch eine Frau sein. Also das ist geschlechtsunspezifisch für mich. Ich habe da überhaupt keine Schwierigkeiten. Obwohl, wenn ich ehrlich bin, ich arbeite lieber mit Männern zusammen als mit Frauen. Weil in meinem Beruf, wenn Männer da sind, ist es ein ganz anderes Klima."

Gabriela E. meint, daß Jesu Mannsein ihren Abstand zu ihm nicht vergrößere, sondern eher zu einem besseren Verhältnis zu Jesus beigetragen habe, da sie das Männliche lange Zeit extrem favorisiert habe. Die Mehrheit der Interviewpartnerinnen drückt ihre höhere Wertschätzung von Männern hingegen indirekt aus. Heike S. und Andrea R. beziehen ihre Anerkennung von positiv geschilderten Pfarrern, Erika L. unterstreicht die Autorität von Pfarrern und Ärzten durch ihren Gehorsam ihnen gegenüber, Monika A. idealisiert einen bestimmten Pfarrertypus, und Gabriela E. berichtet von verschiedenen ihr wichtigen Männern. Erzählen die Interviewpartnerinnen – in geringerem Maße – von Beziehungen zu Frauen, messen sie diesen geringe erkennbare Bedeutung zu. Marianne L.

(unverheiratet) bildet eine Ausnahme: Im Gespräch erwähnt sie neben ihr eindrücklichen Männern mehrere positive Begegnungen mit Frauen, und auf die Frage nach dem Mannsein Jesu argumentiert sie interessanterweise der Mehrheit widersprechend. „Sie ist ja keine – er ist ja keine Frau", antwortet Marianne L. (84) spontan und erzählt dann:

„Also ich sage das einmal jetzt etwas … Wenn ich einmal geheult habe oder so, dann waren immer Frauen die Ursache. Nicht Männer. Aber wahrscheinlich, weil ich nie mit Männern näher in Berührung gekommen bin. Ich finde auch manchmal den und den Pastor etwas kleinkariert, aber die tun mir nichts."

Anschließend spricht sie von ihr imponierenden Frauen und Theologinnen, wie Mathilda Wrede. Das gängige Argumentationsschema appliziert Marianne L. als einzige auf Frauen: Jesu Geschlecht tangiert sie nicht, *aber* Frauen sind ihr wichtiger.

Das zweite, die Höherbewertung von Männern ausdrückende Argumentationsmuster verweist in der Antwort auf Jesu Geschlechtlichkeit auf Gottes Mannsein. Sabine M. (28) führt ihre Aussage „Eigentlich war er [Jesus] immer ein Mensch so für mich. Nicht Mann, nicht Frau", fort:

„Ich dachte immer: Jesus als Mensch hat das und das gemacht. Also es hatte eigentlich keine Bedeutung … Aber unter Gott stelle ich mir auch wiederum etwas Männliches vor. Da bin ich mir ganz sicher. Also das ist für mich keine Frau … Finde ich auch leichter für mich so vorzustellen, weil … ja … also ich verbinde damit wahrscheinlich doch noch so etwas Beschützendes, Haltendes. […] Irgendwie hätte ich da doch ein bißchen mehr Vertrauen auf einen Mann."

Schutz und Halt kann Sabine M. eher ein Mann gewähren. Ihre an anderer Stelle genannten gegenläufigen Erfahrungen – „Also der Glaube und so eine Freundin, die ich schon ganz lange kenne, das hat mich irgendwie so durch das ganze Leben getragen", – vermögen diese Vorstellung nicht zu ändern. Für Erika L. (47) ist eine personale Gottesbeziehung an die Männlichkeit Gottes gebunden:

„Und ich bin eigenartigerweise bei Gott immer beim Mann. Also mit dem Thema, daß Gott vielleicht eine Frau ist – ich weiß nicht. Ja, ich sage, er ist mehr Mann als daß er Frau ist. Wer weiß, was er nun ist! Eigenartigerweise ist es mehr Mann, weil man ja immer ‚Gott Vater' sagt. Also für mich ist Gott nicht irgend etwas, was man nicht sehen kann, sondern für mich ist Gott schon eine Person, die ich mir vorstellen kann. Das macht die Sache etwas leichter als wenn sich nichts darunter verbirgt."

Männliche Gottesbilder haben auch Gabriela E. und Anneliese D., die Gott als väterlich und gütig charakterisiert (s. 4. Kapitel: Das Gottesverständnis im Zusammenhang mit der Christologie). Über ein *weibliches* Gottesverständnis erregt sich Monika A., die selbst zwar keine anthropomorphen Gottesvorstellungen hat, dafür aber dem Gemeindepfarrer halbgöttliche Wirkmacht beilegt.

Bezeichnen viele Interviewpartnerinnen das Mannsein Jesu als irrelevant für ihren Glauben an ihn, möchten sie diese Indifferenz nicht auf andere Männer und besonders nicht auf Gott bezogen wissen. Männer scheinen ihnen wichtiger als Frauen zu sein, und Gottes Männlichkeit garantiert ihnen seine Macht.

„Die Männer haben es schwer." (Anneliese D., 59)

Die Frage, ob das Mannsein Jesu von Bedeutung sei, leitet in einigen Interviews zu den

Themen Patriarchat und Emanzipation über. Erdmute K. (72) lenkt die Frage auf das kirchliche Amtsverständnis:

„Vor einiger Zeit war es sogar undenkbar, daß eine Frau Pastorin wäre, nicht. Aber Religionslehrerinnen gab es ja schon immer. Also man sollte auch nie die Emanzipation zu weit – ich finde, das ist nicht gut, wenn das zu sehr ist. Also ich sehe es an der eigenen Familie, an der Schwiegertochter, wie sie so alle beherrscht, will ich einmal sagen. Und das finde ich nicht gut. Es muß der Mann ja auch etwas zu sagen haben. Klar müssen beide, wenn sie beide arbeiten, beide mit dazu betragen, daß das läuft, aber daß nur die Frau das Sagen hat, das finde ich nicht gut … Ich finde das nicht verkehrt heute, warum soll das nicht sein? Aber es ist übertrieben heute. [...] Heute ist es für Männer nicht immer so leicht. Vielleicht manchmal zu schwer. Weil ich Mutter eines Sohnes bin, sehe ich das wahrscheinlich anders. Das kann schon sein."

Erdmute K., die als alleinerziehende Frau in der ehemaligen DDR ein anderes Selbstverständnis weiblicher Berufstätigkeit erlebte, begrenzt das Patriarchat zeitlich auf die Generation ihres Vaters und inhaltlich auf die männliche Rolle bei der Hausarbeit: „Also mein Vater, der hätte nie Essen gekocht, der wäre auch nie mit einer Einkaufstasche einkaufen gegangen oder den Kinderwagen schieben. Das gab es nicht früher." Auch die Emanzipation bewertet sie primär hinsichtlich ihrer Auswirkungen für Männer und schätzt sie für ihren Sohn als bedrohlich ein. Anneliese D. (59) sorgt sich ebenfalls um ihren Sohn:

„Ich habe neulich einen Brief bekommen, da stand „Mann/Frau" …, als ob man sich entschuldigt, also nicht daß man die Frauen vergessen hat. Das kommt mir nie in den Sinn. Merkwürdig, im Grunde im Gegenteil: Ich habe das Gefühl, daß unsere Söhne ein bißchen ins Hintertreffen kommen, das gefällt mir auch nicht."

Die Emanzipationsbestrebungen seit der Nachkriegszeit verunsicherten Anneliese D.: „Es war einfach nichts mehr da, woran man sich halten konnte. Und die modernen Thesen, die aufgestellt wurden, um ein anderes Leben zu führen, die gefielen mir eigentlich nicht, das war für mich keine Erfüllung." Auf die Frage nach der Männlichkeit von Jesus und Gott erläutert Anneliese D. ihre anthropologischen Vorstellungen:

„Ich sehe da überhaupt nicht diese starke Trennung zwischen Mann und Frau, *überhaupt* nicht, und … ich sehe, lese das auch nicht aus der Bibel, aus dem Alten und Neuen Testament heraus. Ich sehe die Pflichteneinteilung, die ja notwendig ist, weil eben physisch und psychisch Mann und Frau unterschiedlich geartet sind. Das ist ja aber auch eine ganz natürliche Veranlagung, und ich finde das so sinnvoll, sie sind ja aufeinander abgestimmt."

Kritisch bewertet Anneliese D. an der traditionellen Rollenverteilung lediglich, daß diese die Entwicklung weiblichen Selbstbewußtseins hemmt. Zurückhaltend erzählt sie der Interviewerin von ihren eigenen Wunden als Frau:

„Ich kann für mich ja nicht von einem schlechten Leben sprechen, nur eben von vielen Erfahrungen, die Ihnen wahrscheinlich erspart bleiben, auch durch ein zu langes Festhalten an … einer Erzählung, die einen gewissen Schutz versprach, die aber durch eine … Weiterentwicklung der Frau auch aufgegeben werden mußte. Also ich meine damit das Selbstbewußtsein, das also ziemlich lange in mir brach-gelegen hat, und was mir das Leben ja auch schwer gemacht hat. Das wird bei Ihnen anders sein, das ist auch ganz wunderbar und wichtig auch für unsere, für meinen Sohn, für die Männer ist das ganz wichtig."

Verlegt Anneliese D. Emanzipation hier vor allem auf das emotionale Gebiet, setzt sie auch diese sofort in Beziehung zu ihrem Sohn und Männern allgemein (und *nicht* in Relation zu ihrer Tochter oder ihrer Nichte, die sie einzig im Zusammenhang einer Familienfeier nennt).
Die verschiedenen Auswirkungen eines sich wandelnden Patriarchats beziehen Anneliese D. und Erdmute K. positiv oder negativ *nicht* auf ihr eigenes, sondern auf das andere, männliche Geschlecht. Innerhalb der politischen und sozialen Verhältnisse identifizieren sich beide nicht mit Frauen, sondern definieren sich primär über Männer. Ihren Söhnen kommt dabei insofern eine Schlüsselrolle zu, als die Mütter über sie an der öffentlichen Diskussion über Patriarchat und Emanzipation teilnehmen.

5. Gemeindefrauen und feministische Theologie

Auf Jesus den Mann befragt, machen einige Frauen – wie zum Teil aus den bereits zitierten Interviewpassagen ersichtlich – Anmerkungen zur feministischen Theologie. Diese beziehen sich einerseits auf die feministische Kritik eines ausschließlich männlichen Gottesbildes und andrerseits auf die Jesus-Frauengeschichten.
Marianne L. (84), in deren Glauben Gott eine weitaus größere Rolle spielt als Jesus, antwortet auf die Frage nach dem Mann Jesus, daß Gottes und Jesu Männlichkeit für sie gleichermaßen irrelevant seien. Als sie beim Vorlesen eines Gebetes zu Gott nicht „Herr" sagen soll, wird ihr bewußt, „daß das wahrscheinlich eine Rolle spielt, aber ich finde dabei nichts." Während Marianne L. zwar die Problematik eines männlichen Herrschergottes nicht auf ihren Glauben beziehen möchte, sie aber grundsätzlich *erkennt*, blockieren Monika A. und Ulrike W. diese Fragestellung im Vorfeld. Monika A. (46) kommt nach Überlegungen zum Verhältnis zwischen Gott und Jesus von sich aus auf ein weibliches Gottesbild zu sprechen: „Was ich also im Moment *ganz fürchterlich* finde, das ist ... diese Diskussion in der Kirche: ‚Warum ist das nicht *Frau Gott*?'" „Gott" sei für sie ein männliches Substantiv wie „der Tisch" und müsse auch als solches benutzt werden. Ulrike W. (58), die im Nachgespräch den gekreuzigten Jesus als Zentralsymbol des christlichen Glaubens ablehnt, betont gleichzeitig ihre Distanz zur feministischen Theologie. So kritisch wie diese würde sie Theologie und Kirche nicht sehen: „Das Gerede von Gott als Mutter zum Beispiel", fände sie unsinnig, da für sie Gott ein Neutrum sei und sie ihn sich gar nicht menschlich vorstelle. Sie wolle sich von feministischer Theologie nicht dort Probleme machen lassen, wo sie selbst gar keine habe.
Positiv äußert sich Gabriela E. zu einem gewandelten Gottesverständnis durch feministische Theologinnen. Sie und Heike S. nennen im Zusammenhang mit der Entdeckung biblischer Frauengestalten ausdrücklich die feministische Theologie. Hilde N., die die männliche Herrschaft in Glauben und Verkündigung kritisiert, rechnet es feministischer Theologie an, auch mit dem „Gefühl" zu arbeiten und das „weibliche Element" zu berücksichtigen.
Die Ursachen des mehrheitlich distanzierten bis ablehnenden Redens über feministische Aspekte lassen sich am ehesten im längeren Gespräch über feministische Theologie mit Irmgard H. (55) erkennen. Sie nimmt sich erst, wie Ulrike W., von der Notwendigkeit größerer weiblicher Freiheit und öffentlicher Macht aus: „Ich denke, das ist einfach eine

Generationsfrage. […] Und ich habe mich nie eingeengt gefühlt." Dann kritisiert sie, wie Dora S., die „zickige" und „eingefahrene" Art von Feministinnen und versucht abzulenken. Als die Interviewerin auf dem Thema beharrt, nähert sich Irmgard H. der Problematik patriarchaler Macht zunächst über das Verhalten der katholische Kirche gegenüber Juden und Frauen. „Dann", überlegt sie, „müßte ich mich ja auch fragen, wie wäre es, wenn auch die Jünger Frauen gewesen wären, wie wäre es dann?" Im weiteren Verlauf des Gespräches über das männliche Vorbild Jesu stellt Irmgard H. der Interviewerin – wahrscheinlich – ihre Kernfrage: „Aber bringt es dich nicht in Zwiespalt?"

Resümee

1. Die von der feministischen Theologie thematisierten Jesus-Frauengeschichten haben bei einigen der von uns befragter Gemeindefrauen, wie Dora S. (78), Ulrike W. (58), Heike S. (35) und Gabriela E. (49), ein neues Interesse sowohl am historischen Jesus, als an der neutestamentlichen Überlieferungsgeschichte und ihrer eigenen Beziehung zu Jesus im Glauben geweckt. Diesem Interesse gehen aber die wenigsten Frauen gezielt nach. Gründe dafür könnten neben dem von den Interviewpartnerinnen vorgebrachten Zeitmangel und ihrer Unsicherheit gegenüber dem Erwerb theologischer Bildung (s. 10. Kapitel: Kirche als Instanz christlichen Glaubens) eine innere Distanzierung vom Feminismus sein. So entdeckt Ulrike W. die persönlichen Konsequenzen der neutestamentlichen Befreiungsgeschichten zwar als einzige in einer kirchlichen Gruppe und versucht auch, sie dort umzusetzen, lehnt aber jeglichen Bezug zu feministischer Theologie ab.
2. Psychologische und feministische Verarbeitungen der Jesus-Frauengeschichten haben offenkundig zu einer Feminisierung des Jesusbildes beigetragen, das Aspekte des politischen „Hippie-Jesus" der 70er Jahre (zum Beispiel in „Jesus Christ Superstar") und der romantisierenden Darstellungen des 19. Jahrhunderts und der bildenden Kunst aufnimmt. Jesus, den „Softie am Kreuz", sehen die Frauen als jungen, sensiblen und zärtlichen Traummann. Ein „normaler", leiblicher Mann ist er jedoch *nicht* und behindert so vielleicht auch die Annahme weiblicher Körperlichkeit von Frauen.
3. Viele Interviewpartnerinnen, wie zum Beispiel Andrea R. (37), Erika L. (47) und Ulrike W. (58), holen Jesus als sanften Mann zu sich „herunter" und nutzen ihn als Vorbild sozialen Engagements. Der Mann Jesus wird in diesem Fall zum Paradebeispiel ihrer traditionellen weiblichen Tätigkeit für andere, wobei die Frauen auch deswegen ihr Ideal nie erreichen können, weil dieses – wenn auch von ihnen relativiert – männlich ist.
4. Die Mehrheit der Interviewpartnerinnen sieht Jesus als androgynes, das heißt den Frauen verschlossenes Ideal. Sie nehmen darin wahrscheinlich das traditionelle, besonders auf protestantischer Seite vertretene Bild von Jesus dem *Menschen* auf. Wie sehr Jesus dabei in seiner Androgynität Mann bleibt, zeigt die Nachordnung der „auch guten weiblichen Eigenschaften" in den Äußerungen von Dora S. (78), Gabriela E. (49) und Hilde N. (61). R.R. Ruether schließt ihre Darstellung androgyner Jesusentwürfe treffend ab:

> „All diese Konzepte zur Androgynität […] haben nicht dazu geführt, der Frau zuzugestehen, daß auch sie das Potential des ganzen Menschen in sich trage. Genau dieses Konzept der Androgynität setzt einen psychischen Dualismus voraus, in dem die Hälfte aller menschlichen Fähigkeiten

zum Mann gehören, die andere Hälfte zur Frau. Solange wie normativ davon ausgegangen wird, daß Christus ein männlicher Mensch war, wird die androgyne Christologie dahin tendieren, androzentrisch zu sein. Männern wird ihre feminine Seite zugestanden, aber Frauen leisten ihren Beitrag zum Ganzen nur dadurch, daß sie sich darauf spezialisieren, das ewig Weibliche zu sein. Das bedeutet jedenfalls, von Rollen ausgeschlossen zu sein, die mit Macht und Führung zu tun haben und die Teil des ewig Männlichen sind."[42]

5. Die feministischen Interpretationen des Christus-Symbols als gelebte Beziehungsmacht, „befreite Menschlichkeit" oder Verkörperung eines ohnmächtigen Gottes scheinen im Unterschied zu den Jesus-Frauengeschichten von den Interviewpartnerinnen (noch) gar nicht aufgenommen zu sein. Das ist insofern bedauerlich, als diese Entwürfe Bilder und Inhalte auch dort bieten, wo sich die Frauen von traditioneller Christologie abgewandt haben, zum Beispiel von Leiden, Kreuz und Auferstehung Christi. Hier hält feministische Theologie Inhalte für eine bestehende Inhaltsleere bereit, die zwar von den befragten Frauen als „intellektuelle Unterlegenheit" empfunden wird, aber nicht offensiv angegangen wird. Zum anderen nehmen die feministischen Entwürfe, zum Beispiel von C. Heyward und R.R. Ruether, genau die Glaubenserfahrungen auf, von denen die Frauen leben: Gemeinschaft und Engagement. Feministische Christologie könnte die Reflexion dieser Erfahrungen fördern und einen Verwandlungsprozeß initiieren und begleiten, der die Aktivität der Frauen auch auf ihre eigenen Interessen lenkt.
Gründe für das Ignorieren feministischer Christologien in den Interviews könnten die Angst der Frauen vor hochstilisierter theologischer Sprache, die fehlende Vermittlung feministisch-theologischer Inhalte zum Beispiel zwischen den Evangelischen Frauenwerken und den Ortsgemeinden und eine generelle Distanz zur feministischen Bewegung sein.
6. Auffällig ist schließlich der negative Bezug zum Feminismus, der zum Beispiel in den Interviews mit Anneliese D. (59), Ulrike W. (58), Irmgard H. (55) und Erdmute K. (72) deutlich wird. Aufgeschlossener gegenüber feministischen Fragestellungen zeigen sich die berufstätigen Frauen unter 40, wie Andrea R. (37), Heike S. (35), Sabine M. (28) und Nicole W. (18). Neben dem Generationswechsel mögen auch Berufstätigkeit und Kindererziehung zu einer unterschiedlichen Einschätzung beitragen. Zudem repräsentieren die meisten feministischen Theologinnen gerade für die älteren Frauen eine sich stark von der ihren unterscheidende Lebenswelt.
Aus theologischer Perspektive ist hier der Satz von Irmgard H. aufzunehmen: „Aber bringt es dich nicht in Zwiespalt?" Diese Frage drückt die Angst vor dem Verlust von Übereinstimmung mit der Kirche und Geborgenheit in der Gemeinde aus, die die Ablehnung feministischer Theologie wahrscheinlich mitbegründet. Die meisten der von uns befragten Frauen haben in der Kirche einen sie befriedigenden Platz gefunden. Die Frage bleibt jedoch, inwieweit es eine der Prämissen ihrer Zufriedenheit ist, die autoritären Strukturen der Kirche und die patriarchalen Inhalte des Glaubens *nicht* zu hinterfragen.

42 R.R. Ruether, Sexismus und die Rede von Gott, a.a.O., 160f.

Schlußkommentar

Der abschließende Kommentar möchte die wesentlichen Ergebnisse der Gegenüberstellung von 15 biographischen Fraueninterviews mit feministischer wie herkömmlicher Systematischer Theologie aufgreifen und Fragen zur weiteren Diskussion stellen. Dabei sollen der Reihe nach *dogmatische, ekklesiologische, feministische und christologische Themen* reflektiert werden.

Das auffallendste Ergebnis der Interviewauswertung ist, daß Jesus Christus für keine Frau (eine Ausnahme bildet Heike S., 35) die zentrale Rolle einnimmt, die eine sich als christlich verstehende Kirchlichkeit der Frauen vermuten ließe. Darin unterscheiden sie sich sowohl von traditionellen als auch von befreiungstheologisch orientierten feministischen Theologien. Den Interviewpartnerinnen sind der Glauben an Gott und ihre Gemeinschaftserfahrungen ungleich wichtiger. Jesus Christus hat als „ethischer Jesus" und Begründer der kirchlichen Gemeinschaft eine klar umrissene, auch wichtige Funktion für die Frauen, steht aber nicht im Mittelpunkt ihres Glaubens.

Christi Mittlerfunktion zwischen Gott und den Menschen tritt bei der Mehrzahl der Frauen zurück. Zwar repräsentiert Jesus eine gottgewollte Ethik und ein gottentsprechendes Menschenbild, in anderen Bereichen finden die meisten Gesprächspartnerinnen jedoch einen direkten Zugang zu Gott. Besonders auffällig ist der Verzicht auf Christi Mittlerfunktion in der Schuldfrage. Die Frauen haben überwiegend weder das traditionelle protestantische, dunkle Menschenbild, noch die Vorstellung eines Gottes, der als der „ganz Andere" den ihm widerstreitenden Menschen gegenübersteht. Gott ist vielmehr derjenige, der den Einsatz für Menschlichkeit begleitet und bestärkt. Versagens- und Schulderfahrungen verarbeiten die meisten Frauen direkt mit diesem Gott. Sie sind gewiß, daß er sie nicht fallenläßt. Auch das, was traditionell der Gottesdienst durch Predigt und Sakramente vermitteln soll, nämlich die Erfahrung des Angenommenseins von Gott, empfinden die Frauen eher in der direkten Beziehung zu Gott und im Erleben von christlicher Gemeinschaft.

Ähnlich erklärt sich die Haltung der Interviewpartnerinnen zur *Rechtfertigungslehre*, die in der traditionellen protestantischen Theologie eng mit der Christologie verbunden ist: Durch das Eintreten Jesu Christi für uns sind wir vor Gott gerechtfertigt. Aus dem Glauben an diese Rechtfertigung erwachsen Taten der Nächstenliebe. Für den lebendigen und meist tätigen Glauben der Frauen spielt dieses theologische „Gedankengebäude" kaum eine Rolle. Sie fühlen sich von Gott direkt, ohne christologische Umwege, akzeptiert und handeln mit ihm an ihrer Seite. Überhaupt sind Glauben und Tun bei den Interviewpartnerinnen sehr viel enger aufeinander bezogen als in der traditionellen Theologie und stehen nicht in einem Nachfolgeverhältnis zueinander („Der Glaube bringt gute Werke."). Glauben und Tun bedingen und durchdringen sich vielmehr gegenseitig, ja, sind bei manchen Frauen fast identisch. Von daher ist zu fragen, ob die Rechtfertigungslehre nicht den Erfahrungshorizont einer vergangenen Zeit widerspiegelt, der Menschen heute fremd geworden ist, ohne daß ihr Glauben an Substanz verlöre.

Freilich fehlt vielen Gesprächspartnerinnen auch ein wichtiger Kern des Rechtfertigungsglaubens, zumindest, was ihre eigene Person betrifft: Ich bin wertvoll, auch wenn ich mich nicht pausenlos für andere engagiere. Allerdings hat dieser Gedanke, ohne alle

Werke gerechtfertigt zu sein, in protestantischer Kirchlichkeit ebenfalls oft eher eine theoretische Rolle gespielt. Gegenüber protestantischem Pflichtbewußtsein und Arbeitsethos gewann er selten praktisches Gewicht. Die Frauen nun wehren sich verbal gegen ein überforderndes Engagement – ein Druck, der auch von befreiungstheologisch orientierten feministischen Entwürfen ausgehen kann –, sind praktisch in der Mehrheit jedoch unermüdlich für andere tätig. Hier bildet protestantisches Rechtfertigungsdenken kein Korrektiv zu einem Frauenbild, das seinen Wert aus dem Einsatz für andere schöpft.
Das Sterben Jesu Christi am Kreuz „für uns" bzw. die *Opfertheologie* ist für die Frauen entweder ohne Bedeutung oder belastet sie eher. Hier wäre es für Fachtheologie und Verkündigung wichtig wahrzunehmen, daß das von ihr als „heilvoll" interpretierte Kreuz Christi in anderen Menschen geradezu gegensätzliche Gefühle auslösen kann. (Interessanterweise erwähnt auch keine Interviewpartnerin das Abendmahl mit christologischem Bezug.) Von daher ist auch die Rolle des *Kreuzes als Zentralsymbol* des christlichen Glaubens neu zu überdenken. Manche Interviewpartnerinnen fühlen sich von ihm belastet und machen so darauf aufmerksam, daß Symbole auf Menschen unterschiedlich wirken. Brauchen wir ein einziges Zentralsymbol oder sollten wir nicht unterschiedliche Bilder und Symbole für verschiedene Glaubenserfahrungen und Lebensphasen wertschätzen?
Der feministischen Theologie nähern sich die Interviewpartnerinnen am ehesten in den Themen Kreuz, Auferstehung und Hoffnung, bei denen sich Prämissen, Fragen und Antwortveruche ähneln. Von daher böte sich hier vielleicht eine gute Möglichkeit, Ängste vor feministischer Theologie abzubauen, da die Frauen ihre Anliegen aufgenommen und bedacht finden.
Die *Erlösung vom Tod* ist in traditionellen Christologien ein zentrales Anliegen. Die Gesprächspartnerinnen sind eher bereit, den Tod als unvermeidliche, natürliche Gegebenheit anzunehmen. *Christi Auferstehung* ist den Frauen dagegen insofern von Interesse, als sein Sieg über Leiden und Tod neue Dimensionen menschlichen Handelns und menschlicher Beziehungen auf Erden ermöglicht. Hier stehen sie in großer Nähe zu feministischen Theologien, wie zum Beispiel der Dorothee Sölles, die Auferstehung als Leben vor dem Tod interpretieren. Fachtheologie und Kirchlichkeit sollten anerkennen, daß nicht alle Menschen (vor allem Frauen nicht?) den Gedanken der Erlösungsbedürftigkeit vom Tod teilen und dennoch einen lebendigen Glauben haben.
Hoffnung leben die Interviewpartnerinnen viel konkreter und weniger zielbezogen als traditionelle Theologien. Gleichzeitig wirkt ihre Hoffnung wesentlich bescheidener. Aufmerksamkeit und Dankbarkeit bringen die Frauen auch für scheinbar geringfügige positive Erfahrungen und Veränderungen auf. Vielleicht zieht ihre Haltung daraus eine überraschende Tragfähigkeit und weist einen Ausweg aus dem heute mit etwas Verlegenheit behandelten Themenkreis „Eschatologie". Während traditionelle Theologien von der Gewißheit ausgehen, Gott selbst führe die Zukunft herbei, und vorgeben, daß sich nur daraus gelassenes Handeln entwickeln könne, formulieren die Frauen auch hier eher Unsicherheiten. Dennoch handeln die Frauen. Hier zeigt sich thematisch die größte Nähe zu feministischer Theologie, die wie die Frauen fordert, Unsterblichkeit nicht zum Thema von Religion zu machen, und dennoch von Jesus Christus motiviert voller Hoffnung für diesseitige Veränderungen eintritt. Die unabdingbare eschatologische Gewißheit, die Schultheologie postuliert, sollte also nicht für alle Menschen gelten müssen.

Der Institution Kirche stehen die meisten der von uns befragten Frauen positiv gegenüber, was sich aber auch aus dem Auswahlkriterium ergibt, im Rahmen der Kirche über das Kirchensteuerzahlen hinaus aktiv zu sein. In Spannung stehen einige Frauen jedoch bewußt, wie Hilde N. (61), oder mehrheitlich unbewußt zu den hierarchischen kirchlichen Strukturen. Diese wird besonders an der bedenklich stimmenden Angst vieler Gesprächspartnerinnen deutlich, nicht den „richtigen", „wahren" oder „absoluten" Glauben zu haben. Sabine M. (28) sagt nach dem Interview bei abgeschaltetem Recorder, sie fürchte, „am richtigen Gottesverständnis haarscharf vorbei zu glauben". Diese Angst der Frauen bezieht sich nicht auf ein eingegrenztes Gebiet, sondern auf das Gesamtfeld des Glaubens. „Kirche" erscheint ihnen als *„Instanz des Glaubens"* – eigentlich ein Skandal für den Protestantismus! Die protestantische Kirche scheint ganz fundamental zu vermitteln, daß „richtiger Glaube" ein ungeheures Maß an Wissen und Intellektualität voraussetzt. (Damit korrespondiert die Beobachtung, daß die Frauen in großer Distanz zu theologischen Denkkonstruktionen wie Rechtfertigungslehre, Opfertheologie oder Ämterlehre stehen.)

Mit dem Eindruck von Kirche als „Instanz des Glaubens" korreliert die Unsicherheit der Frauen gegenüber ihrem eigenen theologischen Wissen und die Angst vor ihrer eigenen Intellektualität. Es ist nämlich nicht so, daß sie an theologischem Denken kein Interesse hätten. Die meisten Gesprächspartnerinnen betonen, daß sie Fragen an Theologie und Kirche hätten, die sie nicht auszusprechen wagten. Aus diesen Unsicherheiten flüchten sich viele in praktisches Engagement. Augenscheinlich funktioniert die Vermittlung theologischer Inhalte auf Gemeindeebene nicht recht, obgleich reichhaltiges Material zur Gruppengestaltung und ähnlichem bereitliegt. Ganz praktische Fragen sind hier zu bedenken: Wie gelangt solches Material in die Hände von Gemeindefrauen? Wo können sie bei Rückfragen herrschaftsfreie Informationen einholen? – Der letztgenannte Aspekt weist über die praktische Ebene hinaus. Die Frage ist, ob es in Gemeinden ein Interesse an kritischen, fragenden und intellektuell interessierten Frauen gibt. Besteht vielleicht die Angst, daß diese Frauen irgendwann nicht mehr die ihnen zugedachten Rollen in den Gemeinden ausfüllen?

Auffällig ist schließlich, daß die Frauen kaum *Bilder und Symbole* ihres Glaubens benennen. Vielleicht waren manche der Meinung, daß diese nicht zu der von ihnen erzählten Thematik gehören. Das wäre insofern ein Armutszeugnis für Theologie und Kirche – die wir als Interviewerinnen ja verkörperten –, als es ihre Abwertung des „Nicht-Worthaften" verraten würde. Es läßt sich nicht feststellen, ob Bilder in den Gesprächspartnerinnen wirken, die eine unterstützende oder heilende Funktion für ihren Wert als Frau haben. Hier liegt ein Bereich, der dringender Aufmerksamkeit bedarf.

Gegenüber feministischer Theologie haben die von uns befragten Frauen starke Vorbehalte, die von *Ängsten vor Geborgenheits- und Akzeptanzverlust* geprägt sind. Zwar kann feministische Theologie Phasen der Einsamkeit und Irritation nicht ersparen, sie sollte aber überlegen, wie „andere" Geborgenheit und Akzeptanz den Weg begleiten könnte.

Es fehlt den Gesprächspartnerinnen aber auch ein Bewußtsein *biblischer Frauentraditionen*, das Auswirkungen auf ihr Verhältnis zu feministischer Theologie haben könnte. Das Alte Testament hat die Frauen kaum erreicht. Verständnislosigkeit und Ablehnung dominieren in ihren Äußerungen. So sind ihnen weder alttestamentliche Frauengeschichten, noch Exodus- oder prophetische Traditionen vertraut, die für die feministische Be-

freiungstheologie grundlegend sind. Aber auch Bibelarbeiten über neutestamentliche Frauengestalten, für die reichhaltiges Material für die Gemeindeebene bereitliegt, erwähnen die Interviewpartnerinnen kaum. Allerdings wäre es wichtig, daß nicht nur die individuellen, beziehungshaften Interpretationen der Jesus-Frauengeschichten Eingang in die Gemeinden finden, die eher beschwichtigend auf die eigene Rolle in Familie und Kirche wirken. Auch Auslegungen, die Gewohntes aufbrechen und herausfordernde Impulse geben, sollten berücksichtigt werden.
Die meisten unserer Gesprächspartnerinnen begegnen ihren Mitmenschen mit viel Interesse, Liebe und Tatkraft. Daraus ziehen sie auch für sich Befriedigung und Bereicherung. Aber ein *Eintreten für sich selbst* und für andere Frauen im Sinne feministischer Theologie würde die Mehrzahl von ihnen ablehnen. Vielleicht fiele ein solches Engagement auch dem kirchlichen Egoismusverdacht anheim. Interessanterweise erzählen die von uns befragten Frauen auch nicht von den Weltgebetstags- oder Frauengottesdiensten, die einige von ihnen selbst vorbereiten. Ist das, was Frauen selbst und für sich tun, in ihren eigenen Augen weniger wert? Hat die geringe Wertschätzung, die diese Gottesdienste in manchen Gemeinden erfahren, auf das Selbstbild der Frauen abgefärbt? Offensichtlich gibt es hier eine markante Barriere zwischen Gemeindefrauen und feministischen Theologinnen. – Es ist aber auch zu fragen, ob die Christologie Gedanken für eine Ethik beinhaltet, die eine Orientierung an sich selbst zuläßt. Die bekannte Formel „Liebe deinen Nächsten wie dich selbst“ scheint nicht an Boden zu gewinnen. Es wäre wichtig, daß Geschichten, die dieses Wort unterstützen und die in feministischer Bibelauslegung eine bedeutende Rolle spielen, auf Gemeindeebene bedacht und gelebt werden. So eine Geschichte ist zum Beispiel die der blutflüssigen Frau (Mk 5,25ff), die eigene Kräfte mobilisiert und Heilung *für sich* holt. – In diesem Zusammenhang sind die Gemeinden zu fragen, ob sie überhaupt an Frauen interessiert sind, die sich im geschilderten Sinn betätigen. Gilt ihr Interesse nicht eher Frauen, die sich herkömmlich sozial oder auch gesellschaftspolitisch (zum Beispiel in eher links gerichteten Basisgruppen) für andere einsetzen? Behindern oder ignorieren die Gemeinden andere Bewegungen?
Die wichtige Frage, ob es patriarchale Strukturen stützt, daß *Jesus Christus als Mann* eine so zentrale Rolle im Glauben spielt, läßt sich aus den Interviews kaum schlüssig beantworten. Eine Antwort kann es von der rein verbalen Ebene her auch kaum geben, da Gefühle, Bilder usw. mitbetroffen sind. Einige Vermutungen lassen sich dennoch äußern: Von einer direkten Bestärkung des Patriarchats durch Jesus Christus kann nicht gesprochen werden, da er für die meisten Gesprächspartnerinnen gar nicht die zentrale Rolle innehat, die ihm Theologie zuschreibt. Jesus Christus könnte aber in Verbindung mit anderen in den Interviews genannten Aspekten die Funktion einer indirekten Bestätigung des Patriarchats ausüben. Zu diesen Aspekten sind das männlich geprägte Gottesbild, die herausragende Stellung des Pastors (nicht der Pastorin!) und das Verständnis von Kirche als „Instanz des Glaubens“ (weniger auf den Pastor als auf ein diffus empfundenes, männlich bestimmtes Wissenspotential bezogen) zu zählen. Auffällig ist die Machtlosigkeit Jesu Christi ohne ihn verstärkende Erfahrungen: Die Gemeinschaft, die er nach Auffassung der Frauen wollte, hat nur als lebendig erfahrene eine Bedeutung. Die Werte und Haltungen, die er verkörperte, gewinnen erst durch konkrete Praxis an Kraft. Die Menschenzugewandtheit, die er lebte, erhält nur durch einen „übergeordneten“ menschenfreundlichen Gott ihre Tragfähigkeit. Die einzige hervorragende Rolle

Jesu Christi liegt in seiner „besonderen" Auferstehung zu Gott. Verräterisch sind die „Ja, aber …"-Sätze vieler Interviewpartnerinnen. Auf die Frage, ob es für sie von Bedeutung sei, daß Jesus Christus ein Mann war, antworten die meisten mit „nein". Sie fügen dann jedoch hinzu: „Aber" ich arbeite lieber mit Männern zusammen; ich finde den Feminismus übertrieben; ich finde, die Männer kommen zu kurz; Gott stelle ich mir männlich vor; ich merke, daß ich das Männliche idealisiert habe … Von Jesus Christus allein geht keine patriarchatsstützende Kraft aus. Aber er trifft auf eine Gesellschaft, in der das Männliche noch immer eine höhere Wertigkeit hat, und auf eine Theologie und Kirche, die vornehmlich aus männlich besetzten Hierarchien, Gedanken und Bildern lebt. Damit wird Jesus Christus von unserer gegenwärtigen patriarchal geprägten Kirche und Gesellschaft absorbiert, ohne patriarchatskritische Kräfte freizusetzen.
Die befragten Frauen machen aus Jesus einen *androgynen Mann der Träume*. Eine Vielzahl von Jesusbildern und modernen Interpretationen lädt dazu ein. Es fragt sich aber, ob hier nicht „altgeübte" Frauenfähigkeiten aktiviert werden, nämlich patriarchal geprägte Lebensräume, Verhaltensweisen und Strukturen abzumildern, zu besänftigen und zu beschwichtigen, um sie erträglich zu machen – und so *nicht* einzuüben, den Problemen an die Wurzel zu gehen.

15 Frauen haben erzählt. Sie haben uns an ihren Erfahrungen mit ihrem Glauben und der Kirche teilhaben lassen. Sie haben uns Aufschlüsse über die Bedeutung Jesu Christi für sie ermöglicht. 15 Frauen sind nicht repräsentativ. Aber das streben Arbeiten, die sich mit Lebensgeschichten auseinandersetzen, auch nicht an. Sie können jedoch davon ausgehen, daß es weitere Frauen gibt, die ähnliche Fragen, Probleme und bestärkende Erfahrungen benennen würden. Die Lebensgeschichten der befragten Frauen vermitteln Aspekte und Perspektiven, die zum Weiterdenken und -entwickeln einladen, und tragen so zu einer lebendigen, weil auch am gegenwärtigen Leben orientierten Theologie und Kirche bei.

Literaturverzeichnis

verwandter und weiterführender Literatur

Alheit, P., Biographische Konstruktionen. Beiträge zur Biographieforschung, Bremen 1992
Alheit, P./Dausin, B., Biographie. Eine problemgeschichtliche Skizze, Bremen 1990
Althaus, P., Die christliche Wahrheit. Lehrbuch der Dogmatik, Gütersloh [8]1972

Barth, K., Das Wort Gottes und die Theologie. Gesammelte Vorträge, München 1924
Barth, K., Die Kirchliche Dogmatik I–IV, Zürich 1944–1959
Barth, K., Fürchte dich nicht! Predigten aus den Jahren 1934–1948, München 1949
Beck-Gernsheim, E., Das halbierte Leben: Männerwelt Beruf. Frauenwelt Familie, Frankfurt a.M. [4]1989
Die Bekenntnisschriften der evangelisch-lutherischen Kirche, Göttingen [5]1963
Benard, C./Schlaffer, E., Liebesgeschichten aus dem Patriarchat. Von der übermäßigen Bereitschaft der Frauen, sich mit dem Vorhandenen zu arrangieren, Reinbek b. Hamburg 1984
Bernhardt, R. (Hg.), Alltagstheologie. Glauben im Alltag junger Pfarrerinnen und Pfarrer, Neukirchen-Vluyn 1993
Biehl, P./ Baudler, G., Erfahrung – Symbol – Glaube. Grundfragen des Religionsunterrichts, Frankfurt a.M. 1980
Brock, R.N., Journeys by Heart. A Christology of Erotic Power, New York 1991
Brückner, M., Die janusköpfige Frau. Lebensstärke und Beziehungsschwäche, Frankfurt a.M. 1987

Casaldáliga, P., Auf der Suche nach dem Reich Gottes. Eine Anthologie, Klagenfurt Wien 1989
Christ, C., Warum Frauen die Göttin brauchen, in: Schlangenbrut, Nr.8, 2/1985, 6ff

Daly, M., Jenseits von Gottvater, Sohn & Co. Aufbruch zu einer Philosophie der Frauenbefreiung, München [4]1986
Dirks, M. (Hg.), Glauben Frauen anders? Erfahrungen, Freiburg [4]1983

Esquivél, J., Paradies und Babylon. Guatemaltekische Visionen und Gebete, Wuppertal 1985
Evangelisches Gesangbuch. Ausgabe für die Nordelbische Evangelisch-Lutherische Kirche, Hamburg Kiel 1994 (Die in Klammern gesetzten Liedzahlen beziehen sich auf das alte nordelbische Gesangbuch.)

Fischer, W./ Kohli, M., Biographieforschung, in: W. Voges (Hg.), Methoden der Biographie- und Lebenslaufforschung, Opladen 1987
Flick, U. u.a. (Hg.), Handbuch Qualitative Sozialforschung. Grundlagen, Konzepte, Methoden und Anwendungen, München 1991
Fox, M., Schöpfungsspiritualität. Heilung und Befreiung für die Erste Welt, Stuttgart 1993
Francke, A.H., Wort und Tat. Ansprachen und Vorträge zur 300. Wiederkehr seines Geburtstages, hg. von D. Jungklaus, Berlin 1966
Frauen in der Bibel, Frankfurt a.M. 1992
Friebe-Baron, C., Ferne Schwestern, ihr seid mir nah. Begegnungen mit Frauen aus biblischer Zeit, Stuttgart 1988
Fritsch, S./ Wartenberg-Potter, B.v. (Hg.), Die tägliche Erfindung der Zärtlichkeit. Gebete und Poesie von Frauen aus aller Welt, Gütersloh 1986
Fuchs, W., Biographische Forschung. Eine Einführung in Praxis und Methode, Opladen 1984

Göttner-Abendroth, H., Zur Methodologie von Frauenforschung am Beispiel Biographie, in: beiträge zur feministischen theorie und praxis 11, 1984, 35ff
Goldstein, H., Brasilianische Christologie: Jesus, der Severino heißt. Eine Skizze, Mettingen [2]1985
Goldstein, V.S., Die menschliche Situation. Ein weiblicher Standpunkt, in: E. Moltmann-Wendel (Hg.), Frauenbefreiung, München Mainz [3]1982, 152ff

Gollwitzer, H., Veränderung im Diesseits. Politische Predigten, München 1973
Gollwitzer, H., Vortrupp des Lebens, München 1975
Groth, F., Die „Wiederbringung aller Dinge" im Württembergischen Pietismus, Göttingen 1984

Halkes, C., Suchen, was verlorenging. Beiträge zur feministischen Theologie, Gütersloh 1985
Harrison, B.W., Die neue Ethik der Frauen. Kraftvolle Beziehungen statt bloßen Gehorsams, Stuttgart 1991
Heine, S., Antwort, in: Schlangenbrut, Nr. 23, 11/1988, 41ff
Heine, S., Frauen in der frühen Christenheit. Zur historischen Kritik einer feministischen Theologie, Göttingen [3]1990
Heller, A. u.a. (Hg.), Religion und Alltag. Interdisziplinäre Beiträge zu einer Sozialgeschichte des Katholizismus in lebensgeschichtlichen Aufzeichnungen, Wien Köln 1990
Heyward, C., Und sie rührte sein Kleid an. Eine feministische Theologie der Beziehung, Stuttgart [3]1986
Hieber, A./ Lukatis, I,. Zwischen Engagement und Enttäuschung. Frauenerfahrungen in der Kirche, Hannover 1994
Hirsch, E., Hilfsbuch zum Studium der Dogmatik, Berlin [3]1958
Hoerning, E.M., Biographie. Biographieforschung, in: Evangelisches Kirchenlexikon, Göttingen 1986, 514f
Hofmann, W. (Hg.), Luther und die Folgen für die Kunst, München 1983
Hutterer, R., Authentische Wissenschaft. Auf der Suche nach einem personenzentrierten, humanistischen Verständnis von Wissenschaft und Forschung, in: Persönlichkeitsentwicklung durch Begegnung, Wien 1984

Joest, W., Dogmatik, Band 1 u. 2, Göttingen [2]1987 u. 1986
Juliana of Norwich, Eine Offenbarung göttlicher Liebe, Basel Freiburg Wien 1960

Kahl, S. (Hg.): Die Zeit des Schweigens ist vorbei. Zur Lage der Frauen in der Kirche, Gütersloh 1979
Kaschnitz, M.L., Seid nicht so sicher! Geschichten, Gedichte, Gedanken, Gütersloh 1979
Kasper, W./ Schilson, A., Christologie im Präsens, Freiburg 1974
Koch, T., Das Problem des Evangelischen Kirchenverständnisses nach dem Augsburger Bekenntnis, in: B. Lohse/O.H. Pesch (Hg.), Das Augsburger Bekenntnis von 1530 damals und heute, München Mainz 1980, 125ff
Kratzmann, G./Wagner, U, Lernen, Pastorin zu sein. Ein Briefwechsel, in: Pastoraltheologie 72/1983, 415ff
Kyung, C.H., Verabschiedet die deutschen Väter!, in: Publik-Forum, 13, 23. Jg., 1994, 31

Lachmann, R./ Rupp, H.F. (Hg.), Lebensweg und religiöse Erziehung, I/II, Weinheim 1989
Mein Liederbuch für heute und morgen, Düsseldorf o.J.
Mein Liederbuch, 2. Ökumene heute, Düsseldorf 1992
Liturgische Nacht. Ein Werkbuch, Wuppertal 1974
Lück, W., Lebensform Protestantismus, Stuttgart 1992
Lukatis, I., Frauen in Kirche und Theologie, Hannover 1988
Luther, H., Religion und Alltag. Bausteine zu einer Praktischen Theologie des Subjekts, Stuttgart 1992
Martin Luthers Werke, I und V, hg. von K. Bornkamm/G. Ebeling, Frankfurt a.M. [2]1983
Martin Luthers Sämtliche Schriften, VII,IX und XVIII, hg. von J.G. Walch, Groß-Oesingen [2]1987 (Nachdrucke der Ausgabe von St. Louis 1880–1910)

Maaßen, M., Biographie und Erfahrung von Frauen. Ein feministisch-theologischer Beitrag zur Relevanz der Biographieforschung für die Wiedergewinnung der Kategorie der Erfahrung, Münster 1993
Marquardt, F.-W., Freiheit-Umkehr-Leben. Trauerpredigt für Helmut Gollwitzer über Jeremia 17,14, gehalten am 29. Oktober 1993 in der Jesus-Christus-Kirche in Berlin-Dahlem, in: Junge Kirche 12/93, 54. Jg., 658ff

Martinica, H.S., Lateinamerikanischer Kreuzweg des 20. Jahrhunderts, hg. von H. Lüning, Wuppertal 1971
Marxsen, W., Die Sache Jesu geht weiter, Gütersloh 1976
Melanchthon, P., Loci Communes, 1521, übers. von F. Schad, München 1931
Metz, J.B., Glaube in Geschichte und Gesellschaft, Mainz ²1978
Metz, J.B., Zukunft aus dem Gedächtnis des Leidens, in: Concilium 8, 1972, 399ff
Mildenberger, F., Grundwissen der Dogmatik. Ein Arbeitsbuch, Stuttgart Berlin Köln Mainz ³1987
Moltmann, J., Der gekreuzigte Gott. Das Kreuz Christi als Grund und Kritik christlicher Theologie, München 1972
Moltmann, J., Der Weg Jesu Christi. Christologie in messianischen Dimensionen, München 1989
Moltmann, J., Kirche in der Kraft des Geistes. Ein Beitrag zur messianischen Ekklesiologie, München 1975
Moltmann-Wendel, E., Das Land, wo Milch und Honig fließt. Perspektiven einer feministischen Theologie, Gütersloh 1985
Moltmann-Wendel, E., Ein eigener Mensch werden. Frauen um Jesus, Gütersloh ³1982
Moltmann-Wendel, E., Gibt es eine feministische Kreuzestheologie?, in: Das Kreuz mit dem Kreuz, Hofgeismarer Protokolle, Tagungsbeiträge 273, Hofgeismar 1990,
Mulack, C., Jesus – der Gesalbte der Frauen. Weiblichkeit als Grundlage christlicher Ethik, Stuttgart 1987

Nocke, F.-J., Was heißt ‚Erlösung durch Jesus Christus'? Aspekte systematischer Theologie, in: ru, 1, 20. Jg., 1990, 2ff

Ohlig, K.-H., Fundamentalchristologie. Im Spannungsfeld von Christentum und Kultur, München 1986

Pannenberg, W., Systematische Theologie, Band 2, Göttingen 1991
Pannenberg, W., Thesen zur Theologie der Kirche, München ²1974
Peters, A., Rechtfertigung, in: Handbuch Systematischer Theologie, 12, Gütersloh ²1990
Piper, H.-C., Gesprächsanalysen, Göttingen ⁵1988
Pissarek-Hudelist, H., Das Bild der Frau im Wandel der Theologiegeschichte, in: dies. (Hg.), Die Frau in der Sicht der Anthropologie und Theologie, Düsseldorf 1989, 19ff
Plato, A. v., Oral History als Erfahrungswissenschaft, in: BIOS 1, 4.Jg., 1991, 97ff

Ragaz, L., Dein Reich komme. Predigten in 2 Bdn., Erlenbach Zürich ³1922
Raiser, K., Herrschaft der Experten, in: Deutsches Allgemeines Sonntagsblatt, 22.06.94, 19
Reichle, E., Chancen, Erwartungen und Befürchtungen von Theologinnen im kirchlichen Dienst gestern und heute, in: Theologia Practica 20/1985, 47ff
Richter, J., Himmel, Hölle, Fegefeuer. Versuch einer Befreiung, Reinbek b. Hamburg 1985
Rotter, M./ Schüle, R. (Hg.), Trotz allem. Frauen sagen ja zur Kirche, Würzburg 1994
Ruether, R.R., Feministische Interpretation: Eine Methode der Korrelation, in: L.M. Russell (Hg.), Befreien wir das Wort. Feministische Bibelauslegung, München 1989, 131ff
Ruether, R.R., Sexismus und die Rede von Gott. Schritte zu einer anderen Theologie, Gütersloh 1985
Ruether, R.R., Unsere Wunden heilen, unsere Befreiung feiern. Rituale in der Frauenkirche, Stuttgart 1988

Scherzberg, L., Sünde und Gnade in der Feministischen Theologie, Mainz 1991, 35ff
Schleiermacher, F., Predigten, Göttingen 1969
Schmidt-Biesalski, A. (Hg.), Befreit zu Rede und Tanz. Frauen umschreiben ihr Gottesbild, Stuttgart 1989
Schmidt-Biesalski, A. (Hg.), Früchte aus Südafrika. Geschichte und Ergebnisse einer Frauen-Kampagne, Berlin 1993

Schneider, H., Nikolaus Ludwig von Zinzendorf, in: M. Greschat (Hg.), Gestalten der Kirchengeschichte. Orthodoxie und Pietismus, Stuttgart Berlin Köln Mainz 1982, 347ff

Schottroff, L., Die befreite Eva. Schuld und Macht der Mächtigen und Ohnmächtigen nach dem Neuen Testament, in: C. Schaumberger/L. Schottroff, Schuld und Macht. Studien zu einer feministischen Befreiungstheologie, München 1988, 15ff

Schottroff, L., Die Crux mit dem Kreuz. Feministische Kritik und Re-Vision der Kreuzestheologie, in: Evangelische Kommentare, 25. Jg., 1992, 216ff

Schottroff, L./ Thiele, J. (Hg.), Gotteslehrerinnen, Stuttgart 1989

Schottroff, L./ Wartenberg-Potter, B.v./ Sölle, D., Das Kreuz – Baum des Lebens, Stuttgart 1987

Schuchardt, E. (Hg.), Jede Krise ist ein neuer Anfang. Aus Lebensgeschichten lernen, Düsseldorf 1984

Schuchardt, E., Krise als Lernchance. Eine Analyse von Lebensgeschichten, Düsseldorf 1985

Schuchardt, E., Warum gerade ich? Behinderung und Glauben, Gelnhausen ^{4}1984

Schüssler Fiorenza, E., Brot statt Steine. Die Herausforderung einer feministischen Interpretation der Bibel, Fribourg 1988

Schüssler Fiorenza, E., Zu ihrem Gedächtnis ... Eine feministisch-theologische Rekonstruktion der christlichen Ursprünge, München Mainz 1988

Schütze, F., Das narrative Interview, Hagen 1986

Schulenburg, A., Feministische Spiritualität. Exodus in eine befreiende Kirche? Stuttgart Berlin Köln 1993

Schwarz, J.-U., Gegenseitigkeit. Zehn Tagebuchgeschichten. Erfahrungen einer Seelsorgerin an einem Psychiatrischen Landeskrankenhaus, Neukirchen 1982

Schweitzer, A., Geschichte der Leben-Jesu-Forschung, Tübingen ^{6}1951

Seidel, U./ Zils, D. (Hg.), Aktion Gottesdienst, II, Wuppertal 1970

Sobrino, J., Geist, der befreit. Anstöße zu einer neuen Spiritualität, Freiburg 1989

Sölle, D., Ein Volk ohne Vision geht zugrunde (Sprüche Salomos 29, 18). Anmerkungen zur deutschen Gegenwart und zur nationalen Identität, Wuppertal 1986

Sölle, D., Gott denken. Einführung in die Theologie, Stuttgart 1990

Sölle, D., lieben und arbeiten. Eine Theologie der Schöpfung, Stuttgart 1985

Sölle, D., Stellvertretung. Ein Kapitel Theologie nach dem „Tode Gottes", Stuttgart 1982

Sölle, D., Wählt das Leben, Stuttgart Berlin 1980

Sölle, D./Steffensky, F., Nicht nur Ja und Amen. Von Christen im Widerstand, Reinbek b. Hamburg 1983

Sommer, N. (Hg.), Nennt uns nicht Brüder. Frauen in der Kirche durchbrechen das Schweigen, Stuttgart 1985

Spiegel, Y., Der Prozeß des Trauerns. Analyse und Beratung, München ^{7}1989

Steffensky, F., Feier des Lebens. Spiritualität im Alltag, Stuttgart ^{4}1988

Strahm, D., Aufbruch zu neuen Räumen. Eine Einführung in feministische Theologie, Fribourg 1987

Strahm, D., Feministische Theologie – eine Einleitung, in: FAMA, I, 1986, 1ff

Strahm, D./ Strobel, R. (Hg.), Vom Verlangen nach Heilwerden. Christologie in feministisch-theologischer Sicht, Fribourg Luzern 1991

Strobel, R., Feministische theologische Anfragen an die Kreuzestheologie, in: Das Kreuz mit dem Kreuz, Hofgeismarer Protokolle, Tagungsbeiträge 273, Hofgeismar 1990, 30ff

Taube, R., Gott und das Ich – erörtert in einer Auseinandersetzung mit Luthers Lehre über Glaube und Liebe in seinem Galaterkommentar (1531/34), Frankfurt a.M. Bern New York 1986, 295f

Tillich, P., Das Neue Sein. Religiöse Reden, 2. Folge, ^{5}1980

Tillich, P., In der Tiefe ist Wahrheit. Religiöse Reden, 1. Folge, Stuttgart 1952

Tillich, P., Systematische Theologie, I–III, Stuttgart ^{3}1956–1966

Trillhaas, W., Dogmatik, Berlin 1962

Trillhaas, W., Evangelische Predigtlehre, München ^{4}1955

Ullmann, C., Die Sündlosigkeit Jesu. Eine apologetische Betrachtung, Gotha ^{7}1863

Wagner-Rau, U., Zwischen Vaterwelt und Feminismus. Eine Studie zur pastoralen Identität von Frauen, Göttingen 1992
Wallmann, J., Kirchengeschichte Deutschlands, II, Berlin Wien 1973
Weber, O., Grundlagen der Dogmatik, II, Neukirchen 1962
Weinrich, H., Narrative Theologie, in: Concilium 9, 1973, 329ff
Wilckens, U., Thesen zum Thema „Feministische Theologie“, in: Nordelbische Stimmen, 9, 1985, 181ff
Wisselink, E., Frauen denken anders, Straßlach [4]1986
Wolf, C. (Hg.), Macht und Ohnmacht der Frauen in der Kirche. Persönliche Erfahrungen, Stuttgart 1983

Zahrnt, H., Es begann mit Jesus von Nazareth. Die Frage nach dem historischen Jesus, Gütersloh 1960, 40f
Zahrnt, H. (Hg.), Mein Gott. Erfahren, bedacht, erzählt. Theologie von Nichttheologen, Hamburg [2]1979

Die Autorinnen

Christiane Klinge, geb. 1959 in Lübeck; Sozialpädagogin/Diakonin des Rauhen Hauses in Hamburg; vierjährige Berufstätigkeit als Diakonin; Studium der Evangelischen Theologie in Hamburg mit Schwerpunkt auf feministischer und Praktischer Theologie; Erstes Theologisches Examen; ehrenamtliche und frauenengagierte Tätigkeit in der Kirchengemeinde am Wohnort.

Dr. Roselies Taube, geb. 1949 in Lübeck; Grund- und Hauptschullehrerin; anschließend Studium der Evangelischen Theologie in Hamburg; Wissenschaftliche Mitarbeiterin im Seminar für Systematische Theologie der Universität Hamburg; Promotion mit einer Arbeit über Luther; Pastorin; Stipendiatin im Rahmen des Hochschulsonderprogrammes der Universität Hamburg zur Frauenförderung; Lehrbeauftragte für Systematische Theologie an der Universität Hamburg; WS 1993/94 und WS 1994/95 Lehrbeauftragte für feministische Theologie an der Universität Marburg. Veröffentlichungen: „Gott und das Ich – erörtert in einer Auseinandersetzung mit Luthers Lehre über Glaube und Liebe in seinem Galaterkommentar (1531/34)", „Frauen in Bibel und Kirche. Ökumenische Gottesdienstmodelle" (gemeinsam mit einer Gruppe), verschiedene Aufsätze.

Claudia Tietz-Buck, geb. 1965 in West-Berlin; 1984/85 Friedensdienst mit Aktion Sühnezeichen/Friedensdienste e.V.; Studium der Evangelischen Theologie in Hamburg und West-Berlin mit Schwerpunkt auf lateinamerikanischer Befreiungstheologie und feministischer Theologie; Mitveranstalterin feministisch-systematischer Seminare an der Universität Hamburg; verheiratet, drei Kinder.